· 中 华 文 明 探 源 与 西 安 考 古 丛 书 之 一 ·

西安市文物保护考古研究院
西北大学文化遗产学院

编 著

長安五樓

上海古籍出版社

图书在版编目（CIP）数据

长安五楼 / 西安市文物保护考古研究院，西北大学
文化遗产学院编著. -- 上海 ：上海古籍出版社，2024.
7. -- ISBN 978-7-5732-1243-6

Ⅰ. K878. 05

中国国家版本馆CIP数据核字第2024MV5276号

责任编辑：贾利民

装帧设计：王楠莹

技术编辑：耿莹祎

中华文明探源与西安考古丛书之一

长安五楼

西安市文物保护考古研究院 编著
西北大学文化遗产学院

上海古籍出版社出版发行

（上海市闵行区号景路 159 弄 1-5 号 A 座 5F 邮政编码 201101）

（1）网址：www. guji. com. cn

（2）E-mail：gujil @ guji. com. cn

（3）易文网网址：www. ewen. co

上海雅昌艺术印刷有限公司印刷

开本 889×1194 1/16 印张 16.25 插页 15 字数 388,000

2024 年 7 月第 1 版 2024 年 7 月第 1 次印刷

ISBN 978-7-5732-1243-6

K·3650 定价：248.00 元

如有质量问题，请与承印公司联系

本报告得到

教育部人文社会科学研究青年基金项目

（18YJC780004）

资助

内 容 简 介

本书系五楼遗址田野考古发掘报告。五楼遗址位于陕西省西安市长安区沣河东岸的台地上,发现于1953年。2009年12月至2010年6月,西安市文物保护考古研究院与西北大学文化遗产学院联合组队,对五楼遗址进行了全面的调查和勘探,并对重点区域进行了发掘,总发掘面积853平方米,共发掘各类遗迹113处,其中灰坑105座,灰沟1条,墓葬7座。五楼遗址的文化内涵十分丰富,时间跨度较大,是一处大型先秦时期聚落遗址。本书全面系统地公布了此次考古发掘的遗迹与遗物,为研究关中地区仰韶文化、龙山文化和商周文化提供了重要的实物资料。

本书适合于新石器时代考古、先秦考古的研究人员以及大专院校相关专业师生参考、阅读。

目　　录

插 图 目 录

插 表 目 录

彩 版 目 录

第一章　地理位置与发掘经过

第一节　自然环境与历史沿革

一、地理位置

长安区位于陕西省中南部,关中地区东南部,隶属于陕西省西安市。它位于北纬33°47′～34°18′,东经108°38′～109°14′,地处关中平原腹地,西安市南部,秦岭北麓,东连蓝田县,南接柞水县、宁陕县,西接鄠邑区、咸阳市,北靠雁塔区、灞桥区和未央区。南北长55公里,东西宽52公里,总面积1 580平方公里[①]。

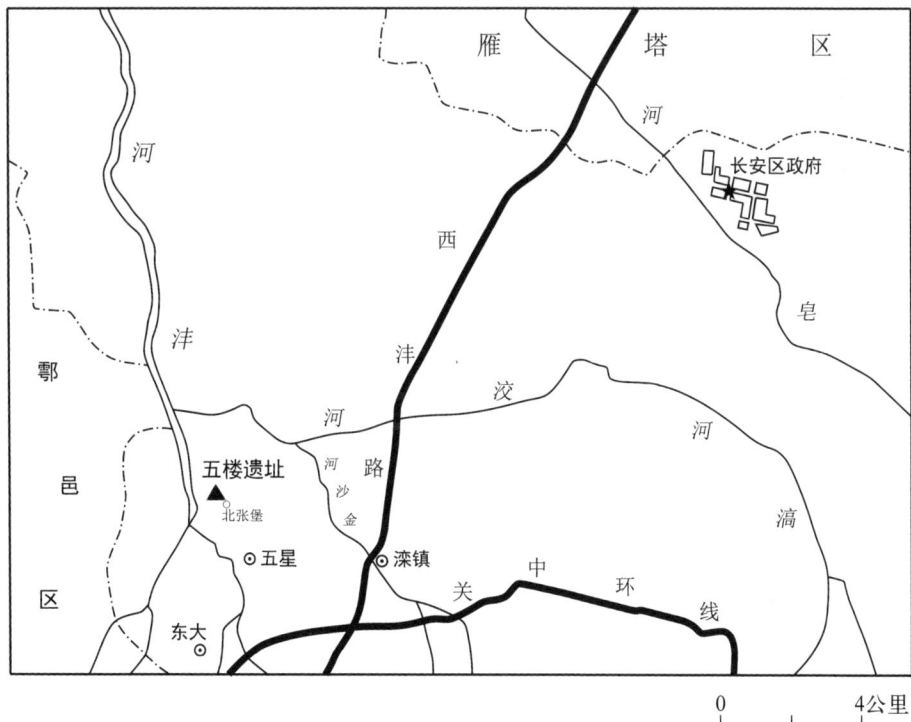

图一　五楼遗址地理位置示意图

---

① 长安县地方志编纂委员会:《长安县志》,陕西人民教育出版社,1999年9月。

　　五楼遗址位于长安区五星街道北张堡村西、北部,沣河东岸约200米的一级阶地上,西至沣河东岸断崖(图一),高出河床3～10米,周围是沣河冲积平原。沣河由南向北从遗址西侧流过。遗址地势中间高,东西两侧为缓坡,为一南北狭长的台原,当地人称"蝎子岭"[1]。

二、自然环境

　　长安区地形地貌多样,山、川、原兼具。地势大体呈东南高西北低,即东原、南山、西川,南为秦岭山地,北为渭河断陷谷地冲积平原区,西为渭河冲积平原,东部为黄土台原与川道沟壑。生态资源极其丰富。

　　长安区属于暖温带半湿润大陆性季风气候区,雨量适中,四季分明,气候温和,秋短春长。冬季比较干燥寒冷,春季温暖,夏季炎热多雨,秋季温和湿润。年平均气温15.5℃,降水约600毫米,湿度69.6%,无霜期216天,日照1 377小时。最冷的1月份平均气温-0.9℃,最热的7月份平均气温26.8℃。雨量主要分布在7、8、9三个月。雨热同期,土地肥沃,灌溉便利,有利于农作物生长。古人赞之为"资甚美,膏腴之地"。

　　境内主要河流为沣河、浐河,均属黄河流域的渭水水系,沣河流域主要河流有沣峪河、高冠河、太平河、潏河、大峪河、小峪河、太峪河、滈河、金沙河等。浐河流域主要河流有浐河、库峪河及过境河汤峪河、岱峪河、鲸鱼沟等。地下热水资源分布面积207.5平方公里,地下潜水静储量34亿立方米,地表水多年平均径流量7.2亿立方米,蓄水面积3 000多亩。

　　长安区境内植物资源丰富。植物主要为乔木,树种有油松、华山松、雪松、椴、桦、泡桐等60多种。全区耕地88.05万亩,占区总面积的41.45%。粮食作物以小麦、玉米、水稻、豆类、薯类等为主,经济作物以棉、油菜、蔬菜、瓜果、花卉为主,还有少量的烟、麻等。蔬菜有70多种,很多是历史传统名菜,如东大的莲藕、五星的白菜、韦曲的韭菜、黄良的薹韭、大峪的莴笋等。果类主要有苹果、梨、桃、葡萄、李子和柿子。山货特产主要有板栗、核桃、花椒、漆木、黑木耳、松香、桂皮等。植物药材651种,蕴藏总量在1万吨以上,国家统一管理的药材有杜仲,国家重点药材199种。从动物的地理分布来看,长安区位于古北界南缘向东洋界过渡地带,两个区系的动物种群兼而有之。古北界动物多生活在海拔2 200米以上的高山地带,东洋界动物多生活在中低山地带。野生动物中,鸟类有朱鹮、黑鹳、白冠长尾雉、血雉、锦鸡、红腹角雉等50多种;兽类有20多种,如国家一类保护动物羚羊,二类保护动物青羊、青鹿、林麝等;两栖类和爬行类有20多种,其中属国家保护的一、二类动物有15种,如中华大蟾蜍、花背蟾蜍、秦岭雨蛙、泽蛙、中国林蛙。境内有省级自然保护区——牛背梁自然保护区,主要用于保护区内的羚牛。

　　长安区地质发育史复杂,构造类型多样。秦岭山区有大片的火成岩、变质岩等新生代沉积层,在复杂的地质条件下,聚集了丰富的矿产资源,包括铁、铜、铅、金、大理石、硅石、黏土、白垩土、石墨、蛭石、石棉、水晶等各种金属、非金属及能源资源。长安地热资源丰富,水质好,水量大,高温热水中氟、硅酸、硫磺、硼酸等具有较高的医疗价值。

---

[1] 长安县地名志编纂委员会、长安县民政局:《陕西省长安县地名志(上)》(内部资料),2000年。

三、历史沿革

长安区邻近十三朝古都西安,有着悠久的历史。

夏时古长安属雍州,商代属骊戎。前11世纪,西周文王、武王曾在今长安之丰、镐两地建都,史称"丰京""镐京"。周成王所立杜伯国亦在长安区境内,一直到平王东迁。

平王东迁时,将丰镐地赐给秦襄公,秦宁公三年(前713年)曾在今长安地内置杜县。秦时建都咸阳,长安属畿内,隶内史管辖。秦统一后,秦始皇置长安乡。

西汉高祖五年(前202年)始置长安县,同时有杜县、霸县,后改为杜陵县、霸陵县。长安县初属渭南郡,高祖九年(前198年)属内史,武帝建元六年(前135年)属右内史,太初元年(前104年)属京兆尹。王莽新朝始建国元年(9年)撤长安县,置常安县,并置首都于常安城。常安县属京兆尹。刘玄更始元年(23年)撤常安县,置长安县。

东汉置长安县、杜陵县,并属京兆尹。建武六年(30年)将奉明县(汉宣帝置,故城在长安县城北4公里)、渭城县(汉高帝置,故城在今咸阳市东)划归长安县。初平元年(190年)董卓强迫献帝迁都长安。

三国时,魏置长安县,属京兆郡。

西晋置长安县,属京兆郡。晋将长陵县(汉高帝置,新莽时曰长平,故城在今咸阳市东北20公里)、安陵县(汉惠帝置,王莽时曰嘉平,故城在今咸阳市东)并入长安县。愍帝(313~317年)建都长安。

南北朝时前赵、前秦、后秦皆置长安县,均属京兆郡(尹)。前赵刘曜建都长安。前秦苻坚也建都长安。后秦姚苌撤长安县,置常安县,并以常安为首都。北魏置长安县,属京兆郡。太武帝神麚三年(430年)改常安县为长安县,四年划杜县(秦武公置杜县,汉宣帝元康元年改杜陵县,新莽曰饶安县,晋曰杜城县,后魏曰杜县)、长安、蓝田三县毗邻地置山北县。西魏(535~556年)置长安县,属京兆郡,建都长安。北周(557~581年)置长安县,属京兆郡,建都长安。明帝二年(558年)划长安、灞城(秦襄王时芷阳县,西汉时灞陵县,新莽时水章县,晋时霸城县)、山北三县部分地区置万年县,属冯翊郡;建德二年(573年)撤杜县、灞城县,归入万年县。

隋置长安县,并撤万年县,置大兴县,置首都于大兴城。文帝时两县属雍州,炀帝改雍州为京兆郡,两县属之。

唐置长安县,并撤大兴县,置万年县,改大兴县为长安城,置首都于长安城。长安、大兴两县属京兆尹。武德二年(619年)分万年县置芷阳县。七年(624年)废芷阳县入万年县。总章元年(668年)分长安地置乾封县,分万年地置明堂县。永昌元年(689年)析长安地置永昌县。长安二年(702年)废乾封县入长安县,废明堂县入万年县。神龙元年(705年)废永昌县。天宝七年(748年)改万年县为咸宁县,乾元元年(758年)复为万年县。

五代皆置长安县、万年县,并属京兆府。后梁开平元年(907年)撤长安县,置大安县,撤万年县,置大年县,皆属大安府。后唐同光元年(923年)撤大安县,置长安县,撤大年县,置万年县。

宋置长安县、万年县。宣和七年(1125年)撤万年县,置樊川县。长安、樊川两县都属永兴军路京兆府京兆郡。

金置长安县、樊川县。皇统六年（1146年）废乾祐县（唐置安业县，曾改乾元县，后复乾祐县，故城在今镇安县北40公里）入樊川县。大定二十一年（1181年）撤樊川县，置咸宁县。泰和四年（1204年）并咸宁县入长安县，后复置咸宁县。长、咸两县属京兆路京兆府。

元代置长安县、咸宁县，均属奉元路。

明代置长安县、咸宁县，均属陕西布政使司西安府。

清代置长安县、咸宁县。乾隆四十八年（1783年）分长安县南部置宁陕厅，分咸宁县南部置孝义厅。长、咸两县属西安府。

民国时期长安县仍存。初属都督府民政厅辖，1912年7月后属陕西都督府辖，1914年军政府秦省都督府撤咸宁县并入长安县，后属关中道，1927年改属陕西省政府。

1949年解放后，长安县1953年前属陕甘宁边区咸阳分区，后属陕西省人民政府，1958年12月后属西安市人民政府。

2002年6月2日，国务院批准撤销长安县，设立西安市长安区，以原长安县的行政区域为长安区的行政区域。区人民政府驻韦曲镇。

历代长安、万年（或咸宁）名称多变，唯地域变化不大。

第二节　发现与发掘经过

一、发现与调查经过

五楼遗址最早发现于1953年秋季。1953年，中国科学院考古研究所陕西调查发掘队在石兴邦先生的带领下，在1951年调查的基础上于丰镐一带进行了一个多月的考古调查工作[1]。此次调查在沣河两岸发现了数座新石器时代文化遗址，其中五楼遗址即为此次调查中发现面积较大的一处遗址。当时确认的遗址范围南北长约1 000米，东西宽约500～600米，文化堆积集中点在村北的蝎子岭，岭两侧因多年取土破坏较多，断崖上暴露的灰土层厚达5～6米。此次调查采集的标本主要是陶器、陶片和石器等，陶质有泥质红陶、泥质灰陶、夹砂灰陶、夹砂红陶以及少量泥质黑陶，可辨器形有钵、盆、鼎、碗、尖底瓶、罐等。此外还有石环、陶环、纺轮等。在蝎子岭上采集了一件能够复原的彩陶大口盆。在采集的陶片中，有一块彩陶钵的口沿残片，在着彩部分有刻划符号。调查者认为该遗址属于新石器时代仰韶文化的遗存。

20世纪80年代进行的第二次全国文物普查，确认五楼遗址的面积约50万平方米，文化面貌属于仰韶文化庙底沟类型，还发现有龙山文化及西周时期的陶片[2]。

21世纪初进行的第三次全国文物普查对五楼遗址进行了复查，将该遗址的面积确认为70万平方米。由于20世纪50年代平整土地、80年代村民建房，在台原上部取土时严重破坏了文化层

[1] 考古研究所陕西调查发掘队：《丰镐一带考古调查简报》，《考古通讯》1955年创刊号。
[2] 国家文物局：《中国文物地图集·陕西分册（下）》，西安地图出版社，1998年12月。

和遗迹。沿阶地断崖上暴露出多处文化层和遗迹,散落有陶片等遗物。据调查,遗址东南部被现代村庄占据,村民建房挖地基时曾发现有灰坑、陶片。遗址西南部文化层厚约0.3～0.4米,中部文化层厚约5～6米,北部文化层厚约0.3米。在遗址南部断崖上发现一个袋状灰坑,编号为H1,开口距地表约0.4米,底径3.2米,口径1.8米,深1.6米,底部及坑壁经火烤,厚约5厘米,且平整坚硬。坑内堆积为深灰色粉砂土,土质疏松,包含大量红烧土块、陶片。此外还在遗址北缘的一处断面上发现4处灰坑,开口于厚约0.4米的文化层下。调查所获遗物主要为陶片,以泥质红陶和夹砂褐陶为主,也有较多泥质灰陶和少量夹砂红陶。纹饰以绳纹为主,其次为素面和篮纹。可辨器形包括了盆、罐、缸、瓮、鬲等。此次调查认为该遗址包含了仰韶文化中晚期、庙底沟二期文化以及周代遗存[①]。

二、发掘经过

2009年12月,为配合西(安)太(平口)公路建设工程项目,西安市文物保护考古研究院(原西安市文物保护考古所)与西北大学文化遗产学院组成联合考古队,对五楼遗址进行了全面调查,并对重点区域进行了发掘,发掘区域位于遗址的北部(图二)。依据发掘的先后顺序,将发掘的两个区域分别命名为第Ⅰ、Ⅱ区。其中Ⅰ区位于通村水泥路的东侧,Ⅱ区位于水泥路西侧。每个发掘区内的探方按照象限法各自统一布方,统一编号(图三)。

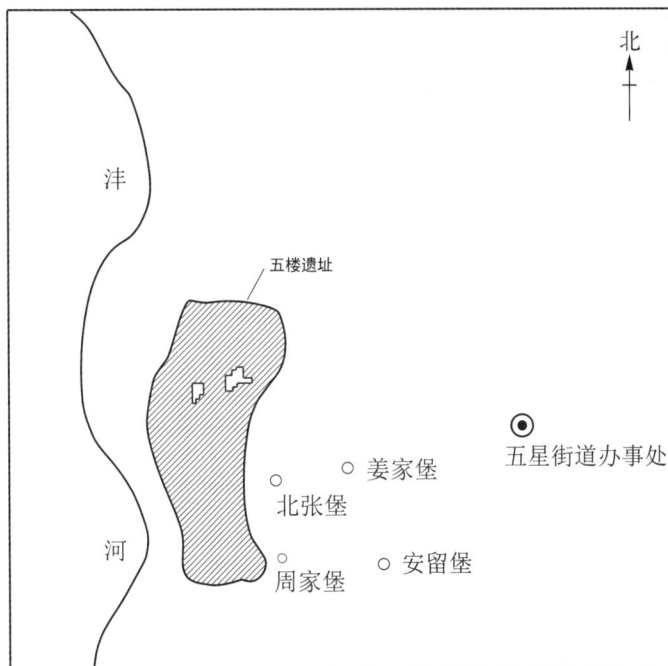

图二　五楼遗址发掘地点示意图

---

① 陕西省文物局:《陕西第三次全国文物普查丛书·西安卷·长安文物》,陕西旅游出版社,2012年6月。

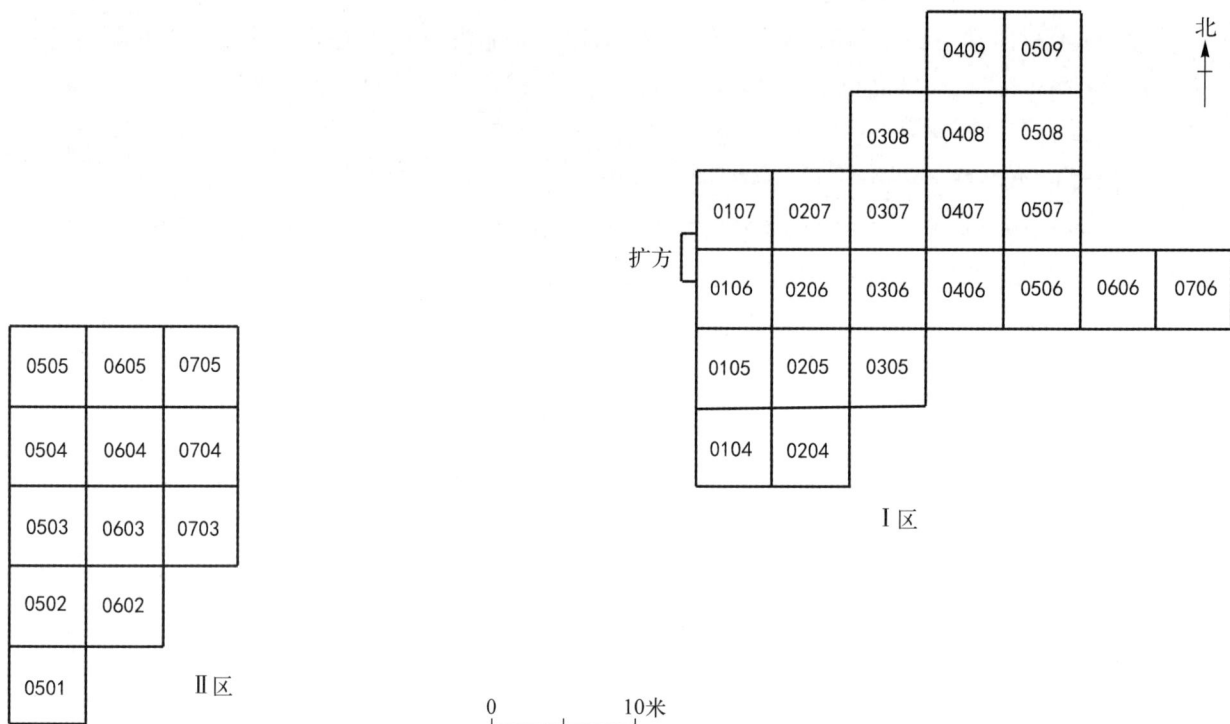

图三 五楼遗址布方图

Ⅰ区自2009年12月19日开始布方发掘,至2010年5月15日野外结束。共布5米×5米正南北向探方22个(T0104～T0107、T0204～T0207、T0305～T0308、T0406～T0409、T0506～T0509、T0606、T0706),在发掘过程中,为将M7完整揭露,我们又在T0106与T0107西侧进行了扩方。发掘面积553平方米,共发现遗迹102处,其中灰坑99座(H1～H99),墓葬2座(M1、M7),灰沟1条(G1)。

Ⅱ区自2010年3月20日开始发掘,至2010年4月9日结束。共布5米×5米正南北向探方12个(T0501～T0505、T0602～T0605、T0703～T0705),发掘面积300平方米,共发现遗迹11处,其中灰坑6座(H100～H105),墓葬5座(M2～M6)。

此次考古发掘,总发掘面积853平方米,共发掘各类遗迹113处,其中灰坑105座,灰沟1条,墓葬7座。

此次考古发掘工作的领队为西安市文物保护考古研究院张小丽,参加发掘工作的人员有翟霖林、王志勇、杨永岗、马峻华、史联锋、杨军荣等人。

第三节 资料整理与报告编写

一、资料整理与报告编写过程

五楼遗址考古资料的整理工作分为两个阶段进行。2010年9月之前为第一阶段,主要是发掘中的一些基本工作。2021年2月至8月,对发掘资料进行了全面系统的整理。

第一阶段的整理工作在发掘工作的过程中和发掘结束之后的一段时间内进行,主要是在发掘工作的间隙进行发掘记录的整理、陶片的清洗、部分陶器的拼对与修复、小件器物登记等基础工作。2010年6月从工地现场撤离,将所有发掘资料和文物全部带回西安市文物保护考古研究院库房,以便进行进一步的整理。挑选典型单位,并对典型单位的陶片进行统计、挑选标本、编号登记。陶片统计陶质、陶色、纹饰和器形,陶、石、骨器小件统计其种类和数量。挑选标本时尽可能全面反映遗址各个时期的总体特征,同类器物只要形制不同,则全部挑选。发掘中单独收集的小件器物与整理时挑出的标本统一连续编号,填写单位出土遗物登记表。

第二阶段的整理工作于2021年重启,对发掘资料进行了全面系统的整理。主要是对所有的标本进行了文字描述,进行遗迹图校对,并清绘全部遗迹、遗物图,对典型的器物进行了拍照,对出土的动物遗存进行了检测。最后进行图文校对,以及各类登记表、统计表的校对。撰写自然环境、历史沿革及工作过程等内容作为前言,综合分析此次发掘的主要收获作为结语。最后将各个部分合成通稿,形成报告。

整理工作由翟霖林负责,参加人员先后有呼安林、王凤娥、李彤、王学文等。

二、报告编写体例说明

本报告以全面公布发掘资料为重点,并辅以初步研究。报告分为十章,正文之后为附表、后记、英文摘要。第一章为前言,介绍长安地区的自然环境与历史沿革、遗址的发现与发掘经过、发掘资料整理与报告编写。第二章为地层堆积与文化分期,对两个发掘区的地层进行相互对照,统一堆积序列,将遗址中所有的遗存分为七个时期。第三至第九章为发掘资料,按照时代的早晚,分别介绍每个时期的典型遗迹单位和典型遗物。对每个时期的典型遗物,不做型式划分,只以质地、用途、形态做简单区分,并予以描述:首先是陶器的描述,按照瓶、鼎、鬲、斝、甗、簋、豆、盆、钵、罐、缸、瓮、尊、壶、甑、盘、匜、杯的顺序依次介绍,并对形态、纹饰较为特殊的陶片、器底、器耳等进行介绍;其次是石、骨器的有关介绍。对遗迹遗物尺寸的描述中,遗迹精确至厘米,遗物精确至毫米。第十章为初步研究,分别对各期文化面貌、龙山文化的陶器、出土的动物遗存等进行分析与探讨。

第二章　地层堆积与文化分期

一、地层堆积

五楼遗址整体地势中间高，周围低，长期的生产活动改变了遗址的原始地表，使遗址的各区域遭到了不同程度的破坏。经过观察，两个发掘区域的地层堆积一致，共可分为6层，下面以Ⅰ区T0308西壁剖面为例，将地层堆积情况说明如下（图四）：

第①层：土质疏松，土色黑褐，厚15～25厘米。包含有大量植物根系，出有现代砖瓦残块、瓷片及零星陶片。该层为现代耕土层。开口于该层下的遗迹单位有东周时期的墓葬及商晚期的灰坑H66等。

第②层：土质较硬，土色黄褐，厚40～60厘米。出土大量泥质和夹砂陶片，器形有斝、花边口

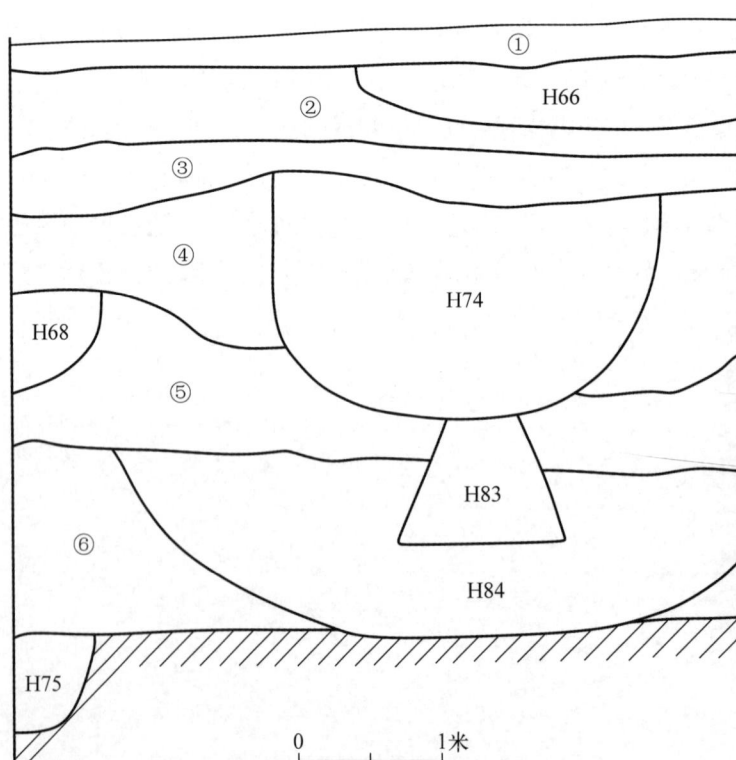

图四　┃ T0308西壁剖面图

沿罐、壶、器盖等,纹饰有篮纹、绳纹、弦纹等。该层为龙山文化堆积层。开口于该层下的遗迹单位有H15、H42等。

第③层:土质较硬,土色深褐,厚20～50厘米。出土大量泥质和夹砂陶片,器形有鼎、喇叭口罐、缸等,纹饰有篮纹、绳纹等。该层为龙山文化堆积层。开口于该层下的遗迹单位有H74等。

第④层:土质较为疏松,土色浅黑,厚40～120厘米。出土大量夹砂和泥质陶片,器形有平唇口与喇叭口尖底瓶、宽沿浅腹盆、深腹盆、直口钵、敛口钵、鼓腹罐、平沿缸、厚唇缸、杯等,纹饰有绳纹、附加堆纹等。该层为仰韶文化堆积层。开口于该层下的遗迹单位有H68、H83等。

第⑤层:土质坚硬,土色灰褐,厚45～105厘米。出土大量夹砂和泥质陶片,器形有重唇口尖底瓶、卷沿盆、折沿盆、浅腹盆、叠唇缸、敛口钵、大口深腹罐、鼓腹罐、高领罐、瓮、缸、器盖等,纹饰有绳纹、彩陶等,彩陶纹样以圆点纹、弧边三角纹、曲线纹、条带纹为主,少量为流星状纹。该层为仰韶文化堆积层。开口于该层下的遗迹单位有H84等。

第⑥层:土质疏松,土色浅黄,厚100～125厘米。出土少量泥质和夹砂陶片,器形有折腹盆、弧腹盆、直口钵、敛口钵、侈口罐、敛口罐、瓮、圆陶片等,纹饰有绳纹、线纹、弦纹等,彩陶均为黑彩,纹样主要有鱼纹、圆点纹、宽带纹、短线纹、折线纹等。该层为仰韶文化堆积层。开口于该层下的遗迹单位有H75等。

第⑥层之下为生土。

上述地层堆积以及各地层单位出土物特征表明,五楼遗址的文化内涵非常丰富,从新石器时代开始,延续至商周时期,各时期都有数量不等的遗存发现。

二、文化分期

五楼遗址发掘区的地层堆积序列比较完整,整个发掘区域内的打破关系较多,共有17组。依据地层堆积,第②～⑥层为新石器时代文化遗存,其中典型的打破关系有:(1) H74→H83→H84,(2) H17→H23→H57,(3) H54→H72,(4) H45→H63→H89→H99,(5) H15→H20→H34等五组。其中第(1)组中的H84与第(3)组中的H54均开口于第⑤层下,出土物基本相同,应为同期;第(1)组中的H74与第(5)组中的H20均开口于第③层下,出土物基本相同,应为同期。这样我们就可以确认H15→H74(H20)→H83→H84(H54)→H72这样一组连续的打破关系。在这五个单位中,H15开口于第②层下,H20开口于第③层下,H83开口于第④层下,H84开口于第⑤层下,H72开口于第⑥层下。这五个单位出土的遗物,存在比较明显的差别。依据开口层位和遗迹间的打破关系,我们可确定以上五个单位的相对年代从早到晚依次为H72—H84—H83—H20—H15。

以上五个单位中,器类不甚丰富,但形态有一定差异。H72出土有鱼纹盆等,H84出土有高领罐等,H83出土有深腹盆等,H20未出土具有典型特征的器物,但与H20同为第③层下开口的H90等单位出土有鬶、盆、罐、缸等器物,H15出土有鬲、鬶、罐等。

上述五个单位出土的器物构成了五组特定共存关系的器物组合,可作为五个时期单位的代表。通过以上的对比分析,我们可将遗迹单位分为五类。

　　第一类与H72出土器物相同，有H75、H80、H91、H99。

　　第二类与H84出土器物相同，有H31、H41、H49、H54、H55、H57、H61、H64、H86、H89、H92、H103、H104。

　　第三类与H83出土器物相同，有H19、H23、H24、H26、H30、H34、H38、H53、H60、H63、H68、H73、H76、H78、H81、H85、H87、H94、H97、H101、H105、G1。

　　第四类与H20出土器物相同，有H9、H16、H18、H28、H29、H33、H37、H45、H56、H69、H71、H74、H90、H93、H95、H96、H100。

　　第五类与H15出土器物相同，有H1、H6、H11、H13、H14、H17、H21、H22、H25、H27、H32、H36、H40、H42、H43、H44、H46、H47、H48、H50、H51、H52、H58、H59、H62、H65、H67、H70、H98、H102。

　　据此，就可以将遗址内的新石器时代遗存分为五期。第一期，以第一类单位为代表；第二期，以第二类单位为代表；第三期，以第三类单位为代表；第四期，以第四类单位为代表；第五期，以第五类单位为代表。

　　以下，报告的编写即以此为原则，按照一、二、三、四、五期依次进行。在各个时期遗存的介绍中，先进行遗迹的介绍，再进行遗物的介绍。

第三章 第一期遗存

第一节 遗 迹

五楼遗址第一期遗存发现的遗迹仅有灰坑一类,共5座(附表一),均分布在Ⅰ区(H72、H75、H80、H91、H99)。此期是本次发掘中遗迹数量最少的一个时期(图五)。上述灰坑的平面形状有圆形与椭圆形,结构有袋状、锅底状。其中圆形袋状3座,椭圆形锅底状2座。现将各类型灰坑分述如下:

一、圆形袋状灰坑

共发掘3座。这类灰坑的坑口平面形状呈圆形,断面为口小底大的袋状,坑底较为平整。坑内填土多为质地较为疏松的灰褐色土,有时夹杂有料礓石、火烧土颗粒等。现举例如下:

H99 位于Ⅰ区T0104东部与T0204西部,南部被H89打破,开口于第⑥层下。坑口平面呈圆形,袋状,坑壁斜直,底部平整。坑口直径160厘米,底直径224厘米,深182厘米(图六)。坑内填土较为疏松,土色为灰褐色,包含有料礓石、粗砂粒、火烧土颗粒等。出土少量陶片,以泥质红陶为主,夹砂红陶次之;可辨器形有钵、釜、圆陶片、锉等(图七)。纹饰有弦纹、素面等。

H80 位于Ⅰ区T0406东南部,上部被G1打破。坑口平面呈圆形,袋状,坑壁清晰,坑底平整。坑口直径100厘米,底直径180厘米,深98厘米(图八)。坑内填土较为疏松,土色为浅褐色,包含有石块、田螺壳、红烧土颗粒等。出土少量陶片,以泥质红陶、夹砂红陶为主,少量泥质灰陶;可辨器形有盆、钵、锉等(图九)。纹饰有绳纹、线纹、彩陶等。

H91 位于Ⅰ区T0105东南部,北部被H87打破,开口于第⑥层下。坑口平面呈圆形,袋状,坑壁清晰,坑底平整。坑口直径120厘米,底直径140厘米,深115厘米(图一○)。坑内填土较为疏松,土色为浅灰色,包含有料礓石、田螺壳、火烧土颗粒等。出土少量陶片,以夹砂红陶、泥质红陶为主;可辨器形有盆、钵、锉等(图一一)。纹饰多为素面,另有少量绳纹。

北

I区

H80
H75
H72
H91
H99

0 ———— 6米

II区

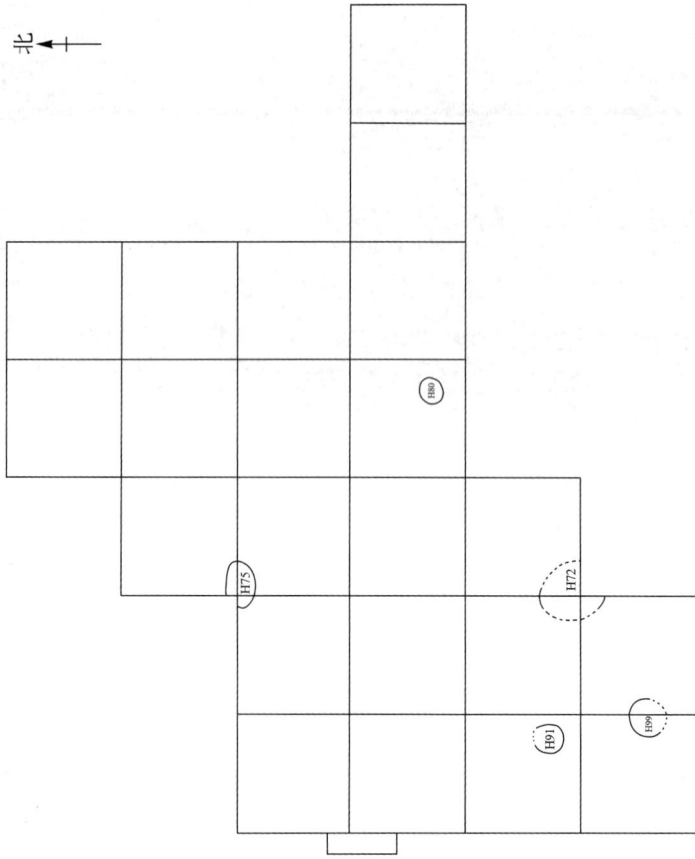

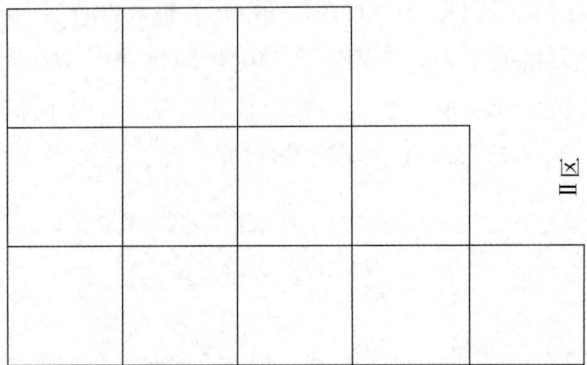

图五 第一期遗迹分布图

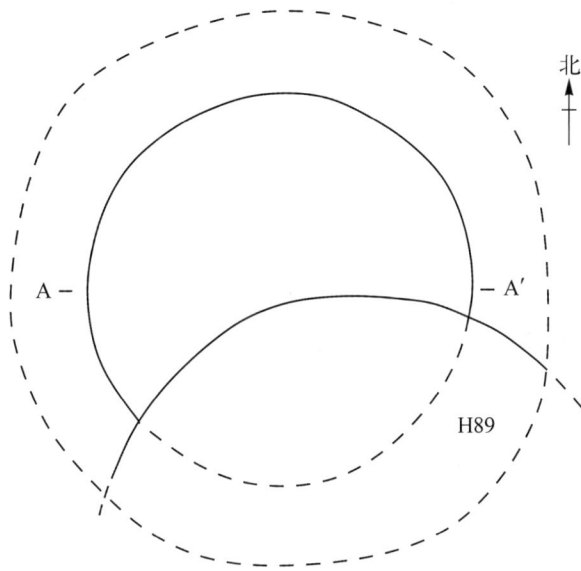

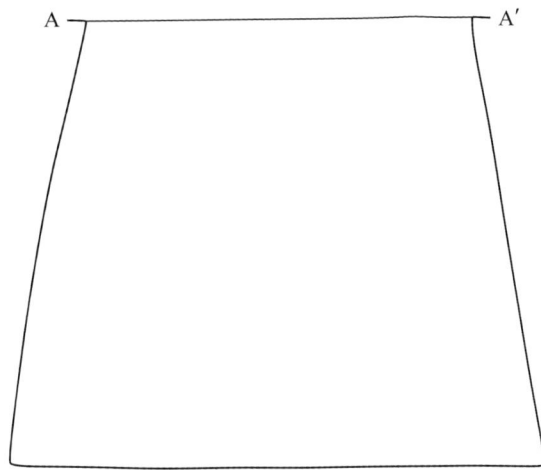

北

A —　　　　— A′

H89

A　　　　　　　　　A′

0　　　　60厘米

图六　H99平、剖面图

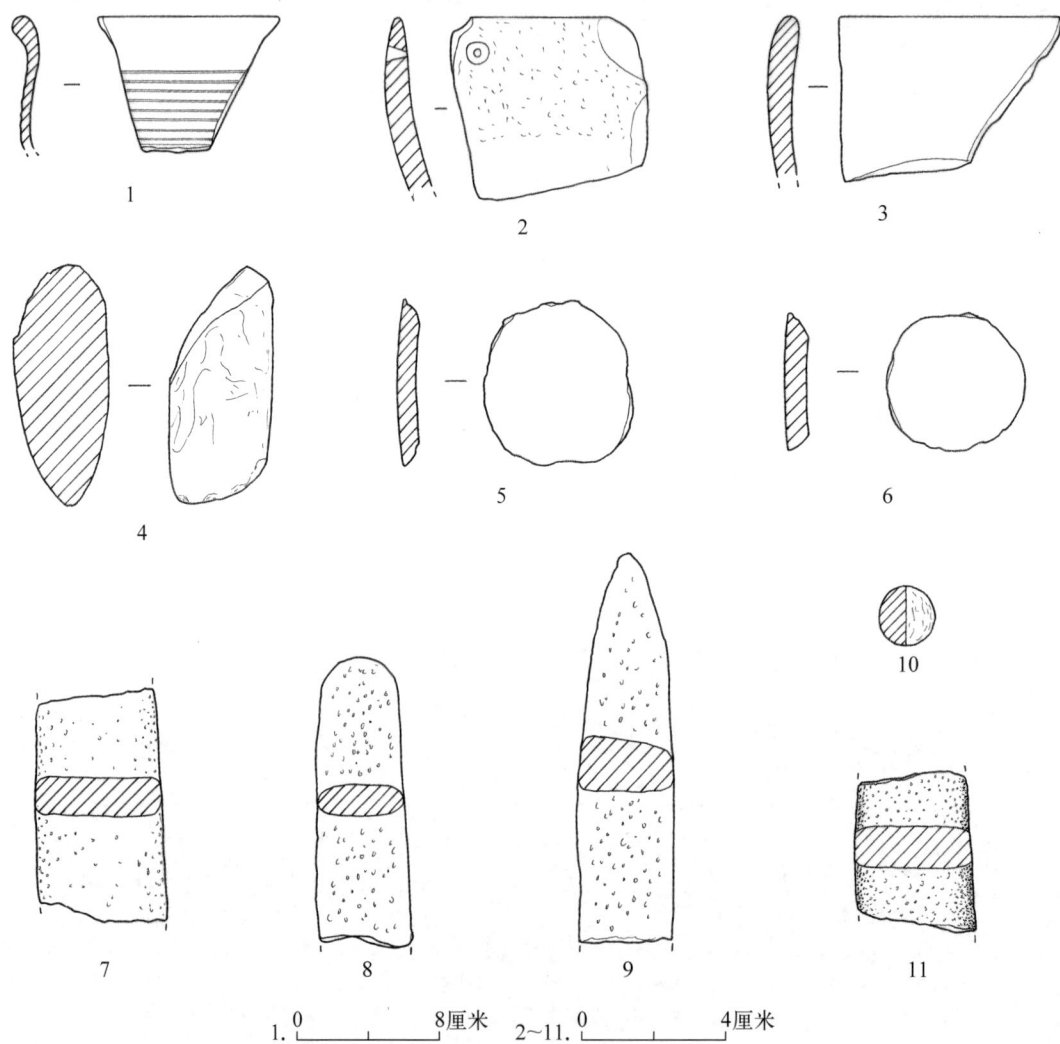

图七　H99 出土遗物

1. 陶釜（H99∶1）　2. 陶钵（H99∶8）　3. 陶钵（H99∶6）　4. 石斧（H99∶12）　5. 圆陶片（H99∶7）　6. 圆陶片（H99∶5）
7. 陶锉（H99∶3）　8. 陶锉（H99∶9）　9. 陶锉（H99∶11）　10. 陶球（H99∶13）　11. 陶锉（H99∶10）

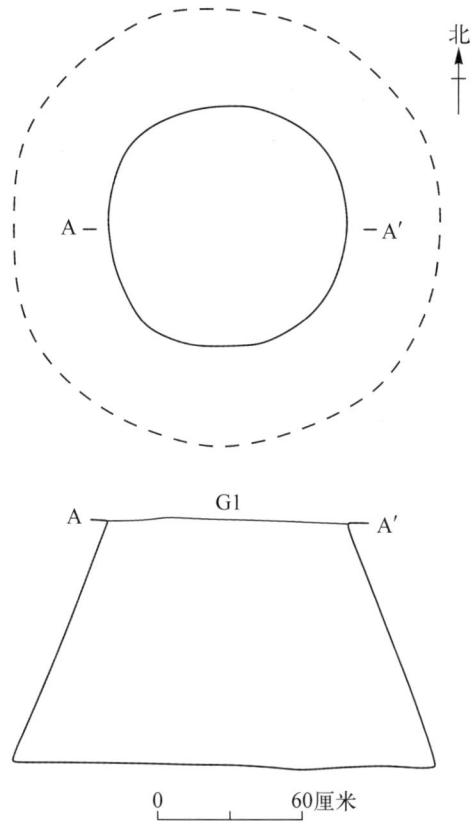

图八 H80 平、剖面图

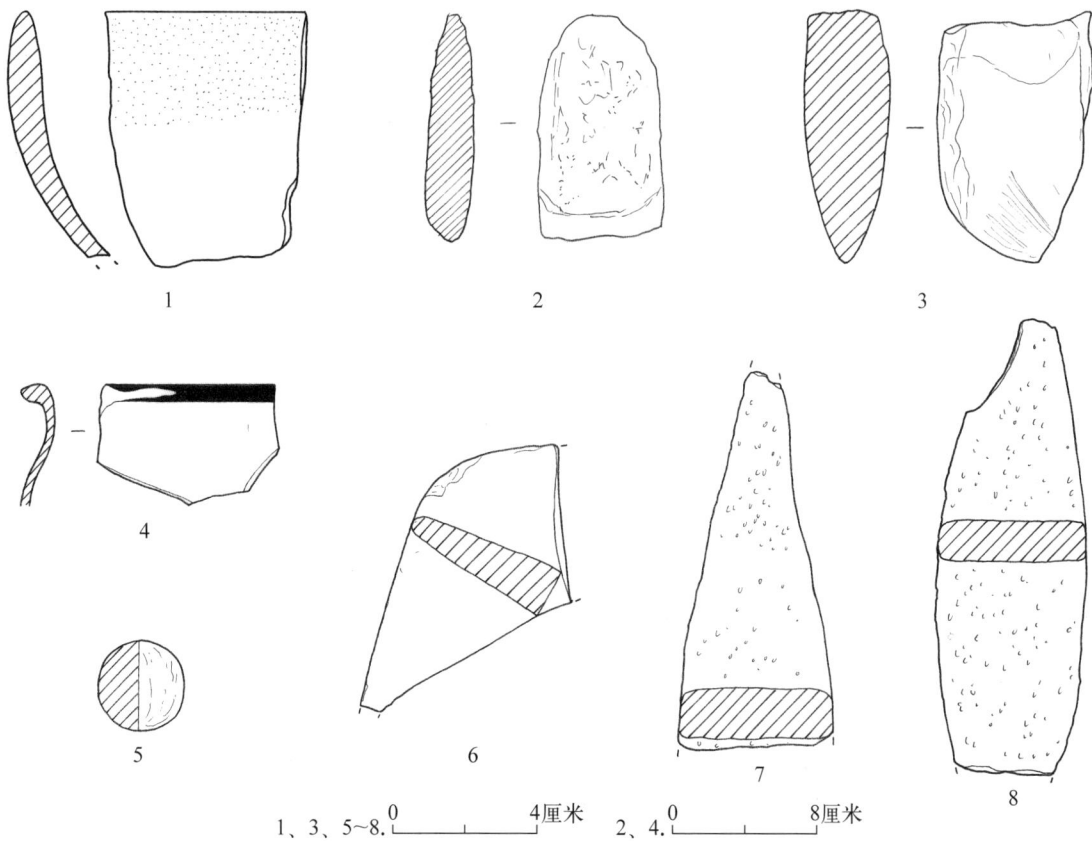

图九 H80 出土遗物

1.钵（H80∶4） 2.石斧（H80∶5） 3.石斧（H80∶21） 4.盆（H80∶1）
5.陶球（H80∶25） 6.残石器（H80∶20） 7.陶锉（H80∶16） 8.陶锉（H80∶19）

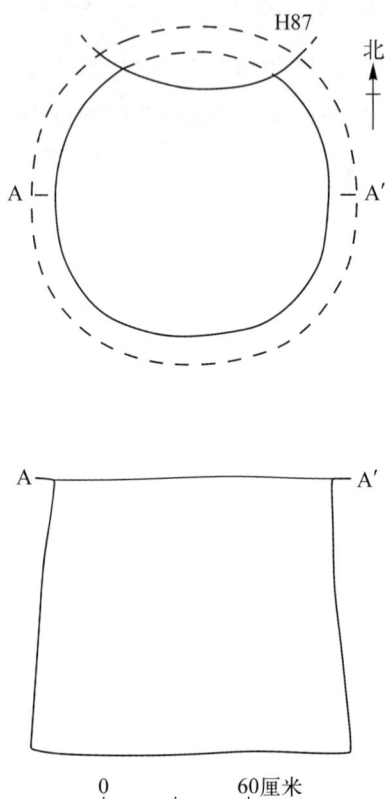

图一〇　H91平、剖面图

二、椭圆形锅底状灰坑

共发掘2座。这类灰坑的坑口平面形状呈椭圆形，断面呈锅底状。坑内填土多为灰褐色土，有时夹杂有料礓石、蚌壳等。现举例如下：

H72　位于Ⅰ区T0204东北部、T0205东南部、T0305西南部，西部被H61打破，东部被H54打破，东南部伸出探方之外未能发掘，开口于第⑥层下。坑口平面呈椭圆形，锅底状，坑壁清晰，坑底不平。坑口长径248厘米，短径120厘米，深160厘米（图一二）。坑内填土较为致密，土色为灰褐色，包含有石块、蚌壳等。出土少量陶片，以泥质红陶为主，另有少量夹砂红陶及夹砂灰陶；可辨器形有盆、缸等（图一三）。纹饰有彩陶、弦纹、附加堆纹等。

H75　位于Ⅰ区T0207东北部、T0307西北部、T0308西南部，西北部伸出探方之外未能发掘，开口于第⑥层下。坑口平面呈椭圆形，锅底状，坑壁较为清晰。坑口长径198厘米，短径122厘米，深72厘米（图一四）。坑内填土较为疏松，土色为浅灰色，包含有石块、料礓石等。出土少量陶片，以泥质红陶为主，另有少量泥质灰陶和夹砂红陶；可辨器形有钵等。纹饰有绳纹、素面等。

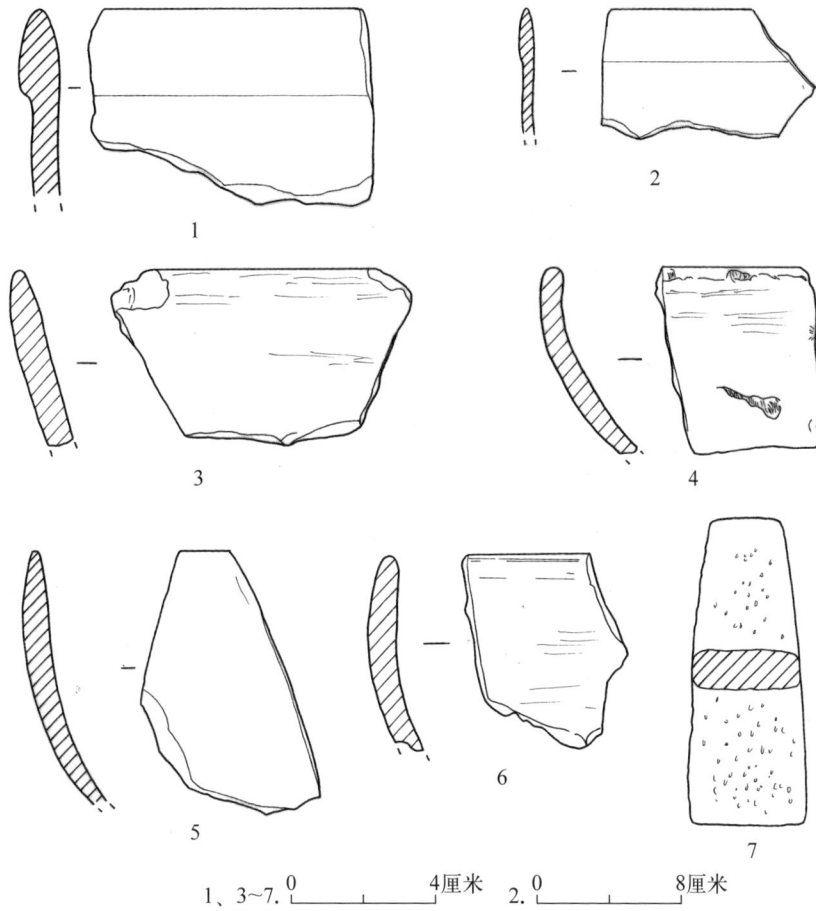

图一一 H91出土遗物

1.盆（H91：7） 2.盆（H91：19） 3.钵（H91：5） 4.钵（H91：14） 5.钵（H91：15） 6.钵（H91：4） 7.锉（H91：25）

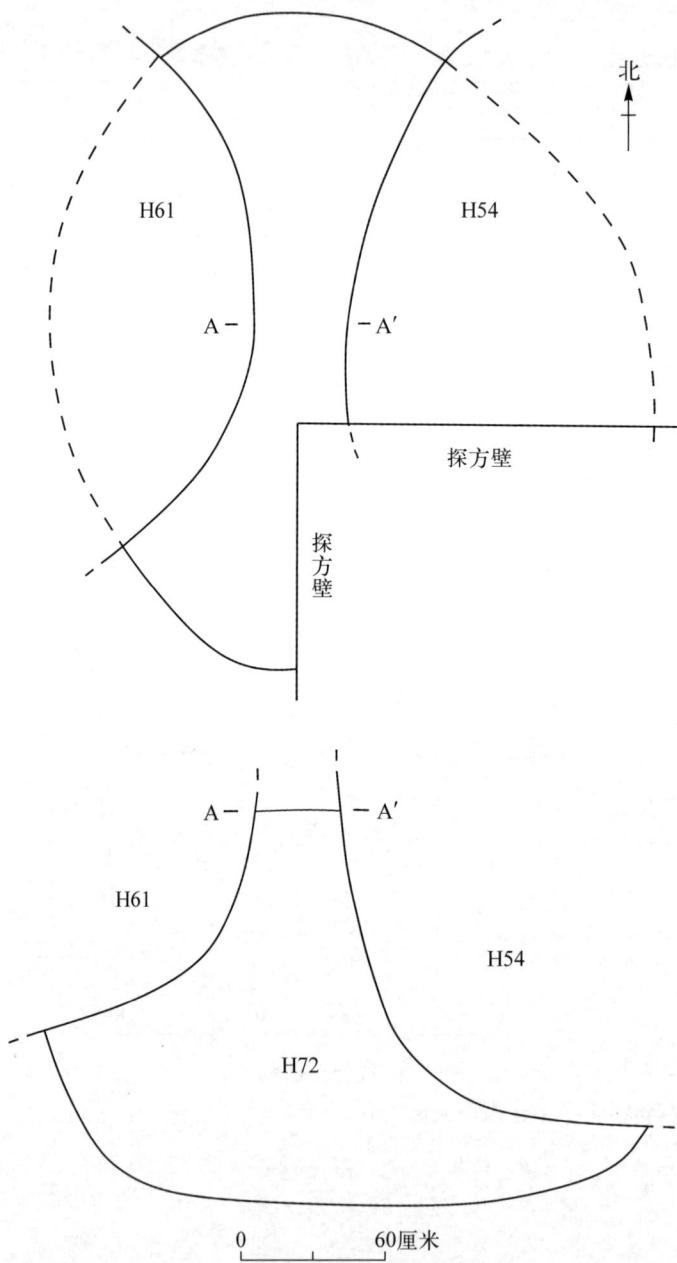

北

H61

H54

A —　　— A'

探方壁

探方壁

A —　　— A'

H61

H54

H72

0　　　　　60厘米

图一二　H72平、剖面图

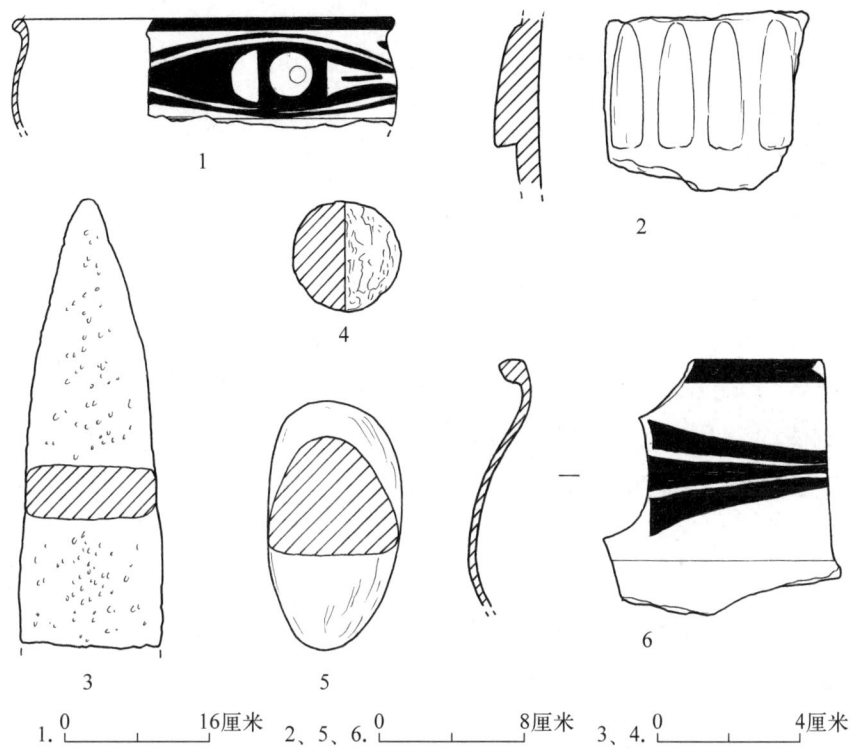

图一三　H72出土遗物

1.盆（H72：16）　2.陶片（H72：18）　3.锉（H72：22）　4.石球（H72：23）　5.石锤（H72：9）　6.盆（H72：17）

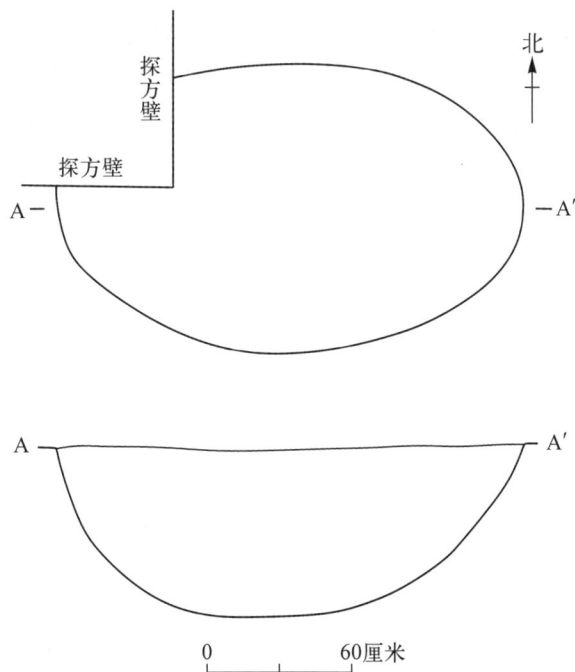

图一四　H75平、剖面图

第二节 遗 物

第一期的遗物按照质地,可分为陶器与石器两类。

一、陶器

第一期的陶器,陶质以泥质陶为主,夹砂陶次之,陶色以红陶为主,褐陶次之,还有少量黑陶。除大量的素面陶外,纹饰以绳纹、线纹为主,另外还有少量的弦纹、附加堆纹和零星的剔刺纹、刻划纹、席纹、布纹等,彩陶基本为黑彩,以各种类型的鱼纹为主,还有少量的圆点、宽带、短线、折线等图案。陶器制法均为手制,泥条盘筑痕迹明显,部分陶器的口沿、器表可见慢轮修整痕迹。主要器类有盆、钵、罐、瓮、釜、器盖、圆陶片、锉等。

(一)盆

数量较少。均为口、腹部残片,无可复原者。多为泥质红陶,少数为泥质灰陶。依据腹部形态可分为折腹盆与弧腹盆,唇部形态有方唇与圆唇。

1. 折腹盆

均为泥质红陶,侈口,卷沿,方唇。依据姜寨[1]、鱼化寨[2]等遗址出土的完整器形看,这类盆多为折腹圜底。

标本IT0208⑥:11,泥质红陶。侈口,卷沿,方唇,折腹。外沿面饰黑色彩绘。器表磨光。唇部与内壁可见刮抹痕迹。残高7厘米(图一五,4)。标本H80:1,泥质红陶。侈口,卷沿,方唇,折腹。唇部与外沿面均饰黑色彩绘。内、外壁均磨光。残高6.6厘米(图一五,2)。标本H72:16,泥质红陶。侈口,卷沿,圆唇,折腹。沿面饰黑色彩绘,器表饰黑色鱼纹彩绘。器表磨光。复原口径41.2厘米,残高11.6厘米(图一五,1)。标本H72:17,泥质红陶。侈口,卷沿,方唇,折腹。沿面饰黑色彩绘,器表饰黑色变体鱼纹彩绘。器表磨光。残高13.2厘米(图一五,3)。

2. 弧腹盆

多为泥质灰陶,少量为泥质红陶,均侈口,卷沿,弧腹,器表磨光。

标本H91:7,泥质灰陶。口微侈,卷沿,沿部加厚,圆唇,弧腹。素面。器表磨光。残高5.3厘米(图一六,1)。标本H91:19,泥质灰陶。口微侈,卷沿,沿部稍厚,方唇,弧腹。素面。器表磨光,口下可见轮修痕迹。残高6.8厘米(图一六,4)。标本IT0307⑥:23,泥质灰陶。侈口,卷沿,沿部稍厚,圆唇,弧腹。素面。器表磨光。残高4.6厘米(图一六,3)。标本IT0104⑥:7,泥质灰陶。口微侈,卷沿,圆唇,弧腹。素面。器表磨光,器表可见刮抹痕迹。残高5.9厘米(图一六,2)。

---

① 西安半坡博物馆、陕西省考古研究所、临潼县博物馆:《姜寨——新石器时代遗址发掘报告》,文物出版社,1988年10月。

② 西安市文物保护考古研究院:《西安鱼化寨》,科学出版社,2017年2月。

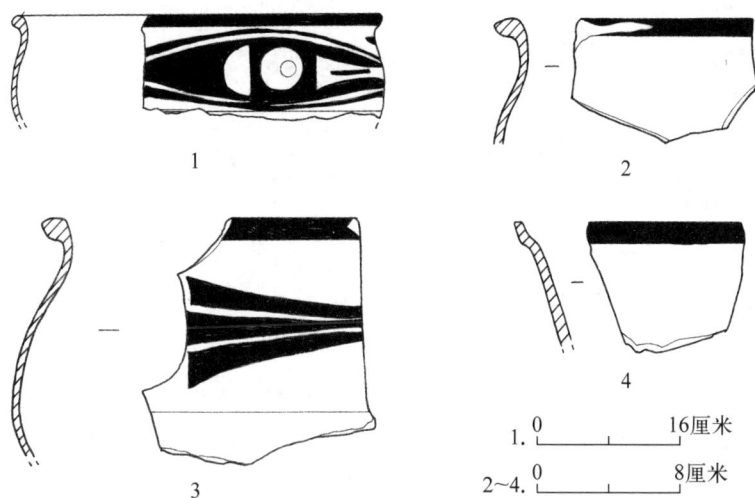

图一五　第一期折腹盆

1. H72：16　2. H80：1　3. H72：17　4. IT0208⑥：11

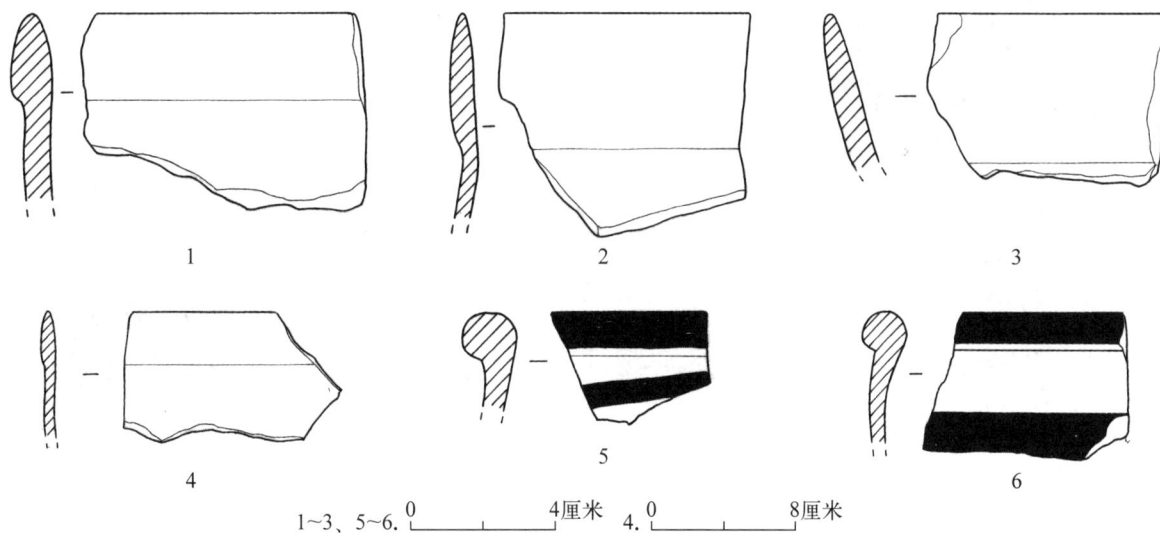

图一六　第一期弧腹盆

1. H91：7　2. IT0104⑥：7　3. IT0307⑥：23　4. H91：19　5. IT0208⑥：23　6. G1③：2

标本G1③：2，泥质红陶。侈口，卷沿，圆唇，弧腹。唇部饰黑色彩绘，器表饰黑色几何纹彩绘。器表磨光。残高3.9厘米（图一六，6）。标本IT0208⑥：23，泥质红陶。侈口，卷沿，圆唇，弧腹。唇部饰黑色彩绘，器表饰黑色条带纹彩绘。器表磨光。残高3厘米（图一六，5）。

（二）钵

数量较多。多为泥质红陶，极少数为夹砂红陶、泥质灰陶、泥质黑陶。依据口部形态，可分为直口钵、敛口钵、敞口钵三类，依据腹部形态可分为深弧腹、浅弧腹、坠腹、斜直腹四类。

　　1. 直口钵

　　数量较多。多为口、腹部残片，完整器较少。多为泥质红陶，少量为泥质灰陶、夹砂红陶。均直口，部分口部微敛，深弧腹。

　　标本IT0307⑥∶1，完整。夹砂红陶。直口，圆唇，深弧腹，圜底。素面。口径6厘米，通高3厘米（图一七，10；彩版一，1）。标本H80∶4，口、腹部残片。泥质红陶。直口微敛，圆唇，深弧腹。素面。口下可见浅红色叠烧痕迹及轮修痕迹。残高7厘米（图一七，3）。标本IT0208⑥∶24，口、腹部残片。泥质红陶。直口微敛，圆唇，深弧腹。上腹部饰多条横向绳纹。口下可见轮修痕迹。残高10厘米（图一七，7）。标本IT0207⑥∶10，口、腹部残片。泥质红陶。直口，圆唇，深弧腹。素面。残高8厘米（图一七，5）。标本H91∶15，口、腹部残片。泥质红陶。直口，方唇，深弧腹。素面。器表磨光。残高7厘米（图一七，4）。标本IT0104⑥∶12，口、腹部残片。泥质红陶。直口微敛，圆唇，深弧腹。唇部饰一周黑彩。器表磨光，口下可见深红色叠烧痕迹。残高6厘米（图一七，2）。标本H99∶8，口、腹部残片。泥质红陶。直口，圆唇，深弧腹，口下有一个由外向内

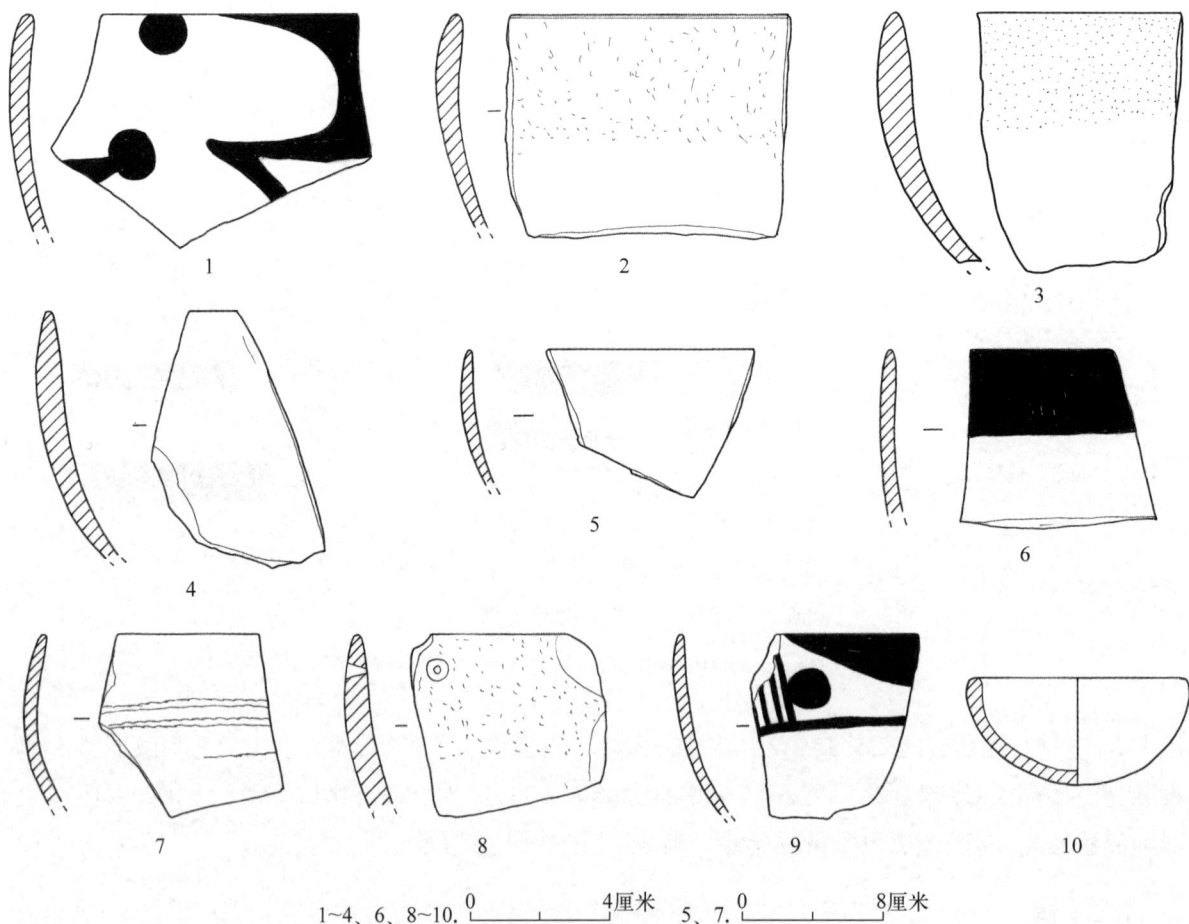

图一七　第一期直口钵

1. IT0104⑥∶4　2. IT0104⑥∶12　3. H80∶4　4. H91∶15　5. IT0207⑥∶10　6. IT0207⑥∶9
7. IT0208⑥∶24　8. H99∶8　9. IT0104⑥∶21　10. IT0307⑥∶1

单面钻成的圆孔,可能作为修补之用。素面。器表磨光,口下可见浅红色叠烧痕迹,内壁可见轮修痕迹。残高5厘米(图一七,8)。标本IT0207⑥:9,口、腹部残片。泥质红陶。直口,圆唇,深弧腹。口下饰黑色宽带纹彩绘。器表磨光。残高4.8厘米(图一七,6)。标本IT0104⑥:4,口、腹部残片。泥质红陶。直口,圆唇,深弧腹。唇部饰一周黑彩,器表饰黑色圆点、弧线纹彩绘。器表磨光。残高6.3厘米(图一七,1)。标本IT0104⑥:21,口、腹部残片。泥质红陶。直口,圆唇,深弧腹。唇部饰一周黑彩,器表饰黑色圆点、直线、弧边三角纹彩绘。器表磨光。残高5厘米(图一七,9)。标本IT0104⑥:9,口、腹部残片。泥质红陶。直口,圆唇,深弧腹。唇部饰一周黑彩,器表饰黑色弧边三角纹彩绘。器表磨光。残高4.9厘米(图一八,5)。标本IT0104⑥:22,口、腹部残片。泥质灰陶。直口,圆唇,深弧腹。素面。器表磨光。残高5.4厘米(图一八,8)。标本IT0106⑥:12,口、腹部残片。泥质灰陶。直口,圆唇,深弧腹。素面。内、外壁均可见轮修痕迹。残高6厘米(图一八,2)。标本H99:6,口、腹部残片。泥质灰陶。直口,圆唇,深弧腹。素面。口下可见轮修痕迹。残高4.5厘米(图一八,9)。标本IT0307⑥:29,口、腹部残片。泥质红陶。直口,圆唇,深弧腹。口沿下侧与器表均饰黑色彩绘。器表可见刮抹痕迹。残高3.8厘米(图一八,6)。标本IT0105⑥:1,口、腹部残片。泥质红陶。直口微敛,方唇,深弧腹。素面。器表磨光。残高5.9厘米(图一八,3)。标本IT0104⑥:11,口、腹部残片。泥质红陶。直口,圆唇,深弧腹。素面。器表可见刮抹痕迹。残高5.3厘米(图一八,4)。标本IT0104⑥:5,口、腹部残片。泥质红

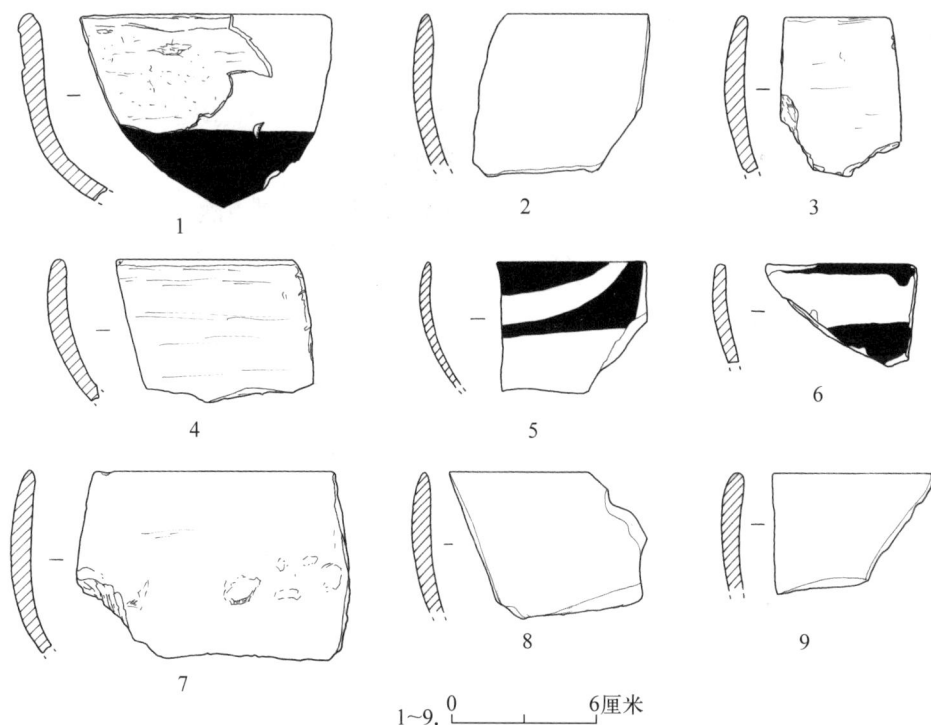

图一八　第一期直口钵

1. IT0104⑥:5　2. IT0106⑥:12　3. IT0105⑥:1　4. IT0104⑥:11　5. IT0104⑥:9　6. IT0307⑥:29
7. IT0207⑥:8　8. IT0104⑥:22　9. H99:6

陶。直口,圆唇,深弧腹。器表饰黑色彩绘。口沿下侧可见刮抹痕迹。残高7.2厘米(图一八,1)。标本IT0207⑥:8,口、腹部残片。泥质红陶。直口微敛,圆唇,深弧腹。素面。器表磨光。残高7厘米(图一八,7)。标本G1①:8,口、腹部残片。泥质红陶。直口,圆唇,深弧腹。素面。器表磨光。残高6.8厘米(图一九,1)。标本G1①:9,口、腹部残片。泥质红陶。直口微敛,圆唇,深弧腹。器表饰横向细绳纹。残高6.8厘米(图一九,7)。标本G1①:10,口、腹部残片。泥质红陶。直口微敛,圆唇,深弧腹。口下饰黑色宽带纹彩绘。器表磨光。残高7.1厘米(图一九,5)。标本H91:4,口、腹部残片。泥质红陶。直口,圆唇,深弧腹。素面。器表磨光。口沿下侧可见轮修痕迹。残高5.2厘米(图一九,8)。标本IT0307⑥:31,口、腹部残片。泥质红陶。直口,尖圆唇,深弧腹。素面。器表磨光。口沿下侧可见轮修痕迹。残高4.9厘米(图一九,2)。标本G1④:1,口、腹部残片。泥质红陶。直口,圆唇,深弧腹。素面。器表磨光。残高8.6厘米(图一九,9)。标本G1④:4,口、腹部残片。泥质红陶。直口微敛,圆唇,深弧腹。素面。器表磨光。残高4.3厘米

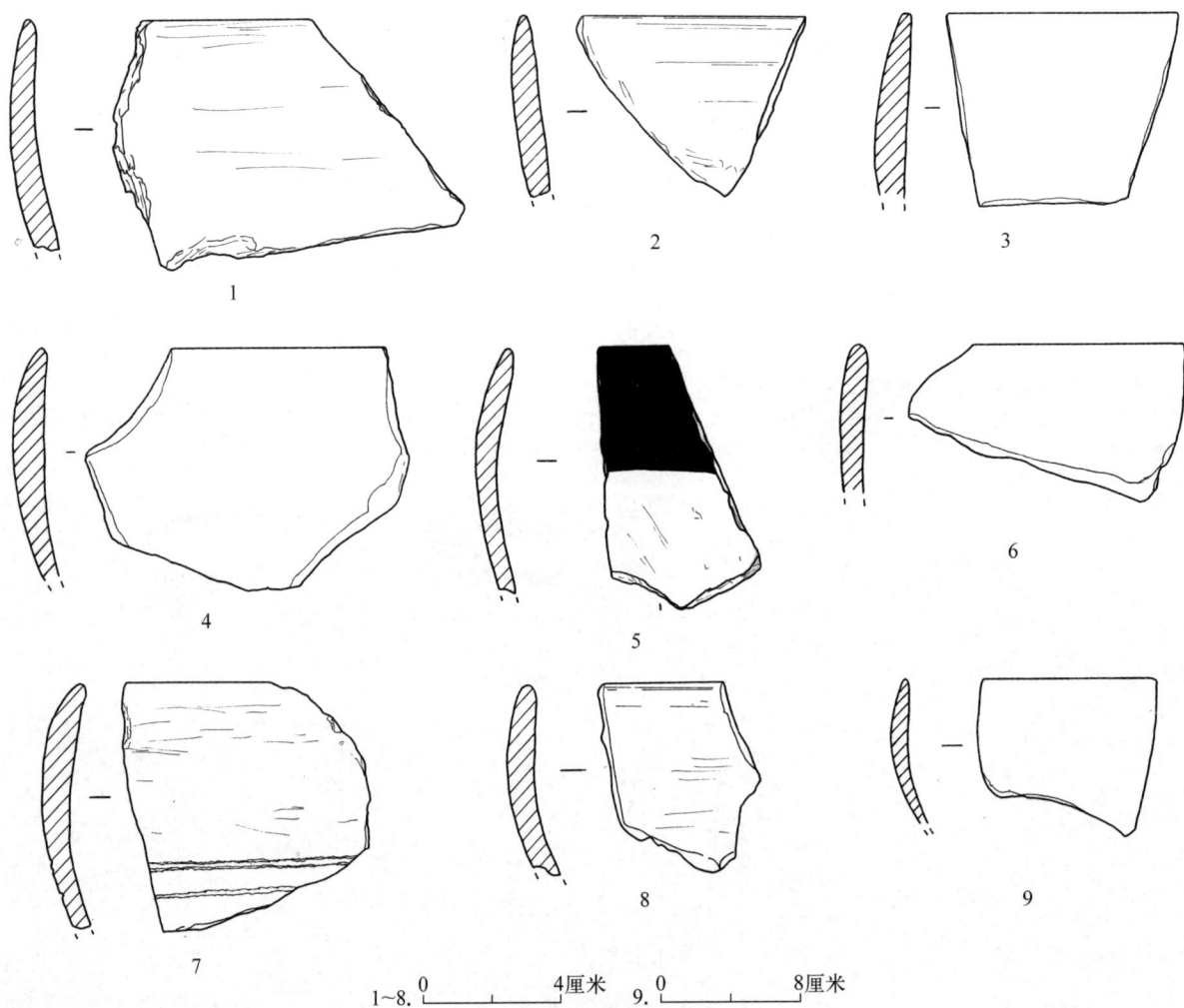

图一九　第一期直口钵

1. G1①:8　2. IT0307⑥:31　3. G1③:9　4. G1③:8　5. G1①:10　6. G1④:4　7. G1①:9　8. H91:4　9. G1④:1

（图一九，6）。标本 G1③：9，口、腹部残片。泥质红陶。直口微敛，方唇，深弧腹。素面。器表磨光。残高5.2厘米（图一九，3）。标本 G1③：8，口、腹部残片。泥质红陶。直口微敛，圆唇，深弧腹。素面。器表磨光。残高6.6厘米（图一九，4）。

2. 敛口钵

数量较少。均为口、腹部残片，无可复原者。多为泥质红陶，少量为泥质黑陶。均敛口，依据腹部形态又可分为浅弧腹与坠腹两类。

（1）浅弧腹钵

标本 IT0107⑥：11，泥质红陶。敛口，圆唇，浅弧腹。唇部饰一周黑彩。器表磨光，口下可见深红色叠烧痕迹。残高10.8厘米（图二〇，4）。标本 IT0104⑥：31，泥质红陶。敛口，圆唇，浅弧腹。唇部饰一周黑彩，器表饰黑色变体鱼纹彩绘。器表磨光。残高4.3厘米（图二〇，5）。标本 IT0308⑥：3，泥质黑陶。敛口，圆唇，浅弧腹。素面。器表磨光。残高9.8厘米（图二〇，3）。标本 IT0208⑥：8，泥质红陶。口微敛，圆唇，浅弧腹。素面。残高5.7厘米（图二〇，10）。标本 IT0307⑥：28，泥质红陶。敛口，尖圆唇，浅弧腹。素面。器表磨光。残高7厘米（图二〇，2）。标本 IT0307⑥：42，泥质红陶。敛口，尖圆唇，浅弧腹。素面。器表可见刮抹痕迹。残高6.1厘米（图二〇，1）。标本 G1①：12，口、腹部残片。泥质红陶。口微敛，圆唇，浅弧腹。素面。器表可见刮抹痕迹。残高4厘米（图二〇，8）。标本 H91：14，口、腹部残片。泥质红陶。口微敛，圆唇，斜直腹。素面。器表可见刮抹痕迹。残高5厘米（图二〇，7）。标本 G1④：9，口、腹部残片。泥质红陶。敛口，圆唇，浅弧腹。素面。器表磨光。残高5.1厘米（图二〇，6）。标本 G1④：6，口、腹部残片。泥质红陶。敛口，圆唇，浅弧腹。唇部饰黑色彩绘。器表磨光，可见压印痕迹。残高4厘米（图二〇，9）。

（2）坠腹钵

标本 IT0104⑥：10，泥质红陶。敛口，尖圆唇，腹较深，最大腹径位于中下腹部。器表饰刻划纹。器表磨光。残高6.2厘米（图二〇，11）。

3. 敞口钵

数量较少。均为口、腹部残片，无可复原者。多为泥质红陶，少量为泥质灰陶、泥质黑陶。均敞口，斜直腹。

标本 H75：1，泥质灰陶。敞口，圆唇，斜直腹，口下有一个由外向内单面钻成的圆孔，可能作为修补之用。素面。器表磨光。残高6.3厘米（图二一，4）。标本 IT0307⑥：30，泥质黑陶。敞口，圆唇，斜直腹。素面。器表磨光。残高4.4厘米（图二一，5）。标本 IT0208⑥：26，泥质红陶。敞口，圆唇，斜直腹。素面。器表磨光。残高4厘米（图二一，3）。标本 IT0307⑥：13，泥质红陶。敞口，圆唇，斜直腹，口下有一个由外向内单面钻成的圆孔，可能作为修补之用。素面。器表磨光。残高3.7厘米（图二一，6）。标本 IT0104⑥：2，泥质红陶。敞口，圆唇，斜直腹。素面。器表磨光。残高5.3厘米（图二一，1）。标本 G1①：11，口、腹部残片。泥质红陶。敞口，圆唇，斜直腹。器表饰黑色彩绘。器表磨光。残高4.2厘米（图二一，7）。标本 H91：5，泥质红陶。敞口，圆唇，斜直腹。素面。器表可见刮抹痕迹。残高4.7厘米（图二一，2）。

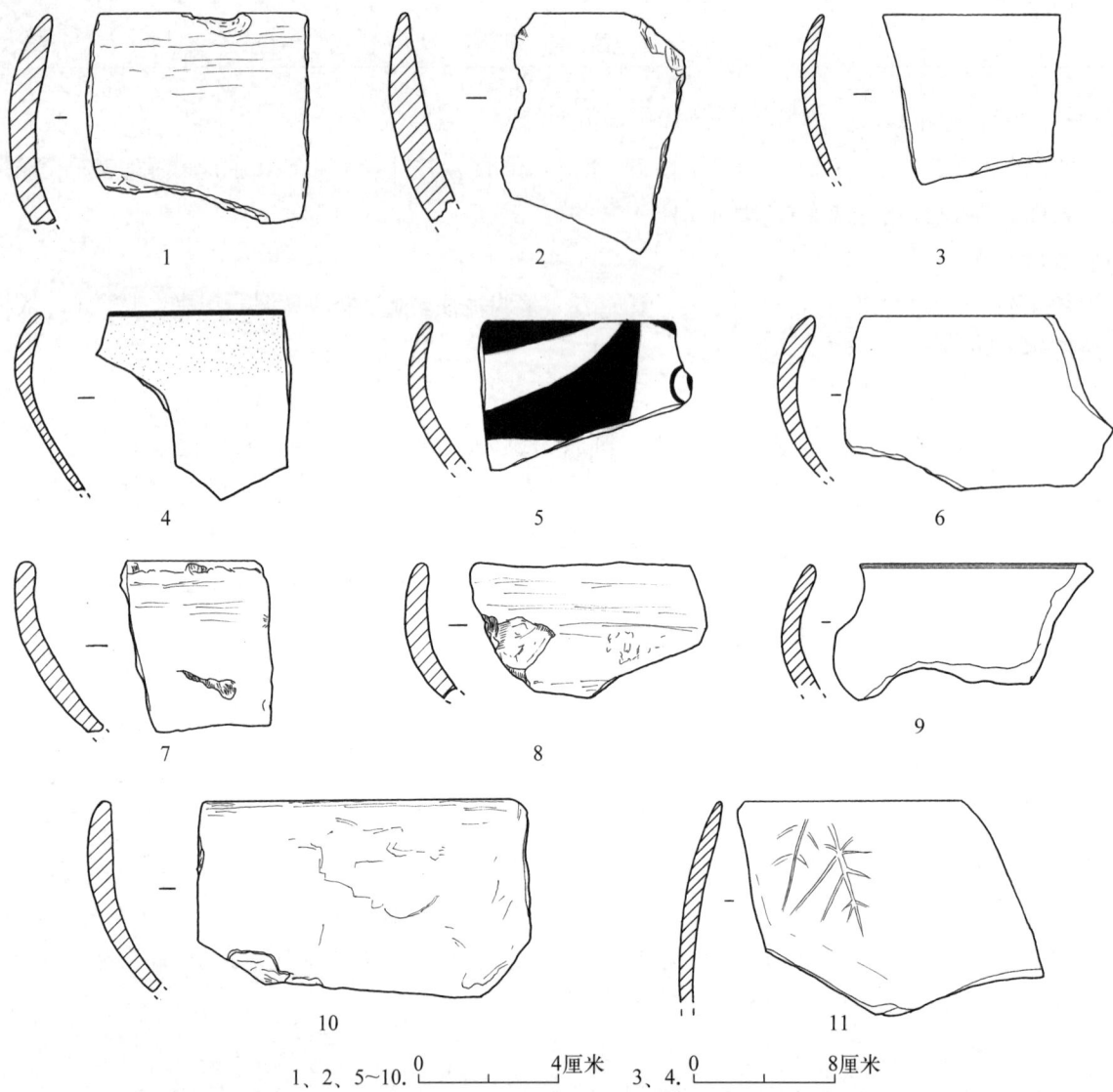

1、2、5~10. 0 ———— 4厘米   3、4. 0 ———— 8厘米

图二〇　第一期敛口钵

1~10.浅弧腹钵（IT0307⑥：42、IT0307⑥：28、IT0308⑥：3、IT0107⑥：11、IT0104⑥：31、G1④：9、H91：14、G1①：12、G1④：6、IT0208⑥：8）　11.坠腹钵（IT0104⑥：10）

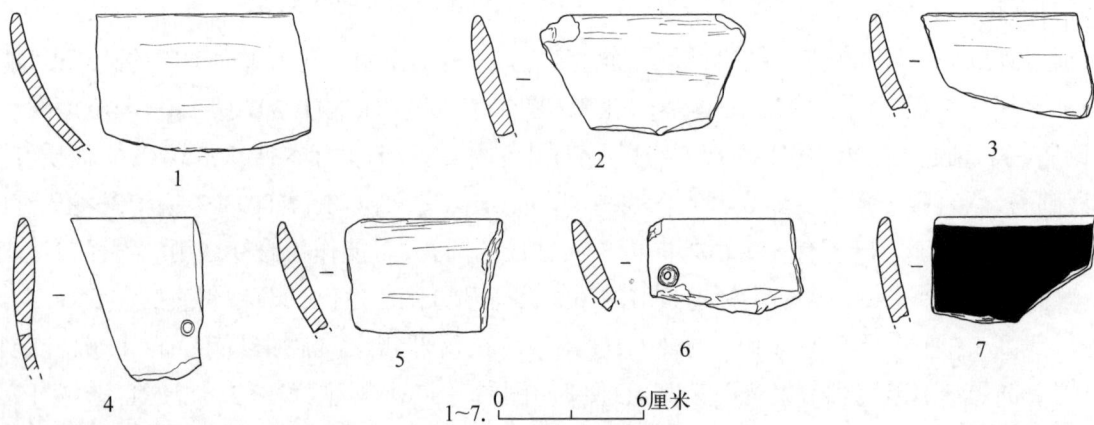

1~7. 0 ———— 6厘米

图二一　第一期敞口钵

1.IT0104⑥：2　2.H91：5　3.IT0208⑥：26　4.H75：1　5.IT0307⑥：30　6.IT0307⑥：13　7.G1①：11

（三）罐

数量较少。均为口、腹部残片，无可复原者。多为夹砂红陶，少数为泥质红陶。依据口部与腹部形态可分为侈口鼓腹罐、敛口鼓腹罐与敛口直腹罐。

1. 侈口鼓腹罐

标本IT0208⑥：7，夹砂红陶。侈口，折沿，内沿面与腹部相接处有一道凸棱，圆唇，鼓腹。器表饰横向绳纹。外沿面可见轮修痕迹。残高12.6厘米（图二二，2）。

2. 敛口鼓腹罐

标本IT0104⑥：6，泥质红陶。敛口，圆唇，圆腹。口下原饰有乳丁状（？）附加堆纹，已脱落。器表可见烟熏痕迹，内壁可见刮抹痕迹。残高10.8厘米（图二二，3）。

3. 敛口直腹罐

标本IT0107⑥：2，夹砂红陶。敛口，圆唇，直腹。口下饰多个鹰嘴状附加堆纹，腹部饰横向刻划纹。内壁可见泥条盘筑痕迹。残高8.4厘米（图二二，6）。

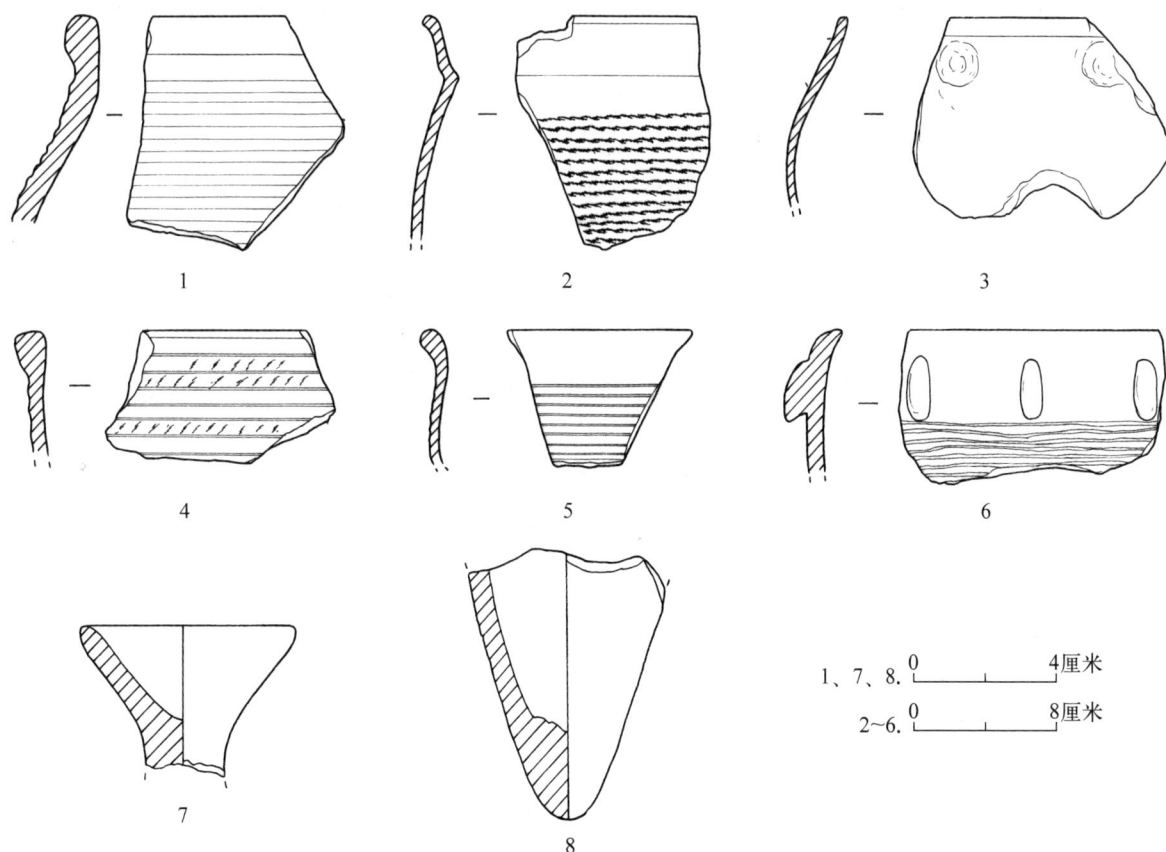

图二二　第一期罐、瓮、釜、器盖、器底

1、5. 釜（IT0208⑥：12、H99：1）　2. 侈口鼓腹罐（IT0208⑥：7）　3. 敛口鼓腹罐（IT0104⑥：6）　4. 瓮（IT0104⑥：33）
6. 敛口直腹罐（IT0107⑥：2）　7. 器盖（G1②：6）　8. 器底（IT0309⑥：3）

（四）瓮

数量较少。均为口、腹部残片，无可复原者。均为泥质红陶。

标本IT0104⑥：33，敛口，折沿，圆唇，鼓腹。口沿以下饰右上至左下斜向绳纹，绳纹之上饰多周弦纹。沿面与内壁可见轮修痕迹。残高7.2厘米（图二二，4）。

（五）釜

数量较少。均为口、腹部残片，无可复原者。多为夹砂红陶，少量为泥质红陶。均侈口，卷沿，圆唇，鼓腹。

标本H99：1，泥质红陶。侈口，卷沿，圆唇，鼓腹。上腹部饰多周弦纹。口下可见轮修痕迹。残高7.4厘米（图二二，5）。标本IT0208⑥：12，夹砂红陶。侈口，卷沿，圆唇，鼓腹。口沿以下饰多周弦纹。残高6.2厘米（图二二，1）。

（六）器盖

数量较少。均为钮、壁残片，无可复原者。标本G1②：6，钮部残片。夹砂红陶。圈足形钮。素面。钮径5.8厘米，残高4.1厘米（图二二，7）。

（七）器底

标本IT0309⑥：3，底部残片。泥质红陶。尖底。素面。器表刮抹光滑。可能为尖底瓶或尖底罐底。残高7.3厘米（图二二，8）。

（八）陶片

标本IT0208⑥：16与标本H72：18均为腹部残片。形制相同，均为夹砂红陶，器表饰多个鼓钉状附加堆纹。内壁可见刮抹痕迹。可能为尖底缸残片。标本IT0208⑥：16，残高8厘米（图二三，4），标本H72：18，残高9.2厘米（图二三，1）。标本G1②：5，腹部残片。泥质红陶。腹部较直。器表饰黑色几何纹彩绘。器表磨光。可能为盆、钵类器残片。残高5.6厘米（图二三，8）。

（九）圆陶片

数量较多。多为泥质红陶，少数为泥质灰陶、泥质黑陶。均系利用钵、盆类器的残片打制周缘而成，形状有圆形与椭圆形。

标本IT0105⑥：2，完整。泥质红陶。系利用陶钵的口部残片打制而成，保留部分口沿。平面呈椭圆形，周缘打制不甚规整，较为锋利。器表与唇部可见黑色宽带纹彩绘。长径6.7厘米，短径5.9厘米（图二三，7）。标本IT0307⑥：3，完整。泥质灰陶。平面呈圆形，周缘较钝。直径3厘米（图二三，5）。标本IT0309⑥：13，完整。泥质黑陶。平面呈圆形，周缘较钝。直径6.1厘米

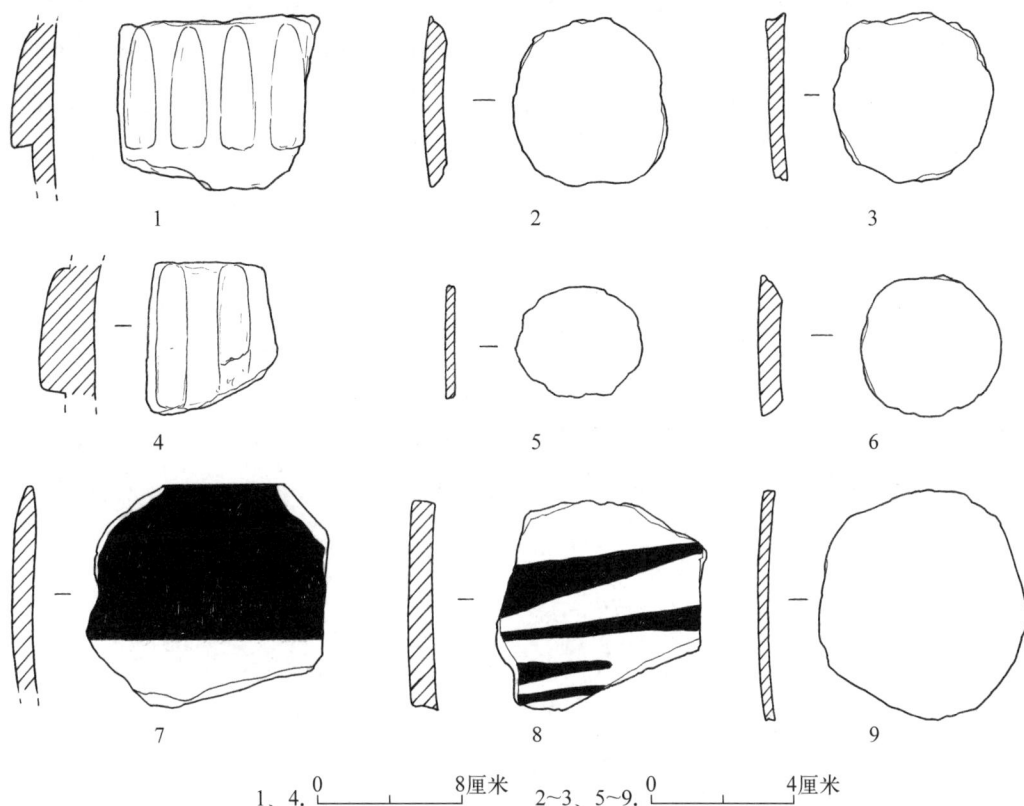

1、4.├─────0───────8厘米┤　　　2~3、5~9.├─────0───────4厘米┤

图二三　第一期陶片、圆陶片

1、4、8.陶片（H72∶18、IT0208⑥∶16、G1②∶5）

2~3、5~7、9.圆陶片（H99∶7、G1③∶10、IT0307⑥∶3、H99∶5、IT0105⑥∶2、IT0309⑥∶13）

（图二三，9；彩版一，3）。标本H99∶5，完整。泥质红陶。平面呈圆形，周缘较为锋利。直径3.8厘米（图二三，6；彩版一，4）。标本H99∶7，稍残。泥质红陶。平面呈圆形，周缘较为锋利。直径4.4厘米（图二三，2）。标本G1③∶10，完整。泥质红陶。平面呈圆形，周缘较钝。直径4.5厘米（图二三，3）。

（十）锉

数量较多。均残。均为夹砂红陶。

标本IT0104⑥∶3，残存部分横断面呈扁圆柱状。器表正反面麻点清晰，密度较大，两侧面密度较小。残长5.8厘米（图二四，8）。标本IT0104⑥∶32，残存部分平面大体呈三角形，横断面呈圆角长方形。器表麻点清晰，密度较大。残长6.7厘米，宽3.6厘米，厚0.9厘米（图二四，9）。标本H99∶3，残存部分平面呈长条状，两侧边较直，横断面呈长方形。器表麻点清晰，密度较大。残长6.4厘米，宽3.6厘米，厚1.1厘米（图二四，5）。标本IT0307⑥∶2，残存部分平面大体呈长条状，中间宽，两端窄，两侧边稍弧，横断面呈圆角长方形。器表麻点清晰，密度较大。残长6.6厘米，宽3.5厘米，厚0.9厘米（图二四，6）。标本H99∶9，残。泥质灰陶。残存部分平面呈长方形，横断面呈圆角长方形。器表麻点较疏。残长8厘米,宽2.8厘米,厚0.8厘米(图二四,11)。标本H99:10,残存部分平面呈长条形,两侧边较直,横断面呈扁圆形。器表麻点清晰,密度较大。残长4.4厘米,宽3.4厘米,厚1.2厘米(图二四,7)。标本H91:25,残存部分平面呈梯形,两侧边较直,横断面呈圆角长方形。器表麻点清晰,密度较大。残长8.2厘米,宽3.3厘米,厚1.1厘米(图二四,10;彩版一,6)。标本H72:22,残存部分平面呈三角形,横断面呈圆角长方形。器表麻点清晰,密度较大。残长11.6厘米,厚1.4厘米(图二四,3;彩版二,1)。标本H99:11,残存部分平面呈长条形,横断面呈圆角长方形。器表麻点清晰,密度较大。残长10.6厘米,厚1.6厘米(图二四,4;彩版二,2)。标本H80:16,残存部分平面呈三角形,两侧边较直,横断面呈圆角长方形。器表麻点清晰,密度较大。残长10.4厘米,厚1.4厘米(图二四,2;彩版一,5)。标本H80:19,残存部分平面大体呈长条形,中间宽,两端窄,两侧边稍弧,横断面呈长方形。器表麻点清晰,密度较大。残长12.5厘米,宽4.3厘米,厚1.1厘米(图二四,1)。

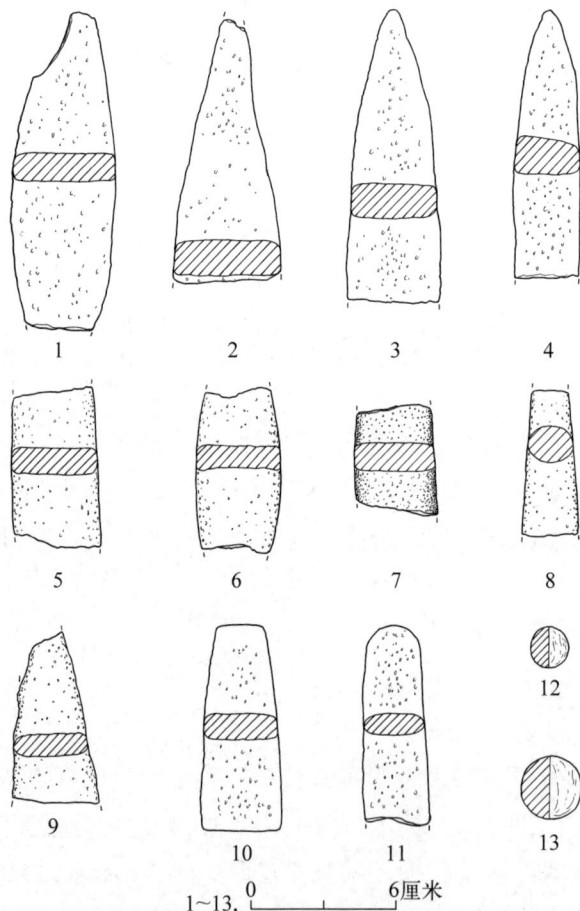

图二四　第一期陶锉、陶球

1~11. 陶锉(H80:19、H80:16、H72:22、H99:11、H99:3、IT0307⑥:2、H99:10、IT0104⑥:3、IT0104⑥:32、H91:25、H99:9)
12~13. 陶球(H99:13、H80:25)

（十一）球

数量较少。均圆球状。

标本H80：25，完整。泥质红陶。圆球状。器表较为光滑。直径2.5厘米（图二四，13；彩版一，2）。标本H99：13，完整。泥质红陶。圆球状。器表较为粗糙。直径1.6厘米（图二四，12）。

二、石器

数量较少。主要有斧、球、锤等。

（一）斧

标本H80：5，完整。通体打制而成。平面呈梯形，横断面呈椭圆形，刃部较钝。长12.5厘米，宽7.2厘米，厚2.6厘米（图二五，4；彩版二，5）。标本H80：21，残。通体磨制而成。残存部分平面大体呈梯形，横断面呈椭圆形，刃部较锋利。残长7厘米，残宽4.4厘米，厚2.5厘米（图二五，1）。标本H99：12，残。器体经打制而成，刃部磨光。残存部分大体呈梯形，横断面呈椭圆形，刃部较锋利。残长6.6厘米，残宽2.9厘米，厚2.7厘米（图二五，6）。

（二）球

标本H72：23，完整。圆球状。器表较为粗糙，有因使用形成的坑疤。直径2.9厘米（图

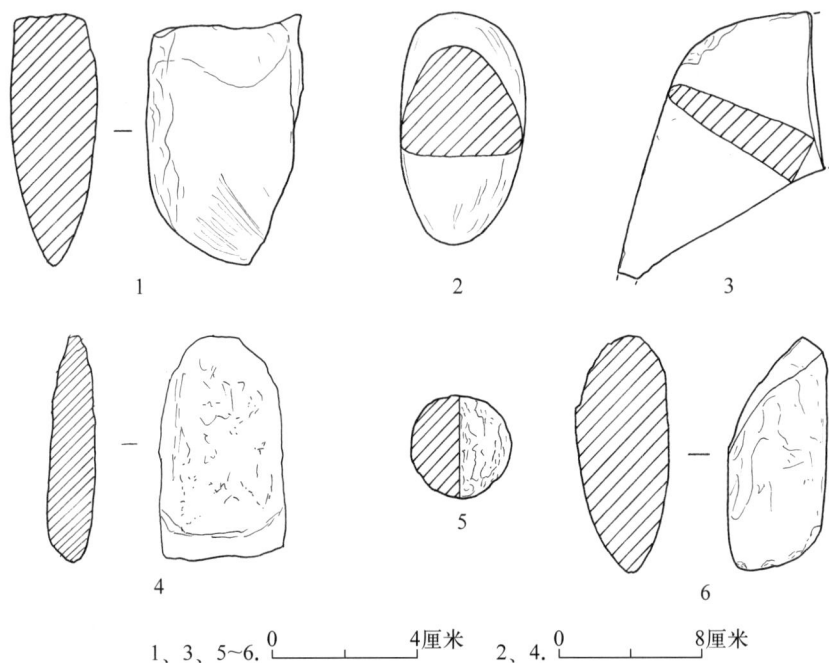

1、3、5~6.　0 ———— 4厘米　　2、4.　0 ———— 8厘米

图二五　第一期石器

1、4、6. 石斧（H80：21、H80：5、H99：12）　2. 石锤（H72：9）　3. 残石器（H80：20）　5. 石球（H72：23）

二五,5;彩版二,3)。

（三）锤

标本 H72∶9,完整。大体呈椭圆形,底部较为光滑平整。长13厘米(图二五,2;彩版二,4)。

（四）残石器

标本 H80∶20,残。通体磨制。残存部分大体呈三角形,器形扁薄。残长9.3厘米,厚1.4厘米（图二五,3）。

第四章　第二期遗存

第一节　遗　迹

五楼遗址第二期遗存发现的遗迹仅有灰坑一类，共14座（附表二），是本次发掘中遗存较少的一个时期（图二六）。其中Ⅰ区12座（H31、H41、H49、H54、H55、H57、H61、H64、H84、H86、H89、H92），Ⅱ区2座（H103、H104）。上述灰坑的平面形状有圆形、椭圆形及不规则形，结构有袋状、桶状、锅底状。其中圆形袋状5座，圆形桶状2座，圆形锅底状4座，椭圆形锅底状1座，不规则形2座。现将各类型灰坑分述如下：

一、圆形袋状灰坑

共发掘5座。这类灰坑数量最多，坑口平面形状多作圆形，断面为口小底大的袋状，坑底多数较为平整。坑内填土多为质地较为疏松的灰土，有时夹杂有料礓石、火烧土块等。现举例如下：

H31　位于Ⅰ区T0205北部与T0206南部，开口于第⑤层下。坑口平面呈圆形，袋状，坑壁清晰，坑底平整。坑口直径70厘米，底直径110厘米，深180厘米（图二七）。坑内填土较为疏松，土色为浅灰色，包含有红烧土颗粒等。出土有少量陶片，以夹砂红陶、泥质红陶为主，少量泥质灰陶；可辨器形有盆等。纹饰有彩陶、绳纹、线纹等。

H55　位于Ⅰ区T0205东北部、T0206东南部、T0306西南部、T0305西北部，开口于第⑤层下。坑口平面呈圆形，袋状，坑壁规整，坑底不平，略呈东高西低状。坑口直径90厘米，底直径150厘米，深130厘米（图二八）。坑内填土可分为二层：第①层，土质疏松，土色为浅灰色，厚90厘米，包含有少量红烧土块；第②层，土质致密，土色为黄褐色，厚40厘米，包含有少量红烧土块、料礓石等。出土少量陶片，以泥质红陶和夹砂红陶为主，另有零星泥质灰陶；可辨器形有瓶、盆、钵等。纹饰有绳纹、彩陶等。

H64　位于Ⅰ区T0206北部与T0207南部，开口于第⑤层下，南部被H24、H26打破。坑口平面呈圆形，袋状，坑壁清楚，底部平整。坑口直径142厘米，底直径242厘米，深144厘米（图二九）。坑内填土较为疏松，土色为浅黄色，包含有料礓石等。出土大量陶片，以泥质红陶为主，夹砂红陶与泥质灰陶次之；可辨器形有瓶、盆、钵等（图三〇）。纹饰除素面外，有线纹、绳纹、彩陶、弦纹等。

北

H86

H84

H41

H55

H31

H64

H61

H54

H49

H89 H57

H92

I区

0

6米

H104

H103

II区

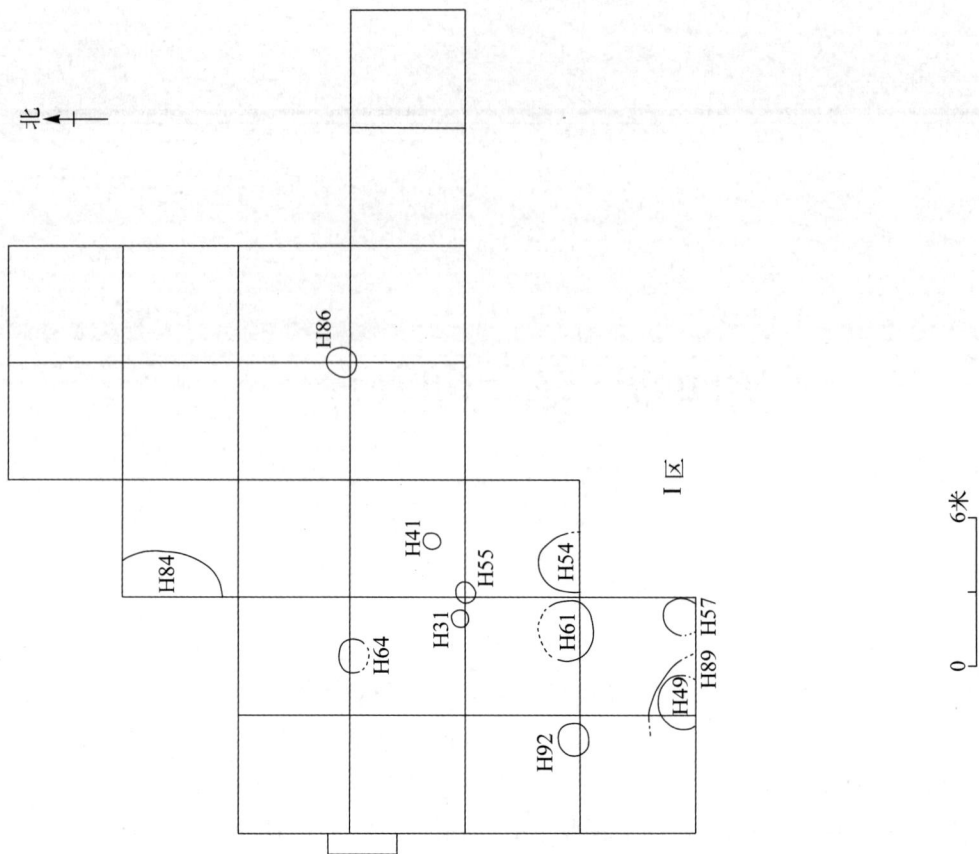

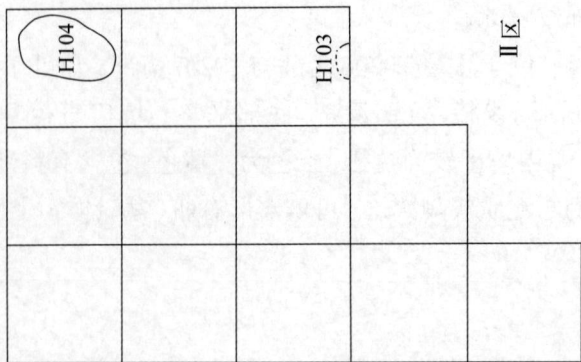

图二六 第二期遗迹分布图

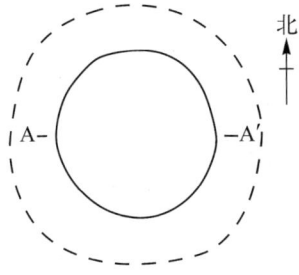

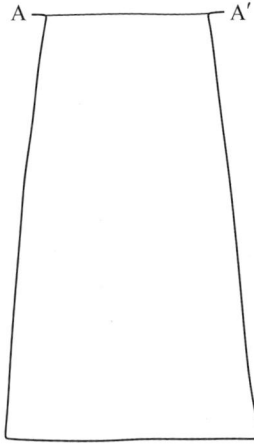

北

A— —A′

A A′

0   60厘米

图二七　H31平、剖面图

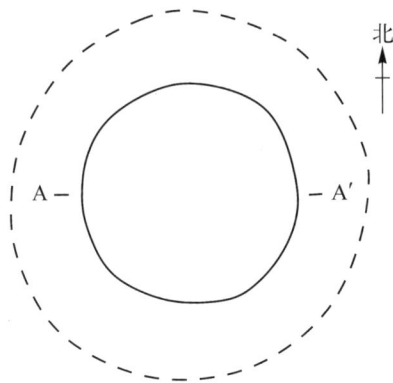

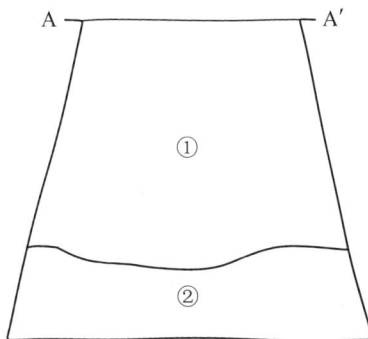

北

A— —A′

A A′

①

②

0   60厘米

图二八　H55平、剖面图

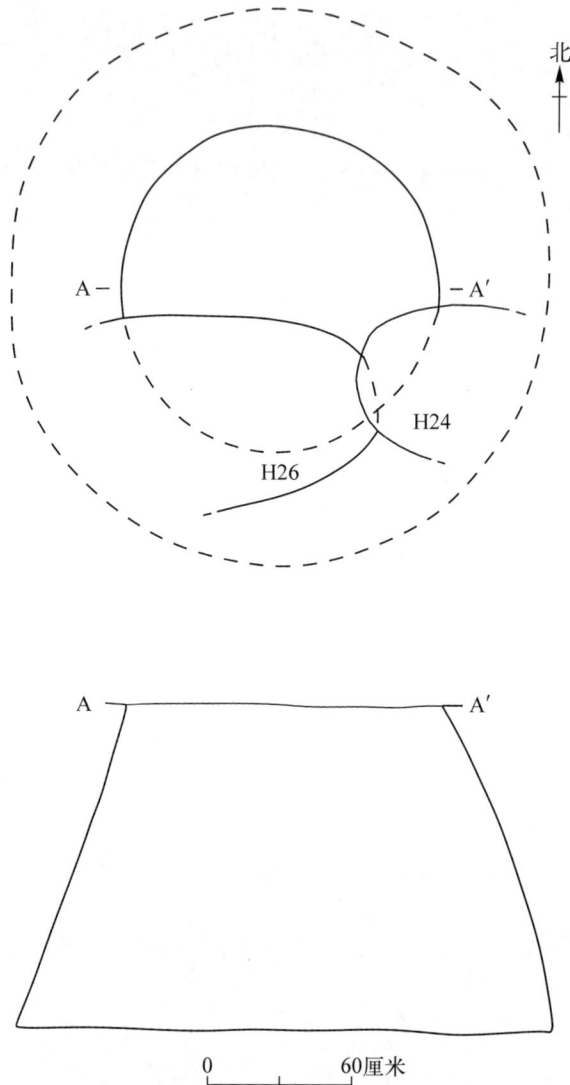

图二九　H64平、剖面图

H92　位于Ⅰ区T0104北部与T0105南部，开口于第⑤层下。坑口平面呈圆形，袋状，坑壁清晰，坑底平整。坑口直径146厘米，底直径188厘米，深96厘米（图三一）。坑内填土较为疏松，土色为浅灰色，包含有红烧土颗粒、田螺壳等。出土少量陶片，以泥质红陶为主，夹砂红陶与泥质灰陶次之；可辨器形有尖底瓶、盆、钵、罐、瓮、釜等（图三二）。纹饰有线纹、彩陶等。

二、圆形桶状灰坑

共发掘2座。这类灰坑数量较少，坑口平面形状均为圆形，断面为口底同大的桶状，坑底较为平整。坑内填土多为质地较为疏松的灰褐色土，有时夹杂有炭屑、火烧土颗粒等。现举例如下：

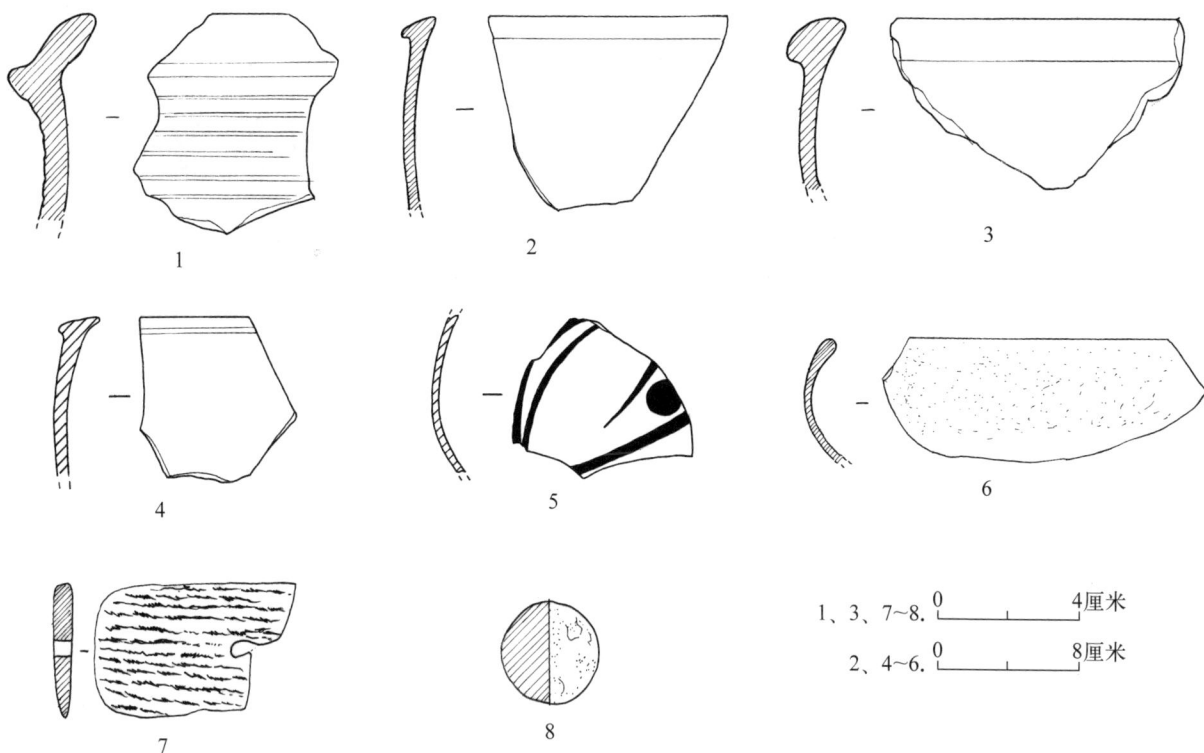

图三〇　H64 出土遗物

1. 尖底瓶（H64：3）　2～4. 叠唇盆（H64：6、H64：1、H64：2）　5. 陶片（H64：7）　6. 钵（H64：5）　7. 陶刀（H64：8）　8. 陶球（H64：4）

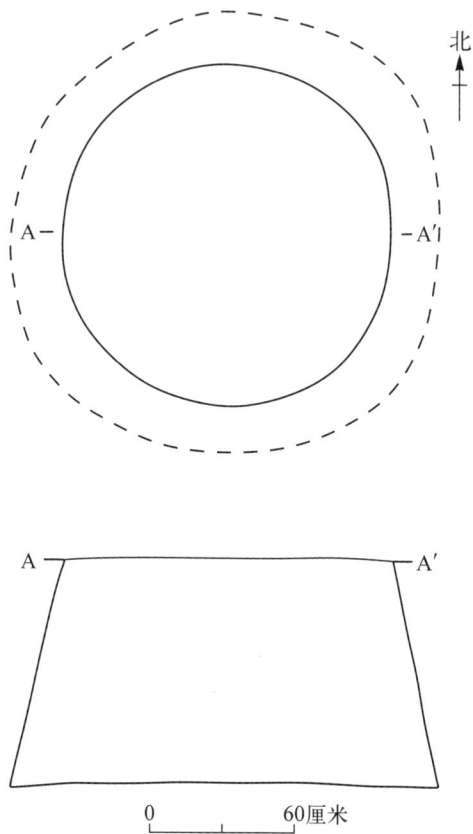

图三一　H92 平、剖面图

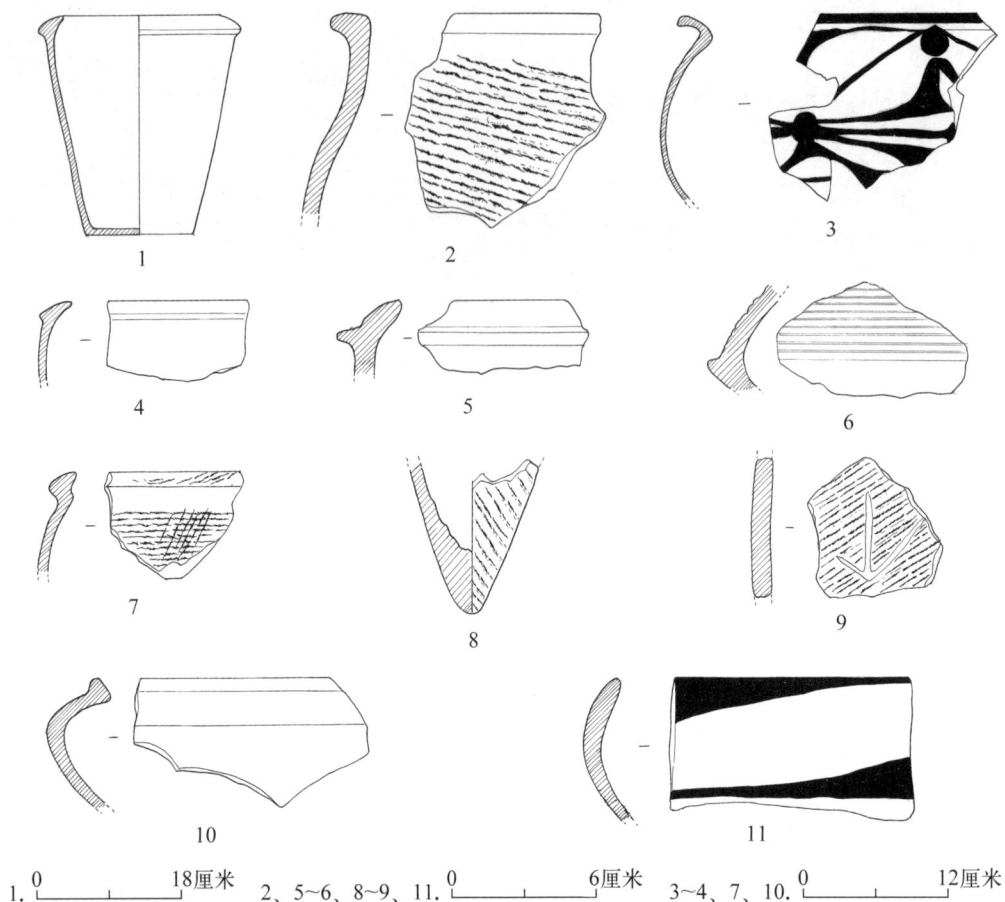

图三二　H92出土遗物

1、4.叠唇盆（H92：19、H92：17）　2、7.鼓腹罐（H92：20、H92：9）　3.弧折沿盆（H92：2）　5.尖底瓶（H92：16）
6.釜（H92：5）　8.器底（H92：15）　9.陶片（H92：29）　10.瓮（H92：13）　11.钵（H92：1）

H41　位于Ⅰ区T0306南部，开口于第⑤层下。坑口平面呈圆形，桶状，坑壁清晰，坑底较为平整。坑口直径80厘米，深70厘米（图三三）。坑内填土较为疏松，土色为浅灰色，包含有炭屑、红烧土颗粒等。出土大量陶片，以泥质红陶和夹砂红陶为主，少量泥质灰陶，并有零星夹砂灰陶；可辨器形有瓶、盆、钵等（图三四）。纹饰以素面为主，有少量线纹、绳纹、彩陶，并有零星弦纹、附加堆纹等。

三、圆形锅底状灰坑

共发掘4座。这类灰坑数量较多，坑口平面形状均为圆形，断面口大底小或略呈锅底状。坑内填土多为质地较为疏松的灰土，有时夹杂有火烧土颗粒、石块等。现举例如下：

H86　位于Ⅰ区T0406东北部、T0407东南部、T0506西北部、T0507西南部，开口于第⑤层下。坑口平面呈圆形，锅底状，坑壁清晰，底部不甚平整。坑口直径130厘米，深76厘米（图三五）。坑内填土较为疏松，土色为浅灰色，包含有红烧土颗粒、料礓石等。出土少量陶片，以夹砂红陶和

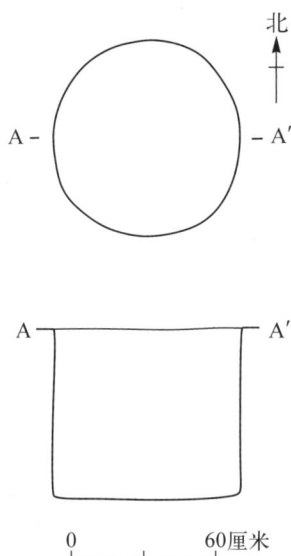

北

A - - A′

A　　　　A′

0　　　　60厘米

图三三　H41平、剖面图

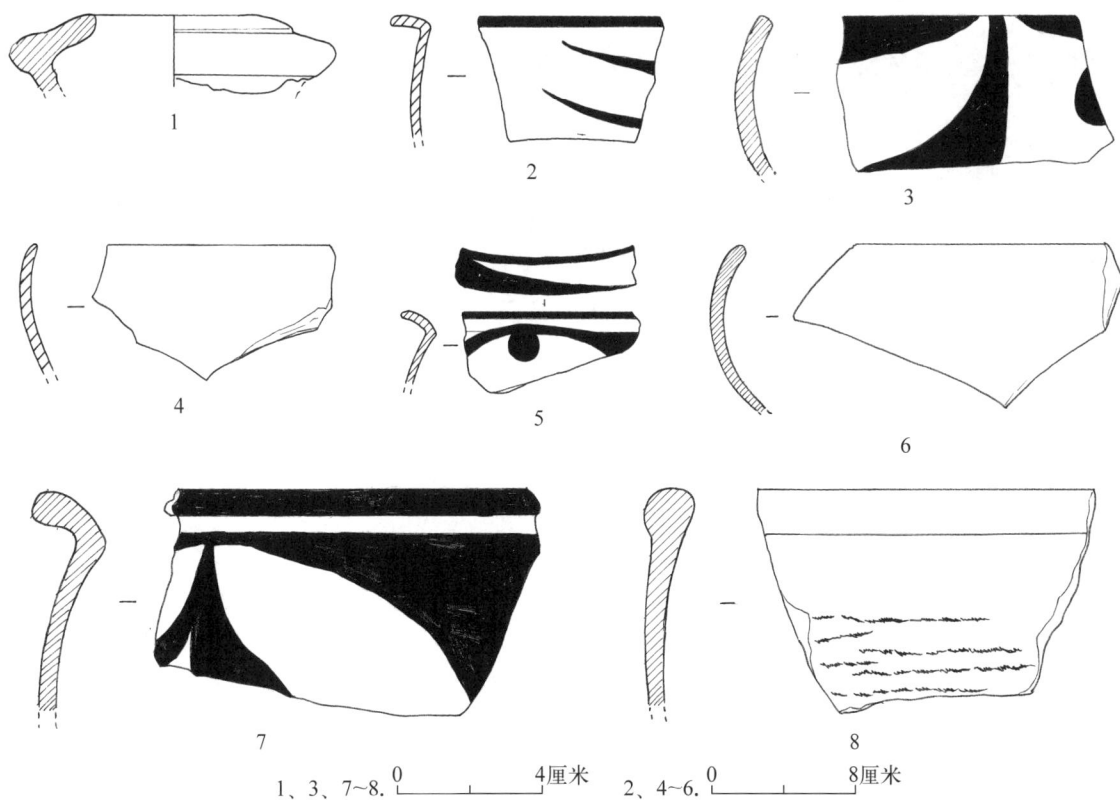

1

2

3

4

5

6

7

8

1、3、7~8.　0　　　　4厘米　　　2、4~6.　0　　　　8厘米

图三四　H41出土遗物

1.尖底瓶（H41：2）　2、5、7.弧折沿盆（H41：6、H41：5、H41：8）　3、4、6.钵（H41：3、H41：7、H41：4）　8.叠唇盆（H41：1）

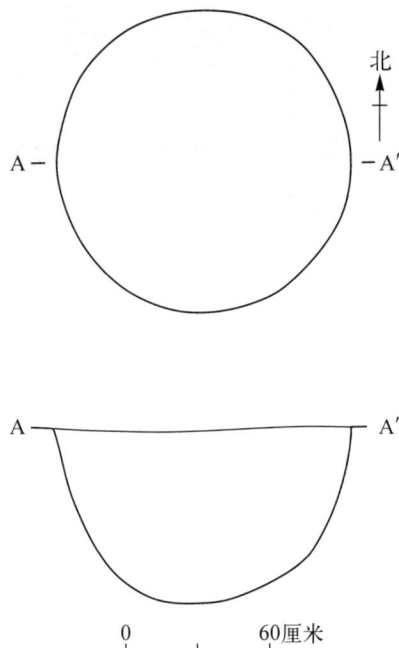

图三五　H86平、剖面图

泥质红陶为主,有少量泥质灰陶;可辨器型有罐、钵等。纹饰有绳纹、线纹等。

四、椭圆形锅底状灰坑

仅发掘1座。

H84　位于Ⅰ区T0308西部,西北部伸出探方之外未能发掘,开口于第⑤层下,西部被H83打破。坑口平面呈椭圆形,锅底状,坑壁清晰,坑底不平。发掘部分坑口长径460厘米,短径196厘米,深136厘米(图三六)。坑内填土较为致密,土色为浅灰色,包含有石块、料礓石、田螺壳等。坑内出土较多陶片,以泥质灰陶和泥质红陶为主,有少量的夹砂红陶,并有零星夹砂灰陶和夹砂褐陶;可辨器形有瓶、盆、钵、罐、缸、釜、器盖等(图三七、三八)。纹饰除素面外,还有绳纹、线纹、彩陶、弦纹、附加堆纹等。

五、不规则形灰坑

共发掘2座。这类灰坑数量较少,坑口平面形状均为不规则形,断面也不甚规则。坑内填土多为质地较为疏松的灰土,有时夹杂有炭屑、石块、料礓石等。现举例如下:

H104　位于Ⅱ区T0705东部,开口于第⑤层下。坑口平面呈不规则形,锅底状,坑壁不甚清晰,坑底不平。坑口长径420厘米,短径260厘米,深130厘米(图三九)。坑内填土较为疏松,土色为深灰色,包含有火烧土颗粒、石块等。出土少量陶片,以夹砂红陶和泥质红陶为主,有零星泥质灰陶;可辨器型有瓶、盆、钵、罐等(图四〇)。纹饰除素面外,有绳纹、线纹、彩陶等。

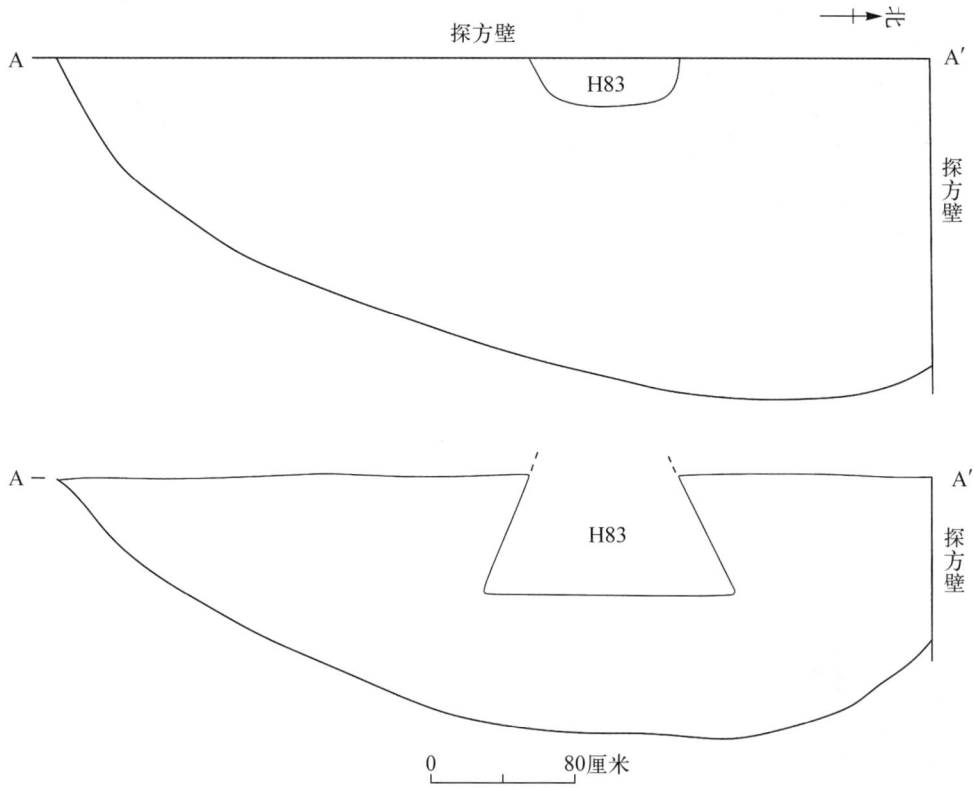

图三六　H84 平、剖面图

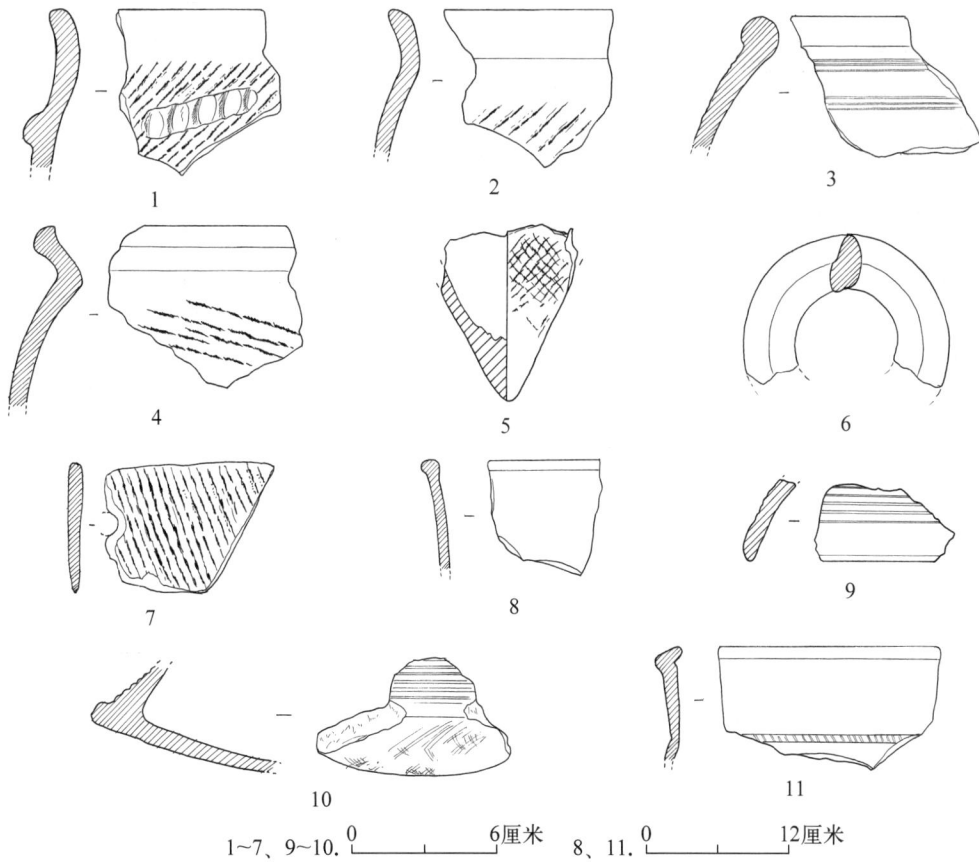

图三七　H84 出土遗物

1、2、4.鼓腹罐（H84：23、H84：18、H84：24）　3.缸（H84：20）　5.器底（H84：12）　6.陶环（H84：11）
7.陶刀（H84：2）　8、11.高领罐（H84：22、H84：1）　9.器盖（H84：4）　10.釜（H84：3）

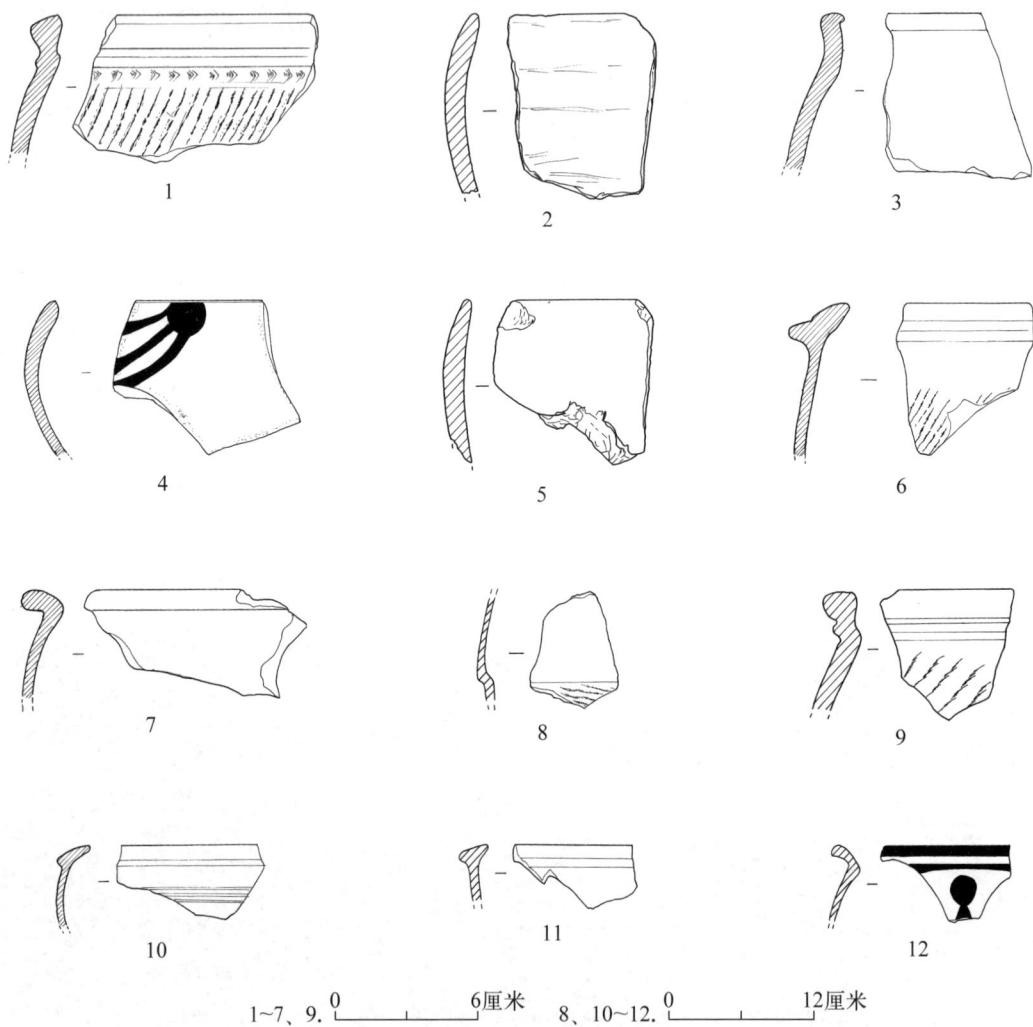

1～7、9. [scale bar] 0 ———— 6厘米   8、10～12. [scale bar] 0 ———— 12厘米

图三八　H84出土遗物

1、9. 大口深腹罐（H84：19、H84：21）　2、4、5. 钵（H84：17、H84：9、H84：15）　3、8. 平底瓶（H84：8、H84：14）
6. 尖底瓶（H84：5）　7、12. 弧折沿盆（H84：16、H84：13）　10、11. 叠唇盆（H84：10、H84：6）

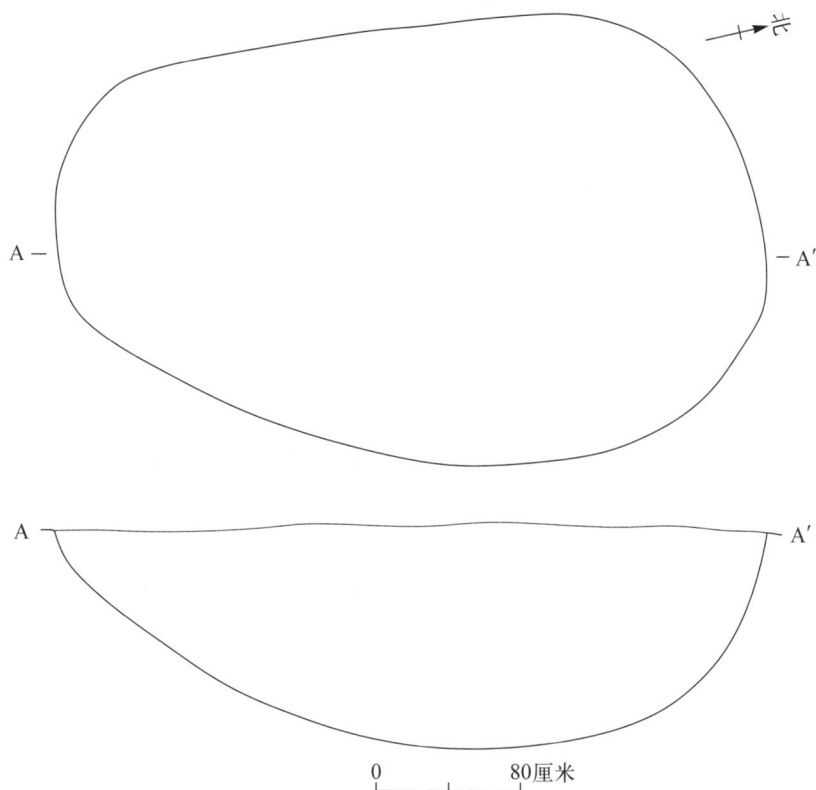

图三九 H104平、剖面图

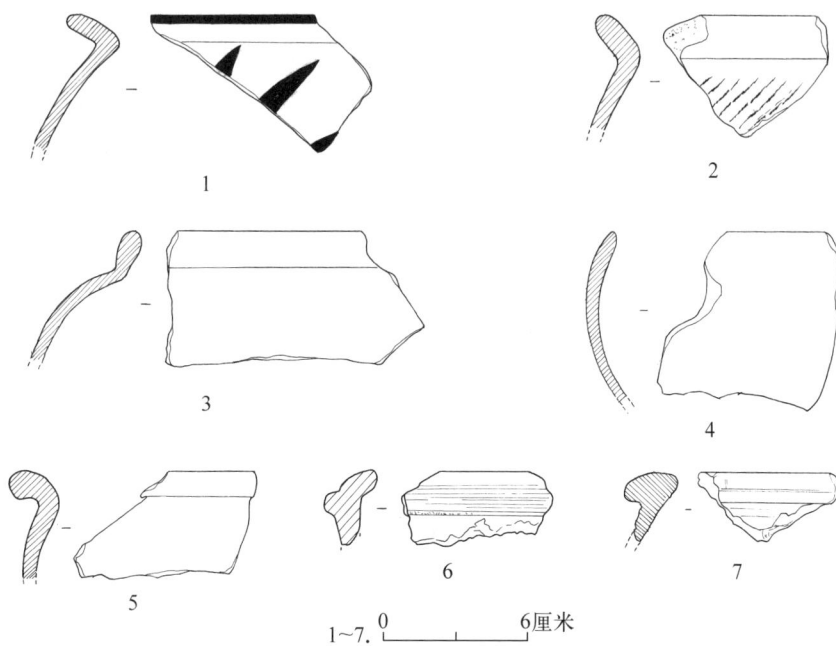

图四〇 H104出土遗物

1、5 弧折沿盆（H104：2、H104：5） 2.鼓腹罐（H104：8） 3、7.圆腹罐（H104：9、H104：1）
4.钵（H104：7） 6.尖底瓶（H104：4）

第二节　遗　物

第二期的遗物按照质地,可分为陶器与石器两类。

一、陶器

根据H41、H64、H84等典型灰坑的陶片统计,第二期陶片以泥质红陶为主,所占比例达到55%;夹砂红陶与泥质灰陶次之,所占比例分别为22.6%和21.1%;此外,还有少量的夹砂灰陶和夹砂褐陶(表一)。多素面陶,占总数的63.4%;纹饰以线纹、绳纹为主,线纹最多,占15.1%,绳纹次之,占9.1%,交错绳纹占3.1%;彩陶有一定数量的发现,占7.5%,皆为黑彩,一般绘于盆、钵类器的口沿及外壁,纹样较为复杂多样,富于变化,主要以圆点、弧线、连弧、弧边三角、三角、太阳、花瓣纹等构成各种图样;此外,还有极少量弦纹、附加堆纹(表二)。陶器制法均为手制,泥条盘筑痕迹明显,部分陶器的口沿、器表可见慢轮修整痕迹。

表一　五楼遗址第二期遗存陶系统计表

数量＼陶系　　　　单位	夹砂			小计	泥质		小计	合计
	红	灰	褐		红	灰		
H41	65	2	0	67	109	33	142	209
H64	33	0	0	33	79	33	112	145
H84	62	3	4	69	201	83	284	353
合计	160	5	4	169	389	149	538	707
百分比	22.6	0.7	0.5	23.9	55.0	21.1	76.1	100

表二　五楼遗址第二期遗存纹饰统计表

数量＼纹饰　　　　单位	素面	绳纹	交错绳纹	弦纹	线纹	彩陶	绳纹＋附加堆纹	合计
H41	113	17	10	3	39	26	1	209
H64	94	11	8	4	18	10	0	145
H84	241	36	4	4	50	17	1	353
合计	448	64	22	11	107	53	2	707
百分比	63.4	9.1	3.1	1.6	15.1	7.5	0.3	100

主要器类有瓶、盆、钵、罐、瓮、缸、釜、器盖等（表三），其中以钵最多，占31.3%，罐与盆次之，分别占25.4%和24.6%，缸、瓮、瓶、釜、器盖等数量较少，分别占9.4%、4.9%、2.2%、1.8%、0.4%。此外，还有少量刀、球、纺轮、环等。

表三　五楼遗址第二期遗存器形统计表

数量＼器形 单位	钵	罐	瓶	缸	盆	瓮	釜	器盖	合计
H41	18	22	2	1	18	3	1	0	65
H64	18	10	2	4	8	0	0	0	42
H84	34	25	1	16	29	8	3	1	117
合计	70	57	5	21	55	11	4	1	224
百分比	31.3	25.4	2.2	9.4	24.6	4.9	1.8	0.4	100

（一）瓶

数量较少。均为口沿、腹部、底部残片，无可复原者。多为泥质红陶，少量为夹砂红陶与夹砂灰陶。颈部以下多饰斜向细绳纹或线纹。依据口部的形态，可分为原始重唇口、典型重唇口、退化型重唇口和葫芦状口几种形式。其中，以典型重唇口占绝大多数，其他种类均较少。依据底部的形态，可分为尖底瓶和平底瓶两类，以尖底为主，平底者很少。重唇口均为尖底，葫芦状口则为平底。

1. 尖底瓶

数量较少。这种瓶口的特征是，小口细颈溜肩，均为锐尖底。根据口部的形态，可分为原始重唇口、典型重唇口、退化型重唇口三类。

（1）原始重唇口

数量较少。初具内外两重口的特点。这种瓶口的制法显然系先做好外唇口，然后再附加一内唇口，形成口中之口，故称原始重唇口。

标本IT0208⑤：6，泥质红陶。原始重唇口，内唇口急敛且稍高于外唇口，外唇沿面上有一周凹槽。颈部饰右上至左下斜向线纹。唇部可见轮修痕迹。口径5.2厘米，残高7厘米（图四一，1）。标本IT0207⑤：7，泥质红陶。原始重唇口，内唇口急敛且明显高于外唇口，外唇沿面上有一周凹槽。颈部饰左上至右下斜向细绳纹，并饰一周弦纹。唇部可见轮修痕迹。口径5.2厘米，残高4厘米（图四一，2）。

（2）典型重唇口

数量较多。这种瓶口的特征是，内唇口稍高于外唇口，且叠于外唇之上，外唇口沿面变平，内外唇的界线清楚，高差明显，瓶口断面呈两层台阶状，故称典型重唇口。

标本IT0208⑤：10，泥质红陶。典型重唇口，内外唇均略向下斜。颈部饰左上至右下斜向线纹。唇部可见轮修痕迹。口径4厘米，残高4.4厘米（图四一，4）。标本H49：1，夹砂红陶。典型重唇口，外唇略向下斜。颈部饰交错线纹，并饰圆饼状附加堆纹。唇部可见轮修痕迹，内壁可见泥条盘筑痕迹。口径6.6厘米，残高10厘米（图四一，7）。标本G1①：1，泥质红陶。典型重唇口，内唇略向下斜。素面。唇部可见轮修痕迹。口径7.2厘米，残高2.7厘米（图四一，5）。标本IT0208⑤：15，夹砂红陶。典型重唇口，颈部饰左上至右下斜向绳纹。唇部与内壁均可见轮修痕迹。残高6.7厘米（图四一，9）。标本IT0309⑤：9，泥质红陶。典型重唇口，颈部饰右上至左下斜向绳纹。残高6.4厘米（图四一，8）。标本IT0208⑤：30，泥质红陶。典型重唇口，内唇略向下斜。颈部饰左上至右下斜向线纹。残高6.2厘米（图四一，3）。标本IT0208⑤：21，泥质红陶。典型重唇口，内唇略向下斜。颈部饰左上至右下斜向线纹。残高3.8厘米（图四一，6）。

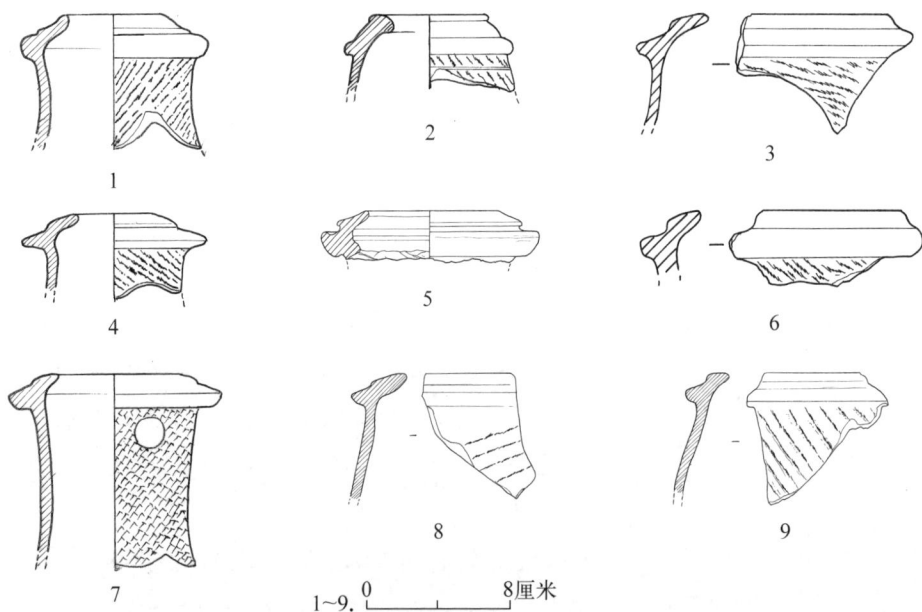

图四一　第二期尖底瓶

1. IT0208⑤：6　2. IT0207⑤：7　3. IT0208⑤：30　4. IT0208⑤：10　5. G1①：1
6. IT0208⑤：21　7. H49：1　8. IT0309⑤：9　9. IT0208⑤：15

（3）退化型重唇口

数量较少。这种瓶口的特征是，内唇口高于外唇口，内外唇高差明显，但无明显的台棱界线，故称退化型重唇口。

标本IT0309⑤：10，泥质红陶。退化型重唇口，内唇明显高于外唇，内唇呈斜坡状与外唇相连。颈部饰左上至右下斜向线纹。唇部可见轮修痕迹。口径4厘米，残高9厘米（图四二，1）。标本IT0307⑤：8，泥质红陶。退化型重唇口，内唇明显高于外唇，内唇呈斜坡状与外唇相连。素面。唇部可见轮修痕迹。口径6厘米，残高4.4厘米（图四二，6）。标本IT0107⑤：5，夹砂红陶。退化型重唇口，内外唇高差较小，内唇呈斜坡状与外唇相连。颈部饰右上至左下斜向绳纹。唇部可见轮修痕迹。口径5.6厘米,残高5.6厘米(图四二,2)。标本H57:5,夹砂红陶。退化型重唇口,内外唇高差较小。素面。唇部可见轮修痕迹,内壁可见泥条盘筑痕迹。口径9.8厘米,残高8.4厘米(图四二,3)。标本G1①:2,泥质红陶。退化型重唇口,内唇稍高于外唇,内唇呈斜坡状与外唇相连。素面。口径6.8厘米,残高2.3厘米(图四二,9)。标本H54:9,泥质红陶。退化型重唇口,内唇稍高于外唇,内唇呈斜坡状与外唇相连。素面。内壁可见泥条盘筑痕迹,唇部可见轮修痕迹。口径5.6厘米,残高3.7厘米(图四二,4)。标本H41:2,泥质红陶。退化型重唇口,内唇稍高于外唇,内唇呈斜坡状与外唇相连。素面。唇部可见轮修痕迹。口径4.6厘米,残高2.2厘米(图四二,8)。标本IT0207⑤:6,泥质红陶。退化型重唇口,内唇稍高于外唇,内唇呈斜坡状与外唇相连。颈部饰左上至右下斜向线纹。唇部可见轮修痕迹。口径3.4厘米,残高4.2厘米(图四二,5)。标本IT0107⑤:7,泥质红陶。退化型重唇口,内唇稍高于外唇,两唇高差较小,内唇呈斜坡状与外唇相连。颈部饰左上至右下斜向线纹。唇部可见轮修痕迹。口径5厘米,残高3.2厘米(图四二,7)。标本H64:3,泥质灰陶。退化型重唇口,内唇明显高于外唇,内唇呈斜坡状与外唇相连。颈部饰多周弦纹。残高5.8厘米(图四三,2)。标本H92:16,夹砂灰陶。退化型重唇口,内唇稍高于外唇,内唇呈斜坡状与外唇相连。素面。残高2.9厘米(图四三,7)。标本H84:5,夹砂红陶。退化型重唇口,内唇稍高于外唇,内唇呈斜坡状与外唇相连。颈部饰右上至左下斜向线纹。残高5.9厘米(图四三,3)。标本H54:10,泥质红陶。退化型重唇口,内唇稍高于外唇,内唇呈斜坡状与外唇相连。颈部饰左上至右下斜向线纹。内壁可见泥条盘筑痕迹,唇部可见轮修痕迹。残高4.9厘米(图四三,1)。标本H104:4,泥质红陶。退化型重唇口,内唇稍高于外唇,内唇呈斜坡状与外唇相连。素面。唇部可见轮修痕迹。残高3厘米(图四三,8)。标本IT0104⑤:32,泥质红陶。退化型重唇口,内唇稍高于外唇,内唇呈斜坡状与外唇相连。素面。

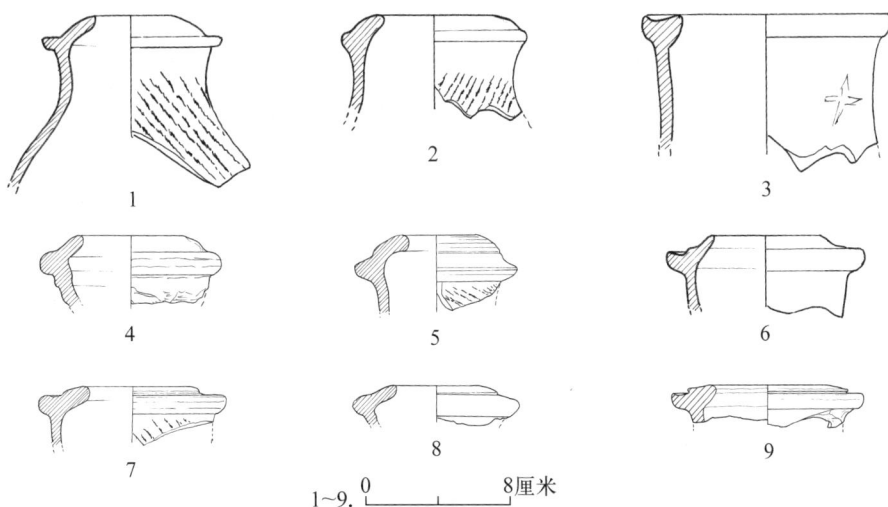

图四二　第二期尖底瓶

1. IT0309⑤:10　2. IT0107⑤:5　3. H57:5　4. H54:9　5. IT0207⑤:6
6. IT0307⑤:8　7. IT0107⑤:7　8. H41:2　9. G1①:2

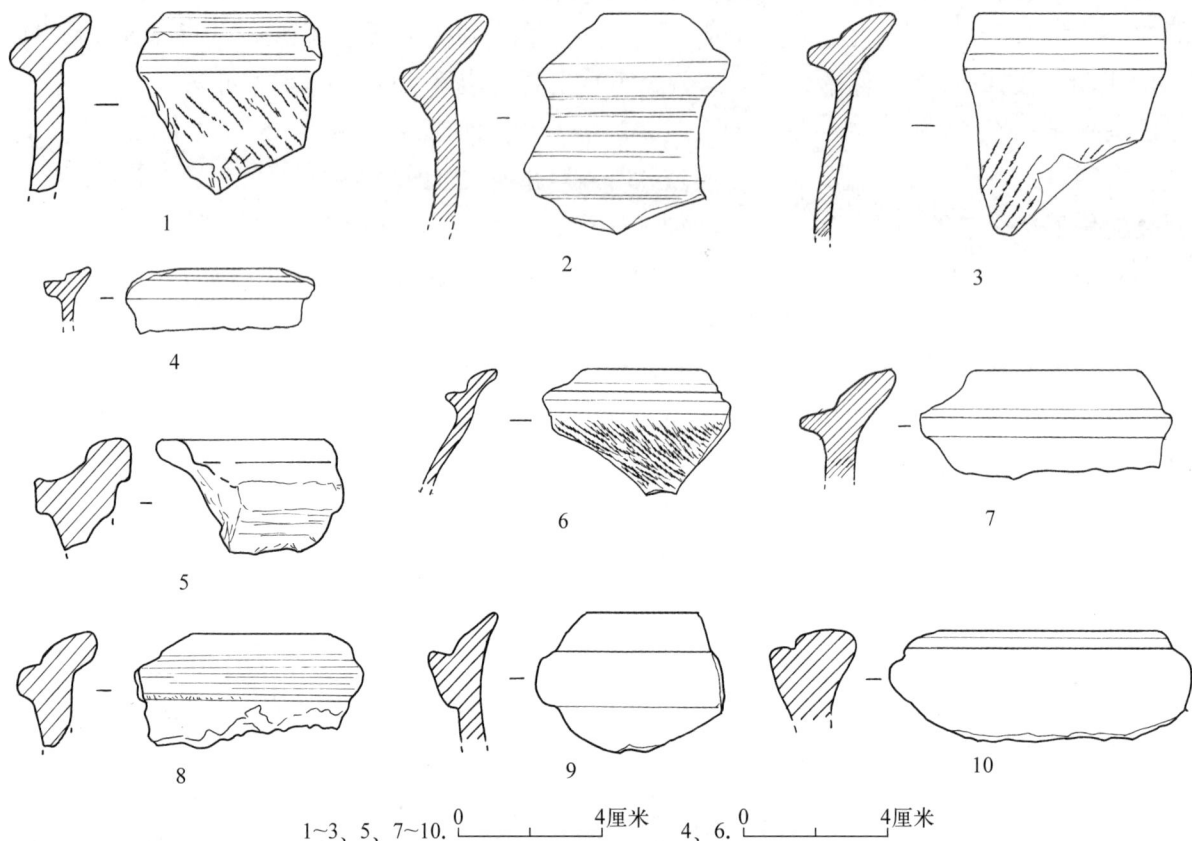

图四三　第二期尖底瓶

1. H54：10　2. H64：3　3. H84：5　4. IT0307⑤：9　5. IT0104⑤：32
6. IT0307⑤：5　7. H92：16　8. H104：4　9. G1④：8　10. G1④：3

唇部可见轮修痕迹。残高3厘米（图四三，5）。标本G1④：8，泥质红陶。退化型重唇口，内唇稍高于外唇，内唇呈斜坡状与外唇相连。素面。残高3.7厘米（图四三，9）。标本G1④：3，泥质红陶。退化型重唇口，内唇稍高于外唇，内外唇高差较小，内唇呈斜坡状与外唇相连。素面。残高3厘米（图四三，10）。标本IT0307⑤：5，泥质红陶。退化型重唇口，内唇稍高于外唇，内唇呈斜坡状与外唇相连。颈部饰左上至右下斜向线纹。残高6.8厘米（图四三，6）。标本IT0307⑤：9，泥质红陶。退化型重唇口，内唇稍高于外唇，内唇呈斜坡状与外唇相连。素面。残高3.6厘米（图四三，4）。

2. 平底瓶

数量较少。多为泥质红陶，少量为夹砂红陶。口部多呈葫芦形，腹部多饰线纹。

标本IT0208⑤：1，泥质红陶。小口，圆唇，细长颈，口沿下起折棱，口、颈相接处有明显界限。口部饰两周弦纹，并饰一箭头状刻划纹，颈部以下饰左上至右下斜向线纹。口径4.4厘米，残高11厘米（图四四，4）。标本IT0208⑤：9，夹砂红陶。小口，圆唇，束颈，颈部较短。素面。内壁可见轮修痕迹。口径5.8厘米，残高4厘米（图四四，1）。标本IT0105⑤：3，泥质红陶。小口，圆唇，

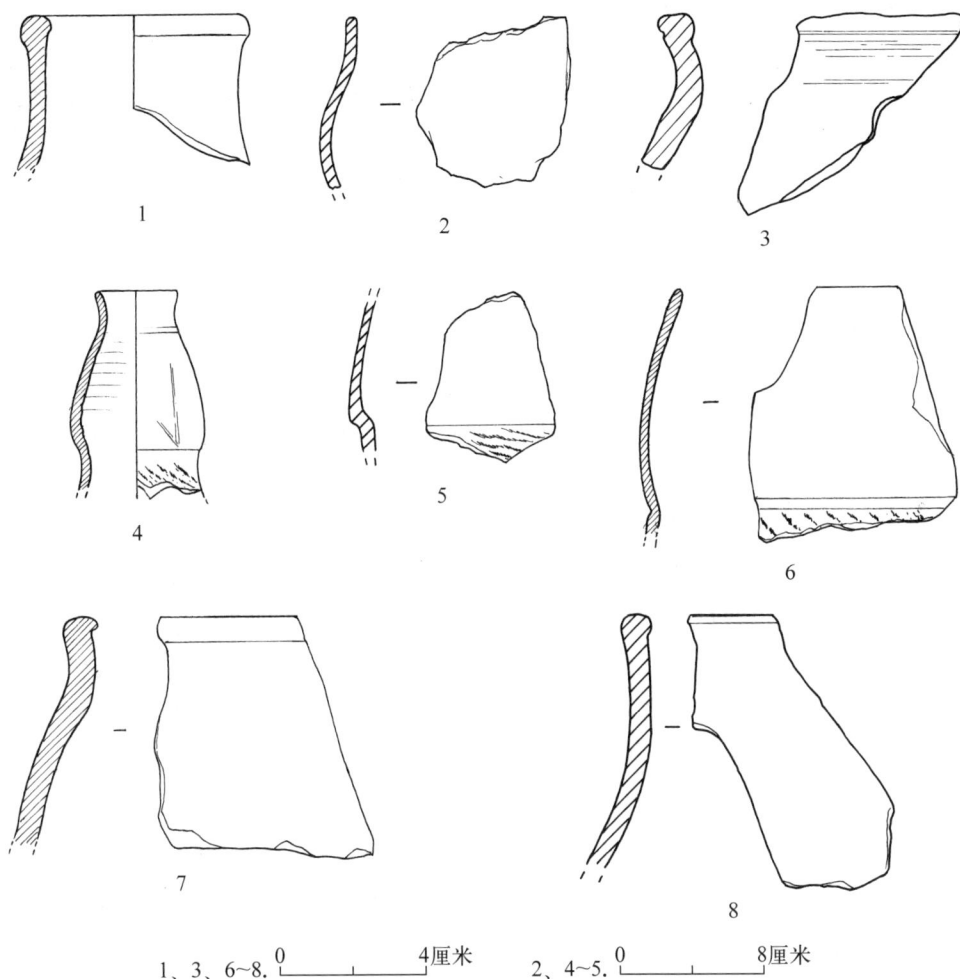

图四四　第二期平底瓶

1. IT0208⑤∶9　2. H57∶7　3. H55∶1　4. IT0208⑤∶1　5. H84∶14　6. IT0105⑤∶3　7. H84∶8　8. IT0104⑤∶9

颈较短，口沿下起折棱，与颈部有明显界限。颈部以下饰左上至右下斜向线纹。口部可见轮修痕迹。残高6.8厘米（图四四，6）。标本H84∶8，泥质红陶。小口，圆唇，束颈，颈部较短。素面。残高6.5厘米（图四四，7）。标本H55∶1，泥质红陶。小口，圆唇，束颈，颈部较短。素面。颈部可见轮修痕迹。残高5.4厘米（图四四，3）。标本IT0104⑤∶9，泥质红陶。小口，圆唇，束颈。素面。残高7.3厘米（图四四，8）。标本H57∶7，泥质红陶。小口，圆唇，呈葫芦形。素面。残高9厘米（图四四，2）。标本H84∶14，泥质红陶。小口，大体呈葫芦形。颈部饰左上至右下斜向线纹。残高9厘米（图四四，5）。

（二）盆

数量较多。多为口、腹部残片，完整器较少。多为泥质红陶，少量为泥质灰陶。依据口、腹部形态，可分为窄卷沿盆、弧折沿盆、叠唇盆、浅直腹盆四类。

1. 窄卷沿盆

数量较少。均为口、腹部残片,无可复原者。均为泥质红陶,侈口,窄卷沿,圆唇,弧腹,沿面、唇部、器表均饰黑色彩绘,器表磨光。依据岐山王家咀遗址早期[①]所出的完整器形看,此类盆应为圜底。

标本IT0307⑤:49,泥质红陶。侈口,窄卷沿,圆唇,弧腹。沿面饰黑色彩绘,器表饰黑色弧形纹彩绘。器表磨光。残高4.9厘米(图四五,7)。标本IT0104⑤:23,泥质红陶。侈口,窄卷沿,圆唇,弧腹。沿面饰黑色彩绘,器表饰黑色宽带纹、直线纹彩绘。器表磨光。残高4.7厘米(图四五,8)。标本H55:2,泥质红陶。侈口,窄卷沿,圆唇,弧腹。沿面饰黑色彩绘,器表饰黑色几何纹、弧线纹彩绘。器表磨光。残高5.5厘米(图四五,3)。标本IT0306⑤:5,泥质红陶。侈口,窄卷沿,圆唇,弧腹。沿面饰黑色彩绘,器表饰黑色宽带纹、直线纹彩绘。器表磨光。残高3.6厘米(图四五,6)。

2. 弧折沿盆

数量较多。均为口、腹部残片,无可复原者。多为泥质红陶,少量为泥质灰陶。均侈口,弧折沿,圆唇。依据岐山王家咀遗址早期所出的完整器形看,此类盆多为曲腹平底。

标本IT0207⑤:3,泥质红陶。侈口,弧折沿,圆唇。唇部饰黑色彩绘,器表饰黑色弧边三角纹与弧线纹彩绘。器表磨光。口径33.6厘米,残高9.2厘米(图四五,4)。标本IT0104⑤:4,泥质红陶。侈口,弧折沿,圆唇。器表饰黑色半圆形与弧线纹彩绘。口径28.8厘米,残高10.5厘米(图四五,1)。标本IT0309⑤:1,泥质红陶。侈口,弧折沿,圆唇。素面。沿面可见轮修痕迹。残高5.6厘米(图四五,9)。标本IT0307⑤:19,泥质红陶。侈口,弧折沿,圆唇。素面。唇部与内壁均可见轮修痕迹。残高6.6厘米(图四五,11)。标本H84:16,泥质灰陶。侈口,弧折沿,圆唇。素面。内壁可见轮修痕迹。器表磨光。残高4.1厘米(图四五,2)。标本H104:5,泥质灰陶。侈口,弧折沿,圆唇。素面。外沿面可见轮修痕迹。器表磨光。残高4.4厘米(图四五,5)。标本IT0104⑤:49,泥质灰陶。侈口,弧折沿,圆唇。素面。残高6.8厘米(图四五,10)。标本IT0104⑤:10,泥质红陶。侈口,弧折沿,圆唇。沿面与唇部均饰黑彩,器表先施一层白色陶衣,在陶衣上饰有黑色弧线、圆点纹彩绘。残高3.8厘米(图四六,7)。标本H104:2,泥质红陶。侈口,弧折沿,圆唇。唇部饰黑色彩绘,器表饰黑色三角纹彩绘。器表磨光,沿面与内壁均可见轮修痕迹。残高5.6厘米(图四六,4)。标本H92:2,泥质红陶。侈口,弧折沿,圆唇。唇部饰黑色彩绘,器表饰黑色弧线、弧边三角和圆点纹彩绘。残高14.6厘米(图四六,1)。标本H41:8,泥质红陶。侈口,弧折沿,圆唇。唇部饰黑色彩绘,器表饰黑色弧边三角纹彩绘。内壁可见轮修痕迹。器表磨光。残高6.1厘米(图四六,5)。标本IT0208⑤:5,泥质红陶。侈口,弧折沿,圆唇。唇部饰黑色彩绘,器表饰黑色弧边三角纹与弧线纹彩绘。残高6.1厘米(图四六,3)。标本H54:6,泥质红陶。侈口,弧折沿,圆唇。唇部饰黑色彩绘,沿面饰黑色连弧纹与弧线纹彩绘,器表饰黑色半圆形彩绘。内壁可见轮修痕迹。残高3.6厘米(图四六,10)。标本IT0208⑤:11,泥

① 西安半坡博物馆:《陕西岐山王家嘴遗址的调查与试掘》,《史前研究》1984年第3期。

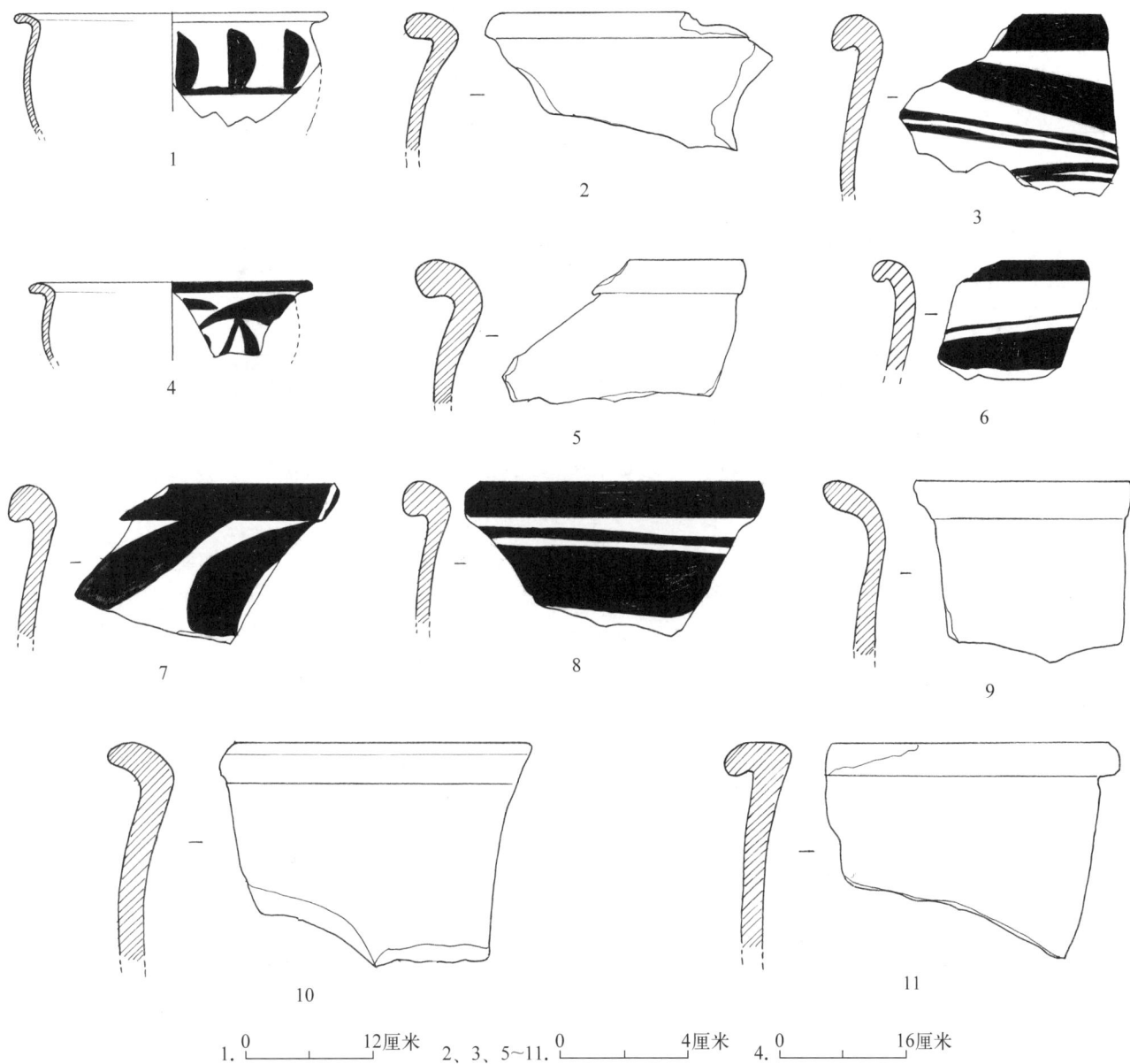

图四五　第二期窄卷沿盆、弧折沿盆

3、6、7、8. 窄卷沿盆（H55：2、IT0306⑤：5、IT0307⑤：49、IT0104⑤：23）
1、2、4、5、9、10、11. 弧折沿盆（IT0104⑤：4、H84：16、IT0207⑤：3、H104：5、IT0309⑤：1、IT0104⑤：49、IT0307⑤：19）

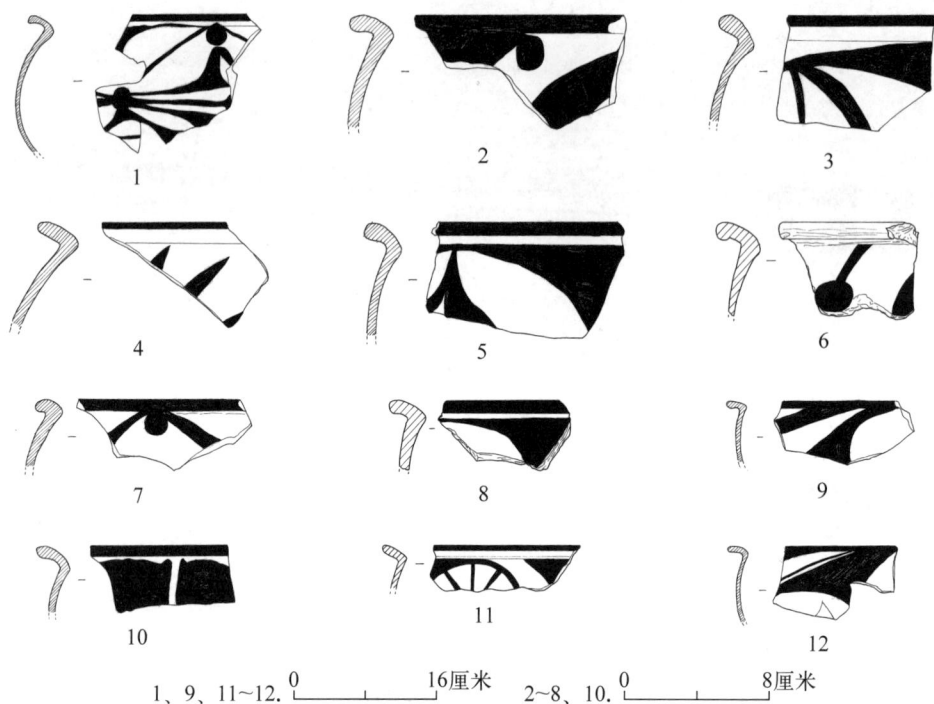

1、9、11~12. 0 ____ 16厘米   2~8、10. 0 ____ 8厘米

图四六　第二期弧折沿盆

1. H92：2　2. IT0208⑤：11　3. IT0208⑤：5　4. H104：2　5. H41：8　6. G1①：3　7. IT0104⑤：10
8. G1①：4　9. IT0104⑤：11　10. H54：6　11. G1②：2　12. IT0104⑤：16

质红陶。侈口，弧折沿，圆唇。唇部饰黑色彩绘，器表饰黑色弧边三角纹与圆点纹彩绘。残高6厘米（图四六，2）。标本IT0104⑤：16，泥质红陶。侈口，弧折沿，圆唇。唇部饰黑色彩绘，沿面饰黑色弧边三角纹彩绘，器表饰黑色弧边三角纹与弧线纹彩绘。器表磨光。残高7.8厘米（图四六，12）。标本IT0104⑤：11，泥质红陶。侈口，弧折沿，圆唇。唇部饰黑色彩绘，沿面与器表均饰黑色弧边三角纹彩绘。器表磨光。残高6.8厘米（图四六，9）。标本G1②：2，泥质红陶。侈口，弧折沿，圆唇。沿面与唇部均饰黑色彩绘，器表饰黑色弧边三角纹与太阳纹彩绘。残高5厘米（图四六，11）。标本G1①：3，泥质红陶。侈口，弧折沿，圆唇。器表饰黑色圆点纹、弧线纹彩绘。器表磨光。外沿面可见轮修痕迹。残高5.1厘米（图四六，6）。标本G1①：4，泥质红陶。侈口，弧折沿，圆唇。沿面饰黑色彩绘，器表饰黑色弧边三角纹彩绘。器表磨光。残高3.7厘米（图四六，8）。标本H57：2，泥质红陶。侈口，弧折沿，圆唇。素面。口沿下侧可见轮修痕迹。残高3.9厘米（图四七，3）。标本IT0307⑤：24，泥质红陶。侈口，弧折沿，圆唇。器表饰黑色弧边三角纹彩绘。器表磨光。残高4厘米（图四七，1）。标本IT0208⑤：32，泥质红陶。侈口，弧折沿，圆唇。器表饰黑色弧边三角纹彩绘。器表磨光。外沿面可见轮修痕迹。残高5.3厘米（图四七，10）。标本IT0208⑤：17，泥质红陶。侈口，弧折沿，圆唇。素面。外沿面可见轮修痕迹。残高4.1厘米（图四七，4）。标本G1②：3，口、腹部残片。泥质红陶。侈口，弧折沿，圆唇。素面。残高4.2厘米（图四七，9）。标本IT0309⑤：4，泥质红陶。侈口，弧折沿，圆唇。沿面饰黑色弧边三角纹彩

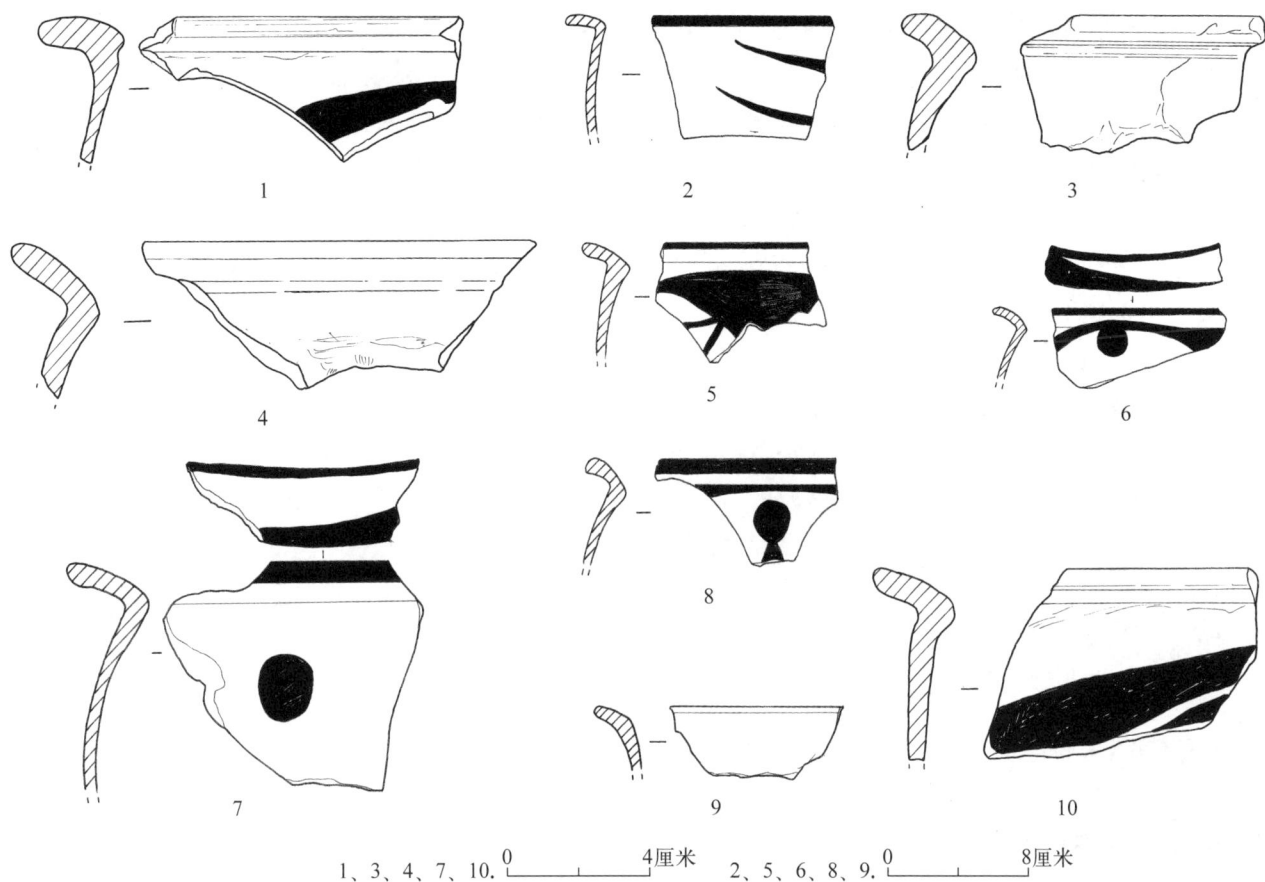

图四七　第二期弧折沿盆

1. IT0307⑤：24　2. H41：6　3. H57：2　4. IT0208⑤：17　5. IT0208⑤：20
6. H41：5　7. IT0309⑤：4　8. H84：13　9. G1②：3　10. IT0208⑤：32

绘，器表饰黑色圆点纹彩绘。器表磨光。残高6.4厘米（图四七，7）。标本IT0208⑤：20，泥质红陶。侈口，弧折沿，圆唇。唇部饰黑色彩绘，器表饰黑色弧边三角纹、弧线纹彩绘。器表磨光。残高6.8厘米（图四七，5）。标本H41：5，口、腹部残片。泥质红陶。侈口，弧折沿，圆唇。沿面饰黑色弧边三角纹彩绘，器表饰黑色圆点纹、弧边三角纹彩绘。器表磨光。残高4.4厘米（图四七，6）。标本H41：6，口、腹部残片。泥质红陶。侈口，弧折沿，圆唇。沿面饰黑色彩绘，器表饰黑色弧边三角纹彩绘。器表磨光。残高6.8厘米（图四七，2）。标本H84：13，口、腹部残片。泥质红陶。侈口，弧折沿，圆唇。沿面饰黑色彩绘，器表饰黑色圆点纹、窄条带纹彩绘。器表磨光。残高6厘米（图四七，8）。

　　3. 叠唇盆

　　数量较少。多为口、腹部残片，完整器较少。多为泥质红陶，少量为泥质灰陶、夹砂红陶。均敛口，唇外叠。

　　标本H92：19，可复原。泥质灰陶。敛口，唇外叠，斜直腹，平底。素面。唇部可见轮修痕迹。口径18.6厘米，底径13.2厘米，通高25.8厘米（图四八，1；彩版二，6）。标本H84：10，口、腹部残片。泥质红陶。敛口,唇外叠,弧腹。上腹部饰三道弦纹。内壁可见轮修痕迹。残高5.8厘米(图四八,8)。标本H64:6,口、腹部残片。泥质红陶。敛口,唇外叠,斜直腹。素面。残高10.2厘米(图四八,6)。标本IT0307⑤:20,口、腹部残片。泥质红陶。敛口,唇外叠,斜直腹。素面。唇部、器表与内壁均可见轮修痕迹。残高5厘米(图四八,2)。标本H92:17,口、腹部残片。泥质红陶。烧制变形,敛口,唇外叠,斜直腹。素面。唇部、器表与内壁均可见轮修痕迹。残高6.4厘米(图四八,3)。标本H64:1,口、腹部残片。夹砂红陶。敛口,唇外叠,斜直腹。素面。残高4.5厘米(图四八,7)。标本H41:1,口、腹部残片。夹砂红陶。敛口,唇外叠,弧腹。器表饰横向线纹。残高6.1厘米(图四八,4)。标本H103:4,口、腹部残片。泥质红陶。敛口,唇外叠,弧腹。素面。残高5.2厘米(图四八,5)。标本G1①:16,口、腹部残片。泥质红陶。敛口,唇外叠,斜直腹。素面。器表可见刮抹痕迹。残高5.4厘米(图四九,9)。标本G1①:5,口、腹部残片。泥质红陶。敛口,唇外叠,弧腹。器表饰一道弦纹。残高5.7厘米(图四九,8)。标本IT0208⑤:14,泥质红陶。直口,唇外叠,弧腹。素面。唇部可见轮修痕迹,器表可见刮抹痕迹。残高6厘米(图四九,6)。标本G1②:1,口、腹部残片。泥质红陶。敛口,唇外叠,圆折肩,弧腹。素面。残高9.4厘米(图四九,2)。标本G1③:1,口、腹部残片。泥质红陶。敛口,唇外叠,斜直腹。素面。残高5.2厘米(图四九,4)。标本IT0104⑤:7,口、腹部残片。泥质灰陶。敛口,唇外叠,斜直腹。素面。残高6.4厘米(图四九,7)。标本H84:6,口、腹部残片。泥质红陶。敛口,唇外叠,斜直腹。素面。残高5厘米(图四九,5)。标本H64:2,口、腹部残片。泥质红陶。敛口,唇外叠,斜直腹。素面。残高8.8厘米(图四九,3)。

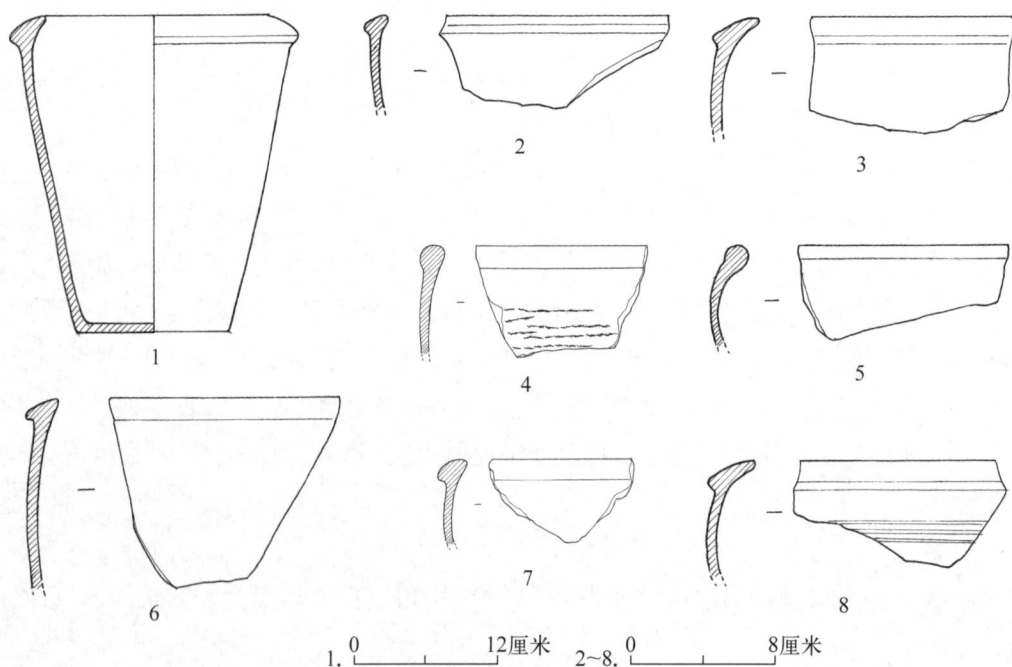

1. 0 ____ 12厘米　　　2~8. 0 ____ 8厘米

图四八　第二期叠唇盆

1. H92:19　2. IT0307⑤:20　3. H92:17　4. H41:1　5. H103:4　6. H64:6　7. H64:1　8. H84:10

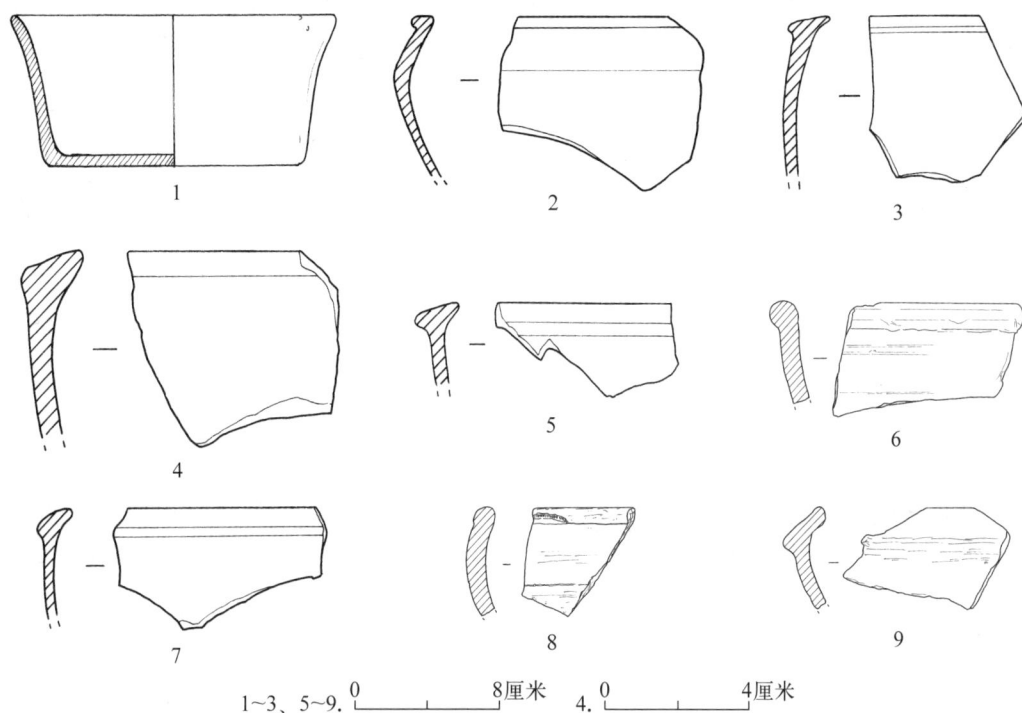

图四九　第二期叠唇盆、浅直腹盆

1. 浅直腹盆（T0105⑤：2）　　2~9. 叠唇盆（G1②：1、H64：2、G1③：1、H84：6、IT0208⑤：14、IT0104⑤：7、G1①：5、G1①：16）

4. 浅直腹盆

数量较少。

标本IT0105⑤：2，可复原。泥质红陶。敞口，圆唇，浅直腹，平底。素面。器表磨光。口径17.6厘米，底径14厘米，通高8厘米（图四九，1；彩版三，1）。

（三）钵

数量较多。均为口、腹部残片，无可复原者。多为泥质红陶，少量为泥质灰陶。形制相同，均敛口。依据扶风案板一期[①]等所出的完整器形看，此类钵多为凹底。

标本IT0107⑤：9，泥质红陶。敛口，圆唇，曲腹。唇部饰一周黑彩，口下饰黑色弧边三角、直线、弧线等组成的彩绘图案。器表磨光。复原口径30.6厘米，残高8.7厘米（图五〇，4）。标本H64：5，泥质红陶。敛口，圆唇，弧腹。素面。口下可见深红色叠烧痕迹，内壁可见轮修痕迹。残高6.6厘米（图五〇，5）。标本IT0307⑤：6，泥质红陶。敛口，圆唇，弧腹。素面。口下可见轮修痕迹。残高7.6厘米（图五〇，9）。标本H41：4，泥质红陶。敛口，圆唇，弧腹。素面。器表磨光。残高8.8厘米（图五〇，10）。标本H104：7，泥质灰陶。敛口，圆唇，弧腹。素面。器表磨光。残

① 西北大学文博学院考古专业：《扶风案板遗址发掘报告》，科学出版社，2000年10月。

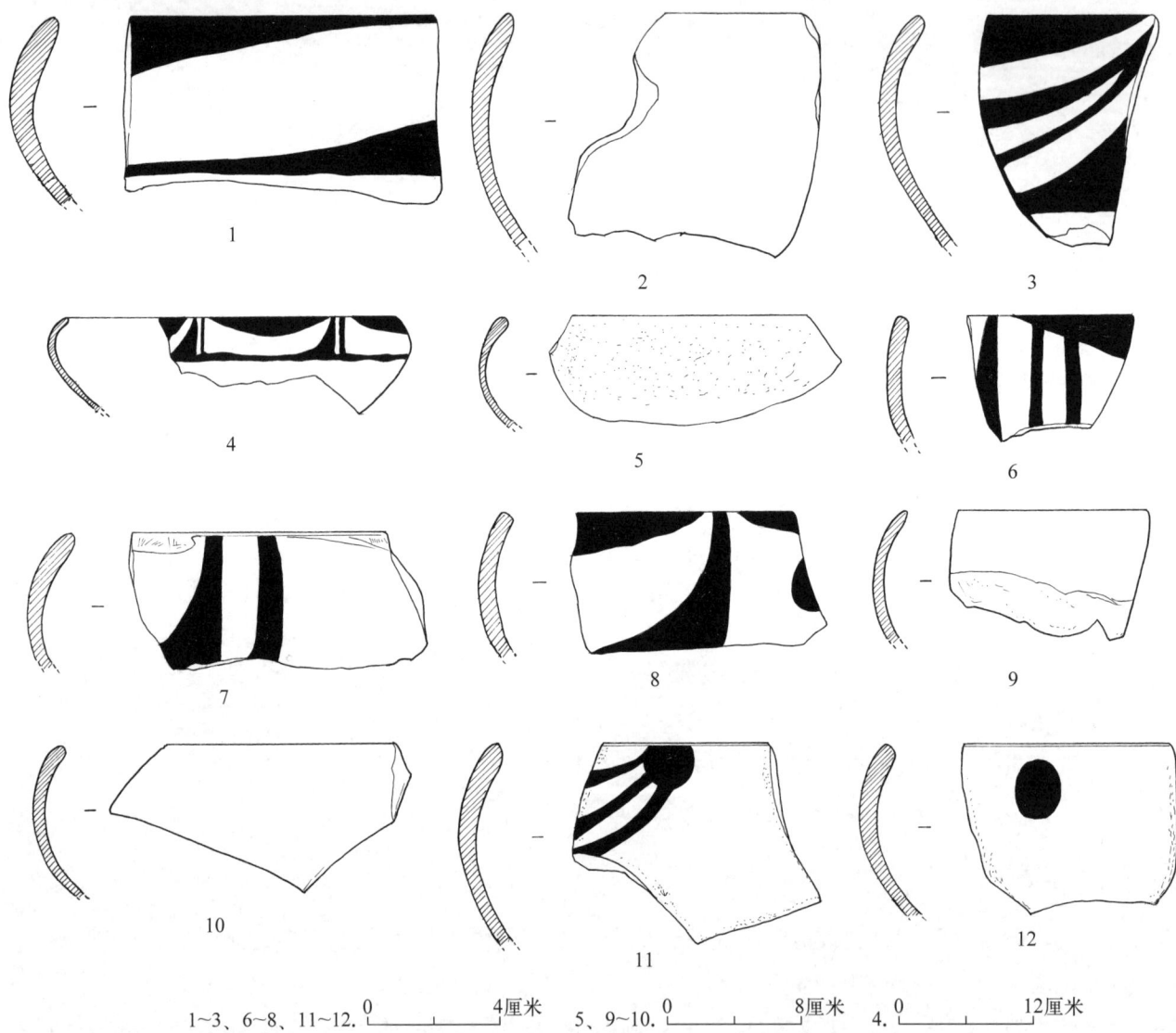

1~3、6~8、11~12. 0 ——— 4厘米　　　5、9~10. 0 ——— 8厘米　　4. 0 ——— 12厘米

图五〇　第二期陶钵

1. H92：1　2. H104：7　3. IT0307⑤：34　4. IT0107⑤：9　5. H64：5　6. H55：3
7. IT0208⑤：3　8. H41：3　9. IT0307⑤：6　10. H41：4　11. H84：9　12. IT0104⑤：14

高7.2厘米（图五〇,2）。标本IT0104⑤:14,泥质红陶。敛口,圆唇,弧腹。唇部饰一周黑彩,口下饰黑色圆点纹彩绘。器表磨光。残高5.1厘米（图五〇,12）。标本H84:9,泥质红陶。敛口,圆唇,弧腹。唇部饰一周黑彩,口下饰黑色圆点与弧线纹组成的彩绘图案。器表磨光。残高6厘米（图五〇,11）。标本IT0307⑤:34,泥质红陶。敛口,圆唇,弧腹。唇部饰一周黑彩,口下饰黑色弧线纹与弧边三角纹彩绘。器表磨光。残高6.8厘米（图五〇,3）。标本H55:3,泥质红陶。敛口,方唇,弧腹。唇部饰一周黑彩,口下饰黑色弧边三角与直线组成的彩绘图案。器表磨光。残高3.8厘米（图五〇,6）。标本H41:3,泥质红陶。敛口,圆唇,弧腹。唇部饰一周黑彩,口下饰黑色弧边三角纹与圆点纹彩绘。器表磨光。残高4.3厘米（图五〇,8）。标本H92:1,泥质红陶。敛口,圆唇,弧腹。唇部饰一周黑彩,口下饰黑色弧边三角纹彩绘。器表磨光。残高5.6厘米（图五〇,1）。标本IT0208⑤:3,泥质红陶。敛口,圆唇,弧腹。唇部饰一周黑彩,口下饰黑色弧边三角纹与直线纹彩绘。器表磨光。残高4.1厘米（图五〇,7）。标本H57:3,泥质红陶。敛口,圆唇,弧腹。素面。残高5.8厘米（图五一,6）。标本H57:4,泥质红陶。敛口,圆唇,弧腹。素面。器表磨光。残高8.2厘米（图五一,1）。标本H84:15,泥质红陶。敛口,圆唇,弧腹。素面。残高6.4厘米（图五一,5）。标本H84:17,泥质红陶。敛口,圆唇,弧腹。素面。器表可见刮抹痕迹。残高7.2厘米（图五一,3）。标本H49:18,泥质红陶。敛口,圆唇,弧腹。素面。口沿下侧可见轮修痕迹。残高5.6厘米（图五一,4）。标本H49:20,泥质红陶。敛口,圆唇,弧腹。素面。口沿下侧可见轮修痕迹。残高4.3厘米（图五一,7）。标本G1③:4,泥质红陶。敛口,圆唇,弧腹。素面。器表磨光。残高6.1厘米（图五一,2）。标本H41:7,泥质红陶。敛口,圆唇,弧腹。素面。残高7.4厘米（图五一,8）。标本IT0208⑤:4,泥质红陶。敛口,圆唇,弧腹。器表饰黑色弧边三角纹、短线纹彩绘。残高6.8厘米（图五一,9）。

（四）罐

数量较多。均为口、腹部残片,无可复原者。多为夹砂红陶,少量为夹砂褐陶,还见有零星夹砂灰陶与泥质灰陶。依据口、腹部形态,可分为大口深腹罐、鼓腹罐、圆腹罐、高领罐四类。

1. 大口深腹罐

数量较多。以夹砂红陶为主,也有少量夹砂褐陶。均侈口,腹稍鼓。此类罐的口沿内均有一周凹槽,外有一周凸棱,断面呈铁轨式。

标本IT0307⑤:7,夹砂红陶。侈口,折沿,圆唇,鼓腹。口沿下侧饰一周指窝纹,通体饰右上至左下斜向绳纹。唇部可见轮修痕迹,内壁可见泥条盘筑痕迹。残高11.2厘米（图五二,1）。标本H103:3,夹砂红陶。侈口,折沿,圆唇,腹稍鼓。口沿下侧饰多周弦纹,弦纹下侧饰右上至左下斜向绳纹。唇部与内壁均可见轮修痕迹。残高9.2厘米（图五二,10）。标本H84:19,夹砂红陶。侈口,折沿,方唇,腹稍鼓。口沿下侧饰一周戳印纹,戳印纹下侧饰右上至左下斜向绳纹。唇部与内壁均可见轮修痕迹。残高5.8厘米（图五二,4）。标本IT0307⑤:29,夹砂褐陶。侈口,折沿,圆唇,腹稍鼓。腹部饰左上至右下斜向绳纹。残高4.5厘米（图五二,5）。标本IT0104⑤:3,夹砂褐陶。侈口,折沿,圆唇,鼓腹。腹部饰右上至左下斜向绳纹。内壁可见

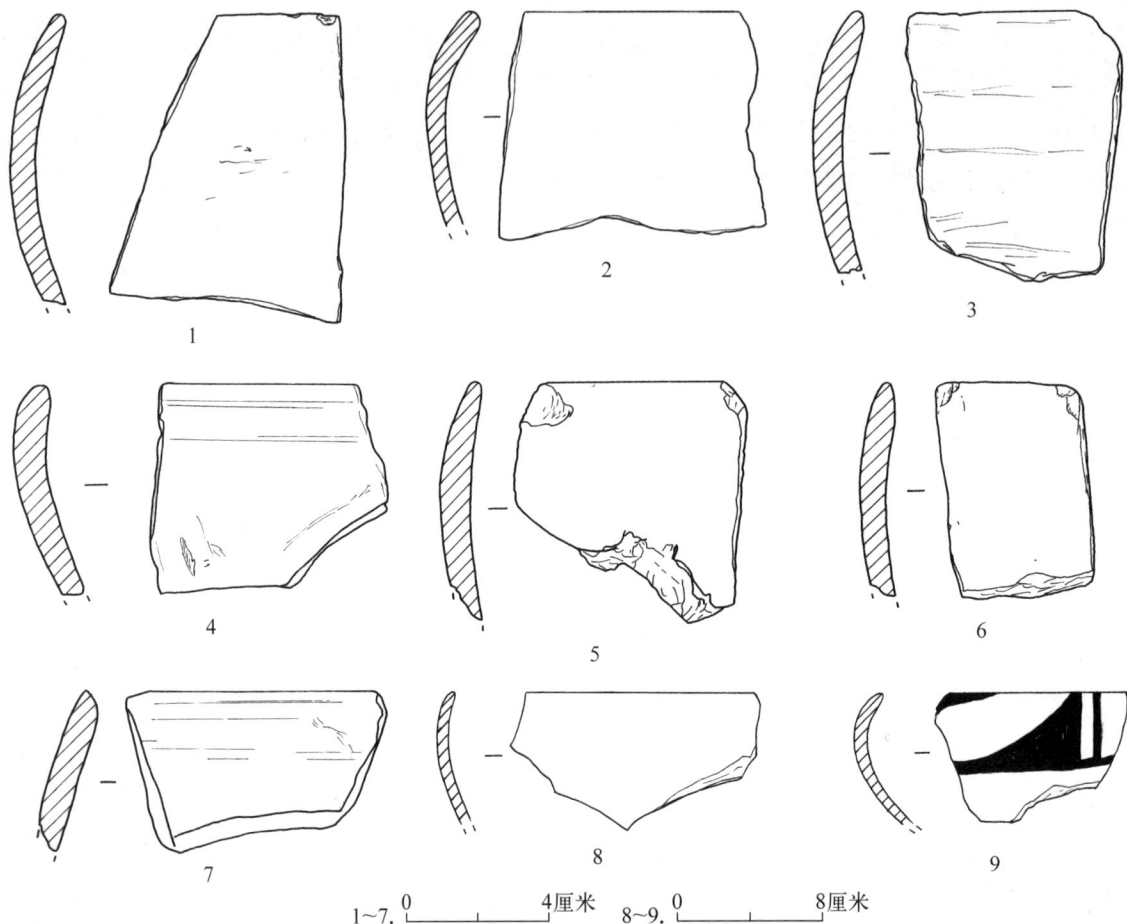

图五一　第二期陶钵

1. H57：4　2. G1③：4　3. H84：17　4. H49：18　5. H84：15　6. H57：3　7. H49：20　8. H41：7　9. IT0208⑤：4

轮修痕迹。残高7.1厘米（图五二，2）。标本IT0208⑤：27，夹砂褐陶。侈口，折沿，圆唇，鼓腹。口沿以下饰多周弦纹。器表可见烟熏痕迹。残高5.1厘米（图五二，7）。标本IT0208⑤：18，夹砂褐陶。侈口，卷沿，圆唇，鼓腹。素面。器表可见烟熏痕迹。残高7.2厘米（图五二，3）。标本H61：2，夹砂褐陶。侈口，卷沿，圆唇，鼓腹。通体饰左上至右下斜向绳纹。器表可见烟熏痕迹。残高7.6厘米（图五二，6）。标本G1①：7，夹砂红陶。侈口，折沿，圆唇，鼓腹。口沿下侧饰两道弦纹，弦纹下侧饰交错绳纹。外沿面可见轮修痕迹。残高4厘米（图五二，8）。标本H84：21，夹砂红陶。侈口，折沿，圆唇，鼓腹。口沿以下饰右上至左下斜向绳纹。残高5.1厘米（图五二，9）。

2. 鼓腹罐

数量较多。以夹砂褐陶为主，也有少量夹砂红陶、夹砂灰陶。均侈口，鼓腹。

标本H92：9，夹砂红陶。侈口，折沿，口沿内侧有一道宽浅凹槽，方唇，鼓腹。唇部与口沿以下均饰交错绳纹。残高8.4厘米（图五三，6）。标本IT0107⑤：2，夹砂红陶。侈口，折沿，口沿内

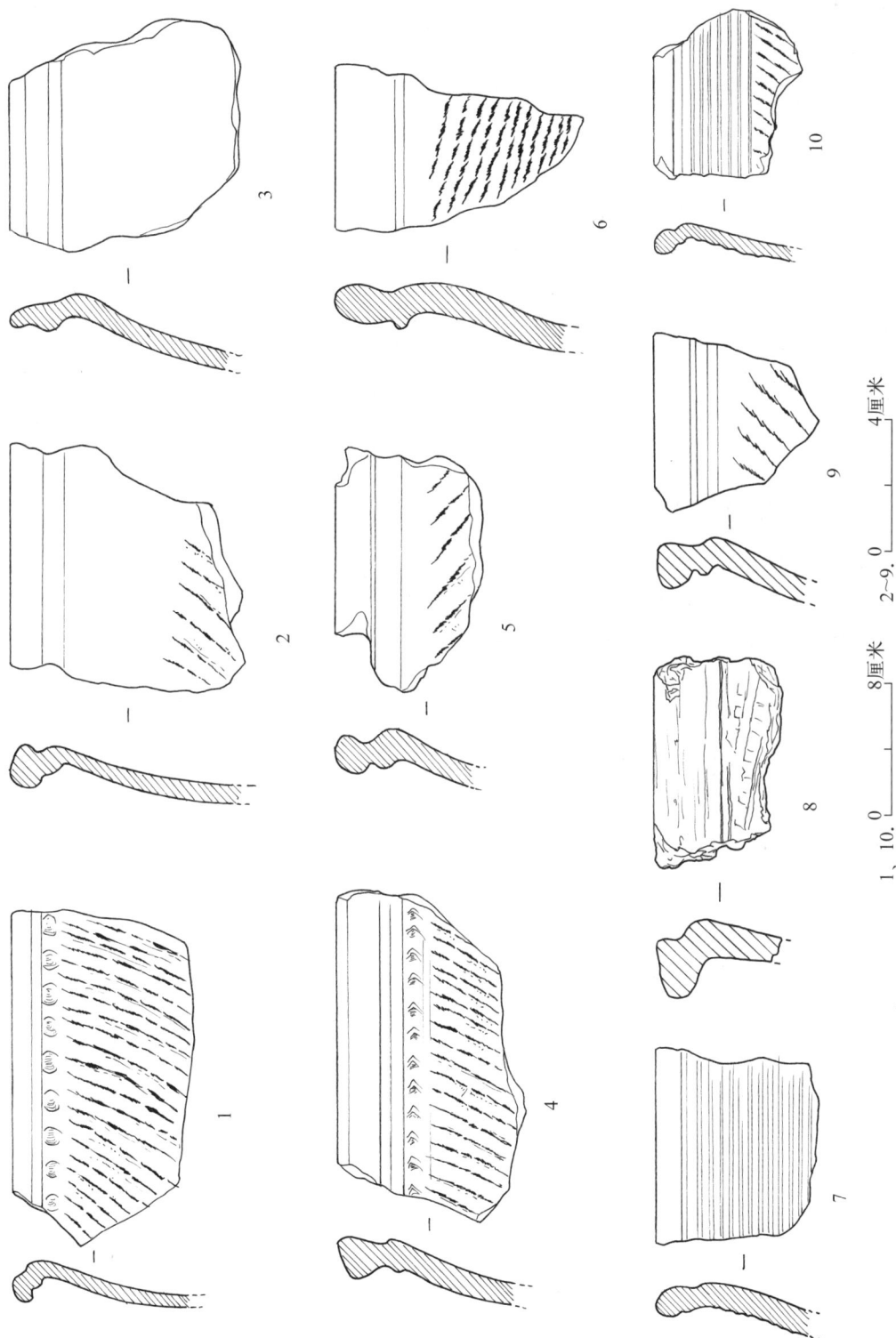

图五二　第二期大口深腹罐

1. IT0307⑤∶7　2. IT0104⑤∶3　3. IT0208⑤∶18　4. H84∶19　5. IT0307⑤∶29
6. H61∶2　7. IT0208⑤∶27　8. G1①∶7　9. H84∶21　10. H103∶3

侧有一道宽浅凹槽,圆唇,鼓腹。口沿下侧饰一周指窝纹,指窝内有一指甲痕迹,推测指窝纹可能为指尖戳压而成,指窝纹下侧饰圆饼状附加堆纹,通体饰左上至右下斜向绳纹。唇部可见轮修痕迹。残高7.2厘米(图五三,8)。标本H84:24,夹砂红陶。侈口,折沿,口沿内侧有一道宽浅凹槽,圆唇,鼓腹。通体饰左上至右下斜向绳纹。外沿面可见轮修痕迹,唇部与器表均可见烟熏痕迹。残高6.4厘米(图五三,1)。标本IT0104⑤:2,夹砂褐陶。侈口,折沿,口沿内侧有一道宽浅凹槽,圆唇,鼓腹。通体饰交错绳纹。唇部可见烟熏痕迹。残高5厘米(图五三,4)。标本IT0208⑤:7,夹砂红陶。侈口,折沿,口沿内侧有一道宽浅凹槽,方唇,鼓腹。口沿下侧饰一周指窝纹,指窝纹下侧饰交错绳纹。唇部与器表均可见烟熏痕迹。残高8.2厘米(图五三,7)。标本H84:18,夹砂红陶。侈口,折沿,口沿内侧有一道宽浅凹槽,方唇,鼓腹。通体饰右上至左下斜向绳纹。器表可见烟熏痕迹。残高6.2厘米(图五三,3)。标本IT0104⑤:6,夹砂红陶。侈口,折沿,口沿内侧有一道宽浅凹槽,方唇,鼓腹。口沿以下饰多周弦纹。唇部与外沿面可见轮修痕迹。残高6.2厘米(图五三,2)。标本IT0104⑤:8,夹砂褐陶。侈口,卷沿,方唇,鼓腹。外沿面饰右上至左下稀疏绳纹,通体饰右上至左下斜向绳纹。内壁可见烟熏痕迹。残高6.8厘米(图五三,9)。标本H104:8,夹砂褐陶。侈口,卷沿,圆唇,鼓腹。通体饰右上至左下斜向绳纹。器表可见烟熏痕迹。残高4.9厘米(图五三,5)。标本H84:23,夹砂褐陶。侈口,卷沿,圆唇,鼓腹。口沿下侧饰链条状附加堆纹,通体饰右上至左下斜向绳纹。内壁可见烟熏痕迹。残高6.5厘米(图五四,9)。标本H92:20,夹砂灰陶。侈口,卷沿,方唇,鼓腹。通体饰左上至右下斜向绳纹。残高8.4厘米(图五四,5)。标本IT0104⑤:26,夹砂红陶。侈口,卷沿,方唇,鼓腹。素面。外沿面可见轮修痕迹。残高6.7厘米(图五四,6)。标本IT0207⑤:2,夹砂红陶。侈口,折沿,圆唇,鼓腹。外沿面饰多周弦纹。残高6.2厘米(图五四,4)。

3. 圆腹罐

数量较少。多为夹砂陶。均为敛口,折沿,圆鼓腹。

标本H104:9,夹砂红陶。敛口,折沿,圆唇,圆鼓腹。素面。内壁可见轮修痕迹。残高5.5厘米(图五四,8)。标本H104:1,夹砂红陶。敛口,折沿,圆唇,圆鼓腹。口沿以下饰多周弦纹。外沿面可见轮修痕迹。残高2.8厘米(图五四,7)。

4. 高领罐

数量较少。以泥质红陶为主,少量为泥质灰陶。领部均较高。

标本H84:1,泥质红陶。直口,圆唇,高领,鼓腹。领、腹交接处有一周刻划纹。唇部与内壁均可见轮修痕迹。残高9.6厘米(图五四,11)。标本IT0107⑤:8,泥质红陶。直口,方唇,高领,鼓腹。上腹部饰一周弦纹。领部可见轮修痕迹。残高10.2厘米(图五四,1)。标本H84:22,泥质灰陶。直口,圆唇,高领。素面。内壁可见泥条盘筑与轮修痕迹。残高9厘米(图五四,2)。标本IT0307⑤:45,泥质红陶。敞口,圆唇,高领,鼓腹。领部饰三周弦纹。内壁可见轮修痕迹。残高8.6厘米(图五四,10)。标本H54:7,泥质红陶。敛口,圆唇,高领,鼓腹。腹部饰左上至右下斜向绳纹。残高9厘米(图五四,3)。

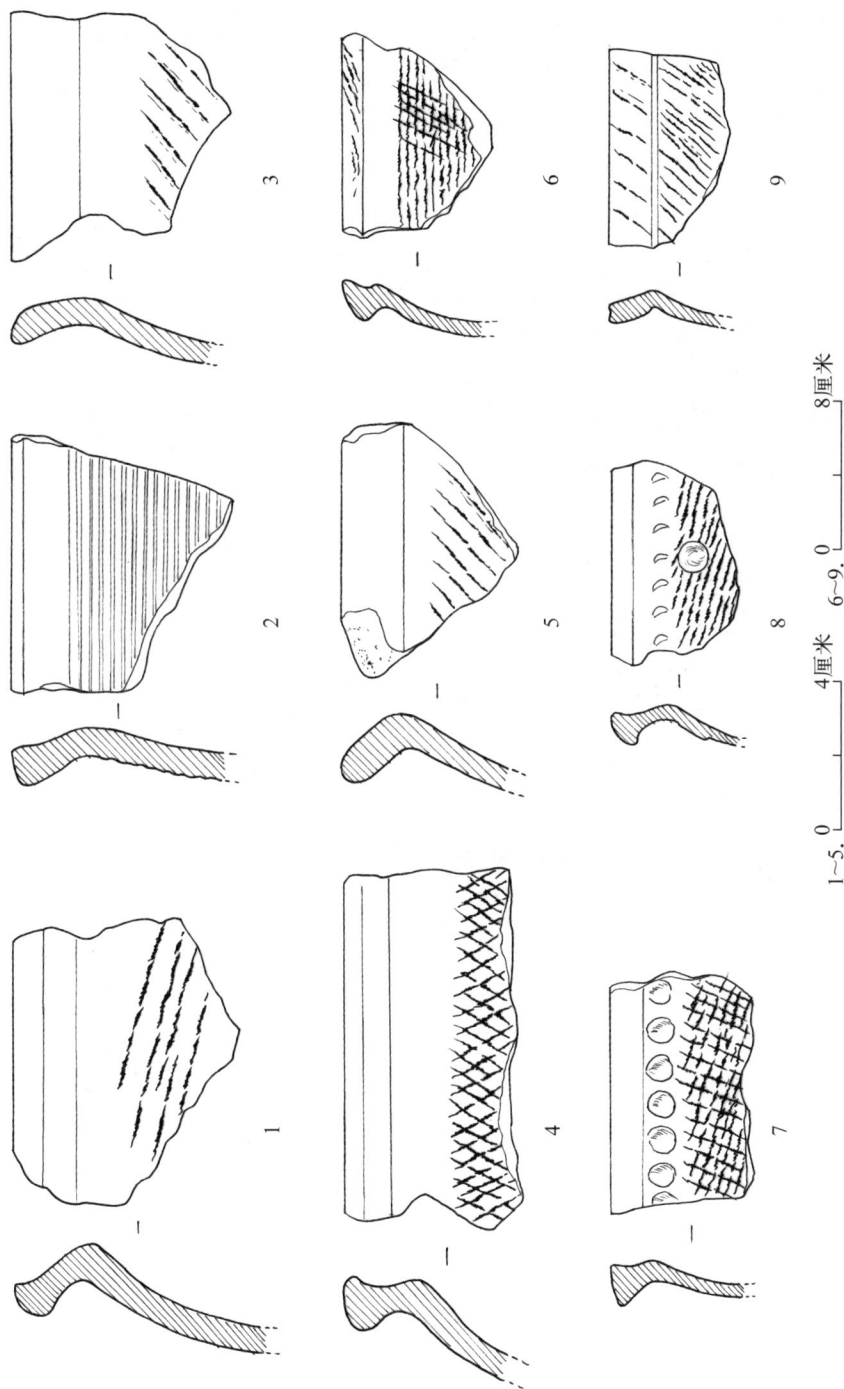

图五三 第二期鼓腹罐

1~5. 0 ____ 4厘米 6~9. 0 ____ 8厘米

1. H84：24 2. ⅠT0104⑤：6 3. H84：18 4. ⅠT0104⑤：2 5. H104：8
6. H92：9 7. ⅠT0208⑤：7 8. ⅠT0107⑤：2 9. ⅠT0104⑤：8

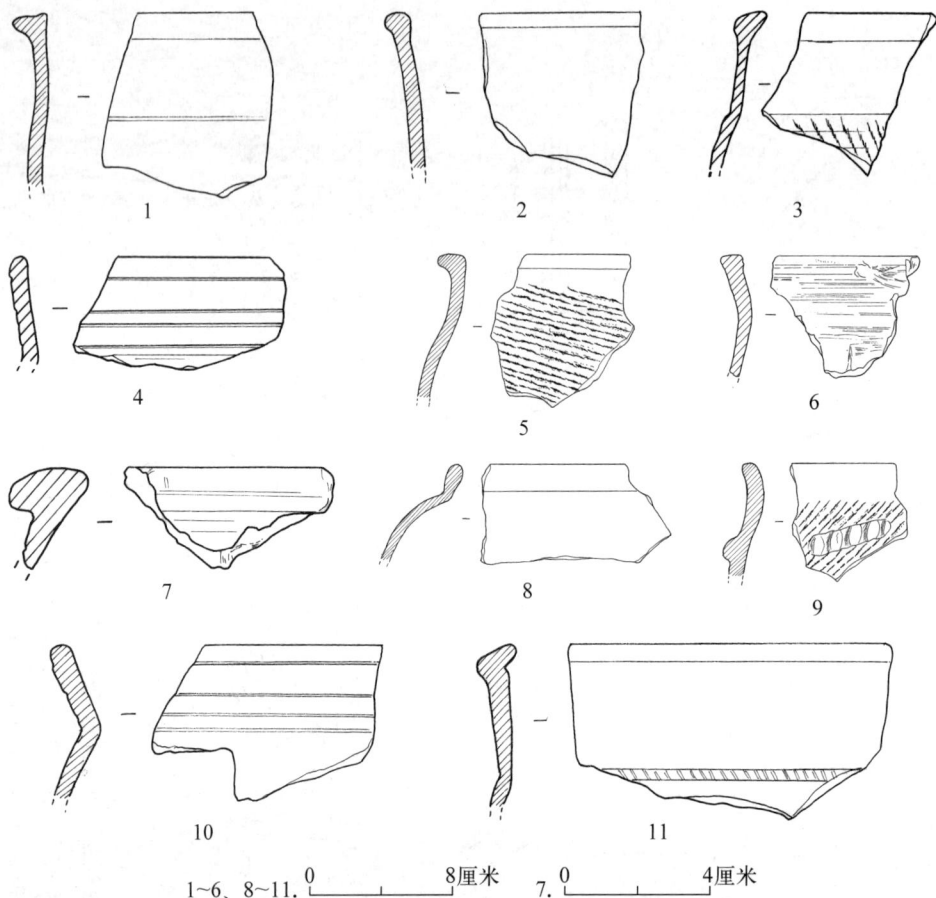

图五四　第二期鼓腹罐、圆腹罐、高领罐

1～3、10～11. 高领罐（IT0107⑤：8、H84：22、H54：7、IT0307⑤：45、H84：1）
4～6、9. 鼓腹罐（IT0207⑤：2、H92：20、IT0104⑤：26、H84：23）　7～8. 圆腹罐（H104：1、H104：9）

（五）瓮

数量较少。均为口、腹部残片，无可复原者。以泥质灰陶为主，也有少量夹砂红陶与泥质红陶。均敛口。

标本 H92：13，泥质灰陶。敛口，折沿，圆唇，口沿断面呈"T"形，窄折肩，斜直腹。素面。器表磨光，口部与内壁均可见轮修痕迹。残高 10.2 厘米（图五五，4）。标本 IT0307⑤：4，泥质灰陶。敛口，折沿，沿面有一道深凹槽，圆唇，口沿断面呈"T"形，窄折肩，斜直腹。素面。残高 5.2 厘米（图五五，1）。标本 IT0208⑤：8，夹砂红陶。敛口，折沿，圆唇，口沿断面呈"T"形，窄圆折肩，斜直腹。素面。内壁可见泥条盘筑痕迹。残高 9.4 厘米（图五五，5）。标本 IT0208⑤：31，夹砂红陶。敛口，圆唇，窄折肩，斜直腹。素面。残高 9 厘米（图五五，10）。标本 IT0307⑤：11，泥质红陶。敛口，圆唇，圆鼓腹。素面。内壁可见轮修痕迹。残高 6.2 厘米（图五五，2）。标本 IT0307⑤：21，泥质灰陶。敛口，圆唇外卷，鼓腹。素面。器表磨光。残高 4.1 厘米（图五五，

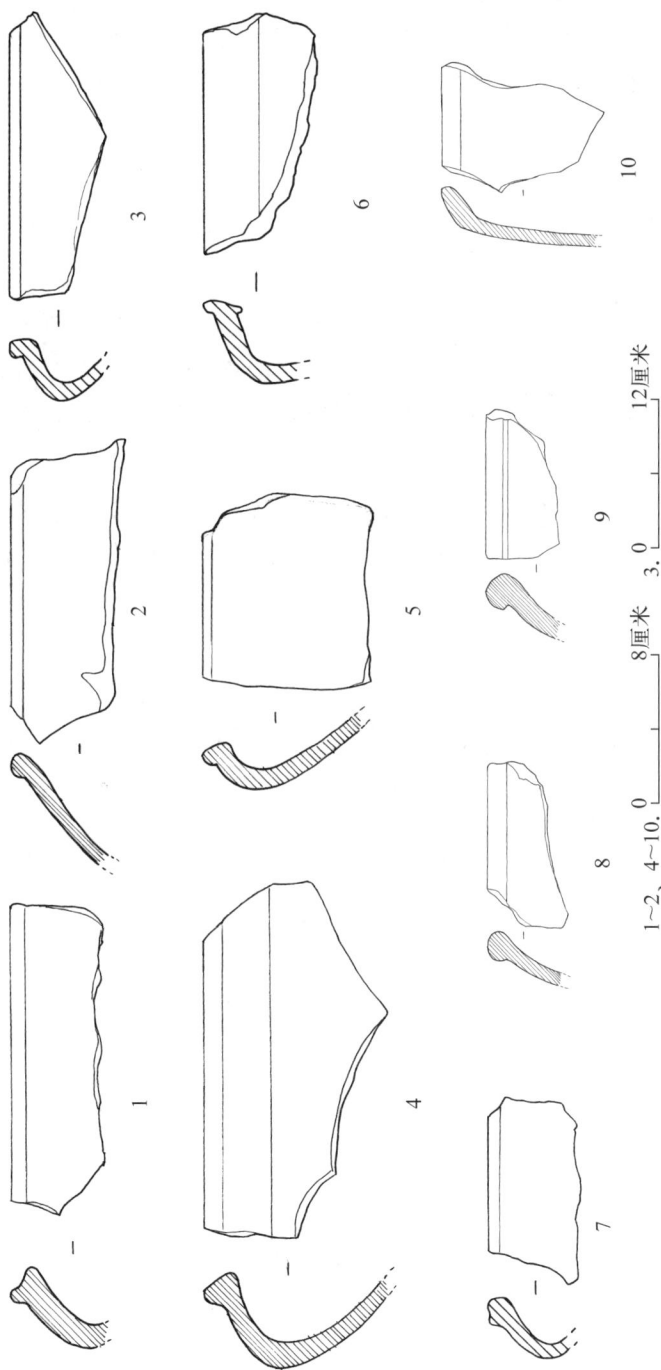

图五五 第二期陶瓮

1. ⅠT0307⑤：4 2. ⅠT0307⑤：11 3. G1⑤：1 4. H92：13 5. ⅠT0208⑤：8
6. G1⑤：7 7. ⅠT0307⑤：33 8. ⅠT0107⑤：4 9. ⅠT0307⑤：21 10. ⅠT0208⑤：31

9）。标本IT0107⑤：4，泥质灰陶。敛口，圆唇，鼓腹。素面。残高4.4厘米（图五五，8）。标本G1⑤：7，泥质灰陶。敛口，折沿，圆唇，口沿断面呈"T"形，窄圆折肩，斜直腹。素面。内壁可见轮修痕迹。残高6.2厘米（图五五，6）。标本G1⑤：1，泥质灰陶。敛口，折沿，圆唇，圆折肩，斜直腹。素面。内壁可见轮修痕迹。残高8.1厘米（图五五，3）。标本IT0307⑤：33，泥质灰陶。敛口，圆唇，唇部有一道宽浅凹槽，圆肩，斜直腹。素面。残高5.2厘米（图五五，7）。

（六）缸

数量较少。均为口、腹部残片，无可复原者。以夹砂红陶为主，也有少量夹砂褐陶与泥质红陶。均敛口，唇外叠。

标本IT0104⑤：27，泥质红陶。敛口，唇外叠，腹微鼓。素面。器表磨光，内壁可见刮抹痕迹。残高8.6厘米（图五六，5）。标本H103：10，夹砂褐陶。敛口，唇外叠，直腹。口沿下侧饰一周弦纹。器表磨光，内壁可见轮修痕迹与烟熏痕迹。残高8.2厘米（图五六，6）。标本IT0104⑤：1，夹砂红陶。敛口，唇外叠，腹微鼓。唇部饰黑色彩绘。残高5厘米（图五六，1）。标本H84：20，夹砂红陶。敛口，唇外叠，鼓腹。器表饰多周弦纹。内壁可见轮修痕迹。残高5.6厘米（图五六，3）。标本G1④：5，泥质红陶。敛口，唇外叠，腹微鼓。素面。唇部磨光。残高3.2厘米（图五六，9）。

（七）釜

数量较少。均为口、肩、底部残片，无可复原者。均为夹砂红陶。均斜肩，折腹，肩部饰多周整齐的弦纹。

标本H103：6，口、肩部残片。夹砂红陶。直口，方唇，口沿内侧有一道宽浅凹槽，斜肩，折腹，肩部饰多周整齐的弦纹。残高3.8厘米（图五六，7）。标本H84：3，肩、底部残片。夹砂红陶。斜肩，折腹，圜底，肩、底相接处起一高棱。肩部饰多周弦纹，底部饰交错绳纹。残高4.5厘米（图五六，4）。标本H92：5，肩、底部残片。夹砂红陶。斜肩，折腹，圜底，肩、底相接处起一矮棱。肩部饰多周弦纹。底部可见烟熏痕迹。残高4.6厘米（图五六，2）。标本G1①：17，口、肩部残片。夹砂红陶。侈口，折沿，沿面微凹，方唇，斜肩。肩部饰多周密集弦纹。残高3.5厘米（图五六，8）。

（八）器盖

数量较少。无可复原者。

标本IT0208⑤：13，口、壁部残片。泥质红陶。敞口，方唇，弧壁。素面。器表磨光，内壁可见轮修痕迹。残高3.4厘米（图五七，10）。标本H84：4，口、壁部残片。夹砂红陶。口微敛，方唇，弧壁。器表饰多周弦纹。残高3厘米（图五七，7）。标本G1②：7，钮部残片。夹砂红陶。蘑菇形钮。素面。钮径6厘米，残高3.5厘米（图五七，2）。

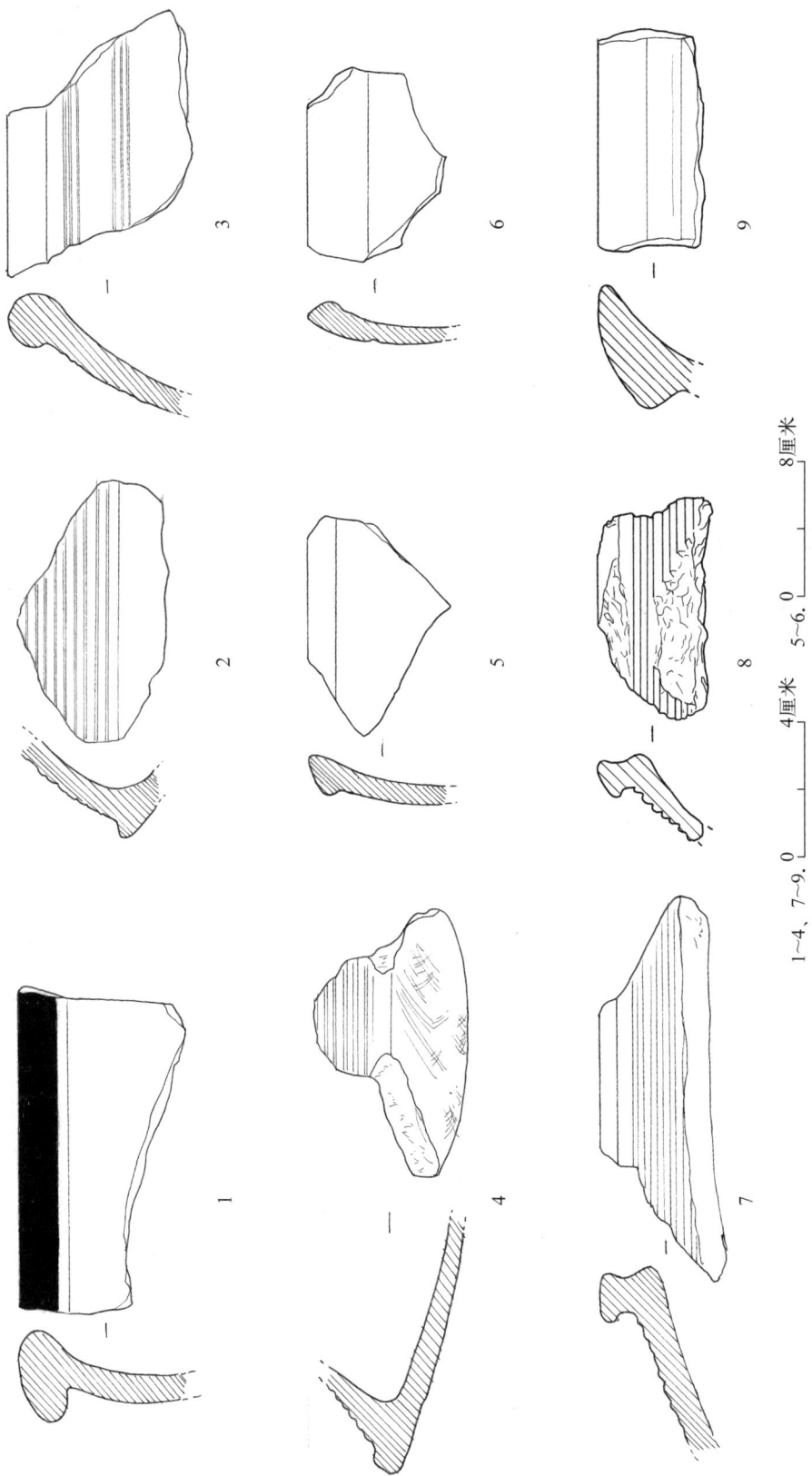

图五六　第二期缸、釜

1～4、7～9. 缸（IT0104⑤：1,H84：20,IT0104⑤：27,H103：10,G1④：5）2,4,7～8. 釜（H92：5,H84：3,H103：6,G1①：17）

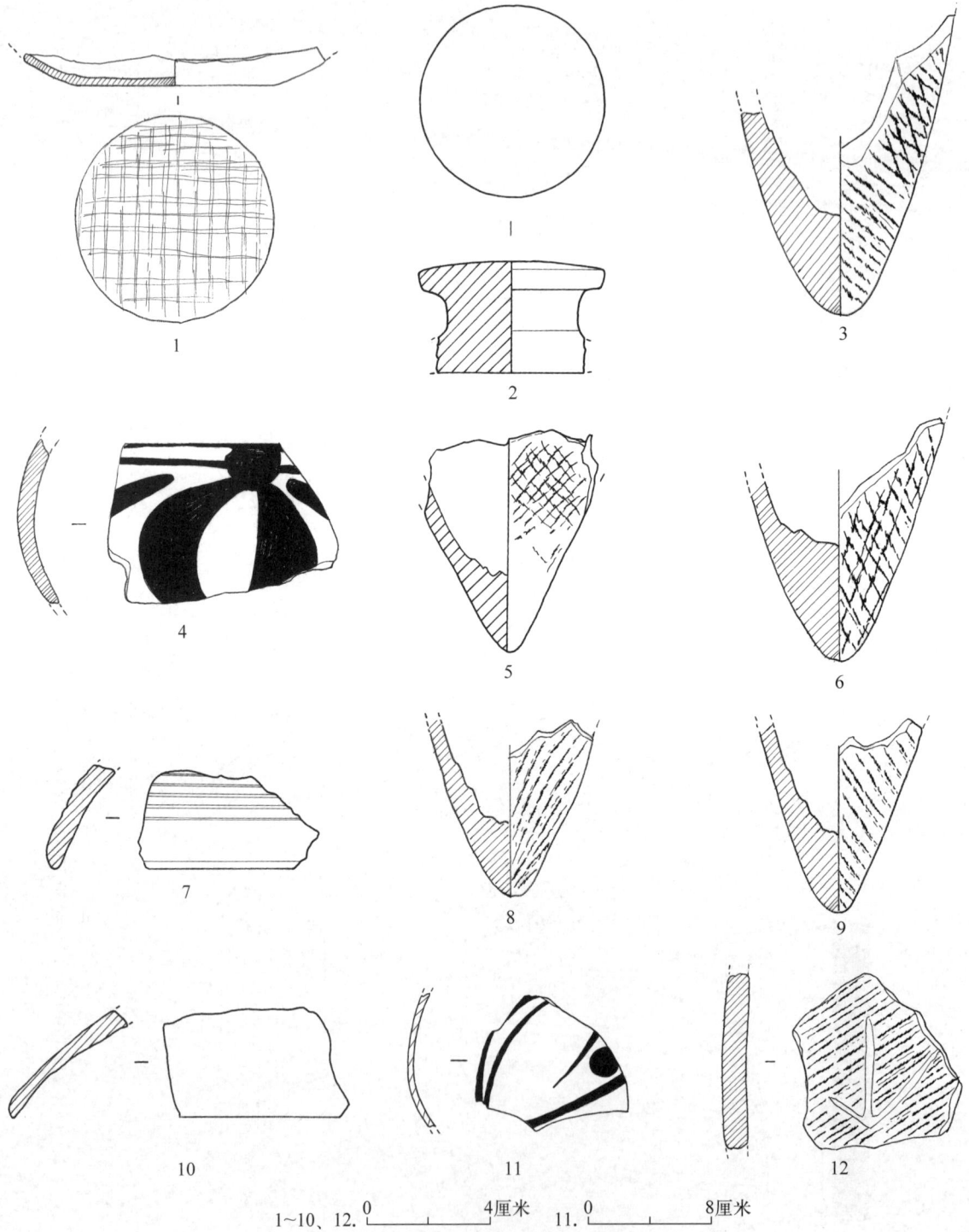

图五七　第二期器盖、器底、陶片

1、3、5~6、8~9. 器底（IT0104⑤：20、IT0104⑤：17、H84：12、IT0309⑤：7、IT0307⑤：44、H92：15）

2、7、10. 器盖（G1②：7、H84：4、IT0208⑤：13）　4、11、12. 陶片（H31：4、H64：7、H92：29）

（九）器底

标本IT0104⑤:20,底部残片。泥质红陶。凹底。底部饰布纹。可能为盆、钵类器的底。底径6.5厘米,残高1.2厘米(图五七,1)。标本H84:12,底部残片。泥质红陶。锐尖底。器表饰交错线纹。内壁可见泥条盘筑痕迹。应为尖底瓶底。残高7厘米(图五七,5)。标本H92:15,底部残片。泥质红陶。锐尖底。器表饰左上至右下斜向线纹。内壁可见泥条盘筑痕迹。应为尖底瓶底。残高6厘米(图五七,9)。标本IT0309⑤:7,底部残片。泥质红陶。锐尖底。器表饰交错线纹。内壁可见泥条盘筑痕迹。应为尖底瓶底。残高7.6厘米(图五七,6)。标本IT0307⑤:44,底部残片。泥质红陶。锐尖底。器表饰右上至左下斜向线纹。内壁可见泥条盘筑痕迹。应为尖底瓶底。残高5.5厘米(图五七,8)。标本IT0104⑤:17,底部残片。泥质红陶。锐尖底。器表饰交错线纹。内壁可见泥条盘筑痕迹。应为尖底瓶底。残高9.3厘米(图五七,3)。

（十）陶片

标本H31:4,泥质红陶。器表饰黑色弧边三角纹、圆点纹、弧线纹等组成的图案。器表磨光。可能为钵、盆类器残片。残高5.1厘米(图五七,4)。标本H92:29,夹砂红陶。器表饰绳纹,并饰一箭头状附加堆纹。可能为罐类器残片。残高5.5厘米(图五七,12)。标本H64:7,泥质红陶。器表饰黑色圆点纹、弧线纹等组成的图案。器表磨光。可能为钵、盆类器残片。残高8.4厘米(图五七,11)。

（十一）刀

数量较多。平面呈长方形,多以尖底瓶或盆、钵等泥质陶器的残片打磨而成。

标本H31:1,完整。系利用盆的底部残片打制而成。泥质红陶。上下两边均打制成单面刃,两端各有一打制而成的缺口。长7.9厘米,宽5.5厘米,厚0.7厘米(图五八,2;彩版三,6)。标本IT0107⑤:1,完整。系利用尖底瓶的残片打磨而成。泥质红陶。一边打制成单面刃,另一边磨光,两端各有一打制而成的缺口。长8.3厘米,宽5.3厘米,厚0.5厘米(图五八,4;彩版三,4)。标本IT0106⑤:1,稍残。系利用尖底瓶的残片打磨而成。泥质灰陶。一边打制成单面刃,另一边磨光,两端各有一打制而成的缺口。器表饰多道浅弦纹。残长9.4厘米,宽5.7厘米,厚0.6厘米(图五八,5)。标本IT0406⑤:1,稍残。系利用尖底瓶的残片打磨而成。泥质红陶。一边打制成单面刃,另一边磨光,两端各有一打制而成的缺口。器表饰线纹。残长8.9厘米,宽4.6厘米,厚0.4厘米(图五八,1;彩版三,3)。标本IT0309⑤:11,残。系利用尖底瓶的残片打磨而成。泥质红陶。一边磨制成单面刃,另一边磨光,两端各有一打制而成的缺口,中部有一两面对划但未划穿的孔。器表饰绳纹。残长8厘米,宽4.3厘米,厚0.5厘米(图五八,7)。标本IT0307⑤:2,残。系利用尖底瓶的残片打制而成。泥质红陶。一边打制成双面刃,另一边打制整齐,两端各有一打制而成的缺口。器表饰线纹。残长6.1厘米,宽4.1厘米,厚0.5厘米(图五八,9)。标本H84:2,残。系利用尖底瓶的残片打磨而成。泥质红陶。一边磨制成单面刃,另一边磨光,一端有一打制而成的缺口。器表饰线纹。残长6.8厘米,宽5.1厘米,厚0.6厘米(图五八,6)。标本

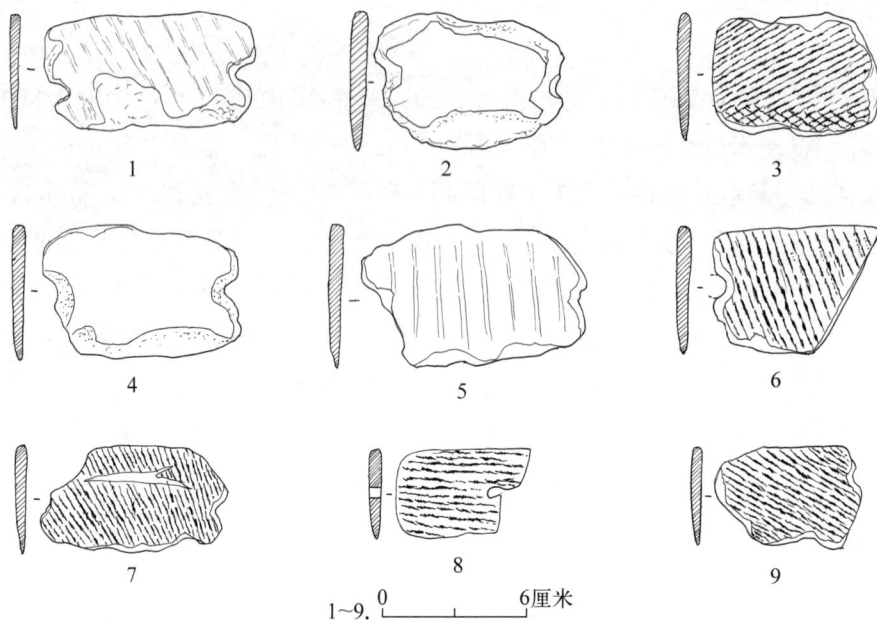

1~9. 0 _____ 6厘米

图五八　第二期陶刀

1. IT0406⑤：1　2. H31：1　3. IT0307⑤：1　4. IT0107⑤：1　5. IT0106⑤：1
6. H84：2　7. IT0309⑤：11　8. H64：8　9. IT0307⑤：2

IT0307⑤：1，完整。系利用尖底瓶的残片打制而成。泥质红陶。四边均打制成单面刃。器表饰线纹。长7厘米，宽4.9厘米，厚0.5厘米（图五八，3；彩版三，5）。标本H64：8，残。系利用尖底瓶的残片磨制而成。泥质红陶。一边磨制成单面刃，另三边磨光，中部有一两面对划而成的椭圆形孔。器表饰绳纹。残长5.6厘米，宽3.5厘米，厚0.5厘米（图五八，8）。

（十二）球

数量较少。均为圆球状。

标本IT0208⑤：2，完整。泥质红陶。圆球状。器表较为粗糙，可见烟熏痕迹。直径3厘米（图五九，8；彩版四，2）。标本H64：4，完整。夹砂红陶。圆球状。器表较为粗糙，可见烟熏痕迹。直径2.7厘米（图五九，9；彩版四，1）。标本IT0104⑤：50，稍残。泥质红陶。器表抹光，可见多个小凹坑。直径4.6厘米（图五九，10）。

（十三）纺轮

数量较少。标本IT0104⑤：48，残。泥质灰陶。呈截尖锥状。底缘饰一周划纹。底径7厘米，残高2.4厘米（图五九，5）。

（十四）环

数量较多。均残断，无完整者。有泥质红陶与泥质灰陶。均为圆形环状。

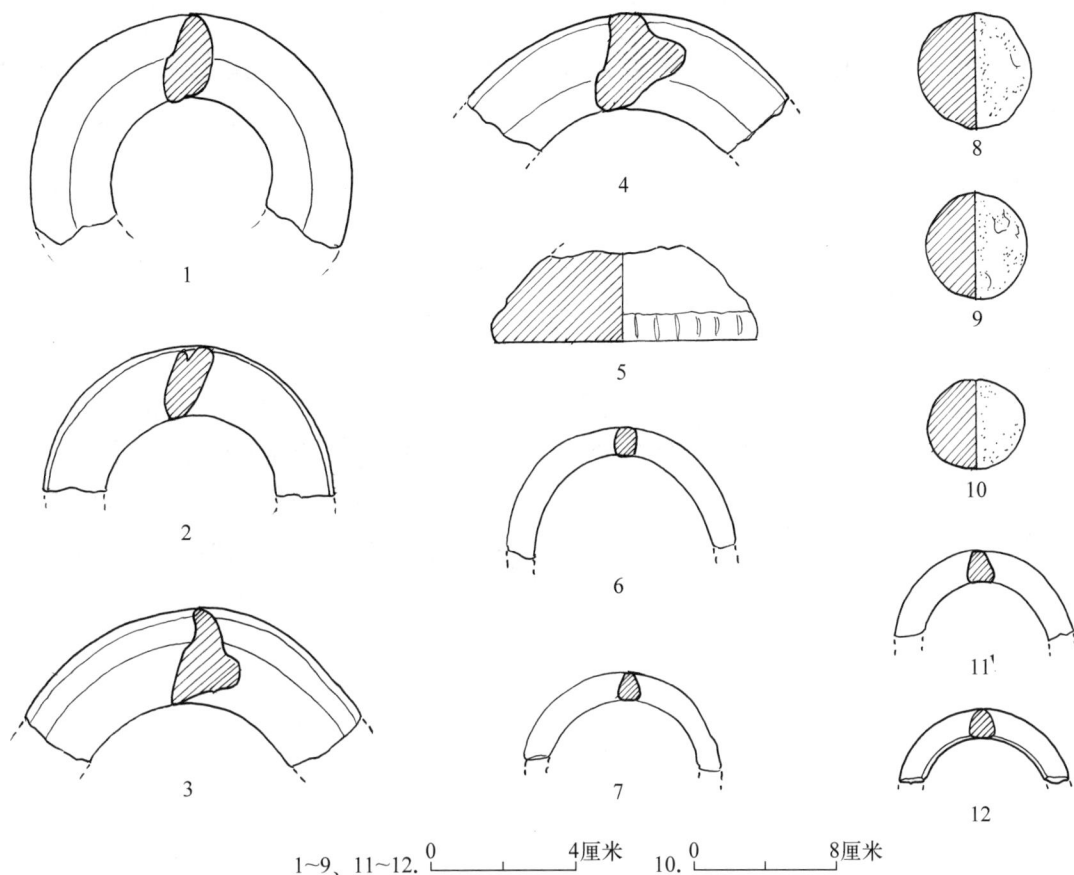

图五九　第二期陶球、纺轮、陶环

1~4、6~7、11~12.陶环（H84：11、IT0107⑤：11、IT0307⑤：3、IT0307⑤：48、IT0207⑤：1、IT0107⑤：10、H57：1、G1①：18）
5.纺轮（IT0104⑤：48）　8~10.陶球（IT0208⑤：2、H64：4、IT0104⑤：50）

标本IT0207⑤：1，泥质灰陶。断面呈圆角长方形。厚0.7厘米（图五九，6）。标本IT0107⑤：10，泥质灰陶。断面呈三角形。厚0.7厘米（图五九，7）。标本H57：1，泥质灰陶。断面呈半圆形。厚0.8厘米（图五九，11）。标本IT0107⑤：11，泥质红陶。状如原始重唇口的口部，外侧有一周深凹槽，断面似两层台阶。器表可见轮修痕迹。厚1.8厘米（图五九，2）。标本IT0307⑤：48，泥质红陶。系利用典型重唇口尖底瓶的口部残片磨制而成，颈部残断处磨光。厚2.4厘米（图五九，4）。标本H84：11，泥质红陶。系利用典型重唇口尖底瓶的口部残片打制而成，颈部残断处打制较为规整。厚2.1厘米（图五九，1）。标本IT0307⑤：3，泥质红陶。系利用典型重唇口尖底瓶的口部残片磨制而成，颈部残断处磨光。厚2.4厘米（图五九，3）。标本G1①：18，泥质灰陶。断面呈三角形。厚0.7厘米（图五九，12）。

二、石器

数量较少。主要有斧、纺轮、环三类。

（一）斧

标本IT0208⑤：29，刃部残片。双面刃，较为锋利。通体磨光。残长4.2厘米，残宽7.9厘米，厚2.5厘米（图六〇，1）。

（二）纺轮

标本IT0104⑤：5，完整。圆饼形，断面呈三角形，中间有一两面对钻而成的圆孔。通体磨光。直径5.8厘米，孔径1.1厘米，厚0.9厘米（图六〇，2；彩版三，2）。

（三）环

标本IT0406⑤：3，残。圆环状，外缘经过打制，不甚规整，横断面呈长方形，中部有一两面对钻而成的圆孔。两面均磨光。厚4.4厘米（图六〇，3）。标本IT0406⑤：2，残。圆环状，外缘经过粗磨，不甚规整，横断面呈长方形，中部有一单面钻成的圆孔。两面均磨光。厚3.8厘米（图六〇，4）。

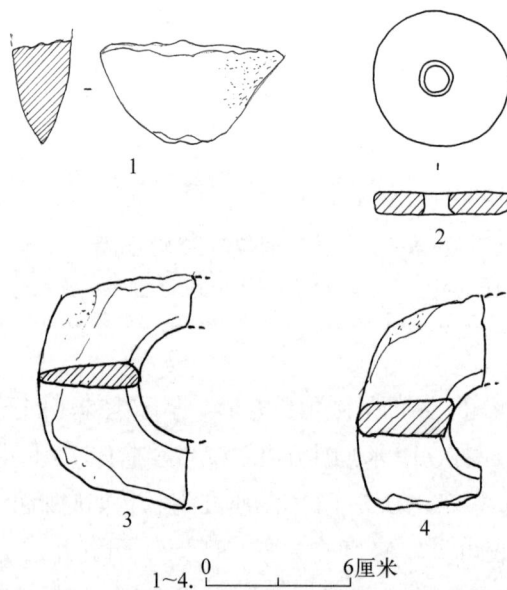

图六〇　第二期石器

1. 石斧（IT0208⑤：29）　2. 石纺轮（IT0104⑤：5）　3～4. 石环（IT0406⑤：3、IT0406⑤：2）

第五章　第三期遗存

第一节　遗　迹

五楼遗址第三期遗存发现的遗迹共有23处,分为灰坑与灰沟二类,其中灰坑22座,灰沟1条(图六一)。

一、灰坑

共发掘22座(附表三)。其中Ⅰ区20座(H19、H23、H24、H26、H30、H34、H38、H53、H60、H63、H68、H73、H76、H78、H81、H83、H85、H87、H94、H97),Ⅱ区2座(H101、H105)。上述灰坑的平面形状有圆形与椭圆形,结构有袋状、桶状、锅底状。其中圆形袋状最多,共有9座,占40.9%;圆形桶状6座,占27.3%;椭圆形袋状3座,占13.6%;圆形锅底状2座,椭圆形锅底状2座,分别占9.1%。现将各类型灰坑分述如下:

(一)圆形袋状灰坑

共发掘9座。这类灰坑数量最多,坑口平面形状均为圆形,断面为口小底大的袋状,坑底多数较为平整。坑内填土多为质地较为疏松或致密的灰色土或黄褐色土,有时夹杂有料礓石、火烧土颗粒等。现举例如下:

H83　位于Ⅰ区T0308西部,西部伸出探方之外未能发掘,开口于第④层下,上部被H74打破。坑口平面呈圆形,袋状,坑壁较清晰,坑底较为平坦。坑口直径50厘米,底直径112厘米,深85厘米(图六二)。坑内填土较为疏松,土色为深灰色,包含有零星火烧土颗粒。出土少量陶片,多为泥质灰陶,可辨器形有盆等。纹饰有弦纹、素面等。

H87　位于Ⅰ区T0105东部,开口于第④层下。坑口平面呈圆形,袋状,坑壁较清晰,坑底平整。坑口直径130厘米,底直径240厘米,深162厘米(图六三)。坑内填土较为致密,土色为黄褐色,包含有料礓石、田螺壳、鹿角等。出土大量陶片,以泥质红陶为主,夹砂红陶、泥质灰陶次之,另有少量夹砂褐陶;可辨器形有罐、缸等(图六四)。纹饰以素面和绳纹为主,另有少量线纹、弦纹、附加堆纹、彩陶等。

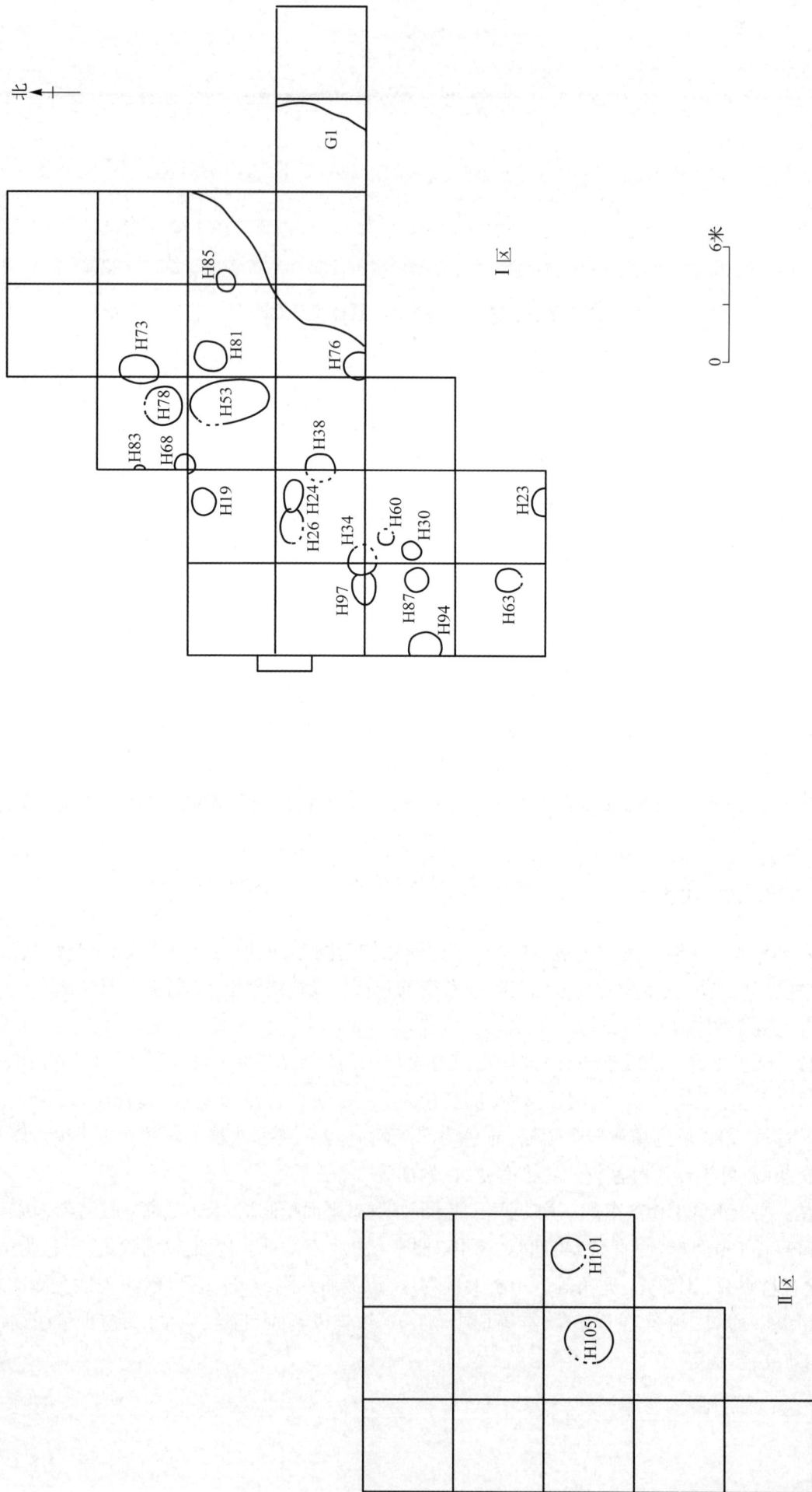

图六一　第三期遗迹分布图

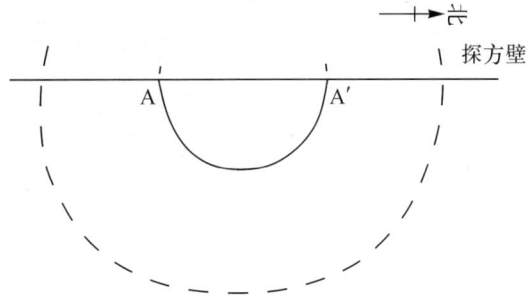

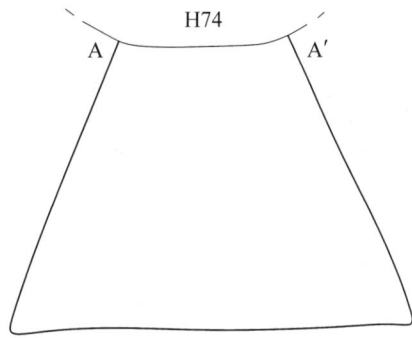

图六二　H83平、剖面图

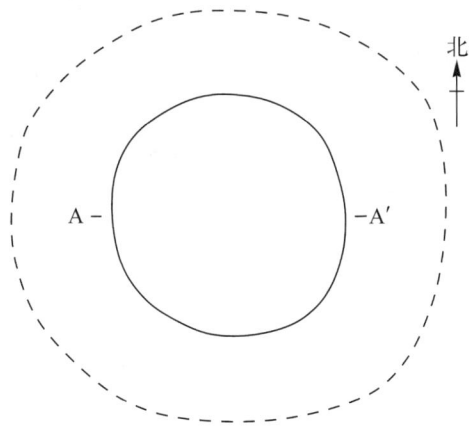

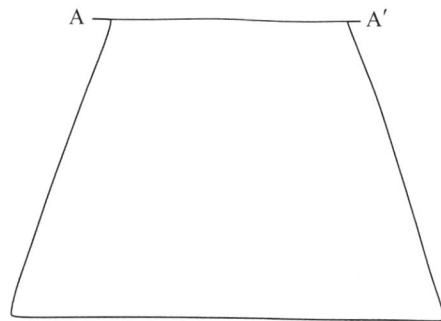

图六三　H87平、剖面图

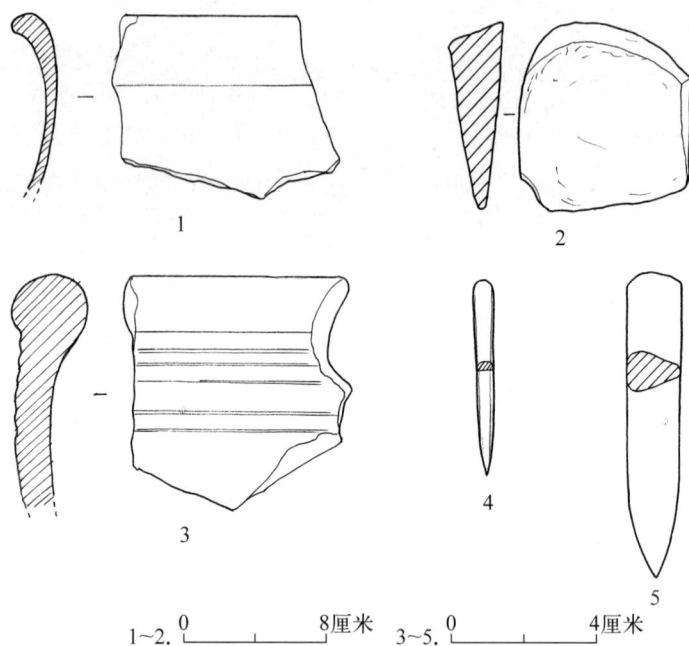

图六四 H87出土遗物

1. 高领罐（H87∶5） 2. 石斧（H87∶15） 3. 厚唇缸（H87∶3） 4、5. 骨锥（H87∶9、H87∶8）

（二）椭圆形袋状灰坑

共发掘3座。这类灰坑的坑口平面形状为椭圆形或近椭圆形，断面为口小底大的袋状。坑底一般较为平整，坑内填土多为质地较为疏松的灰色土，有的夹杂有动物骨骼、火烧土颗粒等。现举例如下：

H97 位于Ⅰ区T0105北部与T0106南部，开口于第④层下，东部被H34打破。坑口平面呈椭圆形，袋状，坑壁清晰，坑底较平坦。坑口长径160厘米，短径120厘米，底长径224厘米，短径184厘米，深188厘米（图六五）。坑内填土较为疏松，土色为深灰色，包含有红烧土颗粒、田螺壳、动物骨骼等。出土少量陶片，主要有泥质灰陶、泥质红陶、夹砂红陶等；可辨器形有钵、罐、甑等（图六六）。纹饰有绳纹、线纹、附加堆纹等。

（三）圆形桶状灰坑

共发掘6座。这类灰坑数量较多，坑口平面形状为圆形，断面为口底同大的桶状，坑底多数较为平整，部分高低不平。坑内填土多为质地较为疏松的浅灰色土或较为致密的灰褐色土，有时夹杂有火烧土块、炭屑等。现举例如下：

H19 位于Ⅰ区T0207北部，开口于第④层下。坑口平面呈圆形，桶状，坑壁清晰，坑底不甚平整。坑口直径130厘米，深170厘米（图六七）。坑内填土较为致密，土色为灰褐色，包含有少量炭屑。出土大量陶片，以夹砂红陶为主，有少量泥质红陶与夹砂灰陶；可辨器形有瓶、钵、盆、罐、缸等。纹饰有线纹、绳纹等。

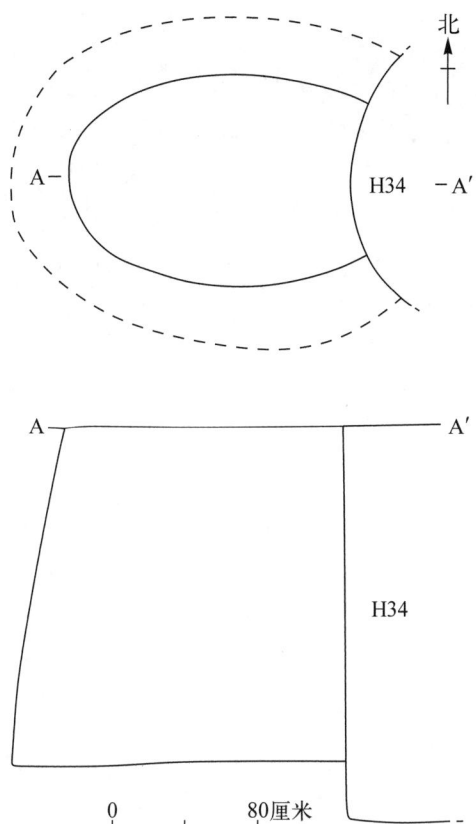

图六五　H97平、剖面图

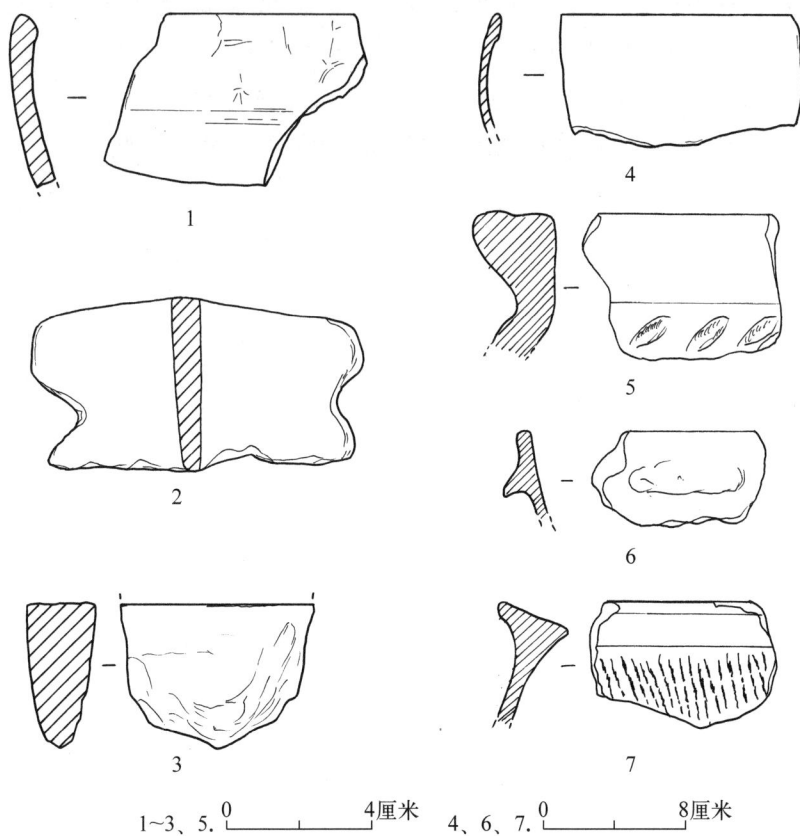

图六六　H97出土遗物

1、4.钵（H97：17、H97：2）　2.陶刀（H97：19）　3.石斧（H97：20）　5.鼓腹罐（H97：12）　6.甑（H97：16）　7.大口深腹罐（H97：13）

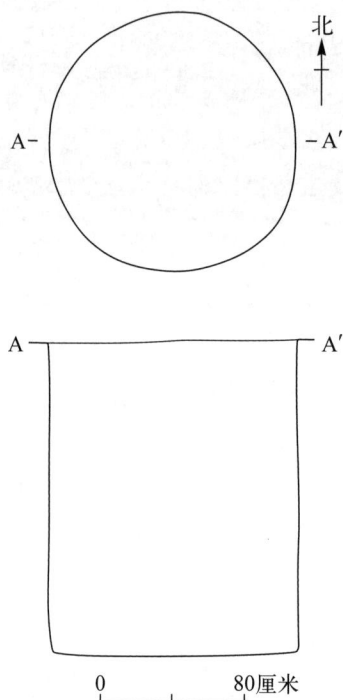

图六七　H19平、剖面图

H76　位于Ⅰ区T0305东北部、T0306东南部、T0406西南部,南部伸出探方之外未能发掘,开口于第④层下。坑口平面呈圆形,桶状,坑壁规整,坑底不甚平整。坑口直径150厘米,深74厘米(图六八)。坑内填土较为疏松,土色为浅灰色,包含有火烧土块、田螺壳等。出土大量陶片,以泥质红陶、夹砂红陶为主,有少量泥质灰陶;可辨器形有盆、钵、罐等(图六九)。纹饰以素面为主,

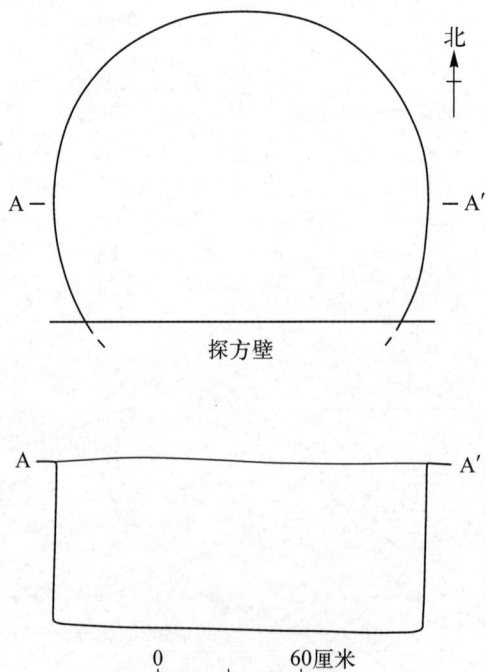

图六八　H76平、剖面图

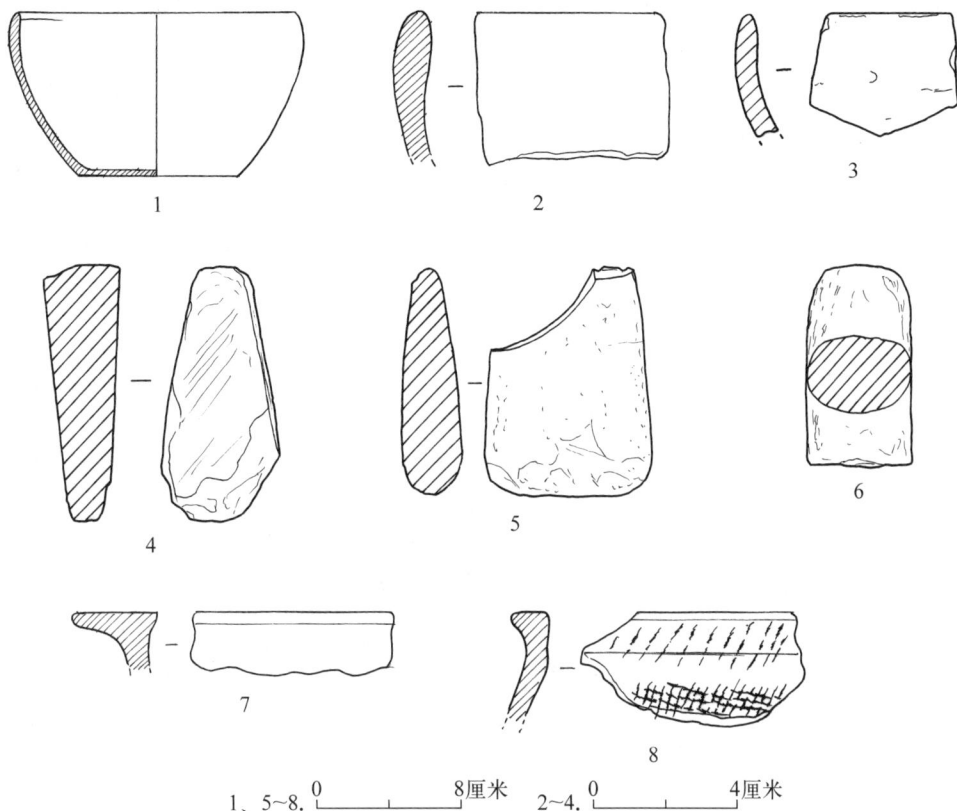

图六九 H76出土遗物

1～3. 钵（H76：1、H76：2、H76：3） 4、5. 石斧（H76：12、H76：10） 6. 陶锉（H76：11） 7. 宽沿浅腹盆（H76：5） 8. 鼓腹罐（H76：4）

有少量绳纹、线纹等。

（四）圆形锅底状灰坑

共发掘2座。这类灰坑数量较少，坑口平面形状多作圆形或者近圆形，断面口大底小或略呈锅底状。坑内填土多为质地较为疏松的深灰色土。现举例如下：

H60 位于Ⅰ区T0205西北部，开口于第④层下，东部被H15打破。坑口平面呈圆形，锅底状，坑壁清晰，坑底平整。坑口直径90厘米，底直径50厘米，深60厘米（图七〇）。坑内填土较为疏松，土色为深灰色，包含有炭屑、红烧土颗粒、料礓石块等。出土零星陶片。

（五）椭圆形锅底状灰坑

共发掘2座。这类灰坑数量较少，坑口平面形状多作椭圆形或者近椭圆形，断面口大底小或略呈锅底状。坑内填土多为质地较为疏松的浅灰色土或灰褐色土，有时夹杂有红烧土块、炭屑等。现举例如下：

H73 位于Ⅰ区T0308东部与T0408西部，开口于第④层下。坑口平面呈椭圆形，锅底状，坑壁不甚清晰，坑底不平。坑口长径210厘米，短径148厘米，深92厘米（图七一）。坑内填土较为

H15

A — — A′

A — — A′

0　　　　　60厘米

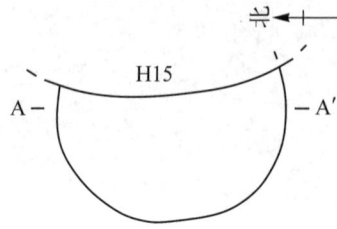

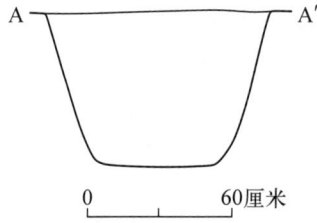

图七〇　H60平、剖面图

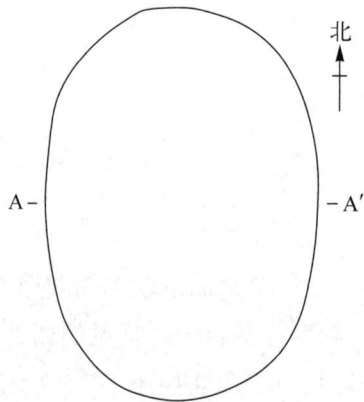

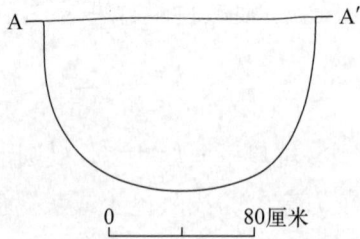

北

A — — A′

A — — A′

0　　　　　80厘米

图七一　H73平、剖面图

疏松, 土色为灰褐色, 包含有少量火烧土块、石块等。出土少量陶片, 主要有泥质红陶和泥质灰陶; 可辨器形有钵、罐等。纹饰有绳纹、线纹等。

H53　位于Ⅰ区T0307东部, 开口于第④层下, 西北部被H40打破。坑口平面呈椭圆形, 锅底状, 坑壁不甚清晰, 底部不平。坑口长径430厘米, 短径230厘米, 深78厘米 (图七二)。坑内填土较为疏松, 土色为浅灰色, 包含有炭屑、红烧土颗粒、石块等。出土大量陶片, 以泥质红陶为主, 另有少量泥质灰陶、夹砂红陶、夹砂褐陶等。可辨器形有瓶、钵、罐等 (图七三)。纹饰以素面和线纹为主, 绳纹次之, 另有少量弦纹、附加堆纹等。

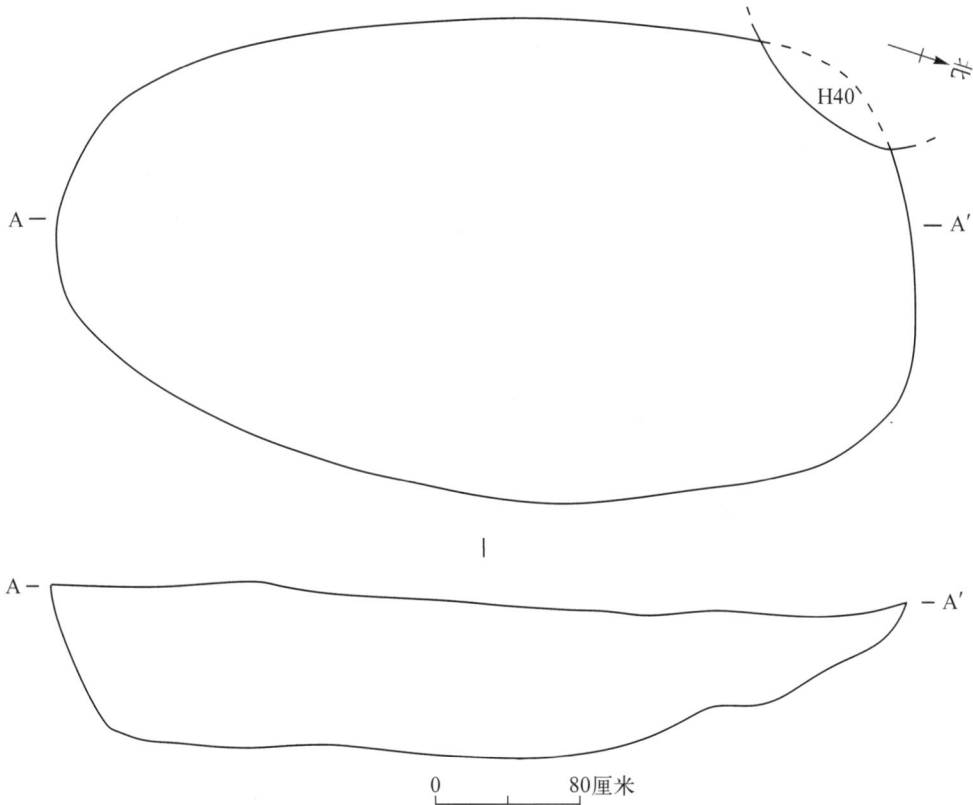

图七二　H53平、剖面图

二、灰沟

发掘灰沟1条 (G1)。发掘部分位于Ⅰ区T0406、T0506、T0606、T0407、T0507内。开口于第④层下。G1整体呈南北走向, 通过T0406、T0506、T0606北壁可知, 整体剖面呈口大底小的倒梯形, 东壁较为陡直, 西壁较缓, 呈三层台阶状, 台面经过明显加工, 每个台面都较为平整。口部宽1420厘米, 底部宽600厘米, 深390厘米。沟内堆积可分为五层 (图七四):

第①层, 堆积较为平坦, 厚20厘米, 土质疏松, 土色为深灰色, 包含有少量石块、炭屑等。出土有少量陶片, 以泥质红陶和夹砂红陶为主, 可辨器形有退化的重唇口尖底瓶、弧折沿盆、叠唇盆、典型的与退化的铁轨式口沿罐、直口深弧腹钵、敛口浅弧腹钵、敛口曲腹钵、敛口直腹钵、厚唇

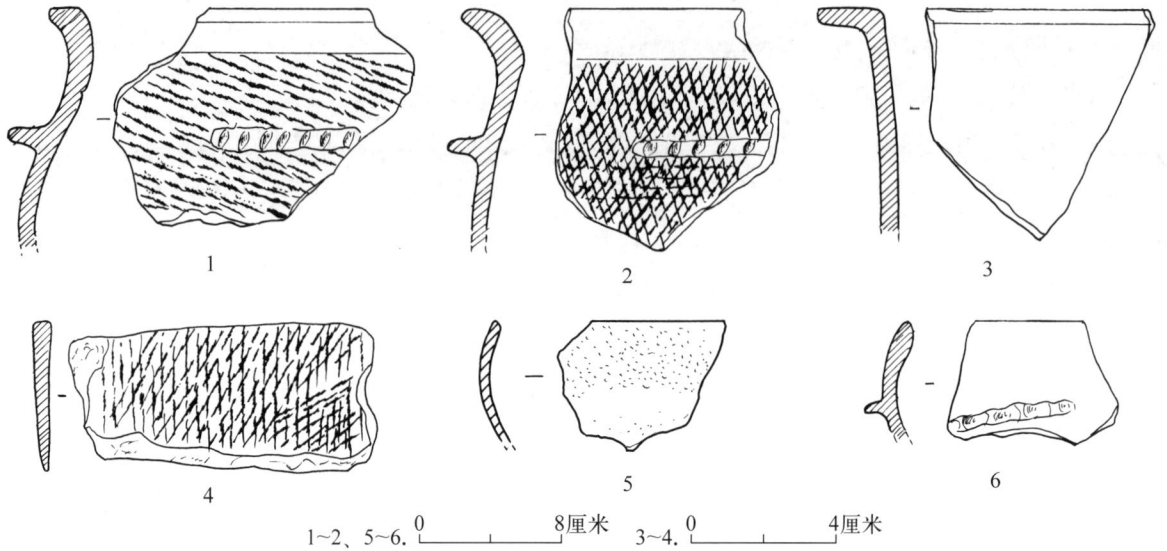

1~2、5~6. 0 _____ 8厘米　　3~4. 0 _____ 4厘米

图七三　H53出土遗物

1~2.鼓腹罐（H53：5、H53：2）　3.喇叭口瓶（H53：8）　4.陶刀（H53：1）　5~6.钵（H53：4、H53：3）

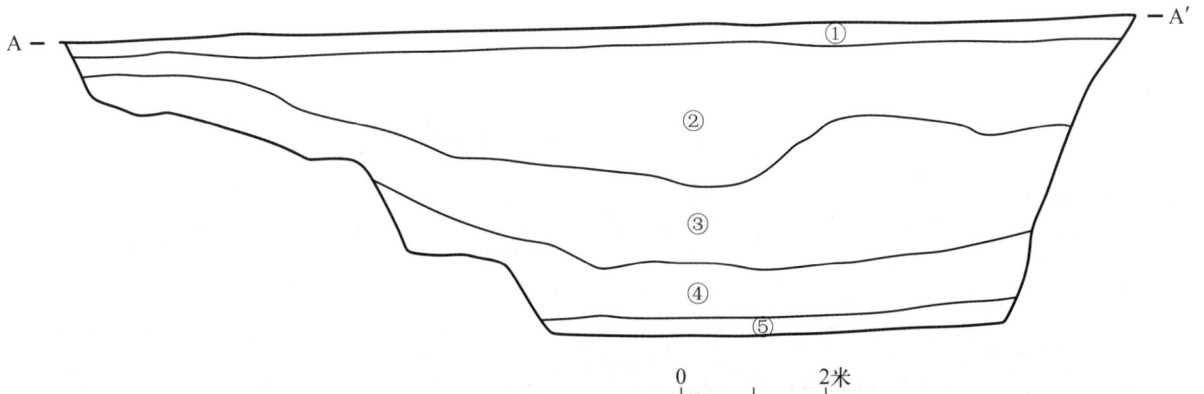

图七四　G1剖面图

钵、叠唇缸、釜、陶环等（图七五、七六）。

第②层，东、西两端的堆积较薄，靠近中部的堆积较厚，厚15~170厘米，土质较为疏松，土色为浅灰色，包含有红烧土颗粒、石块等。出土有少量陶片，以泥质红陶和夹砂红陶为主，可辨器形有喇叭口尖底瓶、弧折沿盆、敛口折肩瓮、器盖、鱼纹彩陶片、石锛等（图七七）。

第③层，东、西两端的堆积较薄，靠近中部的堆积较厚，厚80~180厘米，土质较为疏松，土色为深灰色，包含有少量料礓石颗粒、石块、动物骨骼等。出土有少量陶片，以泥质红陶和夹砂红陶为主，可辨器形有喇叭口尖底瓶、窄卷沿盆、弧折沿盆、叠唇盆、侈口折沿罐、直口深弧腹钵、敛口曲腹钵、厚唇钵、圆陶片等（图七八）。

第④层，仅靠近中部有堆积，厚40~60厘米，土质较为致密，土色为黄褐色，包含有少量石

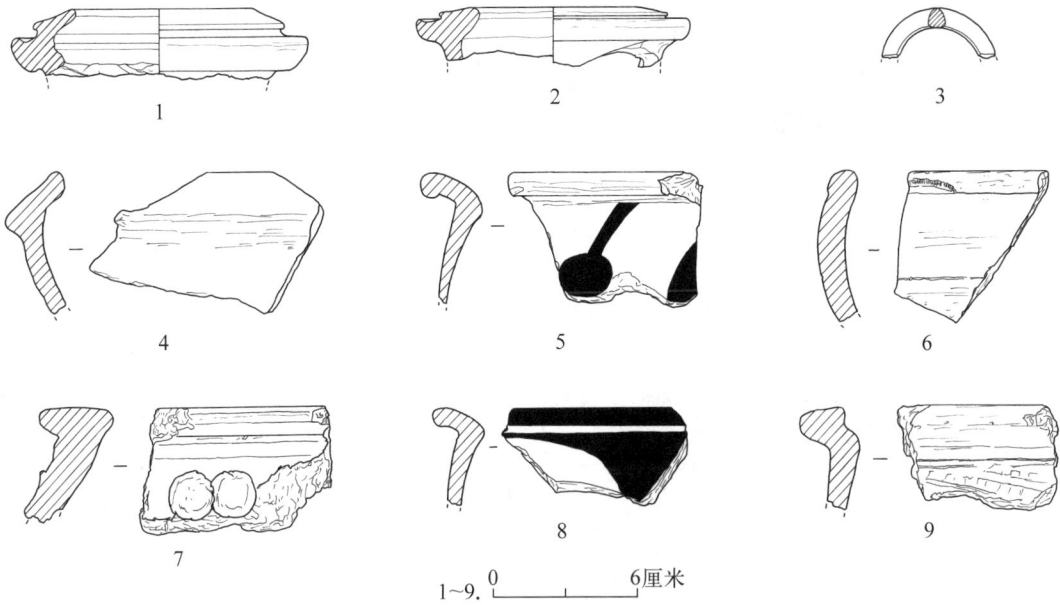

图七五　G1①层出土遗物

1～2.尖底瓶（G1①：1、G1①：2）　3.陶环（G1①：18）　4、6.叠唇盆（G1①：16、G1①：5）
5、8.弧折沿盆（G1①：3、G1①：4）　7.平沿缸（G1①：6）　9.大口深腹罐（G1①：7）

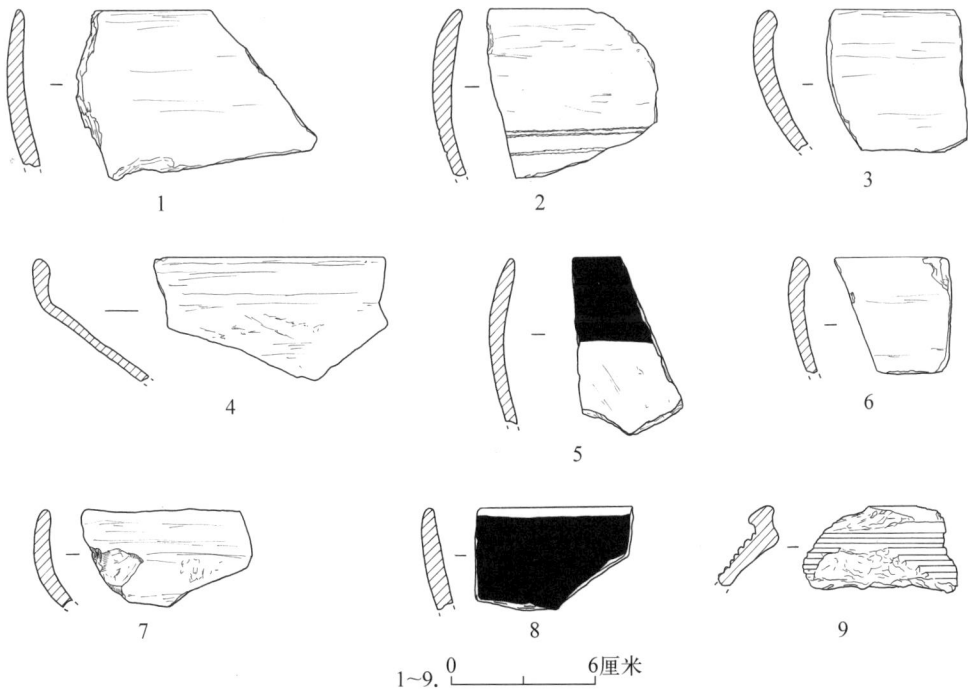

图七六　G1①层出土遗物

1～8.钵（G1①：8、G1①：9、G1①：14、G1①：13、G1①：10、G1①：15、G1①：12、G1①：11）　9.釜（G1①：17）

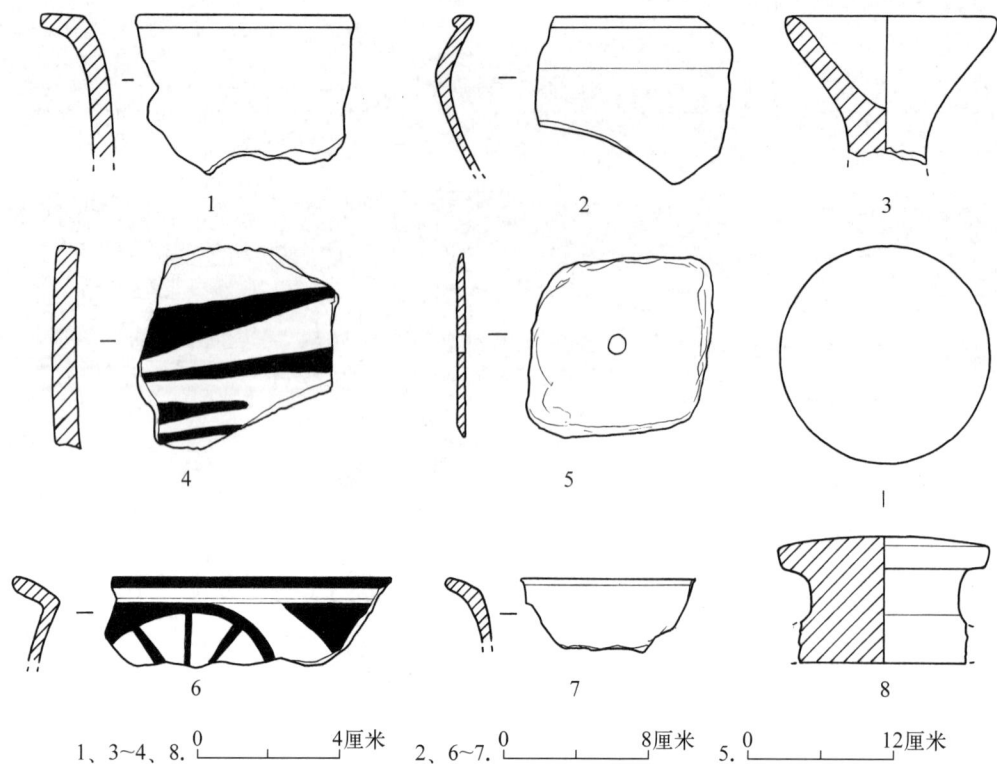

1、3~4、8. 0___4厘米   2、6~7. 0___8厘米   5. 0___12厘米

图七七　G1②层出土遗物

1. 尖底瓶(G1②:4)　2. 叠唇盆(G1②:1)　3、8. 器盖(G1②:6、G1②:7)
4. 陶片(G1②:5)　5. 石锛(G1②:8)　6、7. 弧折沿盆(G1②:2、G1②:3)

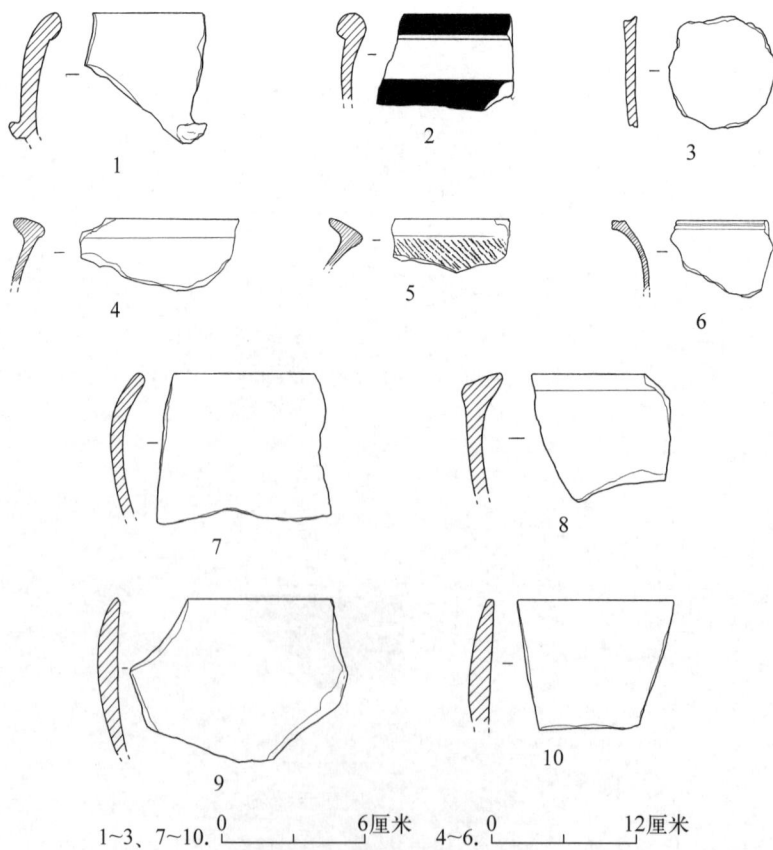

1~3、7~10. 0___6厘米   4~6. 0___12厘米

图七八　G1③层出土遗物

1、7、9~10. 钵(G1③:5、G1③:4、G1③:8、G1③:9)　2、8. 盆(G1③:2、G1③:1)
3. 圆陶片(G1③:10)　4、5. 大口深腹罐(G1③:6、G1③:3)　6. 尖底瓶(G1③:7)

块、动物骨骼等。出土有少量陶片，以泥质红陶和夹砂红陶为主，可辨器形有退化的重唇口尖底瓶、侈口折沿罐、直口深弧腹钵、敛口曲腹钵、厚唇钵、叠唇缸等（图七九）。

　　第⑤层，厚20～30厘米，土质较为致密，土色为深褐色，包含有少量石块等。出土有少量陶片，以泥质红陶和夹砂红陶为主，可辨器形有退化的喇叭口尖底瓶、宽沿浅腹盆、侈口折沿罐、敛口直腹钵、敛口折腹瓮等（图八〇）。

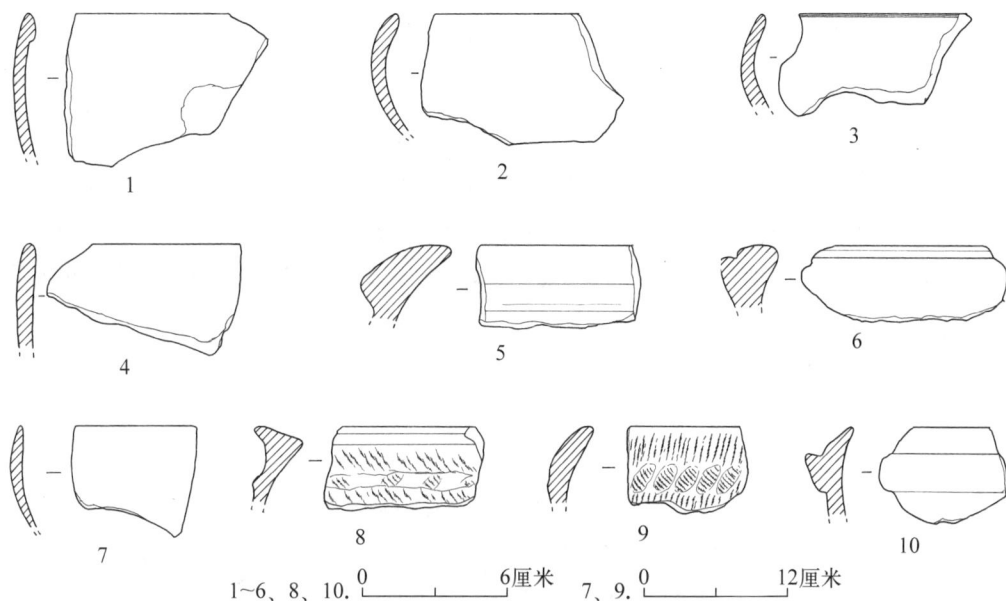

1~6、8、10. 0 ——— 6厘米　　7、9. 0 ——— 12厘米

图七九　G1④层出土遗物

1~4、7.钵（G1④：2，G1④：9，G1④：6，G1④：4，G1④：1）　5.缸（G1④：5）

6、10.尖底瓶（G1④：3，G1④：8）　8.大口深腹罐（G1④：10）　9.瓮（G1④：7）

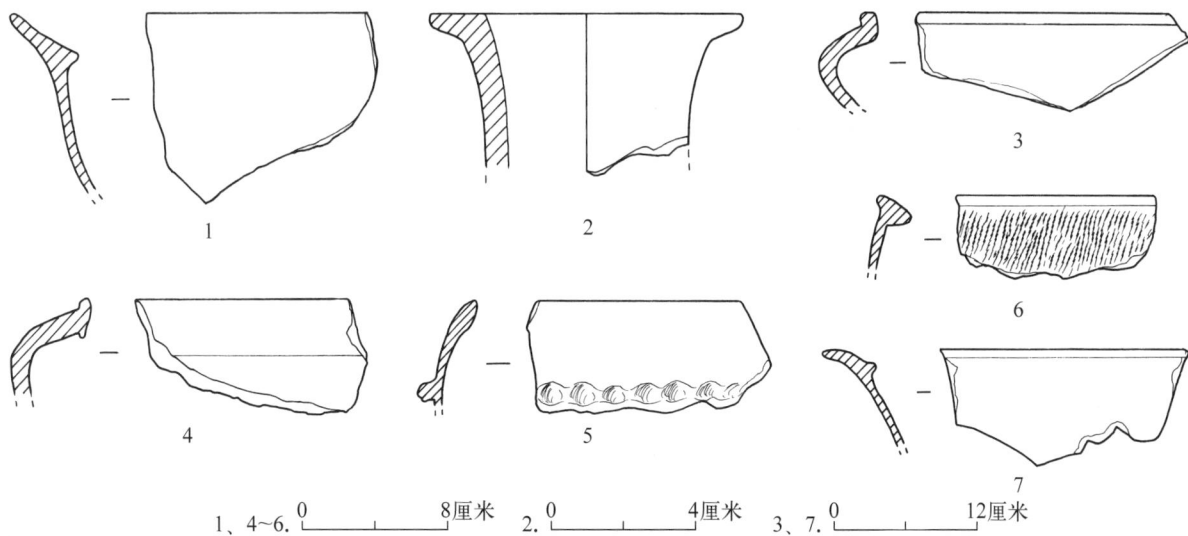

1、4~6. 0 ——— 8厘米　　2. 0 ——— 4厘米　　3、7. 0 ——— 12厘米

图八〇　G1⑤层出土遗物

1、7.宽沿浅腹盆（G1⑤：2，G1⑤：6）　2.尖底瓶（G1⑤：5）　3~4.瓮（G1⑤：1，G1⑤：7）

5.钵（G1⑤：3）　6.大口深腹罐（G1⑤：4）

第二节　遗　物

第三期的遗物按照质地，可分为陶器、石器、骨器共三类。

一、陶器

根据对H53、H87等典型灰坑内陶片的统计，第三期陶片以泥质红陶为主，所占比例达到39.1%；泥质灰陶次之，所占比例为23.4%，此外，还有部分夹砂灰陶、夹砂红陶和夹砂褐陶，所占比例分别为16.1%、15.1%和6.3%（表四）。多素面陶，占总数的48%；纹饰以绳纹、线纹为主，绳纹最多，占23%，线纹次之，占16.4%，交错绳纹占4.9%；此外，还有少量的附加堆纹、弦纹。彩陶有少量发现，占1.3%，皆为黑彩，一般绘于盆、钵类器的口沿及外壁，纹样十分简单，主要有圆点、弧线纹（表五）。陶器制法均为手制，泥条盘筑痕迹明显，部分陶器的口沿、器表可见慢轮修整痕迹。主要器类有瓶、盆、钵、罐、瓮、缸等（表六），其中以罐、钵、盆数量最多，分别占30.8%、29.8%和27.9%，缸、瓮、瓶等数量均较少，甑、杯、器盖、器座等也有零星发现。此外，还有少量的刀、球、环、铏等。

表四　五楼遗址第三期遗存陶系统计表

数量＼陶系　单位	夹砂			小计	泥质		小计	合计
	红	灰	褐		红	灰		
H53	24	0	19	43	56	30	86	129
H87	22	49	0	71	63	41	104	175
合计	46	49	19	114	119	71	190	304
百分比	15.1	16.1	6.3	37.5	39.1	23.4	62.5	100

表五　五楼遗址第三期遗存纹饰统计表

数量＼纹饰　单位	素面	绳纹	交错绳纹	弦纹	线纹	彩陶	绳纹＋附加堆纹	合计
H53	58	17	7	1	33	0	13	129
H87	88	53	8	2	17	4	3	175
合计	146	70	15	3	50	4	16	304
百分比	48.0	23.0	4.9	1.0	16.4	1.3	5.3	100

表六　五楼遗址第三期遗存器形统计表

数量＼器形　　　单位	钵	罐	瓶	缸	盆	瓮	合计
H53	11	17	4	2	12	2	48
H87	20	15	2	2	17	0	56
合计	31	32	6	4	29	2	104
百分比	29.8	30.8	5.8	3.8	27.9	1.9	100

（一）瓶

数量较少。均为口沿、腹部、底部残片，无可复原者。多为泥质红陶，少量为夹砂红陶与泥质灰陶。颈部以下多饰斜向细绳纹或线纹、圆饼状附加堆纹。依据口部的形态，可分为平唇口、喇叭口与葫芦口三种形式。依据底部的形态，可分为直角状尖底和钝角状尖底两种。

1. 平唇口瓶

数量较少。这类瓶均为直口或敛口，平唇，口沿周缘多有一周凸棱，细颈，显然系由退化型重唇口演化而来的。

标本IT0307④：10，泥质红陶。直口，平唇，口沿有一周凸棱。唇部可见轮修痕迹。口径6厘米，残高2.5厘米（图八一，4）。标本IT0207④：2，泥质红陶。敛口，平唇，口沿有一周凸棱。素面。唇部可见轮修痕迹，内壁可见泥条盘筑痕迹。口径4.6厘米，残高2.6厘米（图八一，6）。标本IT0307④：7，泥质红陶。敛口，平唇，口沿周边微凸。素面。内壁可见泥条盘筑痕迹，唇部可见轮修痕迹。残高2.7厘米（图八一，5）。标本IT0107④：6，泥质红陶。敛口，平唇，口沿有一周凸棱。素面。内壁可见泥条盘筑痕迹。残高4厘米（图八一，1）。标本IT0105④：3，夹砂红陶。敛口，平唇，口沿周边微凸。素面。唇部可见轮修痕迹。残高9.4厘米（图八一，2）。标本IT0207④：5，夹砂红陶。敛口，平唇，口沿周边微凸。颈部饰竖向线纹。内壁可见泥条盘筑痕迹。残高7.2厘米（图八一，3）。

2. 喇叭口瓶

数量较多。这类瓶均为直口或敞口，细颈。

标本IT0107④：3，泥质红陶。直口微敞，圆唇。素面。沿面可见轮修痕迹，内壁可见泥条盘筑痕迹。口径10厘米，残高8.3厘米（图八二，1）。标本IT0105④：6，夹砂红陶。敞口，圆唇。素面。口径8厘米，残高1.7厘米（图八二，7）。标本G1⑤：5，泥质红陶。敞口，窄平折沿，圆唇。素面。口径8.8厘米，残高4.4厘米（图八二，4）。标本H53：8，泥质红陶。直口微敞，窄平折沿，圆唇。素面。颈部可见轮修痕迹。残高6.2厘米（图八二，3）。标本IT0105④：5，泥质灰陶。直口微敞，圆唇。颈部饰圆饼状附加堆纹。内壁可见泥条盘筑痕迹。残高8.6厘米（图八二，5）。标本IT0309④：6，泥质红陶。敞口，方唇。素面。沿面可见轮修痕迹。残高2.5厘米（图八二，9）。标

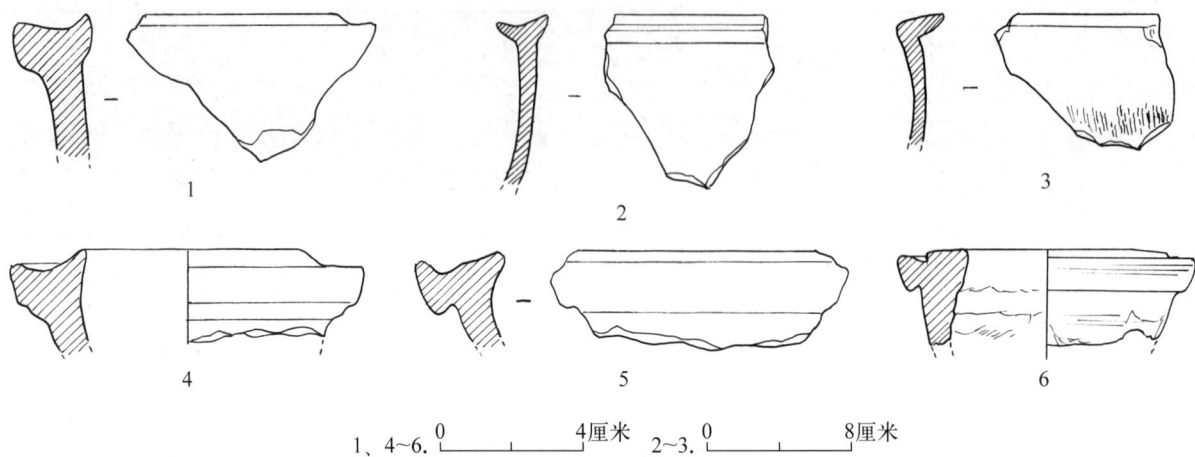

1、4~6. 0 ——————— 4厘米　2~3. 0 ——————— 8厘米

图八一　第三期平唇口瓶

1. IT0107④：6　2. IT0105④：3　3. IT0207④：5　4. IT0307④：10　5. IT0307④：7　6. IT0207④：2

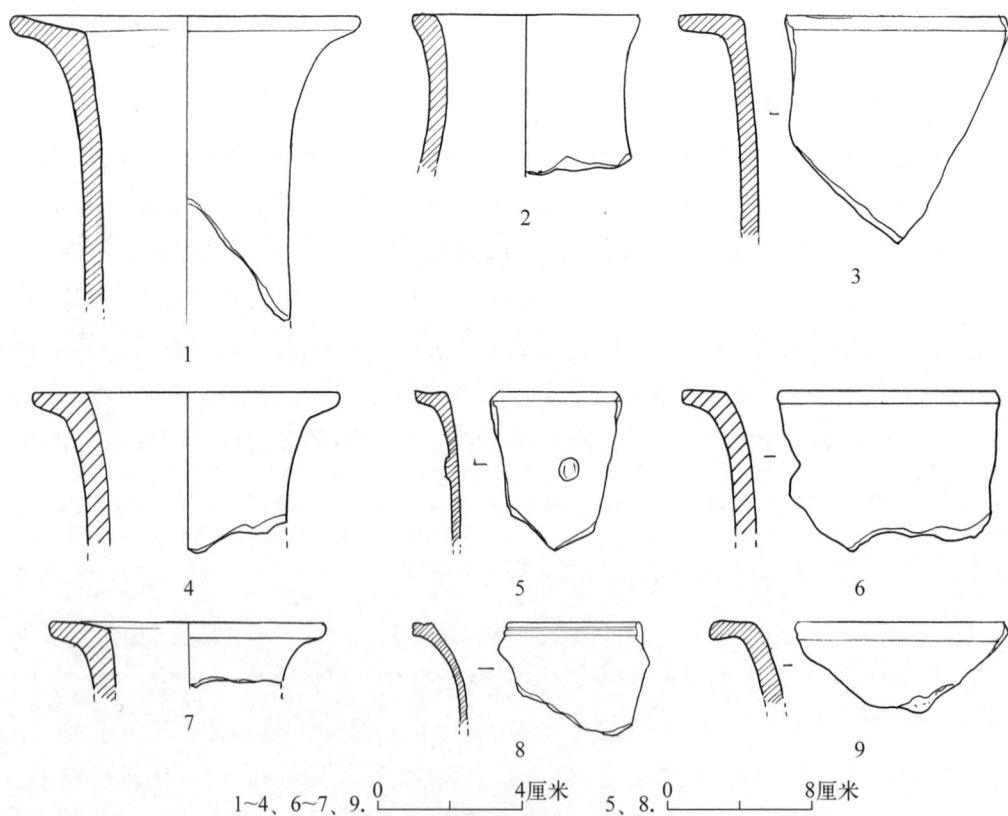

1~4、6~7、9. 0 ——————— 4厘米　5、8. 0 ——————— 8厘米

图八二　第三期喇叭口瓶、葫芦口瓶

1、3~9. 喇叭口瓶（IT0107④：3、H53：8、G1⑤：5、IT0105④：5、G1②：4、
IT0105④：6、G1③：7、IT0309④：6）　2. 葫芦口瓶（H38：1）

本 G1③：7，泥质红陶。敞口，方唇，唇部有一道浅细凹槽。素面。残高6.2厘米（图八二，8）。标本 G1②：4，泥质红陶。敞口，窄平折沿，方唇。素面。残高4.4厘米（图八二，6）。

3. 葫芦口瓶

数量较少。标本 H38：1，泥质红陶。葫芦形口，尖唇，细颈。素面。颈部可见轮修痕迹。口径6.4厘米，残高4.4厘米（图八二，2）。

（二）盆

数量较多。多为口、腹部残片，完整器较少。多为泥质红陶，少量为泥质灰陶、夹砂红陶、夹砂灰陶。依据口沿的特征可分为宽沿与窄沿两类；依据腹部的深浅可分为深腹和浅腹两类。结合口、腹部形态，可分为宽沿浅腹盆、深腹盆、敞口浅腹盆三类。

1. 宽沿浅腹盆

数量较多。均为口、腹部残片，无可复原者。多为泥质红陶，也有夹砂红陶、泥质灰陶。这类盆主要的特点是，器形一般较小，盆沿一般较宽，腹较浅，形似盘。

标本 IT0107④：10，泥质红陶。侈口，折沿，圆唇，斜直腹。素面。沿面磨光，唇部可见轮修痕迹。残高8厘米（图八三，11）。标本 H101：5，泥质灰陶。侈口，折沿，圆唇，斜直腹。素面。沿面磨光，内壁可见轮修痕迹。残高4.4厘米（图八三，7）。标本 H76：5，泥质红陶。敛口，宽平折沿，圆唇，斜直腹。素面。外沿面可见轮修痕迹。残高3.6厘米（图八三，8）。标本 H105：3，夹砂红陶。敛口，宽平折沿，圆唇，斜直腹。素面。沿面可见刮抹痕迹。残高3厘米（图八三，5）。标本 H105：6，泥质灰陶。敛口，平折沿，圆唇，斜直腹。素面。沿面磨光。残高4.2厘米（图八三，1）。标本 G1⑤：2，夹砂红陶。侈口，折沿，圆唇，斜直腹。素面。残高10.4厘米（图八三，2）。标本 G1⑤：6，夹砂红陶。侈口，折沿，圆唇，斜直腹。素面。残高9.6厘米（图八三，4）。标本 IT0306④：2，夹砂红陶。敛口，宽平折沿，圆唇，斜直腹。素面。残高2.2厘（图八三，9）。

2. 深腹盆

数量较少。均为口、腹部残片，无可复原者。多为泥质灰陶，有少量夹砂灰陶。这类盆的主要特征是，沿面较窄，腹部较深，多素面。

标本 IT0208④：10，泥质灰陶。侈口，折沿，圆唇，深弧腹，素面。外沿面可见轮修痕迹。残高9.4厘米（图八三，12）。标本 H83：7，夹砂灰陶。侈口，折沿，圆唇，深弧腹，素面。沿面可见刮抹痕迹。残高7厘米（图八三，3）。标本 IT0307④：22，夹砂红陶。敛口，平折沿，方唇，深弧腹。器表饰左上至右下稀疏细绳纹。唇部与口沿下侧可见轮修痕迹。残高5厘米（图八三，10）。

3. 敞口浅腹盆

数量较少。仅复原1件。标本 IT0208④：1，可复原。夹砂灰陶。敞口，卷沿，圆唇，斜直腹，平底。器表饰左上至右下斜向绳纹。口径16.4厘米，底径7.2厘米，通高5厘米（图八三，6；彩版五，1）。

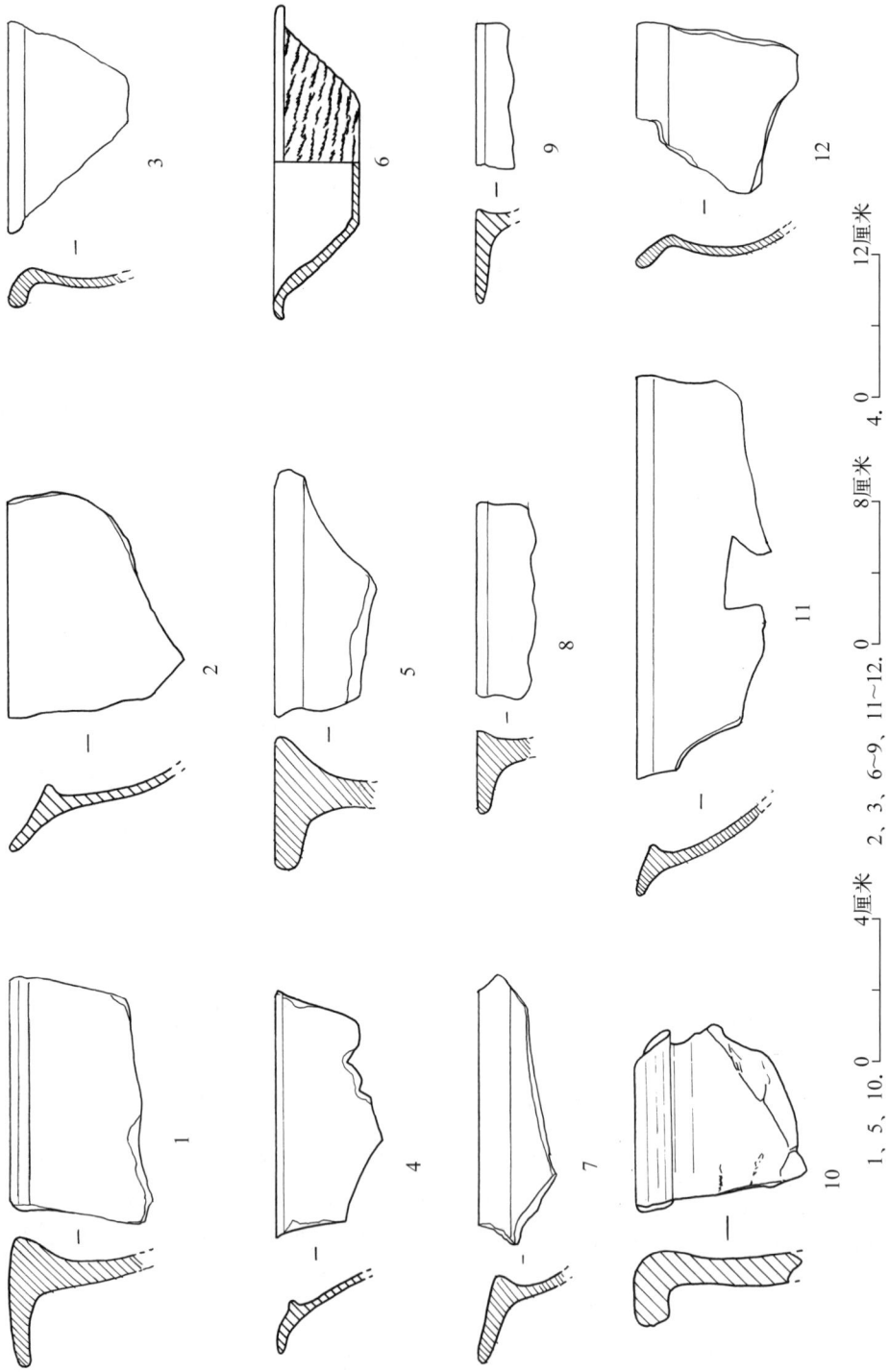

图八三　第三期陶盆

1～2,4～5,7～9,11. 宽沿浅腹盆（H105∶6,G1⑤∶2,G1⑤∶6,H105∶3,H101∶5,H76∶5,JT0306④∶2,JT0107④∶10)
3,10,12. 深腹盆（H83∶7,JT0307④∶22,JT0208④∶10)　6. 敞口浅腹盆（JT0208④∶1)

（三）钵

数量较多。多为口、腹部残片，完整器较少。多为泥质红陶，少量为泥质灰陶。依据口部形态，可分为直口钵与敛口钵两类。

1. 直口钵

数量较少。均为泥质红陶。均直口。

标本 IT0107④：1，可复原。泥质红陶。直口，尖唇，口沿内侧有一道凸棱，断面呈三角形，弧腹，平底。素面。器表可见刮抹痕迹与烟熏痕迹。口径11.6厘米，底径5.6厘米，通高6厘米（图八四，5；彩版四，3）。标本 G1①：13，口、腹部残片。泥质红陶。直口，厚圆唇，斜直腹。素面。器表可见刮抹痕迹。残高4.9厘米（图八四，10）。

2. 敛口钵

数量较多。多为泥质红陶，少量为泥质灰陶。均敛口，斜直腹。

标本 H76：1，可复原。泥质红陶。敛口，厚圆唇，斜直腹，平底。素面。器表可见刮抹痕迹，下腹部可见烟熏痕迹。口径16.4厘米，底径8.8厘米，通高8.8厘米（图八四，1；彩版四，4）。标本 H73：10，口、腹部残片。泥质红陶。敛口，圆唇，口沿有一道矮棱，斜直腹。从残存痕迹可知，腹部原应饰有附加堆纹。口下可见轮修痕迹与烟熏痕迹。残高8.6厘米（图八四，7）。标本 H53：3，口、腹部残片。泥质红陶。敛口，圆唇，斜直腹。腹部饰鸡冠状附加堆纹。器表磨光，内壁可见轮修痕迹。残高6.6厘米（图八四，2）。标本 IT0307④：15，口、腹部残片。泥质红陶。敛口，尖唇，口沿内侧有一道凸棱，断面呈三角形，斜直腹。素面。残高10.6厘米（图八四，3）。标本 IT0307④：35，口、腹部残片。泥质红陶。烧制变形，敛口，厚圆唇，斜直腹。器表磨光，口下可见浅红色叠烧痕迹，内壁可见轮修痕迹。残高4.7厘米（图八四，6）。标本 H94：1，口、腹部残片。泥质灰陶。敛口，圆唇，斜直腹。素面。器表刮抹光滑，内壁可见轮修痕迹。残高8.6厘米（图八四，9）。标本 H76：2，口、腹部残片。泥质灰陶。敛口，圆唇，斜直腹。素面。器表磨光。残高4.1厘米（图八四，4）。标本 IT0307④：12，口、腹部残片。泥质灰陶。敛口，圆唇，斜直腹。素面。内壁可见轮修痕迹。残高4.2厘米（图八四，8）。标本 IT0104④：49，口、腹部残片。泥质灰陶。敛口，厚圆唇，斜直腹。素面。器表磨光。内壁可见轮修痕迹。残高3.8厘米（图八五，6）。标本 IT0307④：26，口、腹部残片。泥质红陶。敛口，厚圆唇，斜直腹。素面。残高3.5厘米（图八五，11）。标本 H76：3，口、腹部残片。泥质红陶。敛口，圆唇，斜直腹。素面。残高3.3厘米（图八五，12）。标本 G1①：14，口、腹部残片。泥质红陶。敛口，圆唇，斜直腹。素面。器表磨光。残高5.8厘米（图八五，2）。标本 G1①：15，口、腹部残片。泥质红陶。敛口，厚圆唇，斜直腹。素面。残高4.7厘米（图八五，3）。标本 H97：17，口、腹部残片。泥质红陶。敛口，圆唇，斜直腹。素面。器表可见刮抹痕迹。残高4.7厘米（图八五，4）。标本 G1④：2，口、腹部残片。泥质红陶。敛口，厚圆唇，斜直腹。素面。器表磨光。残高5.9厘米（图八五，1）。标本 G1⑤：3，口、腹部残片。泥质红陶。敛口，厚圆唇，斜直腹。腹部饰鸡冠状附加堆纹。残高6.2厘米（图八五，10）。标本 G1③：5，口、腹部残片。泥质红陶。敛口，厚圆唇，斜直腹。腹部饰鸡冠状附加堆纹。内壁可

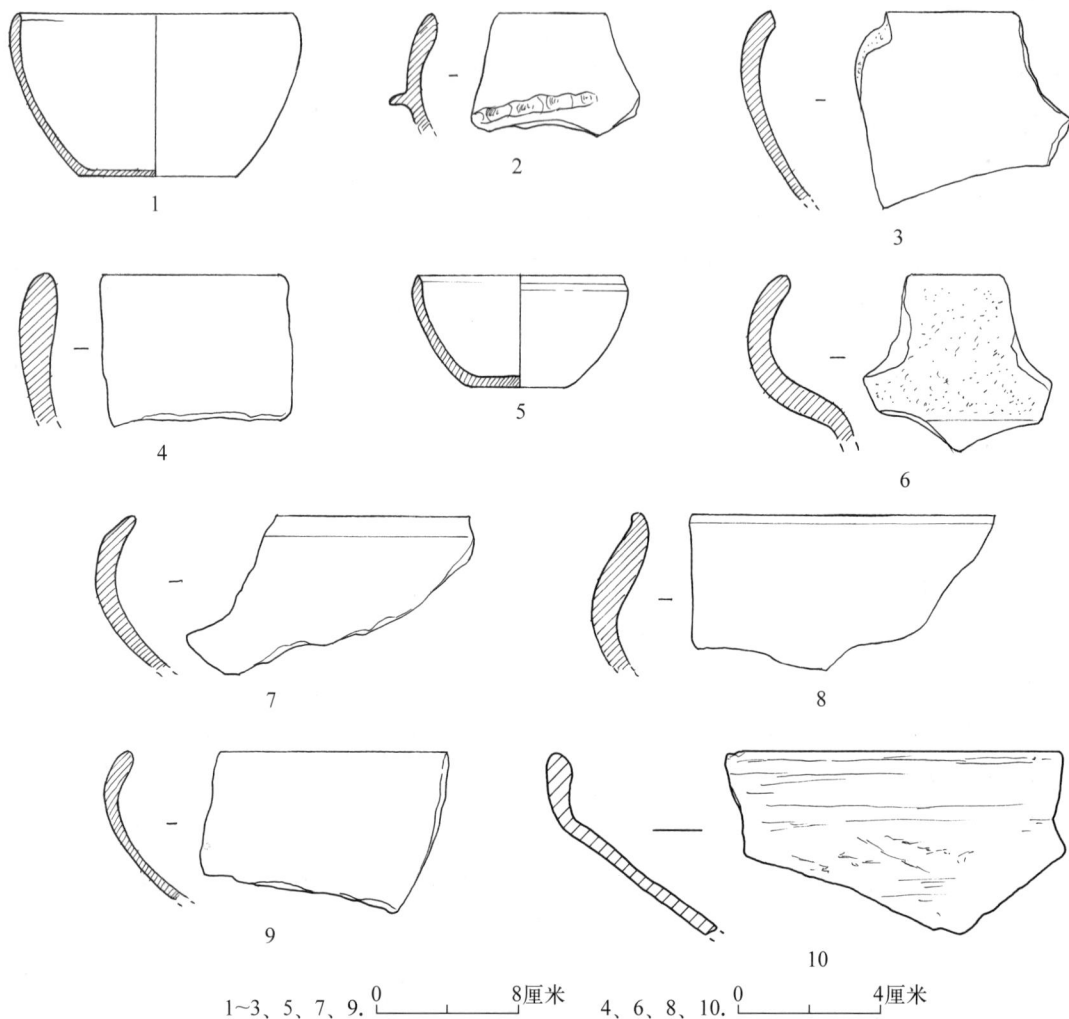

图八四　第三期直口钵、敛口钵

1～4、6～9. 敛口钵（H76：1、H53：3、IT0307④：15、H76：2、IT0307④：35、H73：10、IT0307④：12、H94：1）

5、10. 直口钵（IT0107④：1、G1①：13）

见轮修痕迹。残高5.3厘米（图八五,7）。标本H53：4,口、腹部残片。泥质红陶。敛口,圆唇,斜直腹。素面。口沿下侧可见深红色叠烧痕迹。残高7厘米（图八五,9）。标本H97：2,口、腹部残片。泥质红陶。敛口,厚圆唇,斜直腹。素面。残高7.2厘米（图八五,8）。标本IT0208④：3,口、腹部残片。泥质红陶。敛口,圆唇,斜直腹。素面。口沿下侧可见浅褐色叠烧痕迹。残高7.2厘米（图八五,5）。

（四）罐

数量较多。多为口、腹部残片,完整器较少。多为夹砂红陶,少量为夹砂灰陶。依据口、腹部形态,可分为大口深腹罐、鼓腹罐、圆腹罐、高领罐四类。

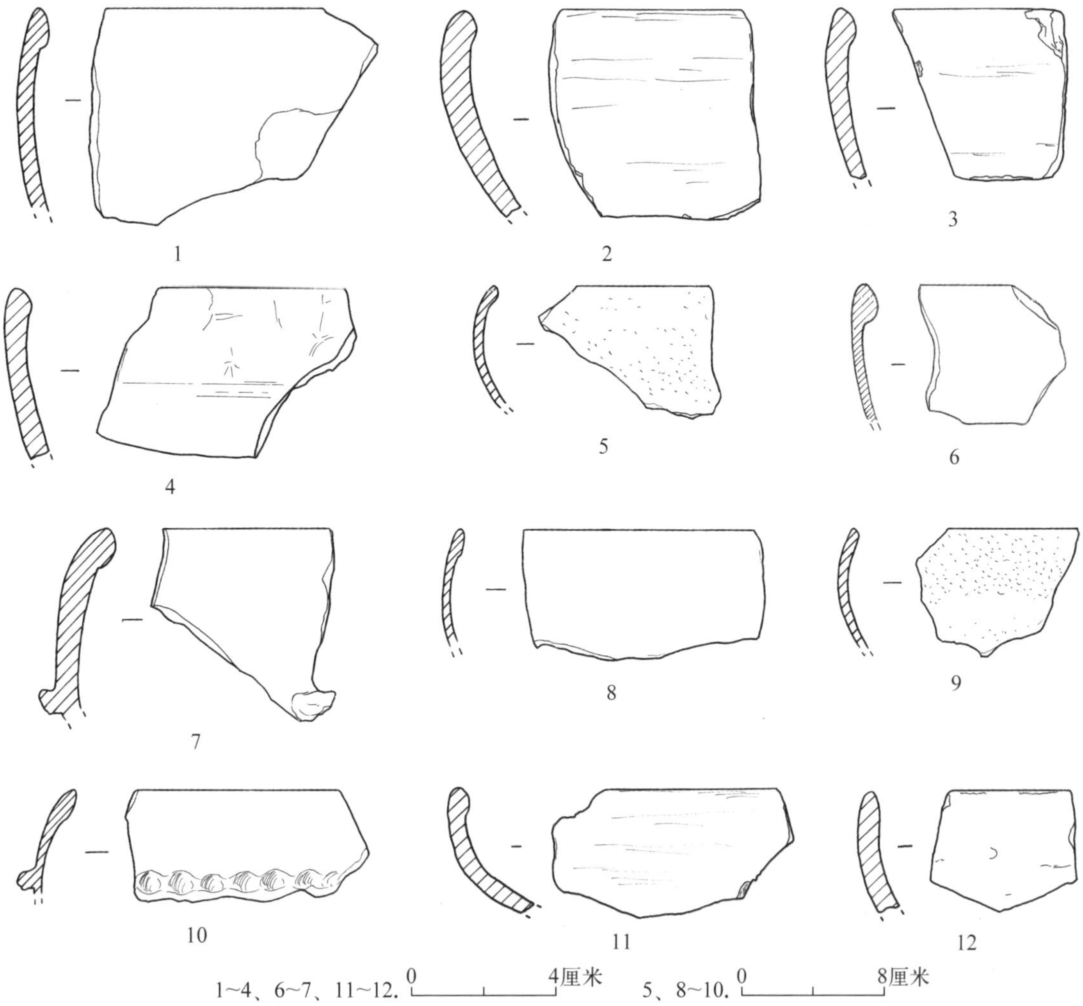

图八五　第三期敛口钵

1. G1④：2　2. G1①：14　3. G1①：15　4. H97：17　5. IT0208④：3　6. IT0104④：49
7. G1③：5　8. H97：2　9. H53：4　10. G1⑤：3　11. IT0307④：26　12. H76：3

1. 大口深腹罐

数量较多。多为口、腹部残片，完整器较少。以夹砂红陶为主，也有少量夹砂灰陶。均大口，深腹，腹稍鼓。

标本H81：1，可复原。夹砂红陶。侈口，折沿，方唇，上腹微鼓，下腹斜直，平底，最大腹径位于上腹部。口下饰一对鸡冠状附加堆纹，上腹部饰两周条带状附加堆纹，上、中腹部饰右上至左下斜向绳纹，底部周缘饰一周划纹。器表可见烟熏痕迹。口径24厘米，腹径28.8厘米，底径13.8厘米，通高30.3厘米（图八六，1；彩版四，5）。标本H97：13，口、腹部残片。夹砂红陶。侈口，折沿，方唇，腹微鼓。口沿以下饰左上至右下斜向绳纹，绳纹斜度较小。沿面可见轮修痕迹。残高6.8厘米（图八六，7）。标本IT0307④：27，口、腹部残片。夹砂灰陶。侈口，折沿，圆唇，腹微鼓。素面。内壁可见泥条盘筑痕迹。残高5.4厘米（图八六，5）。标本IT0307④：37，口、腹部残片。

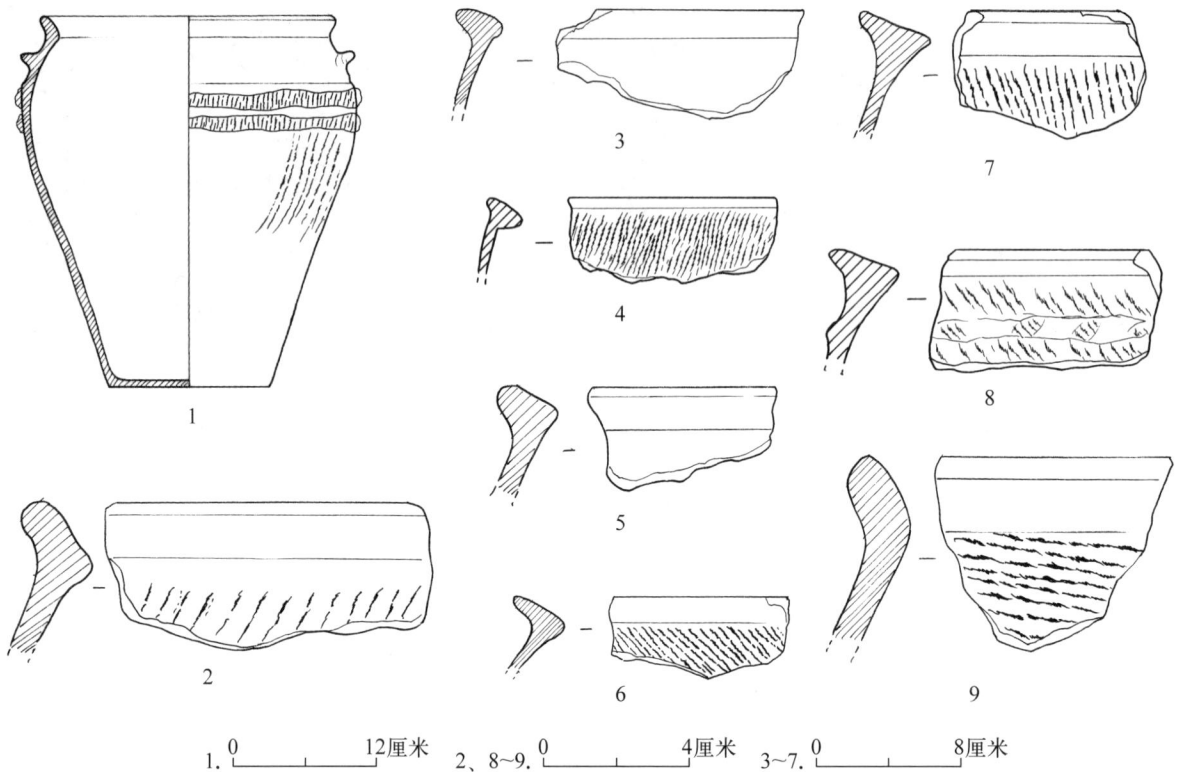

1. 0 ⊢━━━┷━━━┥ 12厘米 　2、8~9. 0 ⊢━━━┷━━━┥ 4厘米 　3~7. 0 ⊢━━━┷━━━┥ 8厘米

图八六　第三期大口深腹罐

1. H81∶1　2. H85∶6　3. G1③∶6　4. G1⑤∶4　5. IT0307④∶27　6. G1③∶3　7. H97∶13　8. G1④∶10　9. IT0307④∶37

夹砂红陶。侈口,折沿,圆唇,腹微鼓。口沿以下饰左上至右下斜向绳纹。残高5.1厘米(图八六,
9)。标本H85∶6,口、腹部残片。夹砂红陶。侈口,折沿,圆唇,腹微鼓。素面。残高4厘米(图
八六,2)。标本G1③∶6,口、腹部残片。夹砂红陶。侈口,折沿,圆唇,鼓腹。素面。残高5.8厘
米(图八六,3)。标本G1③∶3,口、腹部残片。夹砂红陶。侈口,折沿,圆唇,鼓腹。口沿以下饰
左上至右下斜向绳纹。残高4.4厘米(图八六,6)。标本G1④∶10,口、腹部残片。夹砂红陶。侈
口,折沿,圆唇,鼓腹。口沿下侧饰左上至右下斜向绳纹,并饰一周条带状附加堆纹。残高3.3厘
米(图八六,8)。标本G1⑤∶4,口、腹部残片。夹砂红陶。侈口,折沿,圆唇,腹微鼓。口沿以下
饰右上至左下斜向绳纹。残高4.6厘米(图八六,4)。

　　2. 鼓腹罐

　　数量较多。均为口、腹部残片,无可复原者。以夹砂红陶为主,也有少量夹砂灰陶。均鼓腹。

　　标本H53∶5,夹砂红陶。侈口,卷沿,方唇,鼓腹。上腹部饰鸡冠状附加堆纹,通体饰左
上至右下斜向绳纹。器表可见烟熏痕迹。残高11.8厘米(图八七,3)。标本H53∶2,夹砂红
陶。侈口,卷沿,圆唇,鼓腹。上腹部饰鸡冠状附加堆纹,通体饰交错绳纹。内壁可见烟熏痕
迹。残高13厘米(图八七,2)。标本H76∶4,夹砂红陶。侈口,卷沿,方唇,口沿内侧有一宽浅
凹槽,鼓腹。外沿面饰右上至左下斜向绳纹,腹部饰交错绳纹。残高6厘米(图八七,7)。标本
IT0307④∶43,夹砂红陶。侈口,卷沿,方唇,鼓腹。口沿以下饰左上至右下斜向绳纹。内壁可

见轮修痕迹。残高5.5厘米（图八七，4）。标本IT0307④：39，夹砂红陶。侈口，卷沿，方唇，鼓腹。外沿面饰右上至左下斜向绳纹，口沿下侧饰一周戳印纹，戳印纹下侧饰左上至右下斜向绳纹。口部可见烟熏痕迹。残高4.6厘米（图八七，6）。标本IT0307④：41，夹砂红陶。侈口，卷沿，圆唇，鼓腹。腹部饰多组斜向绳纹。器表可见烟熏痕迹。残高7.8厘米（图八七，8）。标本IT0307④：40，夹砂红陶。侈口，折沿，方唇，口沿内侧有一道宽浅凹槽，鼓腹。口沿以下饰右上至左下斜向绳纹。残高6.7厘米（图八七，1）。标本IT0207④：11，夹砂红陶。敛口，方唇，鼓腹。口沿以下饰交错绳纹。残高5.7厘米（图八七，11）。标本IT0104④：3，夹砂灰陶。敛口，窄平折沿，圆唇，鼓腹。腹部饰鸡冠状附加堆纹，口沿以下饰右上至左下斜向绳纹。内壁可见轮修痕迹。残高10.4厘米（图八七，5）。标本IT0307④：18，夹砂红陶。直口，方唇，鼓腹。口沿以下饰左上至右下斜向绳纹。器表可见烟熏痕迹。残高5.9厘米（图八七，10）。标本H97：12，夹砂红陶。直口，方唇，鼓腹。口沿下侧饰一周戳印纹，唇部饰交错绳纹。内壁可见轮修痕迹。残高3.9厘米（图八七，9）。标本IT0104④：15，夹砂红陶。侈口，折沿，方唇，鼓腹。素面。外沿面可见轮修痕迹，器表可见刮抹痕迹。残高5.2厘米（图八七，12）。

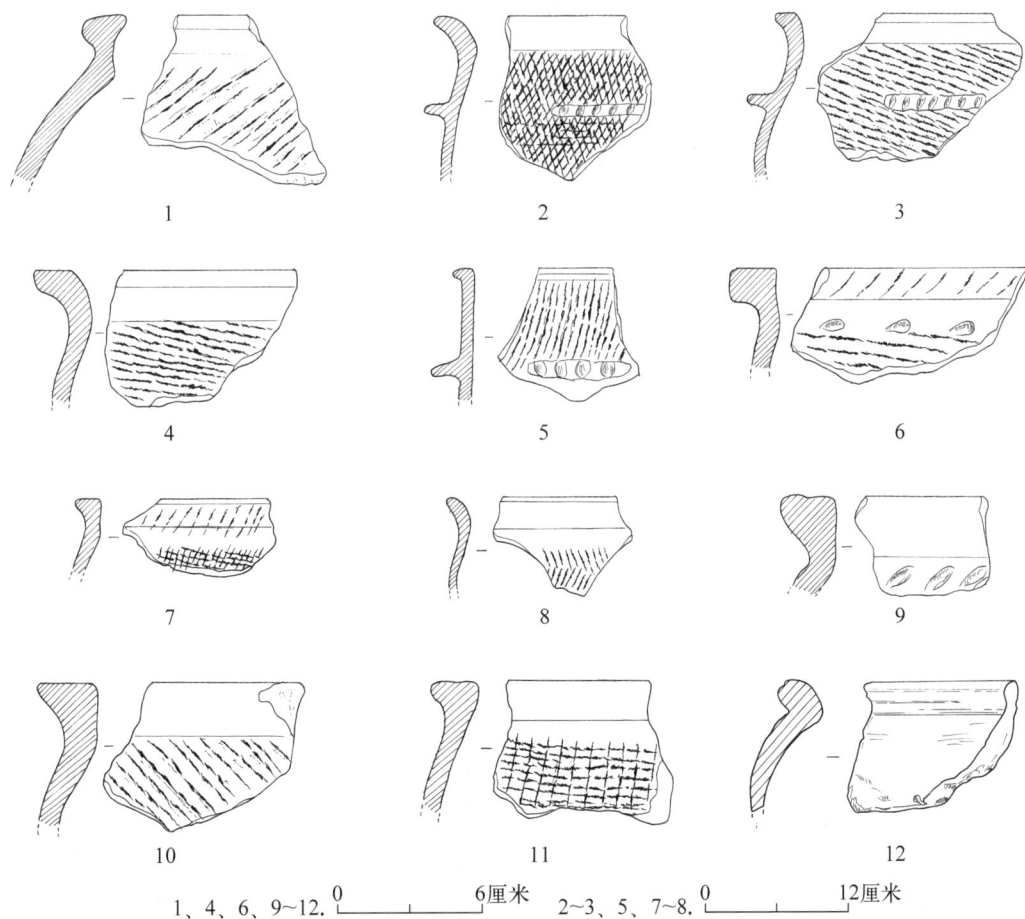

图八七　第三期鼓腹罐

1. IT0307④：40　2. H53：2　3. H53：5　4. IT0307④：43　5. IT0104④：3　6. IT0307④：39
7. H76：4　8. IT0307④：41　9. H97：12　10. IT0307④：18　11. IT0207④：11　12. IT0104④：15

3. 圆腹罐

数量较少。仅复原1件。标本IT0104④：1，可复原。夹砂红陶。敛口，方唇，圆鼓腹，平底。素面。口径7.8厘米，腹径10.6厘米，底径7.6厘米，通高8.6厘米（图八八，1；彩版四，6）。

4. 高领罐

数量较少。均为口、腹部残片，无可复原者。标本H87：5，口、腹部残片。泥质红陶。侈口，卷沿，圆唇，高领，鼓腹。素面。残高10厘米（图八八，2）。

（五）瓮

数量较少。均为口、腹部残片，无可复原者。标本G1④：7，夹砂红陶。敛口，圆唇，鼓腹。口沿以下饰右上至左下斜向绳纹，并饰一周戳印纹。残高6.6厘米（图八八，5）。

（六）缸

数量较少。均为口、腹部残片，无可复原者。以夹砂红陶为主，也有少量夹砂灰陶与泥质红陶。依据口部形态，可分为平沿缸与厚唇缸两类。

1. 平沿缸

数量较少。多为夹砂红陶，有少量夹砂灰陶。沿面平折或接近平折。

标本IT0309④：8，夹砂红陶。敛口，宽平折沿，断面呈"T"形，方唇，腹微鼓。唇部饰一周划纹。残高5.2厘米（图八八，7）。标本IT0309④：5，夹砂灰陶。侈口，折沿，圆唇，腹微鼓。素面。残高6.2厘米（图八八，9）。标本IT0208④：28，夹砂红陶。侈口，折沿，沿面近平，圆唇，腹微鼓。素面。沿面磨光。内壁可见轮修痕迹。残高4.4厘米（图八八，8）。标本IT0309④：2，夹砂红陶。敛口，折沿，沿面近平，圆唇，腹微鼓。口沿下侧饰一周条带状附加堆纹。残高3.6厘米（图八八，6）。标本G1①：6，夹砂红陶。敛口，宽平折沿，圆唇，鼓腹。器表饰圆饼状附加堆纹。外沿面可见轮修痕迹。残高4.8厘米（图八八，3）。标本H101：2，夹砂红陶。敛口，宽平折沿，方唇，鼓腹。素面。残高4.6厘米（图八八，4）。

2. 厚唇缸

数量较少。多为夹砂红陶，也有少量泥质红陶。唇部均较厚。

标本IT0306④：4，夹砂红陶。敛口，厚圆唇，腹微鼓。口沿下侧饰条带状附加堆纹，并饰一周戳印纹，戳印的凹坑中饰有左上至右下斜向短绳纹。残高6.6厘米（图八九，9）。标本IT0306④：1夹砂红陶。敛口，厚圆唇，腹微鼓。口沿下侧饰一周戳印纹，戳印的凹坑中饰有左上至右下斜向短绳纹。残高6.4厘米（图八九，7）。标本IT0307④：38，夹砂红陶。敛口，厚圆唇，腹微鼓。口沿下侧饰竖向绳纹。口部可见烟熏痕迹。残高4厘米（图八九，6）。标本IT0306④：3，夹砂红陶。敛口，厚唇，直腹。腹部饰竖向绳纹。残高6.4厘米（图八九，5）。标本H94：2，夹砂红陶。直口，厚唇，腹微鼓。器表饰多周弦纹。内壁可见轮修痕迹。残高6.8厘米（图八九，8）。标本H87：3，夹砂红陶。烧制变形，敛口，厚圆唇，直腹。器表饰多周弦纹。残高6.3厘米（图八九，1）。标本IT0307④：36，泥质红陶。敛口，厚圆唇，口沿内侧有一道凹槽，腹微鼓。素面。器表可

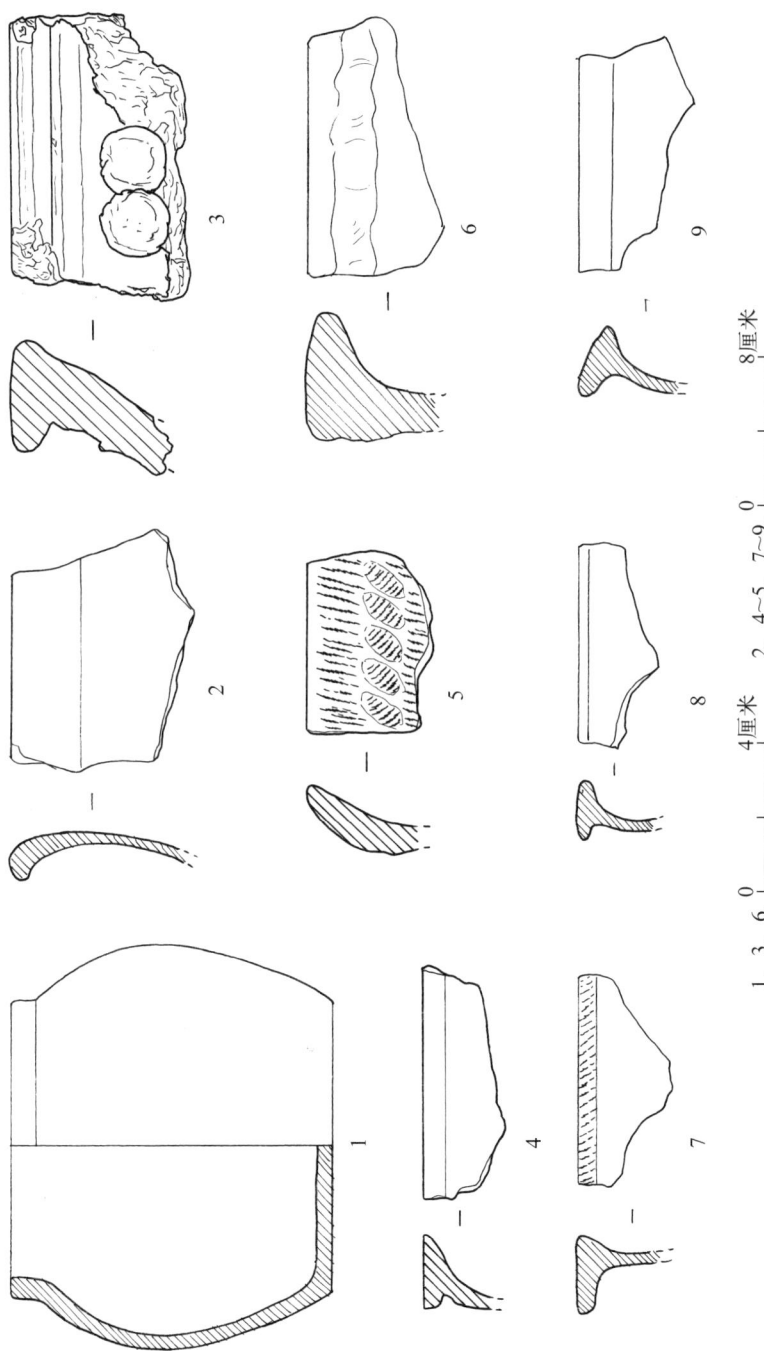

图八八　第三期圆腹罐、高领罐、瓮、平沿缸

1. 圆腹罐（ITO104④：1）　2. 高领罐（H87：5）　3、4、6~9. 平沿缸（GI①：6、
H101：2、ITO309④：2、ITO208④：8、ITO309④：28、ITO309④：5）　5. 瓮（GI④：7）

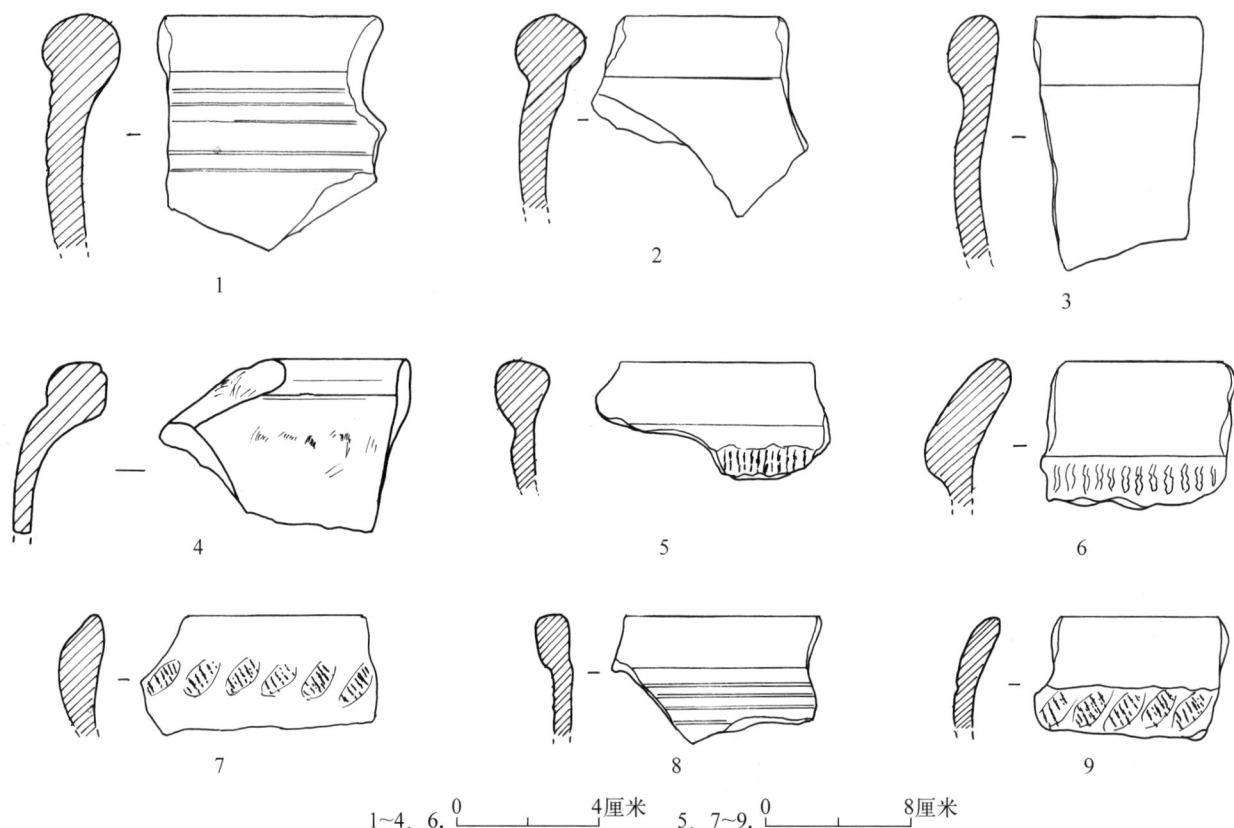

图八九　第三期厚唇缸

1. H87：3　2. IT0307④：36　3. IT0307④：30　4. IT0307④：32　5. IT0306④：3
6. IT0307④：38　7. IT0306④：1　8. H94：2　9. IT0306④：4

见烟熏痕迹，内壁可见轮修痕迹。残高5.4厘米（图八九，2）。标本IT0307④：30，泥质红陶。敛口，厚圆唇，腹微鼓。素面。器表磨光。残高6.7厘米（图八九，3）。标本IT0307④：32，夹砂红陶。敛口，厚圆唇，腹微鼓。素面。口沿下侧可见刮抹痕迹。残高4.7厘米（图八九，4）。

（七）甑

数量较少。均为口、腹部残片，无可复原者。标本H97：16，夹砂灰陶。敞口，方唇，斜直腹。口下饰鸡冠状附加堆纹。内壁可见轮修痕迹。残高5.2厘米（图九〇，6）。

（八）杯

数量较少。仅复原1件。标本IT0307④：5，夹砂红陶。侈口，折沿，沿面内曲，方唇，浅直腹，凹底。素面。口径7.4厘米，底径6.6厘米，通高3.5厘米（图九〇，5；彩版五，2）。

（九）器盖

数量较少。均为口、壁、钮部残片，无可复原者。标本IT0308④：2，夹砂红陶。喇叭口状，敞

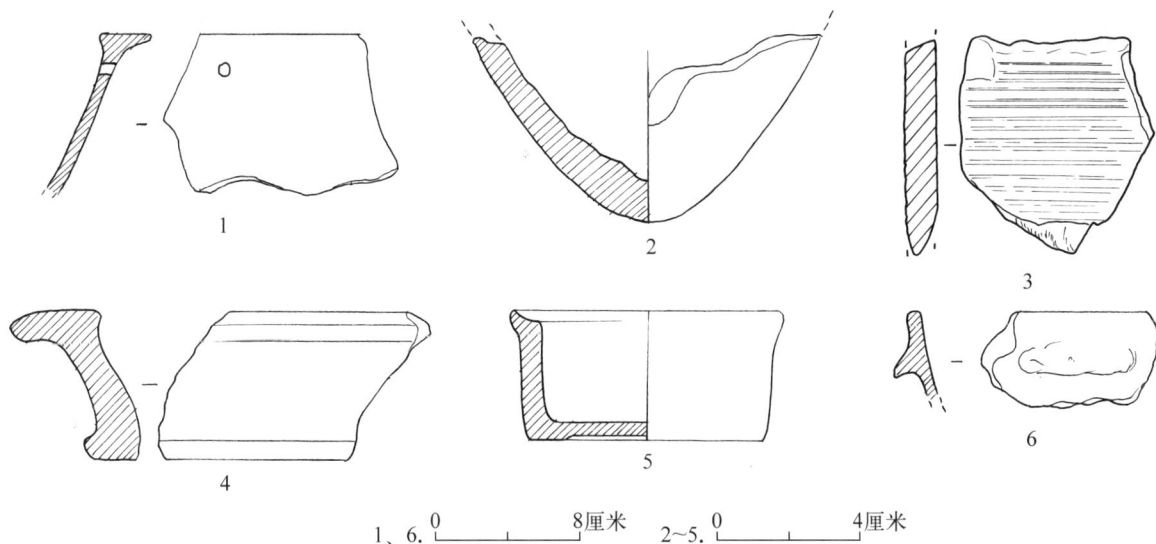

图九〇　第三期甑、杯、器盖、器座、器底、陶片

1. 器盖（IT0308④：2）　2. 器底（IT0107④：5）　3. 陶片（H83：3）　4. 器座（H94：3）　5. 杯（IT0307④：5）　6. 甑（H97：16）

口，反弧壁，圆饼形钮，钮下有一个由内向外单面戳成的圆孔。素面。内壁可见烟熏痕迹。残高8.6厘米（图九〇，1）。

（十）器座

数量较少。无可复原者。标本H94：3，夹砂红陶。整体呈环状，凹腰，上口稍大，有平折沿。内外壁均可见轮修痕迹。高4厘米（图九〇，4）。

（十一）器底

标本IT0107④：5，底部残片。泥质红陶。尖底，底部较为圆钝。素面。器表刮抹光滑。内壁可见泥条盘筑痕迹。应为尖底瓶底。残高5.1厘米（图九〇，2）。

（十二）陶片

标本H83：3，腹部残片。泥质红陶。腹部较直。器表饰密集弦纹。可能为缸类器的残片。残高5.9厘米（图九〇，3）。

（十三）刀

数量较少。平面呈长方形，多以尖底瓶或盆、钵等泥质陶器的残片打磨而成。

标本H53：1，完整。系利用尖底瓶的残片打制而成。泥质红陶。一边打制成双面刃，另一边修整整齐，两端各有一打制而成的缺口。器表饰交错线纹。长8.7厘米，宽4.1厘米，厚0.5厘米（图九一，9；彩版五，3）。标本IT0208④：22，残。系利用钵的口部残片打制而成。泥质红陶。一边保留厚唇钵口沿，另一边打制成单面刃，两端各有一打制而成的缺口，上部有一由外向内单面钻成的圆孔。长7.5厘米,宽4.9厘米,厚0.3厘米(图九一,4)。标本H97:19,完整。系利用尖底瓶的残片打制而成。泥质红陶。一边打制成单面刃,另一边修整整齐,两端各有一打制而成的缺口。长9.2厘米,宽4.7厘米,厚0.8厘米(图九一,8;彩版五,4)。

(十四)锉

数量较少。标本H76:11,残。泥质红陶。残存部分平面大体呈长条形,两侧边较直,横断面呈椭圆形。器表麻点清晰,密度较小。残长11厘米,宽6厘米(图九一,13)。

(十五)球

数量较少。均圆球状。

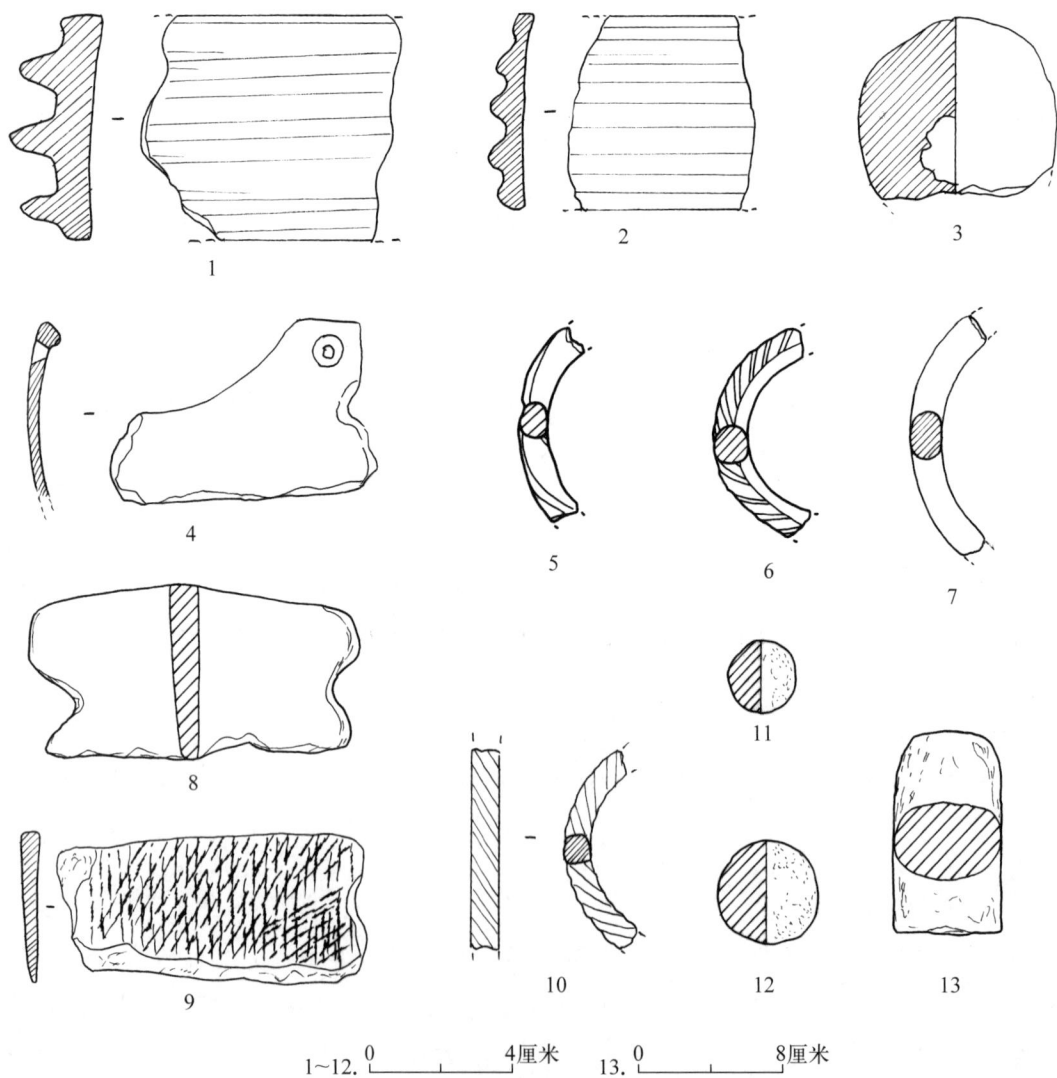

图九一　第三期陶刀、锉、球、环、钏

1～2.陶钏(IT0208④:19、IT0307④:4)　3、11～12.陶球(IT0307④:3、IT0106④:2、IT0107④:9)　4、8～9.陶刀
(IT0208④:22、H97:19、H53:1)　5～7、10.陶环(IT0309④:12、IT0105④:1、H23:1、IT0104④:50)　13.陶锉(H76:11)

标本IT0106④：2，完整。泥质红陶。圆球状，器表较为粗糙，有少量凹坑。直径2厘米（图九一，11；彩版五，5）。标本IT0107④：9，完整。泥质红陶。圆球状，器表抹光。直径2.8厘米（图九一，12；彩版五，6）。标本IT0307④：3，残。泥质红陶。圆球状，不甚规整，中空。器表较为粗糙，可见烟熏痕迹。直径5.5厘米（图九一，3；彩版六，1）。

（十六）环

数量较少。均残断，无完整者。均为泥质灰陶。均为圆形环状。

标本H23：1，泥质灰陶。圆环状，断面呈椭圆形。厚0.8厘米（图九一，7）。标本IT0309④：12，泥质灰陶。圆环状，扭曲似麻花状。厚0.8厘米（图九一，5）。标本IT0104④：50，泥质灰陶。圆环状，扭曲似麻花状。厚0.7厘米（图九一，10）。标本IT0105④：1，泥质灰陶。圆环状，扭曲似麻花状。厚0.8厘米（图九一，6）。

（十七）钏

数量较少。均残断，无完整者。均为泥质灰陶。

标本IT0307④：4，泥质灰陶。圆筒形，外壁有五周凸棱。高5.2厘米（图九一，2）。标本IT0208④：19，泥质灰陶。圆筒形，外壁有四周凸棱。高6厘米（图九一，1）。

二、石器

数量较少。主要有斧、锛、刀、球、锥、环六类。

（一）斧

标本IT0406④：1，上端残。残存部分平面呈梯形，器身扁平，刃部因使用而内凹。通体磨光。残长5.2厘米，残宽5.9厘米，厚0.4厘米（图九二，8）。标本H76：10，上端残。残存部分平面大体呈梯形，器身扁平，刃部较钝，有因使用而形成的坑疤。通体磨光。残长12.4厘米，宽9.4厘米，厚3.4厘米（图九二，5）。标本H60：11，器身稍残。器体打制而成，平面大体呈梯形，器身扁平，刃部较钝，有因使用而形成的坑疤。残长13.2厘米，宽8.2厘米，厚4厘米（图九二，6）。标本H87：15，上端残。残存部分平面大体呈梯形，器身扁平，刃部较钝。通体磨光。残长10.2厘米，宽9.6厘米，厚3厘米（图九二，3）。标本H97：20，上端残。残存部分平面大体呈梯形，器身扁平，刃部较钝。器身有因使用形成的坑疤。残长3.9厘米，宽5.4厘米，厚1.9厘米（图九二，2）。标本H76：12，完整。平面大体呈五边形，器身扁平，刃部较钝，有因使用而形成的坑疤。通体磨光。器表可见磨制痕迹。长6.8厘米，厚2.1厘米（图九二，4）。

（二）锛

标本G1②：8，上端残。平面大体呈方形，器身扁平，单面直刃，两侧边平齐，表面较为粗糙，中部有一直钻而成的圆孔。刃部磨光。边长15厘米，孔径1.5厘米，厚0.7厘米（图九二，7；彩版六，2）。

（三）刀

标本IT0107④：8，残。残存部分平面呈梯形，两面刃，较为锋利，中部有一两面对钻而成的圆孔。通体磨光。残长6.4厘米，宽4.8厘米，厚0.3厘米（图九二，1）。

（四）球

标本IT0206④：1，完整。圆球状，不甚规整。通体磨光，器表可见多个小凹坑。直径2.6厘米（图九二，9）。

（五）锥

标本IT0206④：2，尖部残。横断面呈椭圆形。通体磨光。残长9.4厘米（图九三，5）。

（六）环

标本IT0107④：7，残。圆环状，外缘经过打制，不甚规整，横断面呈长方形，中部有一单面钻

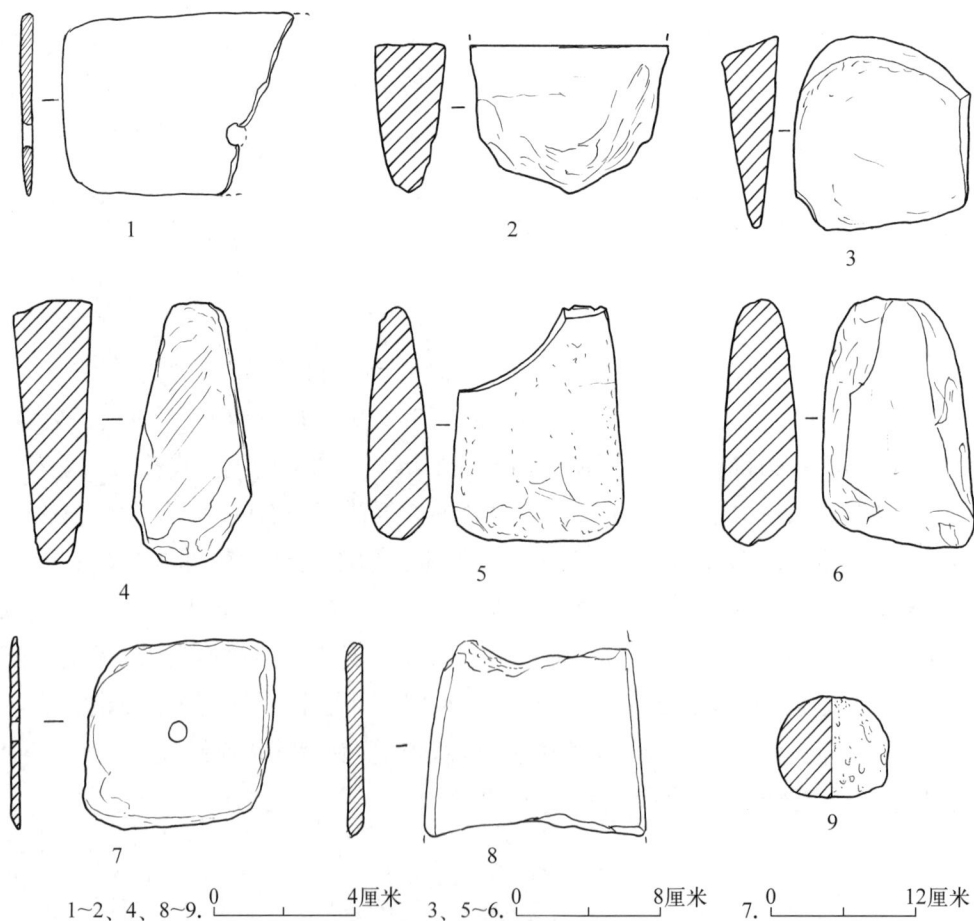

图九二　第三期石器

1.石刀（IT0107④：8）　2~6、8.石斧（H97：20、H87：15、H76：12、H76：10、H60：11、IT0406④：1）
7.石锛（G1②：8）　9.石球（IT0206④：1）

成的圆孔。两面均磨光。厚7厘米（图九三，1）。标本IT0107④：11，残。圆环状，外缘经过粗磨，不甚规整，横断面呈梯形，中部有一两面对钻而成的圆孔。两面均磨光。厚3.7厘米（图九三，4）。

三、骨器

数量较少。主要有锥、针二类。

（一）锥

标本H87：8，完整。系利用动物长骨磨制而成，横断面呈三角形，尖部较为锐利。通体磨光。长8.2厘米（图九三，6；彩版六，3）。标本H87：9，完整。系利用动物长骨磨制而成，横断面呈长方形，尖部较为锐利。通体磨光。长5.3厘米（图九三，2；彩版六，4）。

（二）针

标本IT0104④：5，中部残断。系利用动物长骨磨制而成，横断面呈圆形，尖部锐利，尾端扁平，有一单面钻成的小圆孔。通体磨光。长7.3厘米（图九三，3；彩版六，5）。

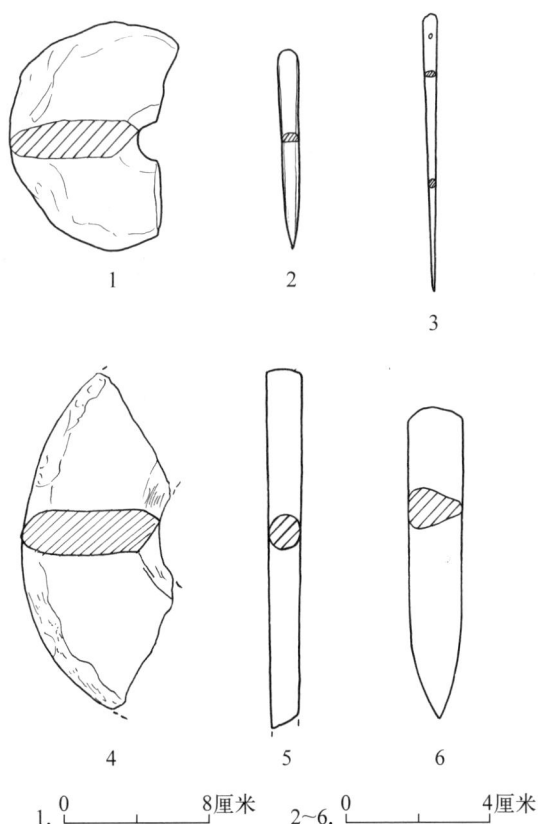

图九三　第三期石器、骨器

1、4.石环（IT0107④：7、IT0107④：11）　2、6.骨锥（H87：9、H87：8）　3.骨针（IT0104④：5）　5.石锥（IT0206④：2）

第六章　第四期遗存

第一节　遗　迹

五楼遗址第四期遗存发现的遗迹仅有灰坑一类，共18座（附表四）。其中Ⅰ区17座（H9、H16、H18、H20、H28、H29、H33、H37、H45、H56、H69、H71、H74、H90、H93、H95、H96），Ⅱ区1座（H100）（图九四）。上述灰坑的平面形状有圆形与椭圆形，结构有袋状、桶状、锅底状。其中圆形袋状灰坑为主要类型，共有12座，圆形桶状灰坑2座，椭圆形锅底状灰坑4座。现将各类型灰坑分述如下：

一、圆形袋状灰坑

共发掘12座。这类灰坑数量最多，坑口平面形状多作圆形或者近圆形，断面为口小底大的袋状，坑底多数较为平整。坑内填土多为质地较为疏松的灰色土或褐色土，有时夹杂有炭屑、动物骨骼、火烧土块等。现举例如下：

H9　位于Ⅰ区T0206西北部，开口于第③层下，西部被H7打破。坑口平面呈圆形，袋状，坑壁清晰，坑底平整。坑口直径180厘米，底直径268厘米，深236厘米（图九五）。坑内填土较为疏松，土色为灰褐色，包含有炭屑、田螺壳、红烧土颗粒等。出土大量陶片，以夹砂灰陶为主，有少量泥质灰陶；可辨器形有鼎、罐、缸等。纹饰有素面、绳纹、附加堆纹等。

H69　位于Ⅰ区T0308中部，开口于第③层下。坑口平面呈圆形，袋状，坑壁清晰规整，坑底平整。坑口直径90厘米，底直径200厘米，深150厘米（图九六）。坑内填土较为疏松，土色为浅灰色，包含有大量田螺壳及少量石块等。出土大量陶片，以夹砂红陶为主，有少量的泥质灰陶；可辨器形有鼎、缸、器盖等。纹饰有绳纹、篮纹、附加堆纹等。

H93　位于Ⅰ区T0104中部，开口于第③层下，北部被H88打破。坑口平面呈圆形，袋状，坑壁清晰，坑底平整。坑口直径120厘米，底直径190厘米，深110厘米（图九七）。坑内填土较为疏松，土色为浅灰色，包含有红烧土颗粒、田螺壳等。出土有大量陶片，以泥质灰陶为主，夹砂灰褐与夹砂红陶次之，另有少量泥质红陶和夹砂褐陶；可辨器形有罐、盆、瓮、豆、器盖等（图九八）。纹饰以绳纹、素面、篮纹为主，另有少量附加堆纹、弦纹、戳印纹、菱形纹等。

H95　位于Ⅰ区T0104西部，西半部分伸出探方之外未能发掘，开口于第③层下。坑口平面呈圆形，袋状，坑壁清晰，坑底平整。坑口直径64厘米，底直径156厘米，深140厘米（图九九）。

北

Ⅰ区

0 ___ 6米

H69
H74
H16
H37
H56
H71
H18
H9
H20
H28
H33
H29
H90
H96
H95
H93
H45

H100

Ⅱ区

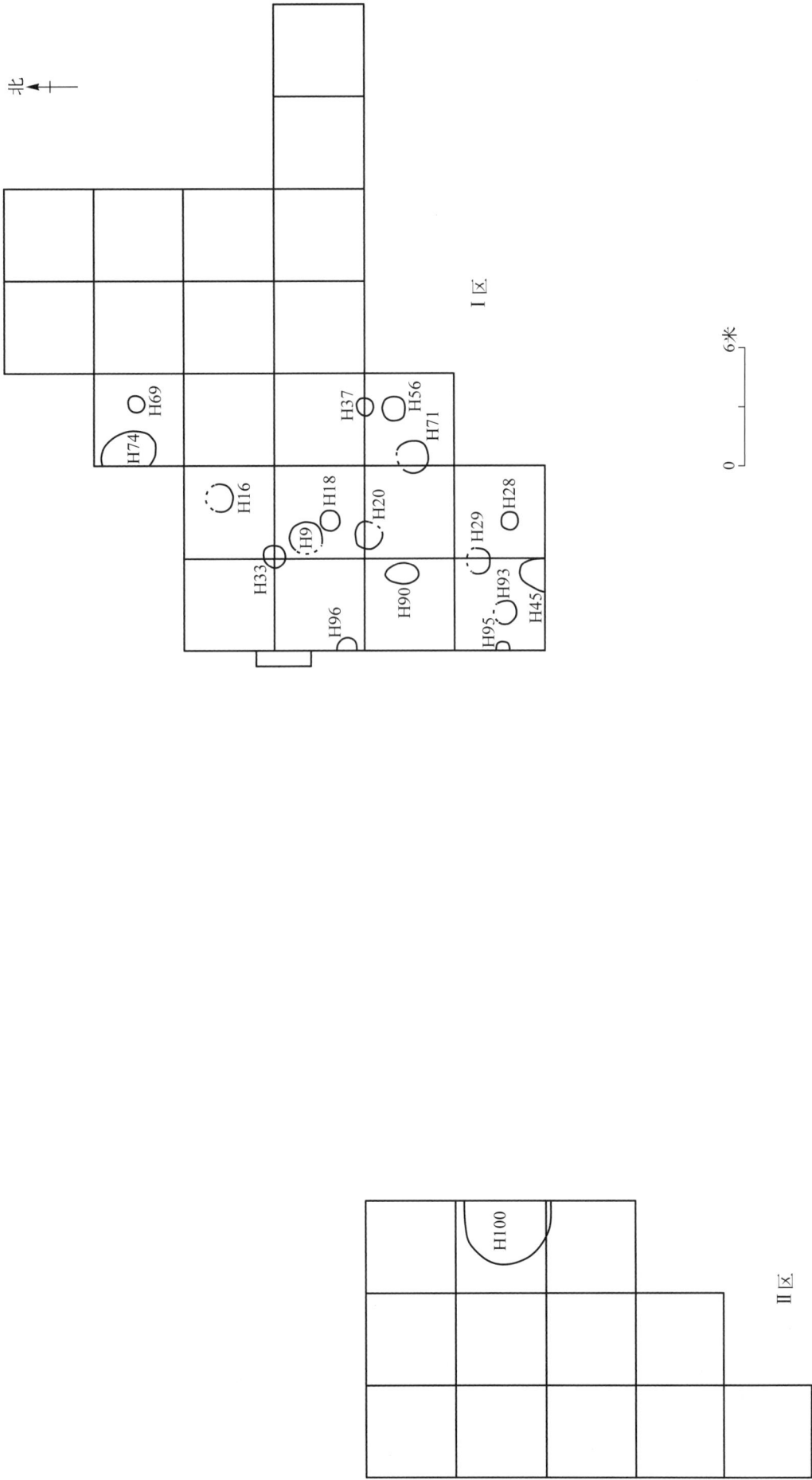

图九四　第四期遗迹分布图

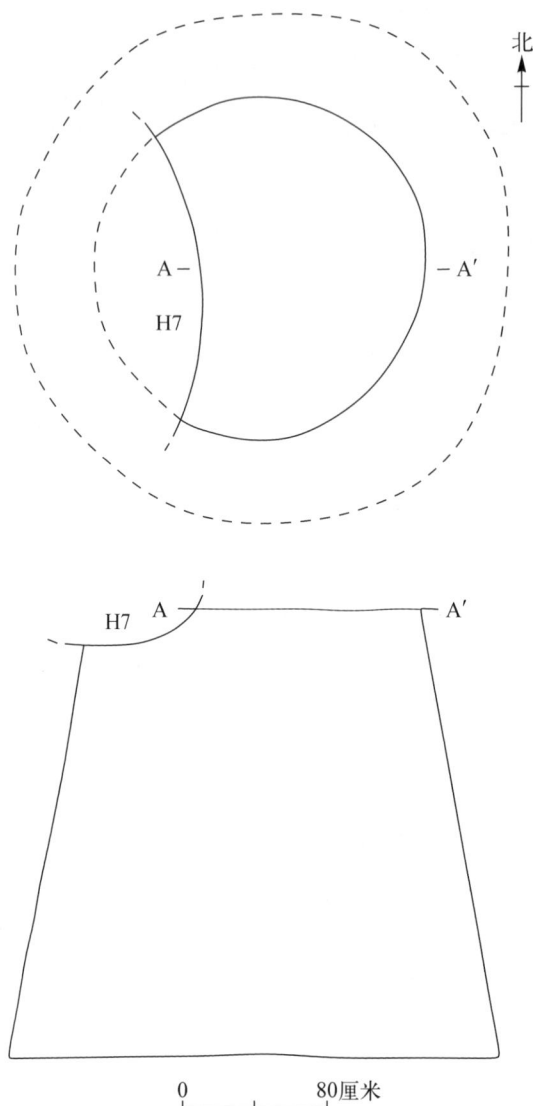

0　　　　　80厘米

图九五　H9平、剖面图

　　坑内填土较为疏松,土色为浅灰色,包含有火烧土颗粒、田螺壳等。出土大量陶片,以夹砂灰陶为主,泥质灰陶次之,另有少量夹砂红陶和泥质红陶;可辨器形有罐、缸、瓮、盆、器盖、豆等(图一〇〇)。纹饰以篮纹、素面、绳纹为主,另有少量弦纹、线纹、附加堆纹等。

　　H96　位于Ⅰ区T0106西南部,西部伸出探方之外未能发掘,开口于第③层下。坑口平面呈圆形,袋状,坑壁清晰,坑底较平。坑口直径110厘米,底直径230厘米,深260厘米(图一〇一)。坑内填土可分为三层:第①层,土质疏松,土色为浅灰色,厚160厘米,包含有少量红烧土块、动物骨骼等;第②层,土质疏松,土色为红褐色,厚50厘米,包含有大量红烧土块;第③层,土质较为疏松,土色为浅灰色,厚20厘米,夹杂大量炭化的植物的茎秆和种子。经鉴定,炭化的植物为小麦遗存。出土大量陶片,以夹砂红陶为主,有少量夹砂灰陶、泥质灰陶;可辨器形有鼎、豆、瓮等(图一〇二)。纹饰有绳纹、弦纹、附加堆纹、网格纹、篮纹等。

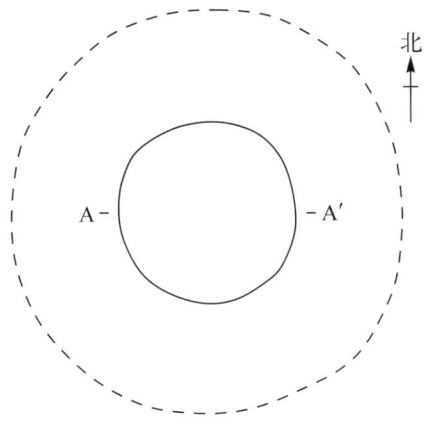

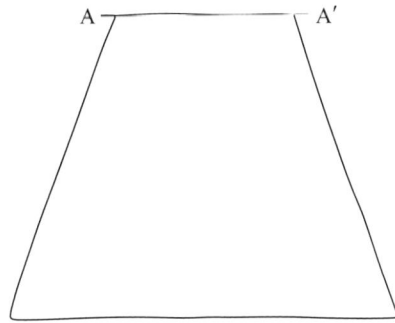

北

A — — A′

0　　　　80厘米

图九六　H69平、剖面图

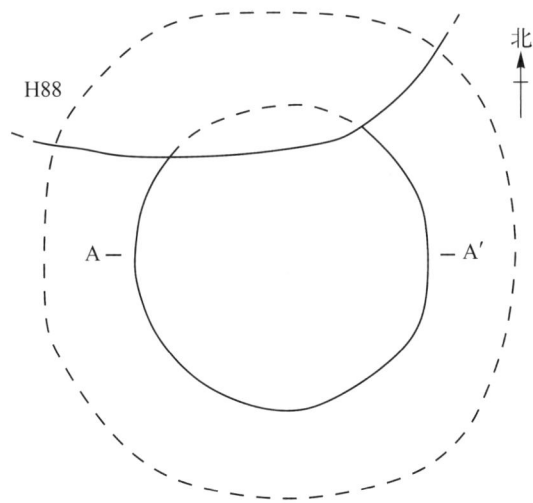

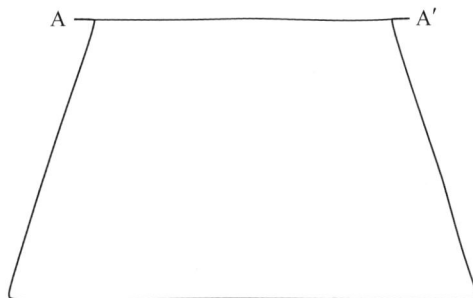

北

H88

A — — A′

A 　　　 A′

0　　　　60厘米

图九七　H93平、剖面图

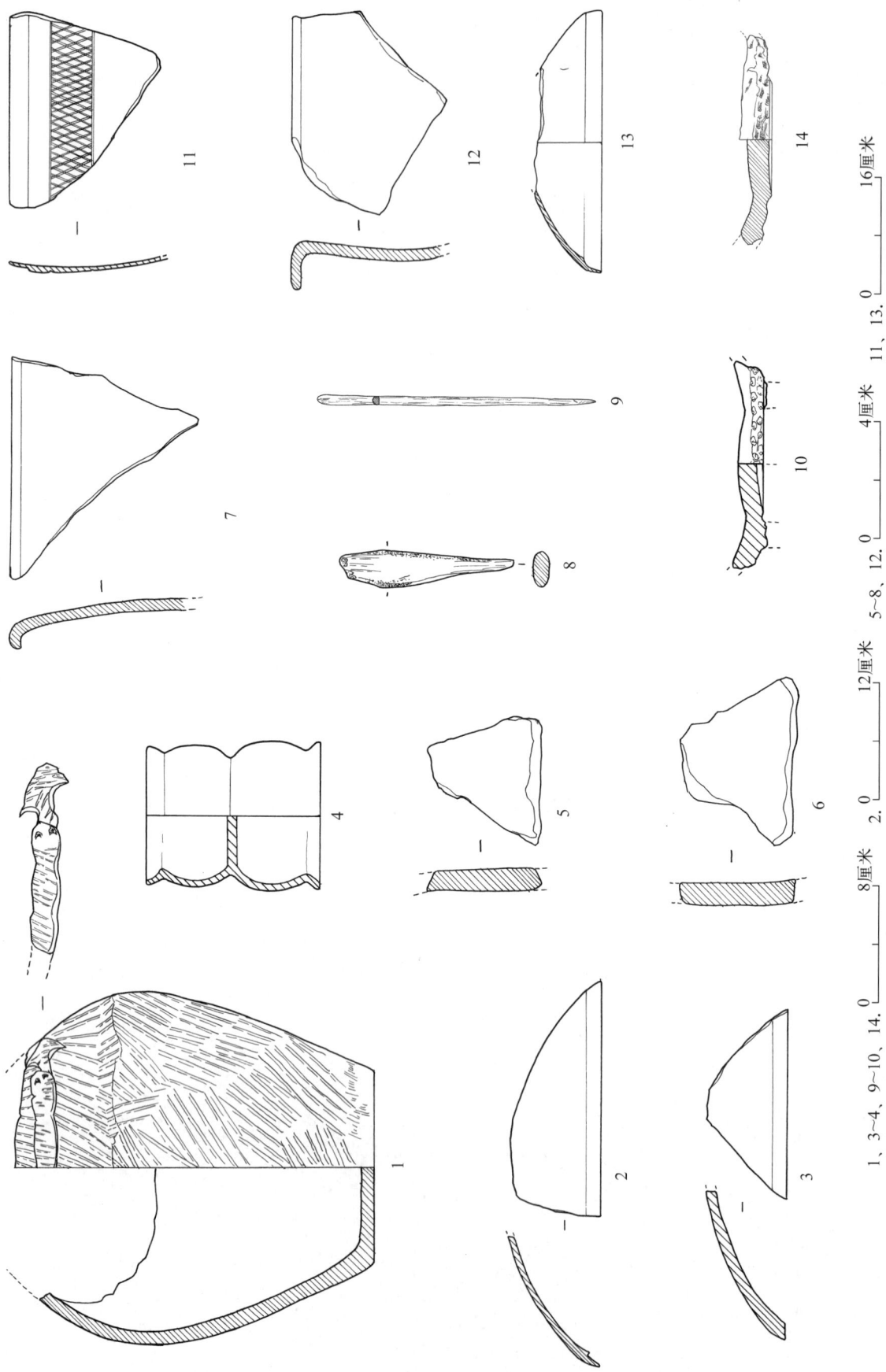

图九八　H93 出土遗物

1、7. 喇叭口罐（H93：2，H93：9）　2、3、13. 器盖（H93：6，H93：4，H93：3）　4. 鼓形器（H93：1）　5、6. 残石器（H93：11，H93：10）　8. 骨镞（H93：13）　9. 骨笄（H93：14）　10. 豆（H93：7）　11. 瓮（H93：5）　12. 侈口折沿盆（H93：8）　14. 器底（H93：12）

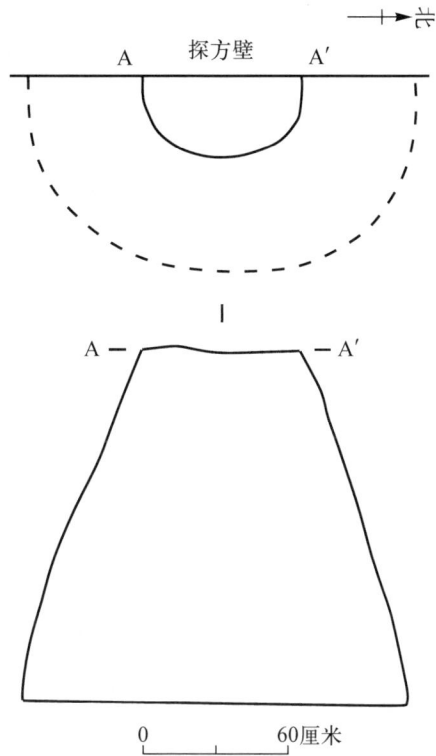

图九九 H95平、剖面图

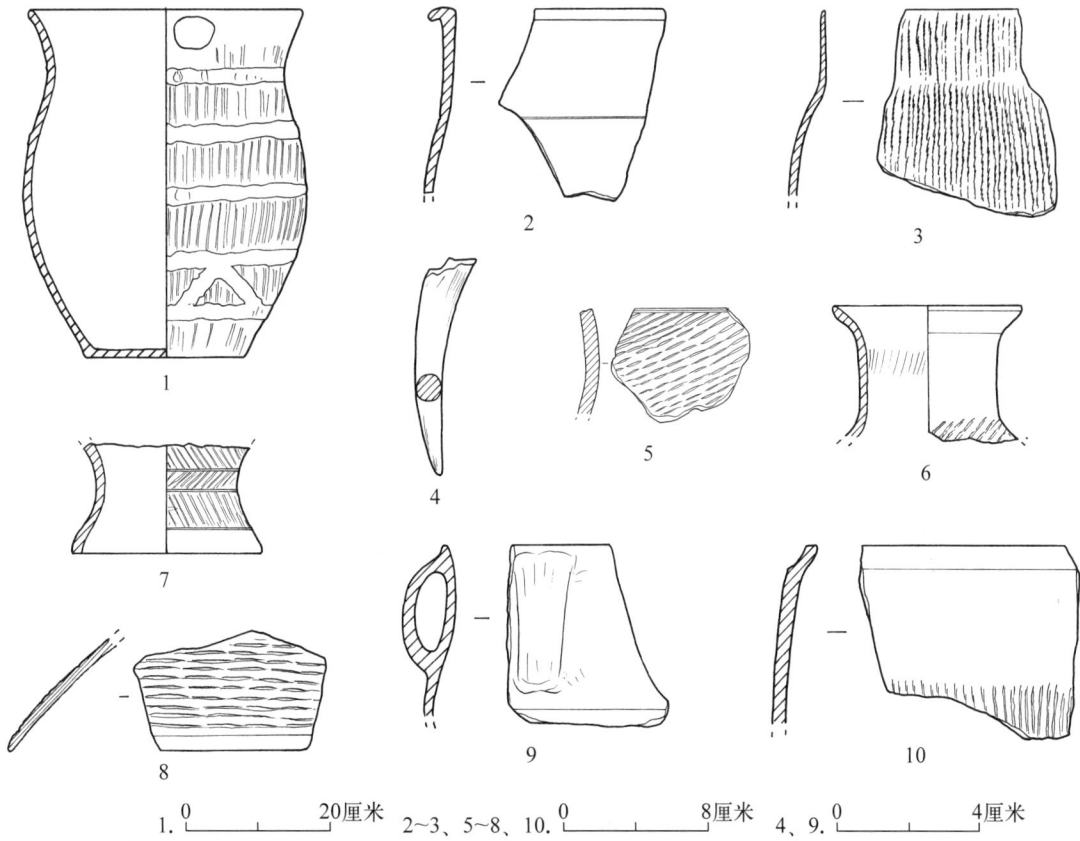

图一〇〇 H95出土遗物

1、5.缸（H95∶1、H95∶9）　2、6.喇叭口罐（H95∶5、H95∶2）　3.侈口深腹罐（H95∶10）　4.角锥（H95∶11）

7.豆（H95∶3）　8.器盖（H95∶8）　9.带耳杯形罐（H95∶6）　10.瓮（H95∶7）

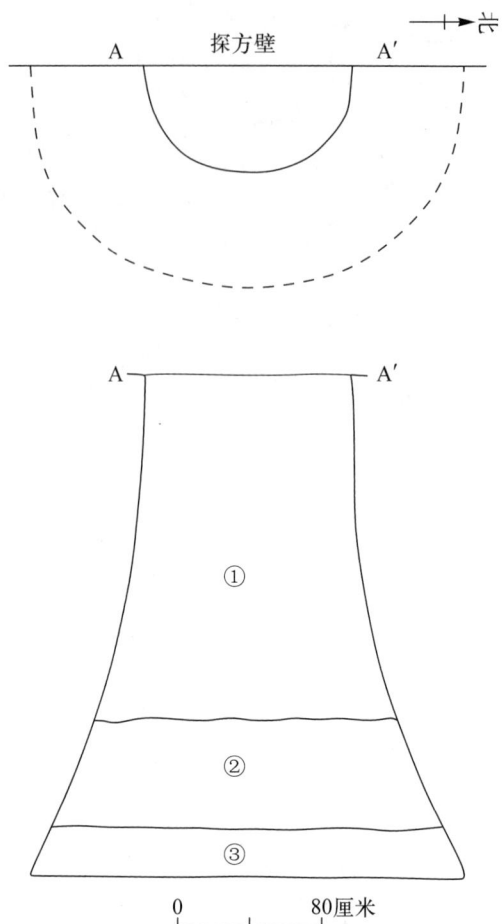

图一〇一 H96平、剖面图

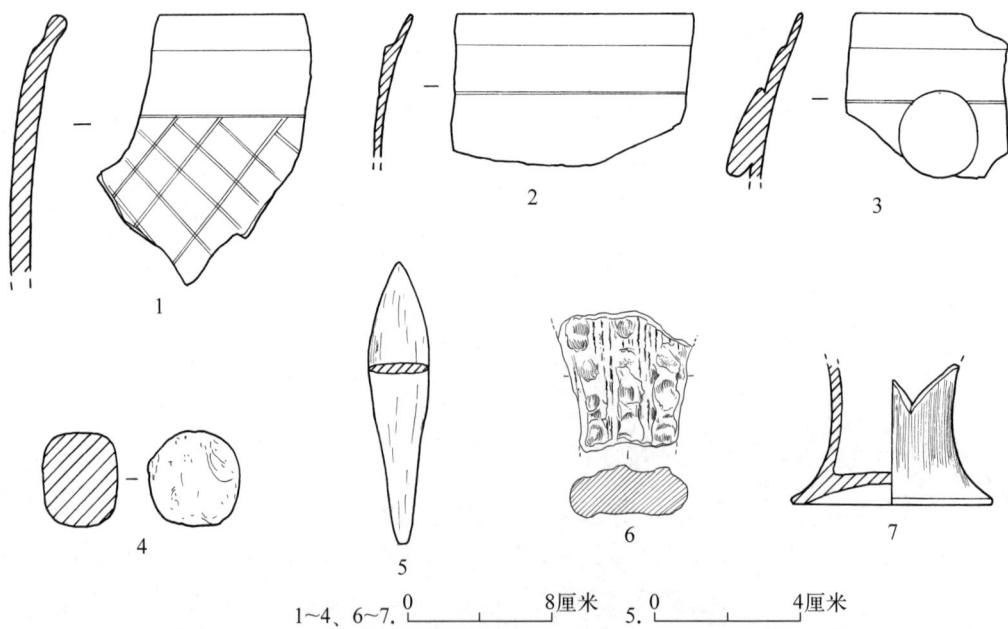

图一〇二 H96出土遗物

1~3.瓮（H96：3、H96：4、H96：2） 4.石球（H96：6） 5.骨镞（H96：7） 6.鼎（H96：5） 7.豆（H96：1）

二、圆形桶状灰坑

共发掘2座。这类灰坑数量最少，坑口平面形状多作圆形或者近圆形，断面为口底同大的桶状，坑底多数较为平整。坑内填土多为质地较为疏松的灰土，有时夹杂有炭屑、火烧土颗粒等。现举例如下：

H20　位于Ⅰ区T0205北部、T0206南部，开口于第③层下，东部被H15打破。坑口平面呈圆形，桶状，坑壁清晰，坑底平整。坑口直径160厘米，深126厘米（图一〇三）。坑内填土较为疏松，土色为浅灰色，包含有少量炭屑、火烧土颗粒等。出土零星陶片。

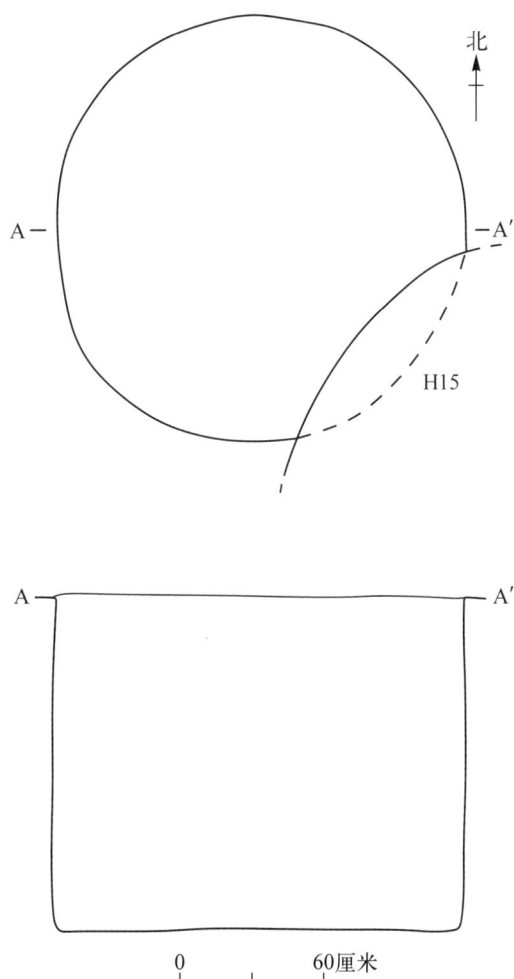

图一〇三　H20平、剖面图

三、椭圆形锅底状灰坑

共发掘4座。这类灰坑数量较少，坑口平面形状多作椭圆形或者近椭圆形，断面口大底小或略呈锅底状。坑内填土多为质地较为疏松的灰土，有时夹杂有火烧土颗粒、石块等。现举例如下：

H90　位于Ⅰ区T0105东部，开口于第③层下。坑口平面呈椭圆形，锅底状，坑壁较为清晰，坑底不平。坑口长径175厘米，短径110厘米，底长径140厘米，短径66厘米，深73厘米（图一〇四）。坑内填土较为疏松，土色为浅灰色，包含有红烧土颗粒、料礓石等。出土大量陶片，以夹砂灰陶为主，泥质灰陶和夹砂红陶次之，另有少量夹砂褐陶和泥质红陶；可辨器形有罐、盆、斝、缸等（图一〇五）。纹饰以绳纹、素面为主，篮纹次之，另有少量附加堆纹、弦纹、线纹、戳印纹、菱形纹等。

H100　位于Ⅱ区T0703东北部与T0704东部，东部伸出探方之外未能发掘，开口于第③层下。坑口平面呈椭圆形，锅底状，坑壁基本清晰，坑底不平。坑口长径480厘米，短径340厘米，深90厘米（图一〇六）。坑内填土较为疏松，土色为深灰色，包含有火烧土颗粒、石块、动物骨骼等。出土少量陶片，以夹砂红陶和夹砂灰陶为主，另有少量泥质灰陶；可辨器形有鼎、盆、器盖等。纹饰有绳纹、弦纹、方格纹、附加堆纹等。

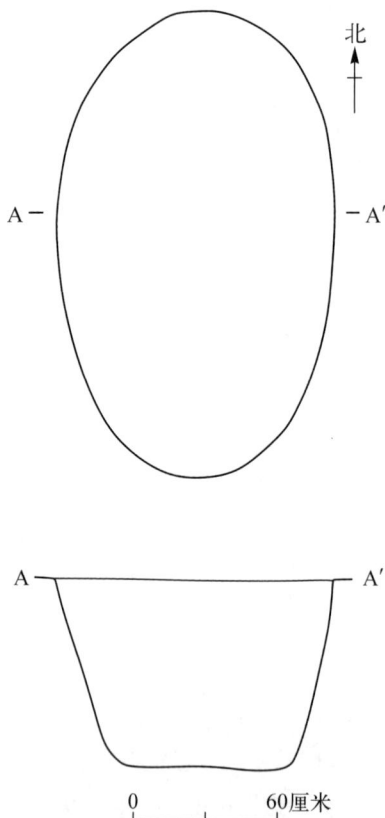

图一〇四　H90平、剖面图

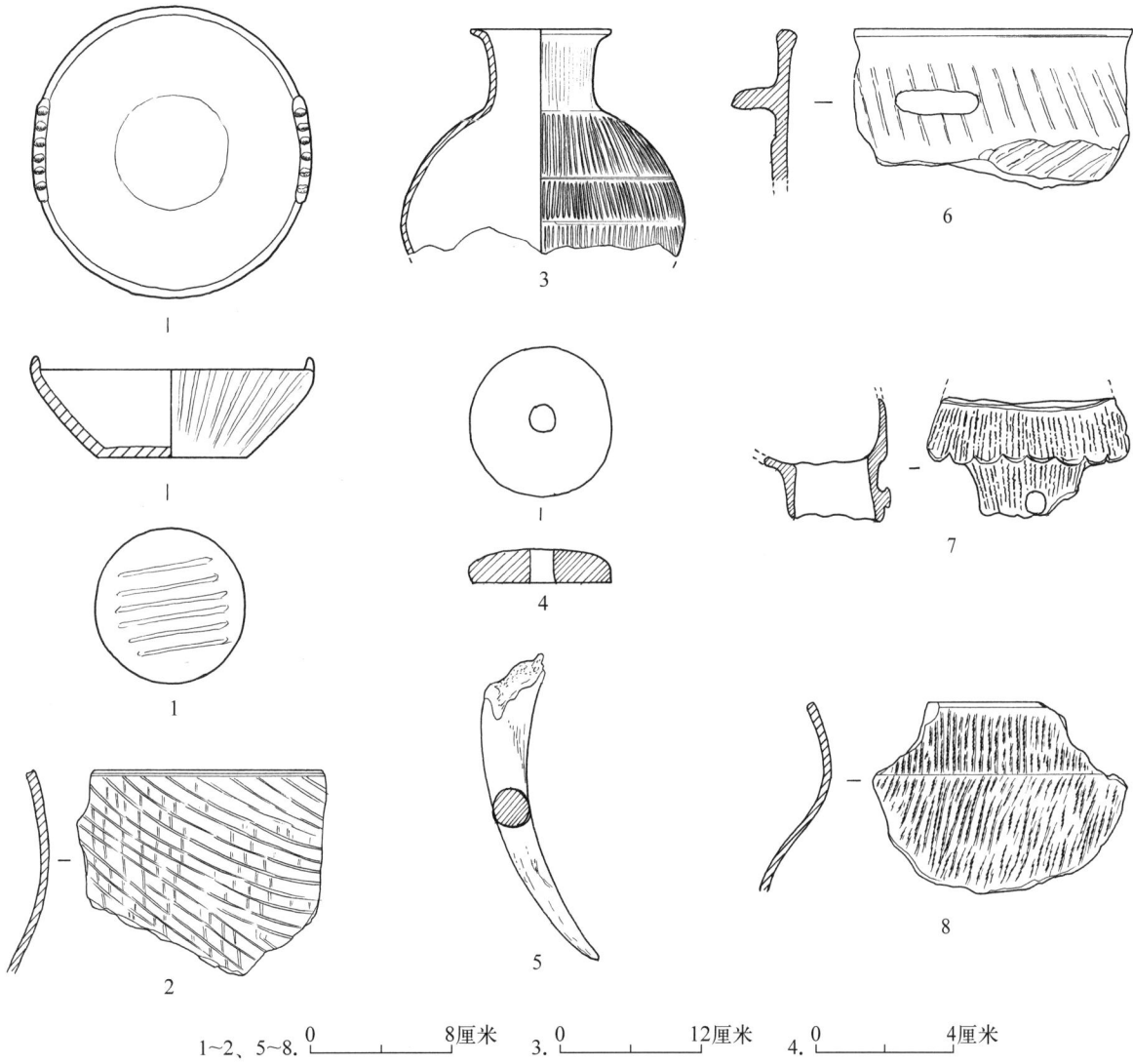

图一〇五　H90出土遗物

1. 敞口盆（H90：2）　2. 缸（H90：6）　3. 喇叭口罐（H90：1）　4. 石纺轮（H90：7）
5. 角锥（H90：8）　6、7. 斝（H90：5、H90：3）　8. 大口深腹罐（H90：4）

探方壁

A — — A′

A A′

0　　　80厘米

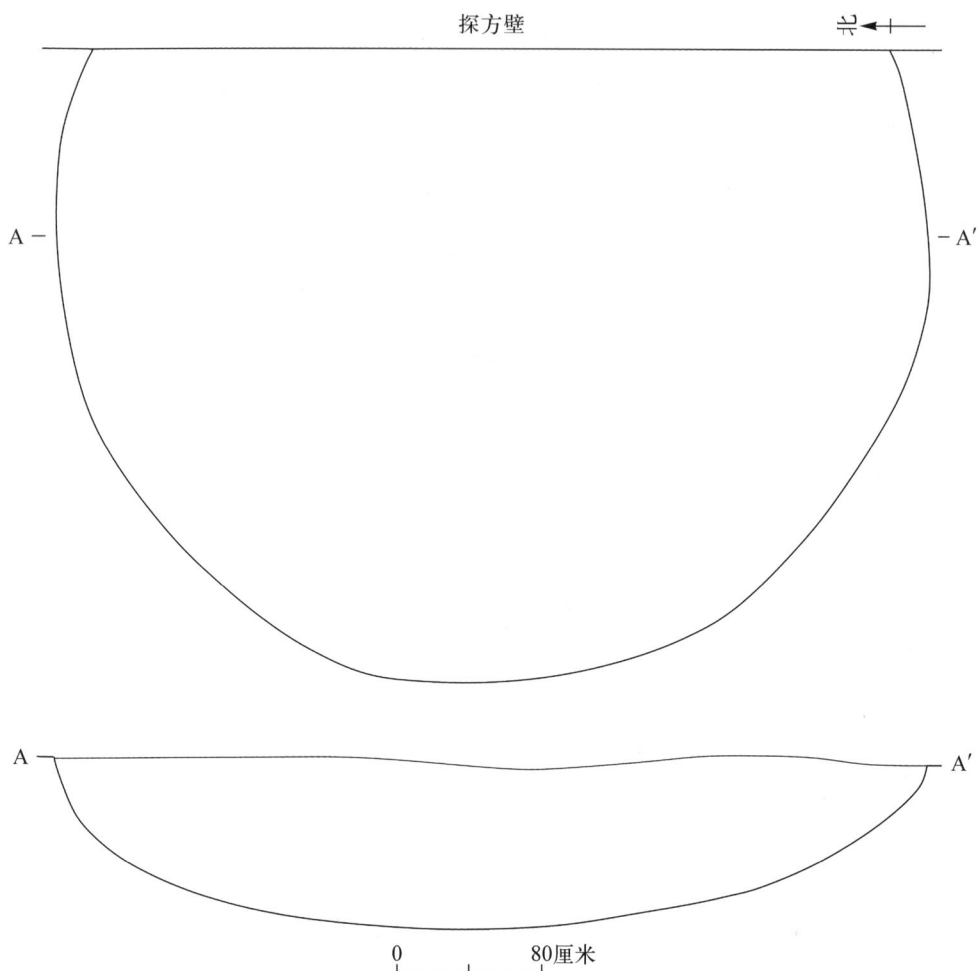

图一〇六　H100平、剖面图

第二节　遗　　物

第四期的遗物按照质地,可分为陶器、石器、骨器、角器共四类。

一、陶器

根据对H90、H93、H95等典型灰坑内陶片的统计,第四期陶片以夹砂灰陶为主,所占比例达到41.8%;泥质灰陶次之,所占比例为32.9%,此外,还有部分夹砂红陶、泥质红陶和夹砂褐陶,所占比例分别为15.8%、7.4%和2.2%(表七)。多素面陶,占总数的26%;纹饰以篮纹、绳纹为主,篮纹最多,占23.2%,绳纹次之,占22.7%,交错绳纹占4.1%;附加堆纹占有较高的比例,达到12.3%。此外,还有少量的菱格纹、弦纹、戳印纹、线纹等(表八)。陶器制法均为手制,泥条盘筑痕迹明显,部分陶器的口沿、器表可见慢轮修整痕迹。主要器类有罐、盆、缸、斝、豆、瓮、器盖、鼎等(表九),其中以罐的数量最多,比例达到54.1%,盆和缸占有一定的比例,分别占11.8%和10.6%,斝、豆、瓮、器盖、鼎等的数量均较少。此外,还有少量的鼓形器等。

表七　五楼遗址第四期遗存陶系统计表

数量　　陶系　单位	夹砂			小计	泥质		小计	合计
	红	灰	褐		红	灰		
H90	23	66	7	96	8	44	52	148
H93	32	54	3	89	12	75	87	176
H95	18	73	0	91	14	33	47	138
合计	73	193	10	276	34	152	186	462
百分比	15.8	41.8	2.2	59.7	7.4	32.9	40.3	100

表八　五楼遗址第四期遗存纹饰统计表

数量　　纹饰　单位	素面	绳纹	交错绳纹	弦纹	线纹	绳纹+附加堆纹	篮纹	附加堆纹	篮纹+附加堆纹	戳印纹	弦纹+绳纹	篮纹+绳纹	菱格纹	戳印纹+绳纹	合计
H90	38	36	8	2	2	11	25	4	9	4	3	2	2	2	148
H93	37	46	11	0	0	4	33	9	7	2	5	8	11	3	176
H95	45	23	0	5	3	0	49	3	10	0	0	0	0	0	138
合计	120	105	19	7	5	15	107	16	26	6	8	10	12	5	462
百分比	26.0	22.7	4.1	1.5	1.1	3.2	23.2	3.5	5.6	1.3	1.7	2.2	2.6	1.1	100

表九　五楼遗址第四期遗存器形统计表

数量　　器形　单位	罐	缸	盆	瓮	器盖	斝	鼎	豆	合计
H90	25	9	8	0	0	6	3	2	53
H93	18	2	7	6	5	2	1	4	45
H95	49	7	5	4	3	0	3	1	72
合计	92	18	20	10	8	8	7	7	170
百分比	54.1	10.6	11.8	5.9	4.7	4.7	4.1	4.1	100

（一）鼎

数量较多。均为口、腹、足部残片,无可复原者。多为夹砂红陶,少量为夹砂灰陶。

标本IT0107③:2,口、腹部残片。夹砂红陶。敛口,折沿,圆唇,腹微鼓,腹部饰竖向绳纹,口沿以下饰多周条带状附加堆纹,附加堆纹上饰密集刻划纹。残高7.2厘米(图一○七,1)。标本H9∶2,足部残片。夹砂灰陶。足身扁平,横剖面近于长方形。足、腹相接处外侧饰多个乳丁状附加堆纹,足内外侧均饰竖向绳纹。残高9厘米(图一○七,4)。标本H96∶5,足部残片。夹砂红陶。足身扁平,横剖面近于长方形,上部略宽于下部,足内外侧均饰竖向绳纹,外侧并饰三道竖向条带状附加堆纹。残高7.8厘米(图一○七,2)。标本H100∶8,足部残片。夹砂红陶。横断面呈长椭圆形。外侧饰竖向绳纹,并饰一道竖向条带状附加堆纹。器表可见烟熏痕迹。残高10厘米(图一○七,5)。标本H100∶7,足部残片。夹砂红陶。横断面呈近圆形,足端较尖。外侧饰竖向绳纹。器表可见烟熏痕迹。残高10.6厘米(图一○七,3)。

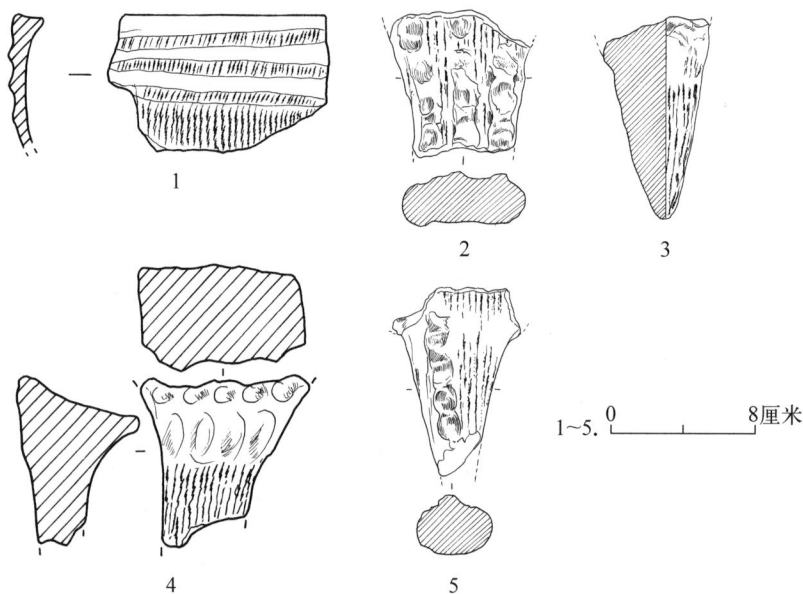

图一○七　第四期陶鼎

1. IT0107③∶2　2. H96∶5　3. H100∶7　4. H9∶2　5. H100∶8

(二)斝

数量较少。均为口、腹、足部残片,无可复原者。均为夹砂灰陶。

标本H90∶5,口、腹部残片。直口,圆唇,腹部较直。口下饰一扁柱状附加堆纹,并饰一周斜向浅划纹,腹部饰一周条带状附加堆纹。残高8.8厘米(图一○八,6)。标本H90∶3,腹、足部残片。折腹,上腹部微鼓,下腹部急剧地折向裆部。上腹部饰一周弦纹,弦纹下侧饰右上至左下斜向绳纹,折腹处饰一周划纹,腹下部饰篮纹,足外侧饰圆饼状附加堆纹与竖向绳纹。残高6.6厘米(图一○八,4)。标本H69∶4,足部残片。夹砂红陶。横断面呈圆形,足端较尖。通体饰竖向绳纹。残高10.6厘米(图一○八,7)。

(三)豆

数量较少。均为盘、柄部残片,无可复原者。多为夹砂红陶,少量为夹砂灰陶。

标本H96：1，柄部残片。夹砂红陶。底心内凹。素面。器表可见竖向刮抹痕迹。底径11.6厘米，残高7.8厘米（图一〇八，5）。标本H93：7，盘部残片。夹砂灰陶。敞口，凹底。盘内抹光，盘外侧与柄相接处饰二周戳印纹。残高2.6厘米（图一〇八，9）。标本H95：3，夹砂红陶。圈足粗而矮。柄部饰三道不甚规整的弦纹，弦纹之间的区域饰斜向短划纹。底径10.8厘米，残高6厘米（图一〇八，8）。

（四）盆

数量较少。多为夹砂灰陶，少量为夹砂红陶。依据口部形态，可分为敞口盆与侈口折沿盆两种。

1.敞口盆

标本H90：2，可复原。夹砂红陶。敞口，方唇，斜直腹，平底。口沿下侧饰一周刻划纹，唇部饰一对鸡冠状附加堆纹，底部饰六道刻划纹。器表打磨光滑。口径16.4厘米，底径8.4厘米，通高4.8厘米（图一〇八，1；彩版七，1）。标本H100：1，可复原。夹砂灰陶。敞口，卷沿，圆唇，斜直腹，平底。器表饰竖向绳纹。口径28.2厘米，底径12.6厘米，通高9.6厘米（图一〇八，2；彩版七，2）。

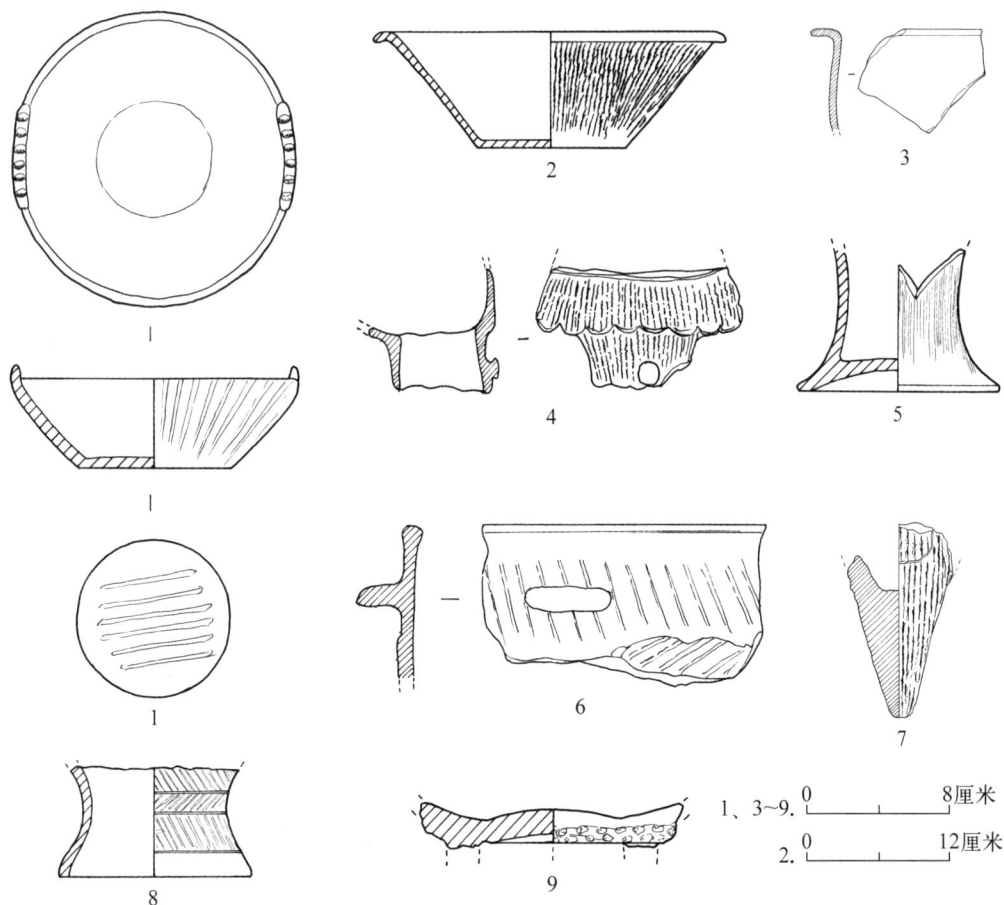

图一〇八　第四期斝、豆、盆

1～2.敞口盆（H90：2、H100：1）　3.侈口折沿盆（H93：8）

4、6～7.斝（H90：3、H90：5、H69：4）　5、8～9.豆（H96：1、H95：3、H93：7）

2. 侈口折沿盆

标本 H93：8，口、腹部残片。夹砂灰陶。侈口，折沿，圆唇，鼓腹。素面。器表磨光。残高 5.7 厘米（图一〇八，3）。

（五）罐

数量较多。均为口、腹部残片，无可复原者。多为夹砂灰陶，少量为泥质灰陶。依据口、腹部的形态，可分为带耳杯形罐、侈口深腹罐、喇叭口罐与大口深腹罐四种。

1. 带耳杯形罐

数量较少。以夹砂灰陶为主，夹砂红陶次之。标本 H95：6，口、腹部残片。夹砂灰陶。侈口，圆唇，高领，折腹，口下残存一桥形耳。素面。器表磨光。残高 5 厘米（图一〇九，7）。

2. 侈口深腹罐

数量较少。以夹砂灰陶为主，夹砂红陶次之。标本 H95：10，夹砂灰陶。直口微侈，圆唇，高领，鼓腹，腹部较深。领部与腹部均饰竖向绳纹，领部在绳纹之上抹泥，使得绳纹较浅。残高 11.4 厘米（图一〇九，8）。

3. 喇叭口罐

数量较多。均为夹砂灰陶。均呈喇叭口，束颈，颈部较短。

标本 H90：1，口、腹部残片。夹砂灰陶。喇叭口，折沿，圆唇，束颈，颈部较短，圆肩，鼓腹，肩、腹相接处有一道薄泥条。肩部和中、下腹部各饰一周弦纹，通体饰竖向篮纹。颈部可见竖向刮抹痕迹。器表可见烟熏痕迹。口径 12 厘米，腹径 24 厘米，残高 18.6 厘米（图一〇九，6）。标本 H93：2，肩、腹、底部残片。夹砂灰陶。折肩，肩折处圆钝，深腹斜直，小平底。肩部饰类似蛇吃青蛙造型的附加堆纹，通体饰篮纹。腹径 25.2 厘米，底径 14.4 厘米，残高 26.2 厘米（图一〇九，1；彩版七，3、4）。标本 H95：2，口、颈部残片。夹砂灰陶。侈口，卷沿，圆唇，束颈，如喇叭状。颈部饰竖向刮划纹，肩部饰篮纹。口径 10.8 厘米，残高 7.4 厘米（图一〇九，4）。标本 H93：9，口、颈部残片。夹砂灰陶。喇叭口，卷沿，圆唇，束颈，颈部较短。素面。器表磨光。残高 6.8 厘米（图一〇九，2）。标本 IT0105③：1，口、颈部残片。夹砂灰陶。喇叭口，卷沿，圆唇，束颈，颈部较短。口沿下侧饰一周指甲纹。器表磨光。残高 6.6 厘米（图一〇九，3）。标本 H95：5，口、颈部残片。夹砂灰陶。直口，平折沿，圆唇，束颈，颈部有一道折棱。素面。器表磨光。残高 10.4 厘米（图一〇九，5）。

4. 大口深腹罐

数量较少。以夹砂灰陶为主，少量泥质灰陶。均大口，腹较深。

标本 H9：3，口、腹部残片。夹砂灰陶。直口，方唇，腹微鼓。通体饰左上至右下斜向绳纹，并饰多周条带状附加堆纹。残高 14.7 厘米（图一一〇，6）。标本 H20：3，口、腹部残片。夹砂灰陶。直口，方唇，鼓腹。口下饰一周条带状附加堆纹，附加堆纹下侧饰网格纹。残高 9.8 厘米（图一一〇，9）。标本 IT0105③：4，口、腹部残片。夹砂灰陶。侈口，卷沿，方唇，鼓腹。外沿面饰四道条带状附加堆纹，腹部饰右上至左下斜向绳纹。残高 8.2 厘米（图一一〇，8）。标本 H90：4，

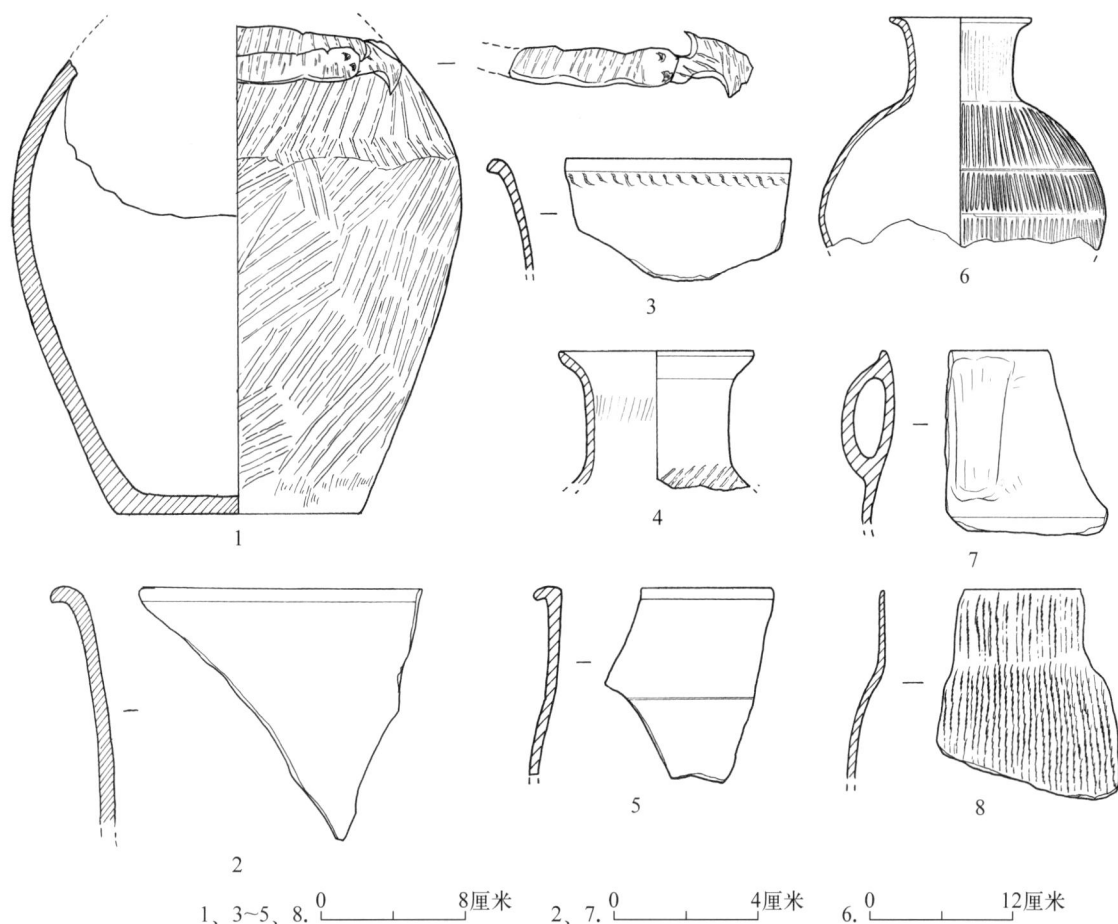

图一〇九　第四期陶罐

1～6. 喇叭口罐（H93：2、H93：9、IT0105③：1、H95：2、H95：5、H90：1）　7. 带耳杯形罐（H95：6）　8. 侈口深腹罐（H95：10）

口、腹部残片。夹砂灰陶。侈口，卷沿，方唇，鼓腹。外沿面与腹部均饰竖向绳纹。残高10.6厘米（图一一〇，3）。标本H28：1，下腹、底部残片。泥质灰陶。下腹斜直，平底。下腹部与底部均饰方格纹。底径14.4厘米，残高9厘米（图一一〇，4）。

（六）缸

数量较少。多为口、腹部残片，可复原者较少。均为夹砂红陶。

标本H95：1，可复原。侈口，卷沿，方唇，上腹圆鼓，下腹斜直，平底。外沿面饰圆饼状附加堆纹，腹部饰多周条带状附加堆纹，下腹部饰交错条带状附加堆纹，通体饰篮纹。器表可见烟熏痕迹。口径39厘米，腹径40.5厘米，底径23厘米，通高47.5厘米（图一一〇，1）。标本IT0306③：1，肩、腹、底部残片。圆肩，斜直腹，平底。通体饰竖向绳纹，底部饰交错绳纹。腹径38.4厘米，底径22.4厘米，残高32厘米（图一一〇，7）。标本H90：6，口、腹部残片。侈口，卷沿，方唇，唇部有一道凹槽，鼓腹。通体饰网格纹。口下可见烟熏痕迹。残高11.4厘米（图一一〇，5）。标本

H95：9，口、腹部残片。侈口，卷沿，方唇，唇部有一道凹槽，鼓腹。口沿以下饰篮纹。内壁可见烟熏痕迹。残高6.3厘米（图一一〇，2）。

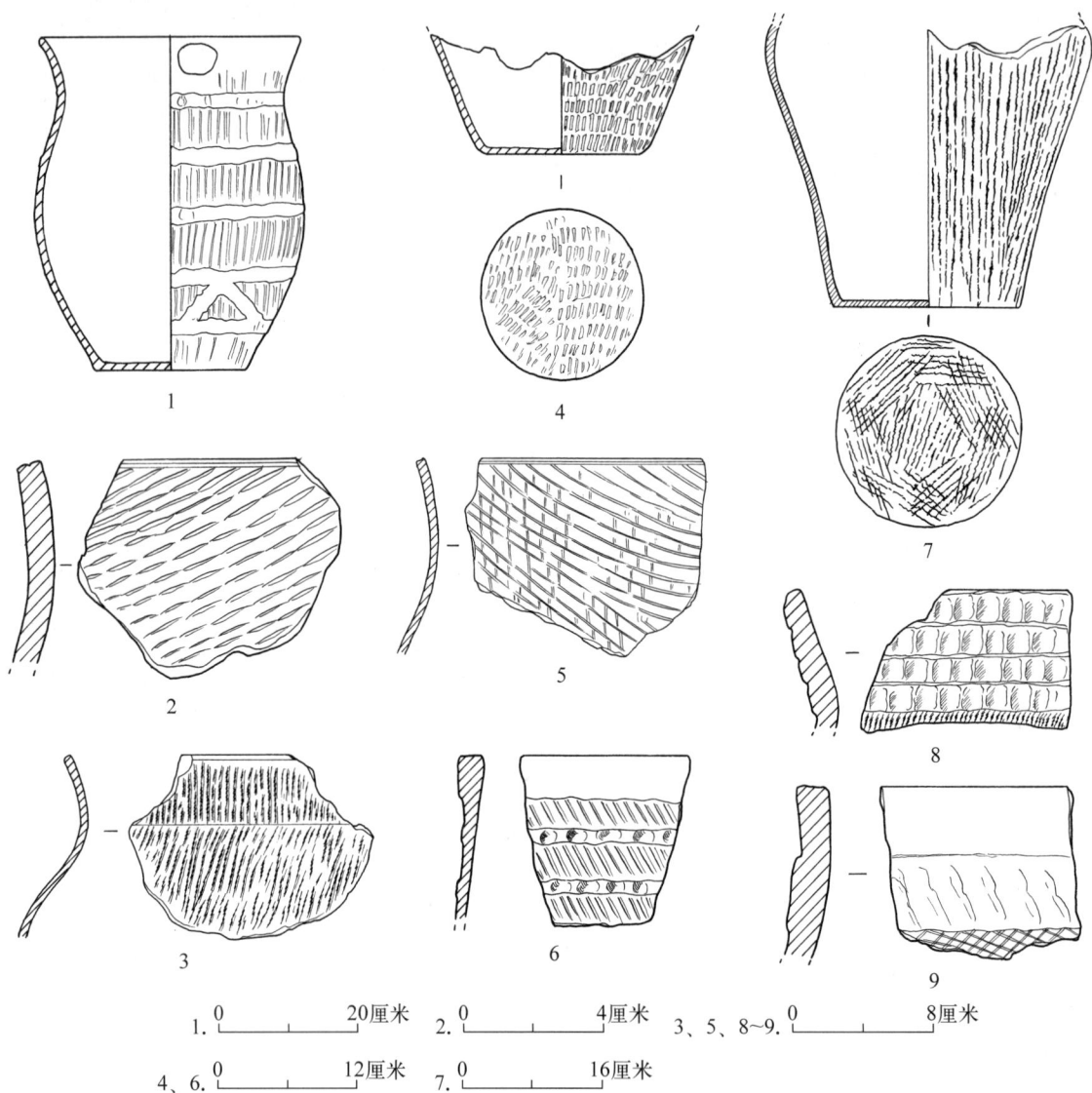

1. ├─────┤ 20厘米　　2. ├─────┤ 4厘米　　3、5、8~9. ├─────┤ 8厘米

4、6. ├─────┤ 12厘米　　7. ├─────┤ 16厘米

图一一〇　第四期大口深腹罐、缸

1~2、5、7.缸（H95：1、H95：9、H90：6、IT0306③：1）

3、4、6、8~9.大口深腹罐（H90：4、H28：1、H9：3、IT0105③：4、H20：3）

（七）瓮

数量较多。均为口、腹部残片，无可复原者。多为夹砂灰陶，少量为夹砂红陶。形制相同，均子母口内敛，器表经过打磨。

标本H45：1，夹砂灰陶。圆唇，腹微鼓，存留有一个圆饼形把手。腹部饰两组不甚规整的细密弦纹,两组弦纹中间饰斜线纹。残高12.3厘米(图一一一,4)。标本H96:2,夹砂红陶。圆唇,腹微鼓,存留有一个圆饼形把手。腹部饰一周弦纹。残高9厘米(图一一一,6)。标本H93:5,夹砂灰陶。圆唇,斜直腹向下内收,最大径位于近肩处。上腹部饰有两道弦纹,两道弦纹中间饰网格纹。器表可见横向刮抹痕迹。残高22厘米(图一一一,2)。标本H96:3,夹砂灰陶。圆唇,腹壁较直。上腹部饰一周弦纹,弦纹下侧饰网格纹。残高14.8厘米(图一一一,1)。标本H96:4,夹砂红陶。圆唇,腹壁较直。上腹部饰一周弦纹。残高8.4厘米(图一一一,5)。标本H95:7,夹砂灰陶。圆唇,腹微鼓。腹部饰竖向绳纹。残高10.6厘米(图一一一,3)。

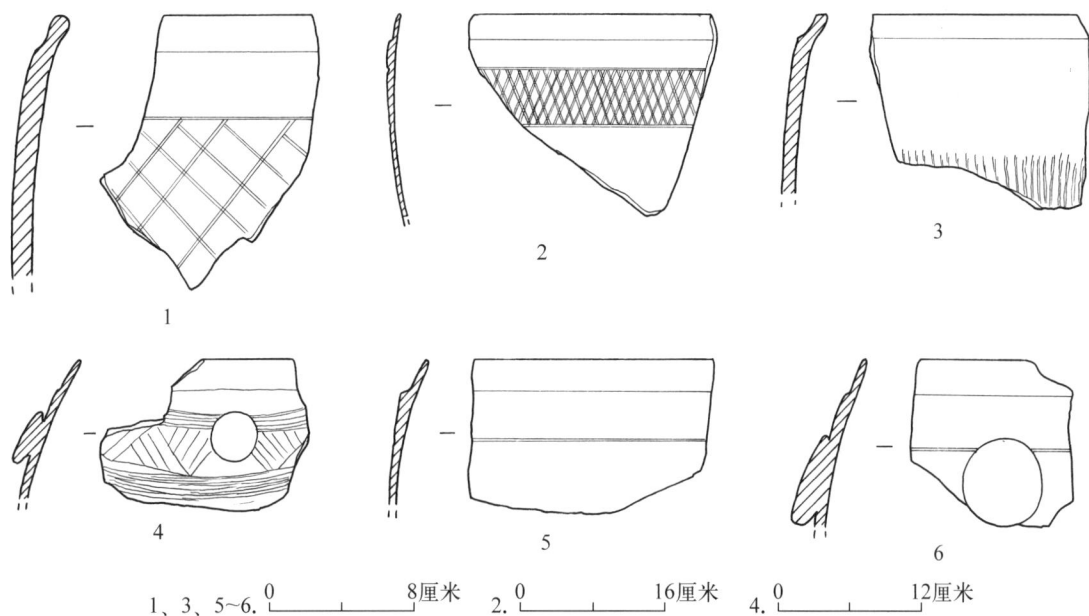

图一一一　第四期陶瓮

1. H96:3　2. H93:5　3. H95:7　4. H45:1　5. H96:4　6. H96:2

(八) 器盖

数量较少。均为口、壁、钮部残片,无可复原者。多为夹砂灰陶,少量为夹砂红陶。

标本H100:9,钮部残片。夹砂灰陶。蘑菇状钮,顶部磨光。钮径5.6厘米,残高3.2厘米(图一一二,6)。标本H69:5,口、壁部残片。夹砂红陶。喇叭形口,方唇,反弧壁。器表饰右上至左下斜向绳纹。器表与外壁均可见烟熏痕迹。残高11.4厘米(图一一二,2)。标本H93:4,口、壁部残片。夹砂灰陶。敞口,方唇,弧壁。素面。器表磨光。残高5.8厘米(图一一二,8)。标本H93:6,口、壁部残片。夹砂红陶。子母口外敞,圆唇,弧壁。素面。器表磨光。口部可见烟熏痕迹。残高9.9厘米(图一一二,9)。标本H93:3,口、壁部残片。夹砂灰陶。子母口外敞,圆唇,斜直壁。素面。器表磨光。口径37.6厘米,残高10厘米(图一一二,4)。标本H95:8,口、壁部残片。夹砂红陶。敞口,圆唇,斜直壁。器表饰篮纹。内壁磨光。残高6.8厘米(图一一二,3)。

（九）鼓形器

仅发现1件。标本H93：1，可复原。泥质黑陶。口、底大小接近，且形制完全相同，均似小罐，侈口，卷沿，沿面内曲，鼓腹，平底。素面。器表磨光。口径10厘米，上腹径10厘米，下腹径10.8厘米，底径10.4厘米，通高12.8厘米（图一一二，1；彩版六，6）。

（十）器底

标本H93：12，下腹、底部残片。夹砂灰陶。下腹斜直，平底，底心内凹。器表饰刻划纹。底径8.4，残高2.3厘米（图一一二，5）。

（十一）模具

数量较少。标本H69：6，尖部稍残。夹砂红陶。整体呈圆锥状，顶端平齐，横断面呈圆形。上部饰右上至左下斜向短绳纹，中下部磨光。可能为鬲、斝类器物的足部模具。残长9.8厘米（图一一二，7）。

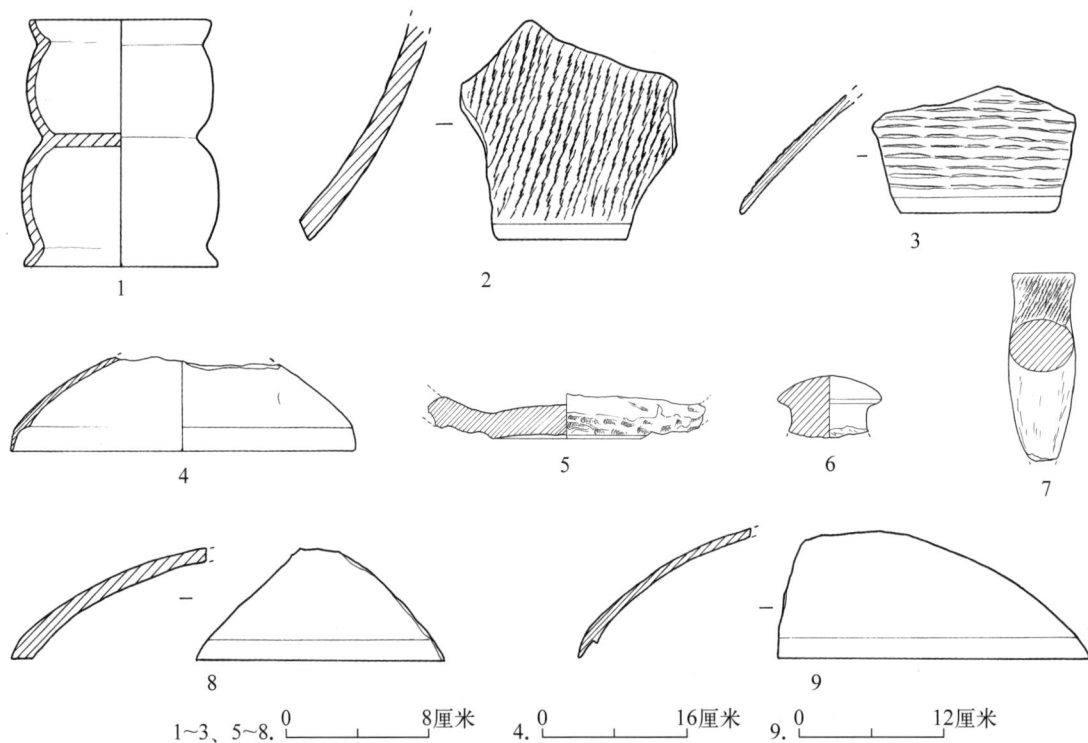

图一一二　第四期器盖、鼓形器、器底、模具

1. 鼓形器（H93：1）　2~4、6、8~9. 器盖（H69：5、H95：8、H93：3、H100：9、H93：4、H93：6）
5. 器底（H93：12）　7. 模具（H69：6）

二、石器

数量较少。主要有锛、球、纺轮、磨石、残石器等。

(一)锛

标本H69:7,完整。平面呈梯形,器身扁平,单面直刃,两侧边平齐,横断面呈长方形,刃部较为锋利。通体磨光。长6.1厘米,宽3.4厘米,厚1.6厘米(图一一三,5;彩版七,5、6)。

(二)球

标本H96:6,完整。扁圆球状,器身有多处因使用形成的凹坑。上下两端较为光滑,中部较为粗糙。直径5.2厘米(图一一三,11;彩版八,1)。

(三)纺轮

标本H90:7,完整。圆饼形,断面呈长方形,中间有一直钻而成的圆孔。通体磨光。直径4厘米,孔径0.7厘米,厚0.9厘米(图一一三,6;彩版八,2)。

(四)磨石

标本H9:1,完整。平面呈不规则形,底部较平,顶面较为光滑,一端因长期使用而低于另一端。周缘经过粗磨,并有多个贯穿上下的半圆形小凹槽,可能是取材过程中所留。长21.3厘米,宽11.1厘米,厚6.3厘米(图一一三,1;彩版八,5)。

(五)残石器

数量较少。因残损较甚,整体形制不明。

H93:10,残存部分大体呈三角形。通体磨光。残长4.4厘米,厚0.8厘米(图一一三,9)。H93:11,残存部分大体呈梯形。正反两面均磨光。残长4.2厘米,厚0.8厘米(图一一三,10)。

三、骨器

数量较少。主要有镞、笄等。

(一)镞

标本H96:7,完整。器身扁平而薄,体部与铤部分界明显,锋部扁尖,刃部较为锋利。器表可见斜向磨痕。长7.8厘米(图一一三,2;彩版八,3)。标本H93:13,稍残。器身扁平而薄,体部与铤部分界明显,锋部扁尖,刃部较钝,铤部圆尖。残长6.3厘米(图一一三,3)。

(二)笄

标本H93:14,完整。系利用动物的长骨磨制而成。器身稍弯,横断面呈椭圆形,尖部扁薄,十分尖锐。通体磨光。长 20.3 厘米（图一一三,8;彩版八,4）。

四、角器

数量较少。仅有锥一种。标本 H90:8,尾端残。系利用梅花鹿角的角尖磨制而成,断面呈圆形,尖部较钝。尖部磨光。残长 17 厘米（图一一三,7）。标本 H95:11,上部残。系利用鹿角角尖磨制而成,横断面呈圆形,较为锐利。通体磨光。残长 5.8 厘米（图一一三,4）。

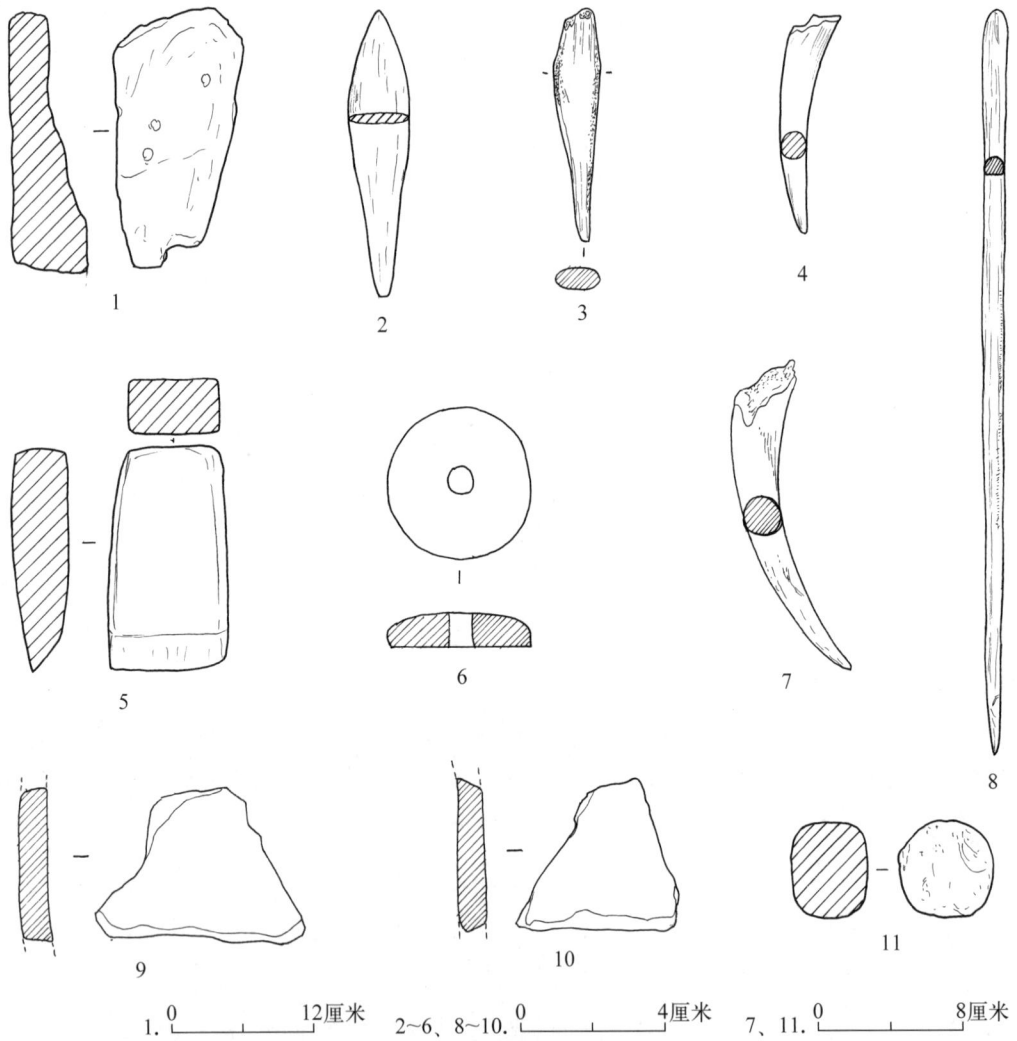

图一一三　第四期石器、骨器、角器

1.磨石（H9:1）　2~3.骨镞（H96:7、H93:13）　4、7.角锥（H95:11、H90:8）　5.石锛（H69:7）　6.石纺轮（H90:7）
8.骨笄（H93:14）　9、10.残石器（H93:10、H93:11）　11.石球（H96:6）

第七章 第五期遗存

第一节 遗 迹

五楼遗址第五期遗存发现的遗迹仅有灰坑一类,共31座(附表五),是本次发掘遗迹数量最多、遗物最丰富的一个时期。其中Ⅰ区30座(H1、H6、H11、H13、H14、H15、H17、H21、H22、H25、H27、H32、H36、H40、H42、H43、H44、H46、H47、H48、H50、H51、H52、H58、H59、H62、H65、H67、H70、H98),Ⅱ区1座(H102)(图一一四)。上述灰坑的平面形状有圆形、椭圆形及不规则形,结构有袋状、桶状、锅底状。其中圆形袋状灰坑为主要类型,共有13座,占41.9%;椭圆形锅底状灰坑次之,共有9座,占29%;圆形桶状灰坑4座,圆形锅底状灰坑4座,分别占12.9%;不规则形灰坑最少,只有1座,占3.2%。现将各类型灰坑分述如下:

一、圆形袋状灰坑

共发掘13座。这类灰坑数量最多,坑口平面形状多作圆形或者近圆形,断面为口小底大的袋状,坑底多数较为平整。坑内填土多为质地较为松软的灰土,有时夹杂有炭屑、火烧土块等。现举例如下:

H15 位于Ⅰ区T0205北部,开口于第②层下,中部被H8打破。坑口平面呈圆形,袋状,坑壁清晰平滑,斜度较大,底部平坦。坑口直径202厘米,底直径438厘米,深270厘米(图一一五)。坑内填土较为疏松,土色为深灰色,包含有炭屑、石块、动物骨骼等。出土大量陶片,以泥质灰陶和夹砂红陶为主,夹砂灰陶和泥质红陶次之;可辨器形有罐、壶、鬲、钵、盆、斝、瓶、瓮、器盖等(图一一六)。纹饰除素面外,以篮纹、绳纹为主,另有少量弦纹、线纹、戳印纹、附加堆纹等。

H42 位于Ⅰ区T0305东南部,南部伸出探方外,未能全部发掘,开口于第②层下。坑口平面呈圆形,袋状,坑壁清晰,保存较好,底部平坦。坑口直径180厘米,底直径380厘米,深184厘米(图一一七)。坑内填土可分为二层:第①层,土质疏松,土色为深灰色,厚150厘米,包含有大量炭屑;第②层,土质致密,土色为灰褐色,厚34厘米,包含有少量炭屑、田螺壳、石块等。出土大量陶片,以夹砂灰陶为主,夹砂红陶、泥质灰陶次之,另有少量泥质红陶;可辨器形有鬲、罐、盆、斝、甑等(图一一八、一一九)。纹饰以篮纹为主,素面、绳纹次之,另有少量弦纹、附加堆纹、戳印纹等。

北

I区

H65
H40
H44 H5
H14
H6 H1
H25
H98

H67
H52
H36
H43
H50
H13
H32
H27
H70
H42
H62
H15
H2
H59
H46
H47
H22
H17
H48
H58
H11

0
6米

H102

II区

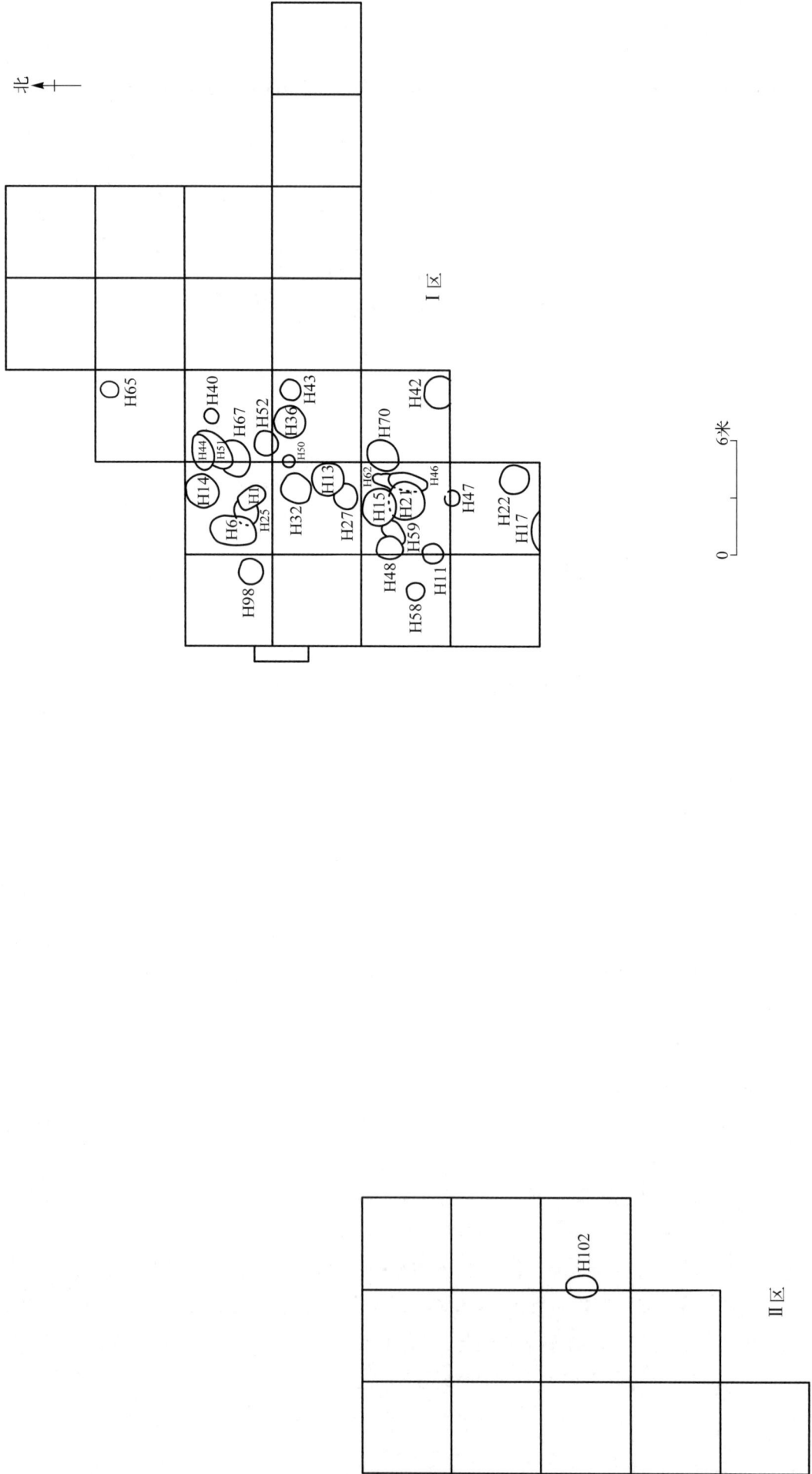

图一一四 第五期遗迹分布图

北

A- - A'

H15　　H8

A- -A'

H8

H15

0　　　　1米

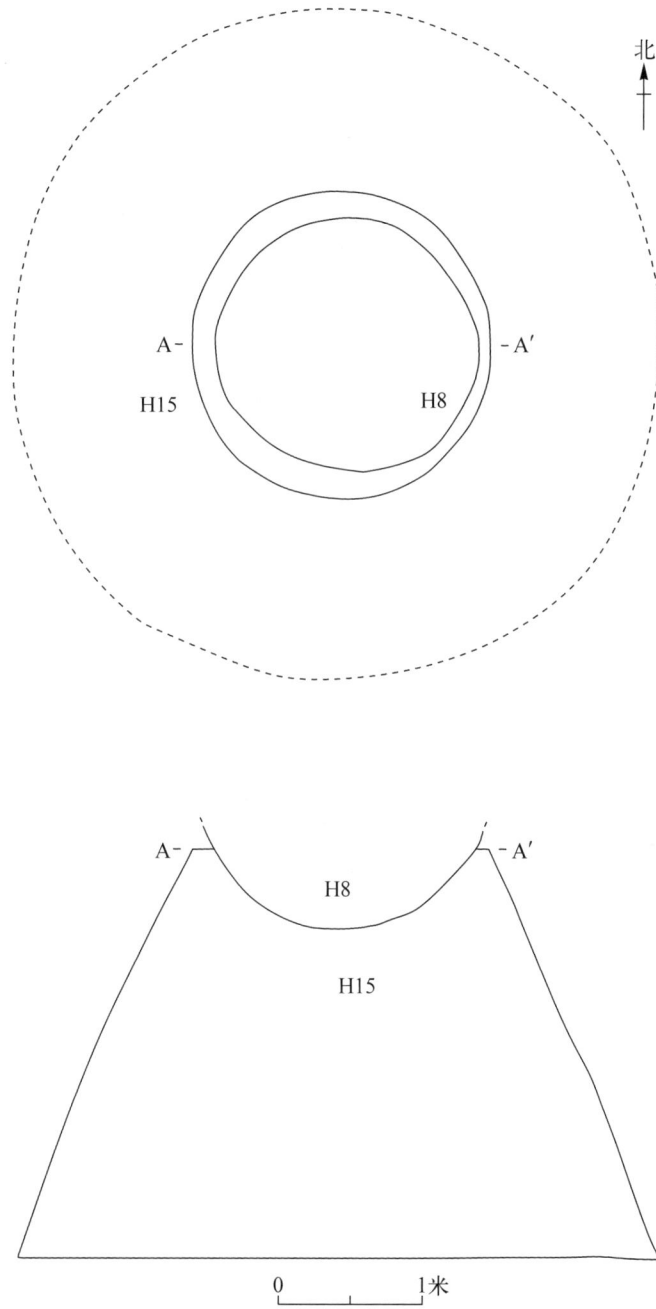

图一一五　H15平、剖面图

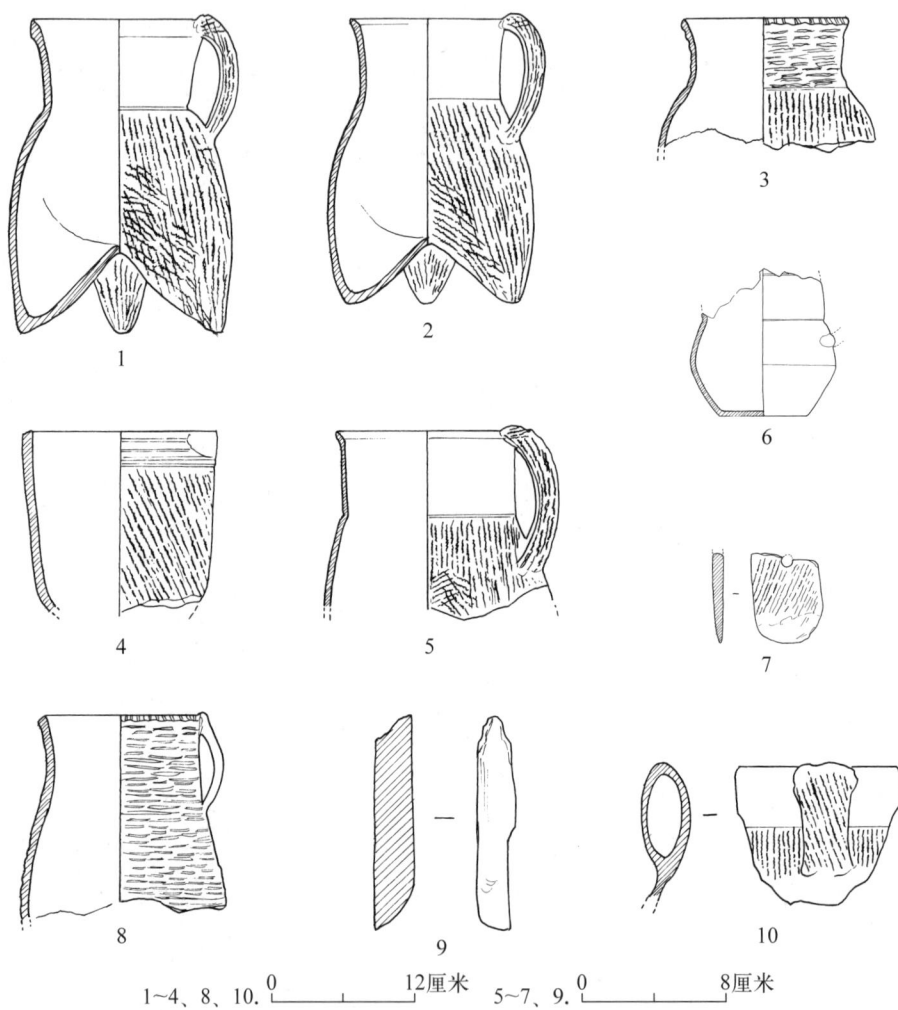

图一一六　H15出土遗物

1、2、5、10. 侈口高领鬲（H15：4、H15：2、H15：5、H15：6）　3. 无耳罐（H15：7）　4. 直腹斝（H15：9）
6. 带耳罐（H15：1）　7. 陶刀（H15：3）　8. 花边口沿鬲（H15：8）　9. 石锛（H15：10）

探方壁

A — — A′

北

A — A′

①

②

0   80厘米

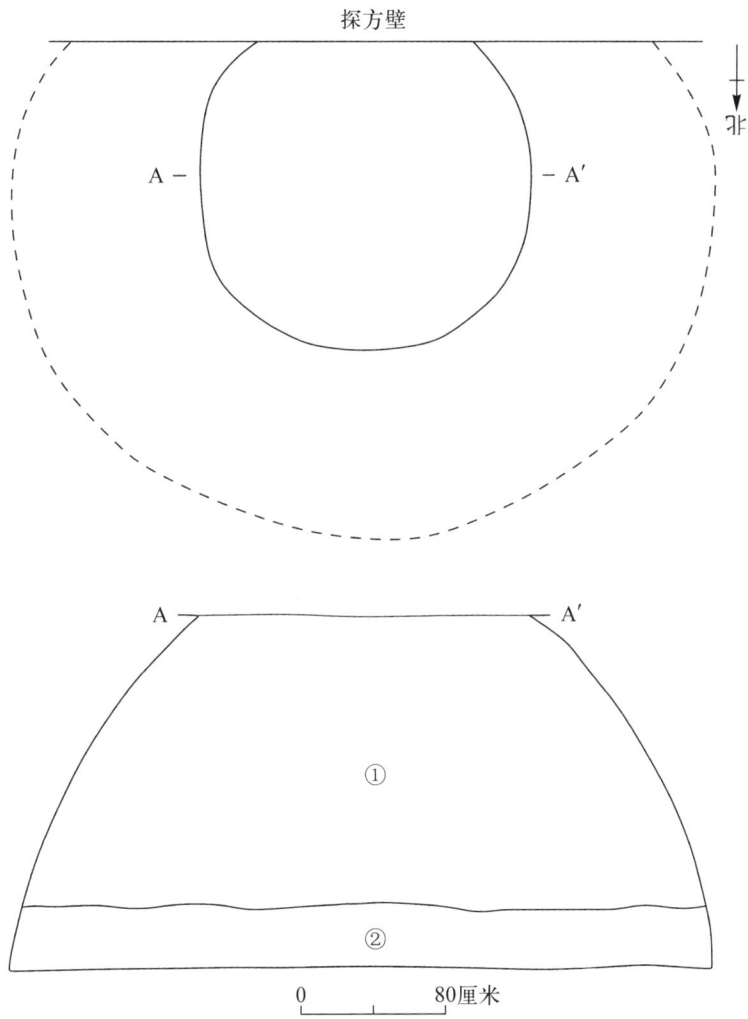

图一一七 H42平、剖面图

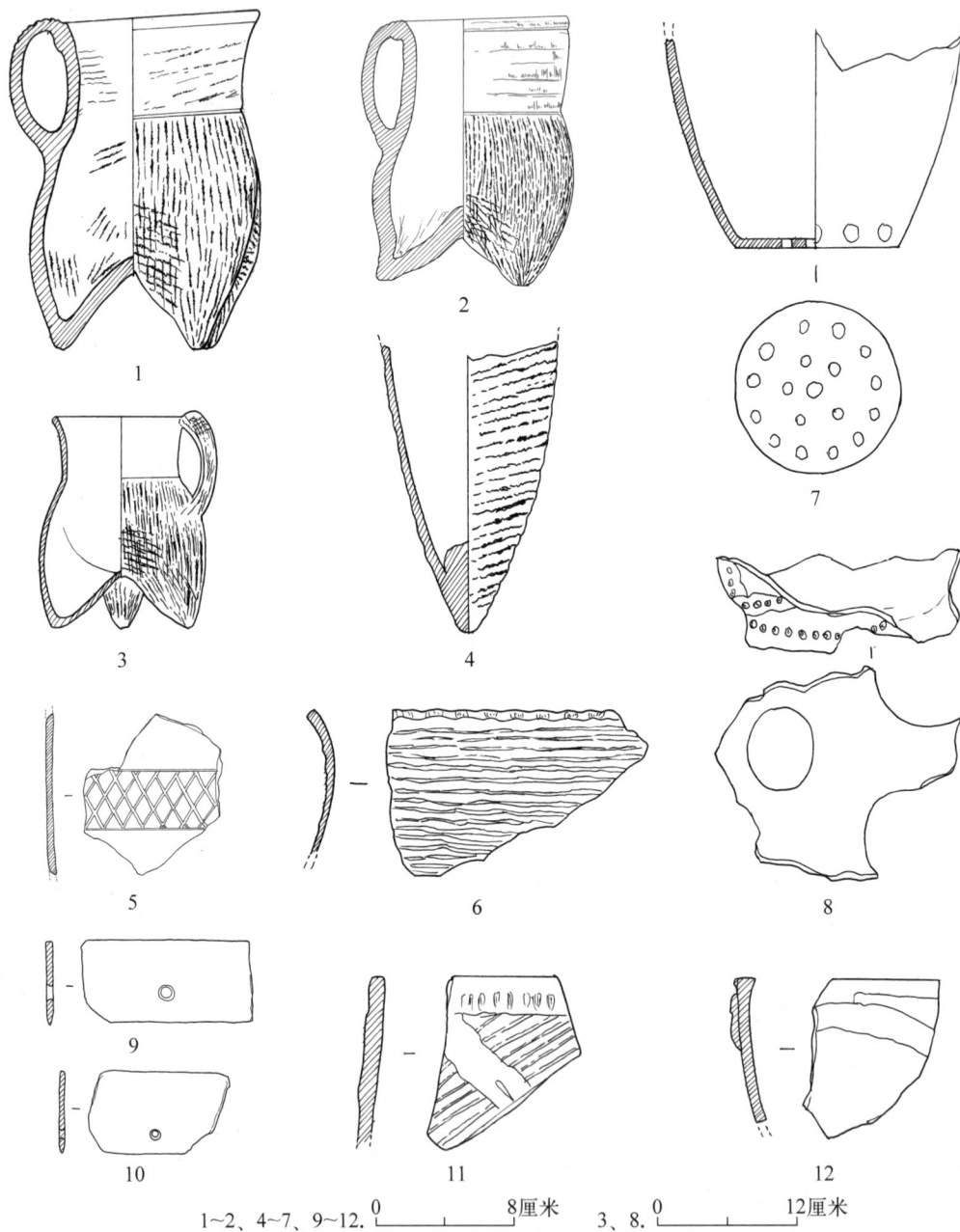

1~2、4~7、9~12. [0____8厘米]　　3、8. [0____12厘米]

图一一八　H42出土遗物

1~3.侈口高领鬲(H42:3、H42:1、H42:16)　4、6.花边口沿鬲(H42:15、H42:21)
5.网格纹陶片(H42:22)　7.甑(H42:11)　8、11~12.鼓腹罐(H42:23、H42:10、H42:9)　9、10.石刀(H42:26、H42:24)

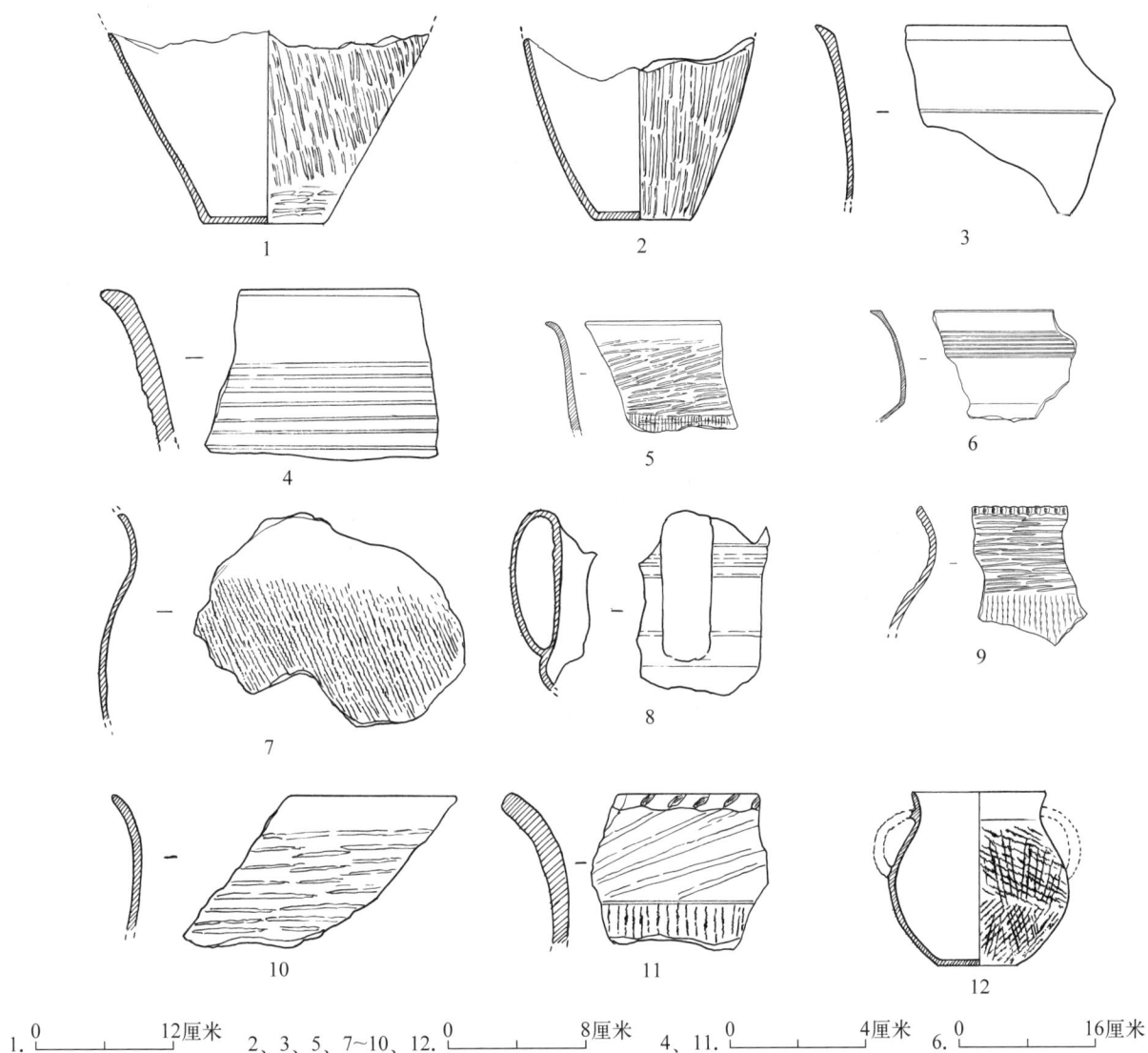

图一一九　H42出土遗物

1～6.折肩罐（H42：13、H42：12、H42：17、H42：20、H42：18、H42：14）
7、9、11.无耳罐（H42：5、H42：8、H42：19）　8、12.带耳罐（H42：7、H42：2）　10.盆（H42：6）

H43　位于Ⅰ区T0306东北部，开口于第②层下。坑口平面呈圆形，袋状，坑壁清晰规整，坑底中间低，周围高。坑口直径110厘米，底直径184厘米，深245厘米（图一二〇）。坑内填土可分为两层：第①层，土质致密，土色为浅灰色，厚140厘米，包含有石块；第②层，土质疏松，土色为深灰色，厚105厘米，包含有少量炭屑、田螺壳、动物骨骼等。出土大量陶片，以夹砂红陶与夹砂灰陶为主，泥质灰陶次之，另有少量泥质红陶和夹砂褐陶；可辨器形有罐、鬲、环等（图一二一）。纹饰以篮纹为主，素面、绳纹次之，另有零星弦纹、戳印纹、线纹、附加堆纹等。

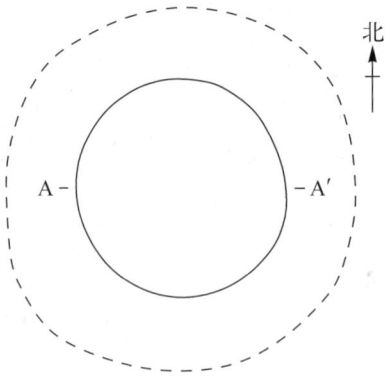

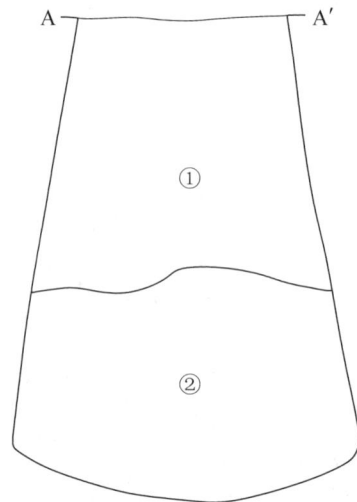

北

图一二〇 H43平、剖面图

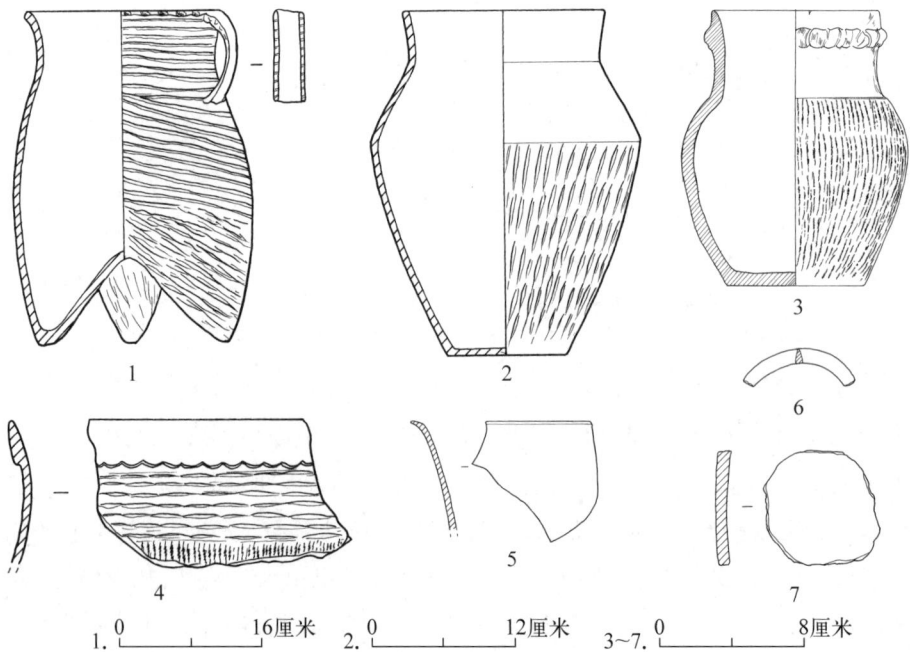

0　　　　80厘米

1. 　　　0　　　　16厘米　　2. 　0　　　12厘米　　3~7. 0　　　8厘米

图一二一 H43出土遗物

1.花边口沿鬲（H43：5）　2、5.折肩罐（H43：7、H43：4）

3、4.无耳罐（H43：6、H43：3）　6.陶环（H43：8）　7.圆陶片（H43：9）

H50 位于Ⅰ区T0206东部与T0306西部，开口于第②层下。坑口平面呈圆形，袋状，坑壁清晰，坑底平整。坑口直径76厘米，底直径264厘米，深195厘米（图一二二）。坑内填土可分为三层：第①层，土质疏松，土色为浅灰色，厚100厘米，包含有少量红烧土块；第②层，土质疏松，土色为深灰色，厚50厘米，包含有少量红烧土块、料礓石；第③层，土质较为致密，土色为浅黄色，厚45厘米，包含有炭屑、火烧土颗粒。出土少量陶片，以夹砂灰陶与泥质灰陶为主，另有少量夹砂红陶；可辨器形有罐、盆、鬲、缸等。纹饰有绳纹、篮纹、附加堆纹等。

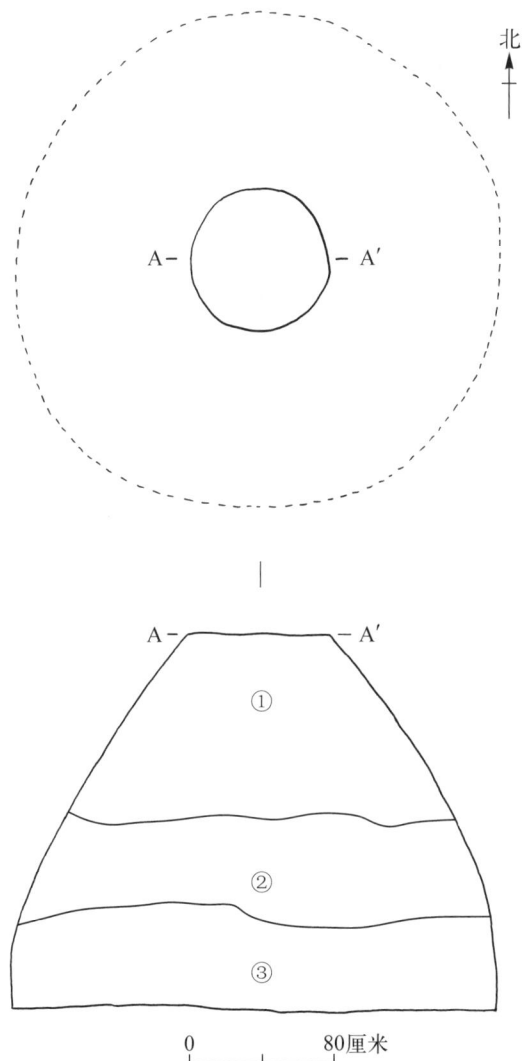

图一二二 H50平、剖面图

H65 位于Ⅰ区T0308东北部，开口于第②层下。坑口平面呈圆形，袋状，坑壁清晰，坑底平整。坑口直径120厘米，底直径200厘米，深152厘米（图一二三）。坑内填土较为疏松，土色为深灰色，包含少量红烧土颗粒。出土少量陶片，以夹砂红陶和夹砂灰陶为主，有少量泥质灰陶，可辨器形有鬲、罐、壶等。纹饰有绳纹、篮纹等。

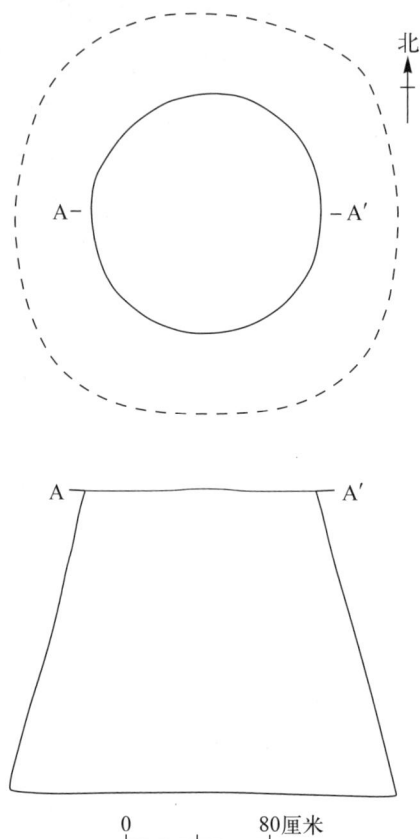

图一二三　H65平、剖面图

H67　位于Ⅰ区T0207东部和T0307西部，开口于第②层下，北部被H51打破。坑口平面呈圆形，袋状，坑壁清晰，底部平坦。坑口直径202厘米，底直径284厘米，深182厘米（图一二四）。坑内填土可分为三层：第①层，土质较为致密，土色为浅灰色，厚45厘米，包含有少量石块；第②层，土质致密，土色为黄褐色，厚65厘米，无包含物；第③层，土质疏松，土色为深灰色，厚75厘米，底部出土一具完整的猪骨。出土少量陶片，以夹砂灰陶为主，另有少量夹砂红陶；可辨器形有鬲、罐等。纹饰有绳纹、篮纹等。

H98　位于Ⅰ区T0107东南部，开口于第②层下。坑口平面呈圆形，袋状，坑壁清晰，坑底平整。坑口直径132厘米，底直径180厘米，深132厘米（图一二五）。坑内填土较为疏松，土色为灰褐色，包含少量红烧土颗粒、田螺壳等。出土少量陶片，有夹砂红陶和泥质红陶。可辨器形有盆、罐、鬲等。纹饰有绳纹、篮纹等。

二、圆形桶状灰坑

共发掘4座。这类灰坑数量较少，坑口平面形状多作圆形或者近圆形，断面为口底同大的桶状，坑底多数较为平整。坑内填土多为质地较为疏松的灰土，有时夹杂有石块、火烧土颗粒等。现举例如下：

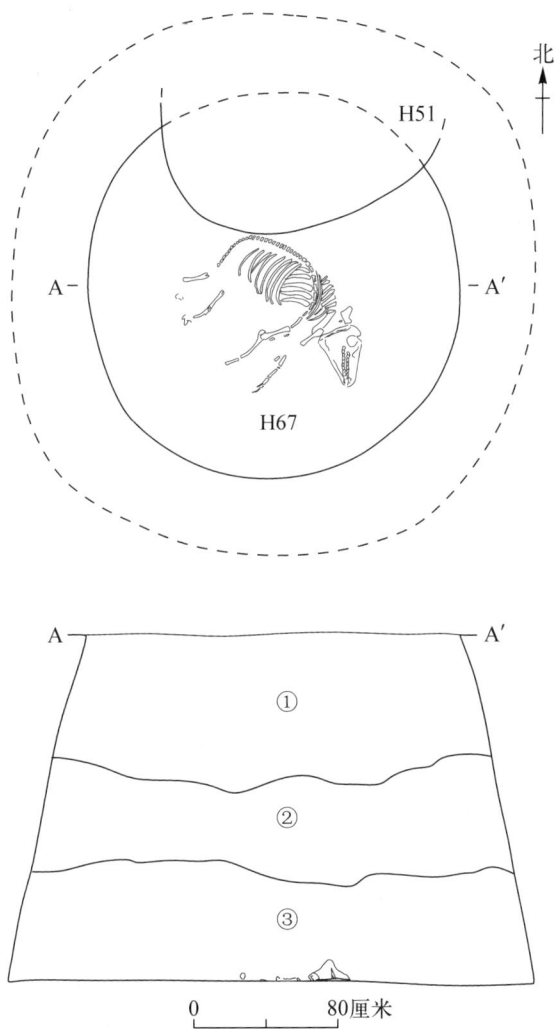

图一二四 H67平、剖面图

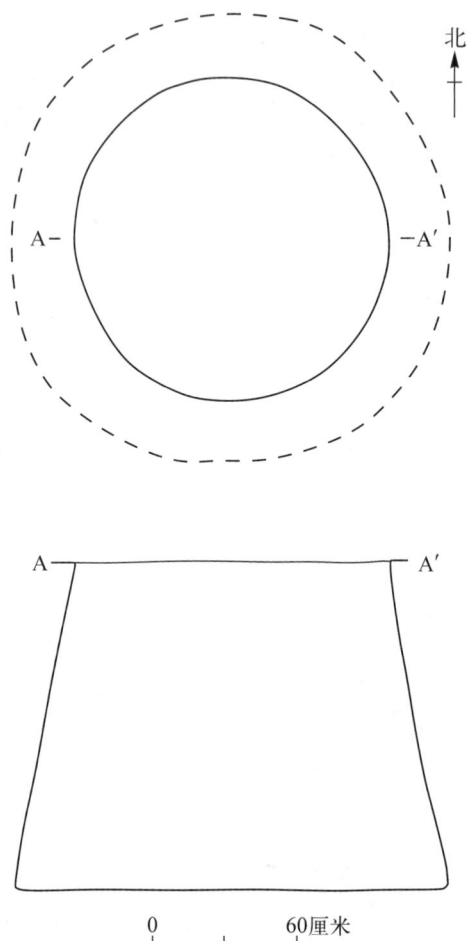

图一二五　H98平、剖面图

H36　位于Ⅰ区T0306北部，开口于第②层下。坑口平面呈圆形，桶状，坑壁较清晰，坑底不平。坑口直径180厘米，深85厘米（图一二六）。坑内填土较为疏松，土色为浅灰色，包含有红烧土颗粒、石块、动物骨骼等。出土大量陶片，以夹砂灰陶为主，泥质灰陶次之，另有少量夹砂红陶和泥质红陶；可辨器形有罐、钵、缸、盆、壶、豆、器盖等。纹饰以篮纹、素面居多。另有少量绳纹、附加堆纹、弦纹、线纹等。

H58　位于Ⅰ区T0105中部，开口于第②层下。坑口平面呈圆形，桶状，坑壁较清晰，坑底平整。坑口直径88厘米，深68厘米（图一二七）。坑内填土较为疏松，土色为浅灰色，包含有红烧土颗粒。出土物有瓮、罐等。纹饰有篮纹、弦纹等。

三、圆形锅底状灰坑

共发掘4座。这类灰坑数量较少，坑口平面形状多作圆形或者近圆形，断面口大底小或略呈锅底状。坑内填土多为质地较为疏松的灰土。现举例如下：

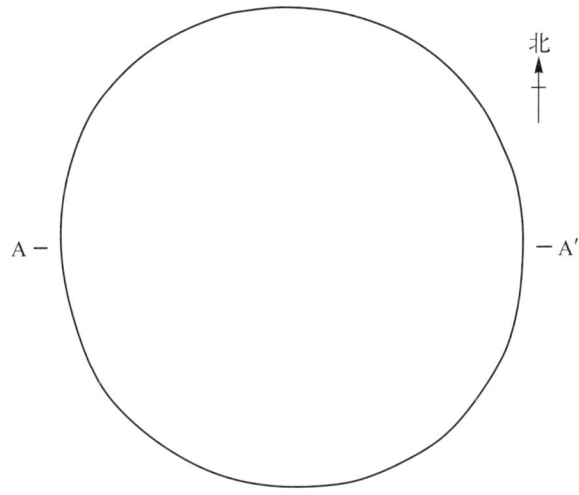

北

A —   — A′

A   A′

0   60厘米

图一二六　H36平、剖面图

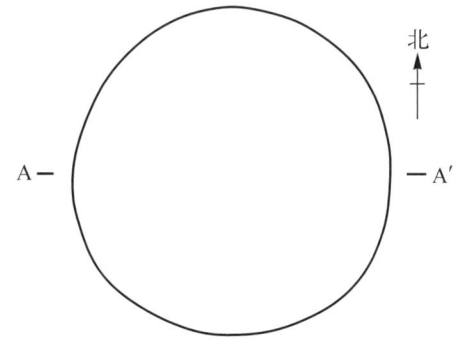

北

A —   — A′

A   A′

0   40厘米

图一二七　H58平、剖面图

H14　位于Ⅰ区T0207北部,开口于第②层下。坑口平面呈圆形,锅底状,坑壁清晰,坑底平整。坑口直径190厘米,底直径138厘米,深80厘米(图一二八)。坑内填土较为疏松,土色为浅灰色,包含有零星红烧土颗粒、炭屑等。出土少量陶片,以夹砂灰陶、泥质灰陶为主,有少量夹砂红陶;可辨器形有罐、盆等。纹饰为绳纹、篮纹、附加堆纹等。

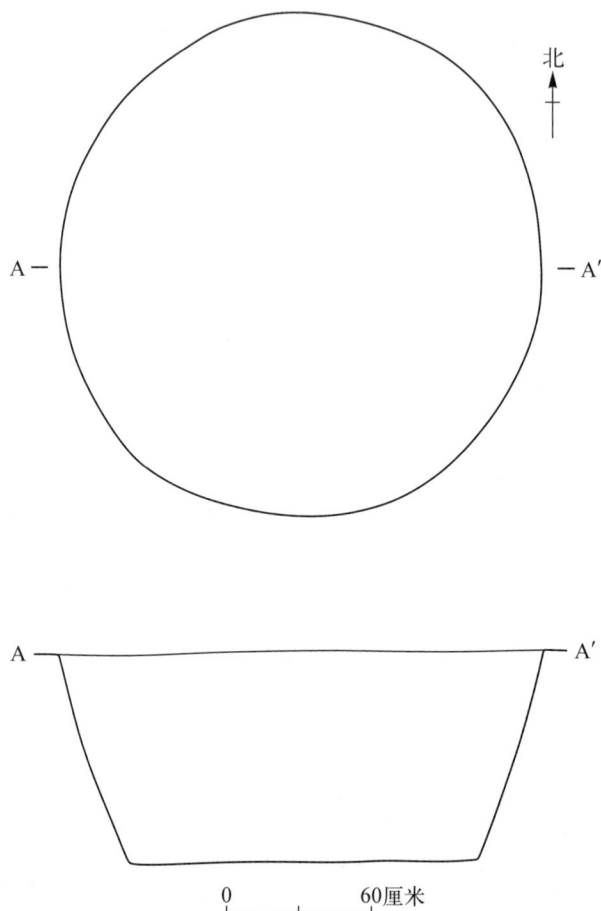

图一二八　H14平、剖面图

四、椭圆形锅底状灰坑

共发掘9座。这类灰坑数量较多,坑口平面形状多作椭圆形或者近椭圆形,断面口大底小或略呈锅底状。坑内填土多为质地较为疏松的灰土,有时夹杂有火烧土颗粒等。现举例如下:

H1　位于Ⅰ区T0207东南部,开口于第②层下。坑口平面呈椭圆形,锅底状,坑壁较为清晰,坑底较平。坑口长径170厘米,短径100厘米,底长径100厘米,短径80厘米(图一二九)。坑内填土较为疏松,土色为浅灰色,包含火烧土颗粒、石块、动物骨骼等。出土大量陶片,以夹砂灰陶、泥质灰陶为主,有少量泥质红陶;可辨器形有罐、斝、瓮、钵、瓶、器盖等。纹饰有

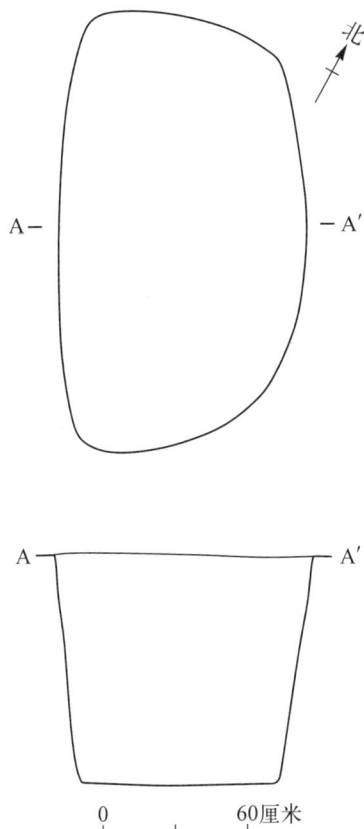

图一二九 H1平、剖面图

弦纹、绳纹、网格纹、附加堆纹等。

H6 位于 I 区T0207西部，开口于第②层下。坑口平面呈椭圆形，锅底状，坑壁不甚规整，坑底不平。坑口长径260厘米，短径160厘米，深96厘米（图一三〇）。坑内填土较为疏松，土色为浅灰色，包含零星火烧土颗粒等。出土大量陶片，以夹砂灰陶为主，有少量夹砂红陶、泥质红陶；可辨器形有罐、盆等。纹饰有绳纹、篮纹、戳印纹等。

H59 位于 I 区T0205西部，开口于第②层下，西部被H48打破、东北部被H15打破。坑口平面呈椭圆形，锅底状，坑壁不甚规整，坑底不平。坑口长径138厘米，短径96厘米，深72厘米（图一三一）。坑内填土较为致密，土色为红褐色，较为纯净，无出土物。

五、不规则形灰坑

仅发掘1座。

H62 位于 I 区T0205东北部，开口于第②层下，西南部被H21打破、南部被H46打破。坑口平面呈不规则形，锅底状，坑壁不甚规整，坑底不平。坑口长径88厘米，短径40厘米，深130厘米（图一三二）。坑内填土较为疏松，土色为黄褐色，较为纯净，无出土物。

北

A — — A′

0 ____ 80厘米

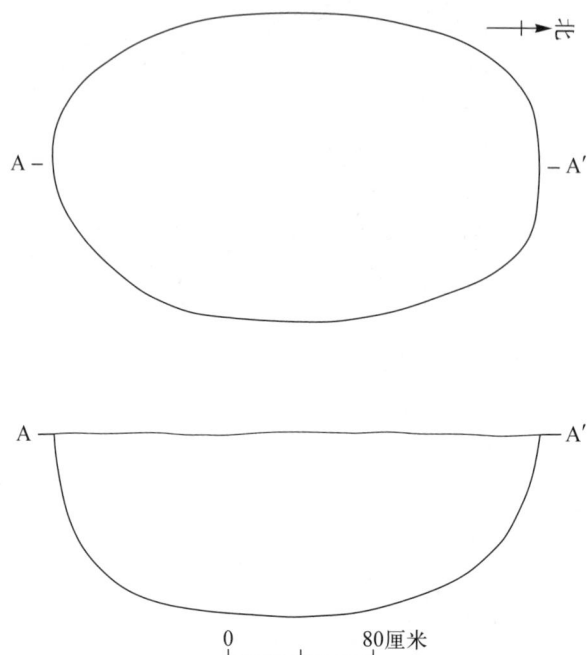

图一三〇 H6平、剖面图

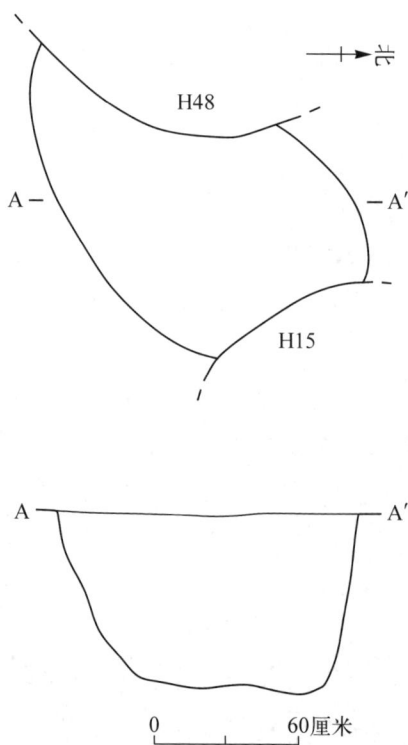

北

H48

A — — A′

H15

0 ____ 60厘米

图一三一 H59平、剖面图

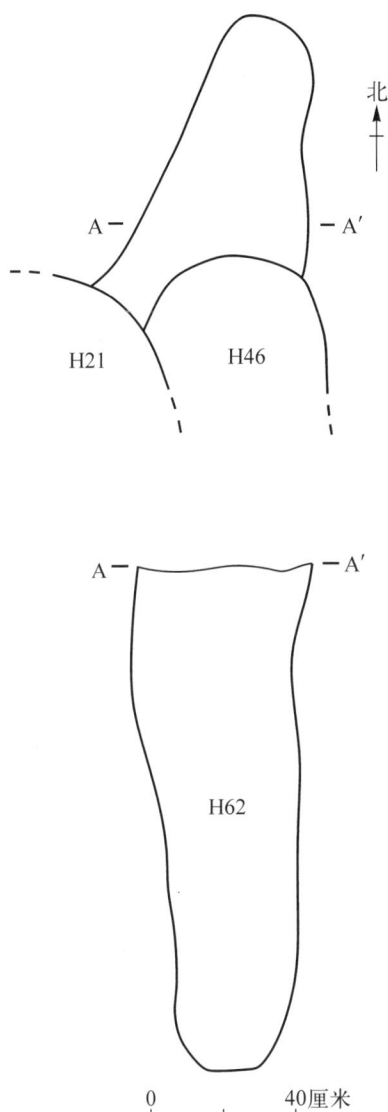

图一三二　H62平、剖面图

第二节　遗　　物

第五期的遗物按照质地,可分为陶、石、骨器三类。

一、陶器

根据对H15、H42、H43等典型灰坑内陶片的统计,第五期陶片以夹砂红陶为主,所占比例达到33.8%;夹砂灰陶与泥质灰陶次之,所占比例分别为29.9%和26.9%,此外,泥质红陶也有少量发现,占9.2%,还有零星夹砂褐陶(表一〇)。素面陶较多,占总数的35.1%;纹饰以篮纹为主,占38.7%,绳纹次之,占17.9%;弦纹占有一定的比例,达到4.1%;此外,还有少量的戳印纹、附加堆纹、菱格纹、线纹等（表一一）。陶器制法均为手制，泥条盘筑痕迹明显，部分陶器的口沿、器表可见慢轮修整痕迹；空三足器的裆部粘接多用捏制，三足器的足部制作一般采用模制，有些袋足的内壁也可以看到印有较浅的"反绳纹"印痕。主要器类有罐、鬲、壶、钵、盆、斝、缸、瓮、甗、器盖等（表一二），其中以罐数量最多，比例达到57.1%，鬲和壶占有一定的比例，分别占13.2%和11.2%，钵、盆、斝、缸、瓮等数量均较少。此外，还有少量的甗、器盖、球、锉、刀、圆陶片、环等。

表一〇　五楼遗址第五期遗存陶系统计表

数量＼陶系　单位	夹砂			小计	泥质		小计	合计
	红	灰	褐		红	灰		
H15	239	194	0	433	104	325	429	862
H42	175	235	0	410	20	167	187	597
H43	391	284	6	681	96	149	245	926
合计	805	713	6	1524	220	641	861	2385
百分比	33.8	29.9	0.3	63.9	9.2	26.9	36.1	100

表一一　五楼遗址第五期遗存纹饰统计表

数量＼纹饰　单位	素面	绳纹	交错绳纹	弦纹	线纹	彩陶	绳纹＋附加堆纹	篮纹	附加堆纹	篮纹＋附加堆纹	戳印纹	弦纹＋绳纹	篮纹＋绳纹	菱格纹	戳印纹＋绳纹	合计
H15	392	167	6	27	17	2	3	222	8	3	12	2	1	0	0	862
H42	192	114	0	33	0	0	0	235	7	7	5	0	1	2	1	597
H43	252	145	0	38	3	0	3	465	0	0	17	3	0	0	0	926
合计	836	426	6	98	20	2	6	922	15	10	34	5	2	2	1	2385
百分比	35.1	17.9	0.3	4.1	0.8	0.1	0.3	38.7	0.6	0.4	1.4	0.2	0.1	0.1	0.1	100

表一二　五楼遗址第五期遗存器形统计表

数量＼器形　单位	钵	罐	瓶	缸	盆	瓮	器盖	鬲	壶	斝	鼎	甗	合计
H15	28	96	2	10	20	4	2	30	35	10	2	0	239
H42	0.	81	0	0	0	2	0	1	16	13	3	0	1	117
H43	0	118	0	0	0	2	0	22	10	7	0	2	161
合计	28	295	2	10	22	6	3	68	58	20	2	3	517
百分比	5.4	57.1	0.4	1.9	4.3	1.2	0.6	13.2	11.2	3.9	0.4	0.6	100

（一）鬲

数量较多。多为口、腹、足部残片，可复原者较少。以夹砂灰陶为主，夹砂红陶次之。依据口、颈、腹、足部的形态，可分为侈口高领鬲与花边口沿鬲两类。

1. 侈口高领鬲

数量较多。多为口、腹、足部残片，可复原者较少。以夹砂灰陶为主，夹砂红陶次之。均侈口，高领，口下有桥形单把，把与口相接处均略高于口部，器身稍鼓，不成罐形，分裆，三袋足，足尖不加泥芯。领部磨光，器表均饰竖向绳纹，裆部饰交错绳纹，器内壁往往有模制时留下的"反绳纹"痕迹。

标本 H42∶3，可复原。夹砂灰陶。模制。侈口，口部不平，高领，方唇，器身稍鼓，分裆，三袋足，足的上部较鼓，足尖为圆锥状，平尖，口下有桥形单把，口与把相接处较矮，相对的另一侧较高。颈、腹相接处饰一周弦纹，器表饰竖向绳纹，裆部饰交错绳纹，把上部饰横向绳纹，下部饰竖向绳纹，内壁有清晰的"反绳纹"。领部磨光。领部可见斜向磨痕，器表下部可见烟熏痕迹。口径13.2厘米，通高18.6厘米（图一三三，2；彩版八，6）。标本 H42∶1，可复原。夹砂灰陶。模制。侈口，方唇，高领，器身稍鼓，分裆，三袋足，足较矮，上部较鼓，足尖为圆锥状，口下有桥形单把，把与口相接处略高于口部。颈、腹相接处饰一周弦纹，器表饰竖向绳纹，裆部饰交错绳纹，把上部饰横向绳纹，下部饰竖向绳纹，内壁有清晰的"反绳纹"。领部可见刮抹痕迹，器表下部可见烟熏痕迹。口径10厘米，通高14.8厘米（图一三三，5；彩版九，2）。标本 H42∶16，可复原。夹砂红陶。模制。侈口，方唇，高领，器身稍鼓，分裆，三袋足，足的上部较鼓，足尖为圆锥状，平尖，口下有桥形单把，把与口相接处略高于口部。器表饰竖向绳纹，裆部饰交错绳纹，把部饰竖向绳纹，内壁有清晰的"反绳纹"。领部磨光。器表可见烟熏痕迹。口径12厘米，通高18厘米（图一三三，6；彩版九，3）。标本 H15∶2，可复原。夹砂灰陶。模制。侈口，口部不平，方唇，高领，器身稍鼓，分裆，三袋足，足的上部较鼓，足尖为圆锥状，口下有桥形单把，口与把相接处较矮，相对的另一侧较高。器表饰竖向绳纹，裆部饰交错绳纹，把上部饰横向绳纹，下部饰竖向绳纹，内壁有清晰的"反绳纹"。领部磨光。器表下部可见烟熏痕迹。口径13.8厘米，通高23.4厘米（图一三三，4；彩版九，1）。标本 H15∶4，可复原。夹砂灰陶。模制。侈口，方唇，高领，器身稍鼓，分裆，三袋足，足的上部较鼓，足尖为圆锥状，口下有桥形单把，把与口相接处略高于口部。颈、腹相接处饰一周弦纹，器表饰竖向绳纹，裆部饰交错绳纹，把上部饰横向绳纹，下部饰竖向绳纹，内壁有清晰的"反绳纹"。器表下部可见烟熏痕迹。口径15厘米，通高25.8厘米（图一三三，3；彩版九，4）。标本 H15∶5，口、腹部残片。夹砂灰陶。模制。侈口，方唇，高领，器身稍鼓，分裆，口下有桥形单把，把与口相接处略高于口部。颈、腹相接处饰一周弦纹，器表饰竖向绳纹，裆部饰交错绳纹，把上部饰横向绳纹，下部饰竖向绳纹，内壁有清晰的"反绳纹"。领部磨光。颈部可见轮修痕迹，器表可见烟熏痕迹。口径10.4厘米，残高10.2厘米（图一三三，8）。标本 H15∶6，口、腹部残片。夹砂灰陶。侈口，方唇，高领，器身稍鼓，口下有桥形单把，把与口相接处略高于口部。颈、腹相接处饰一周弦纹，器表饰竖向绳纹，把上部饰横向绳纹，下部饰左上至右下斜向绳纹。领部磨光。器表可见烟熏痕迹。残高11.4厘米（图一三三，11）。

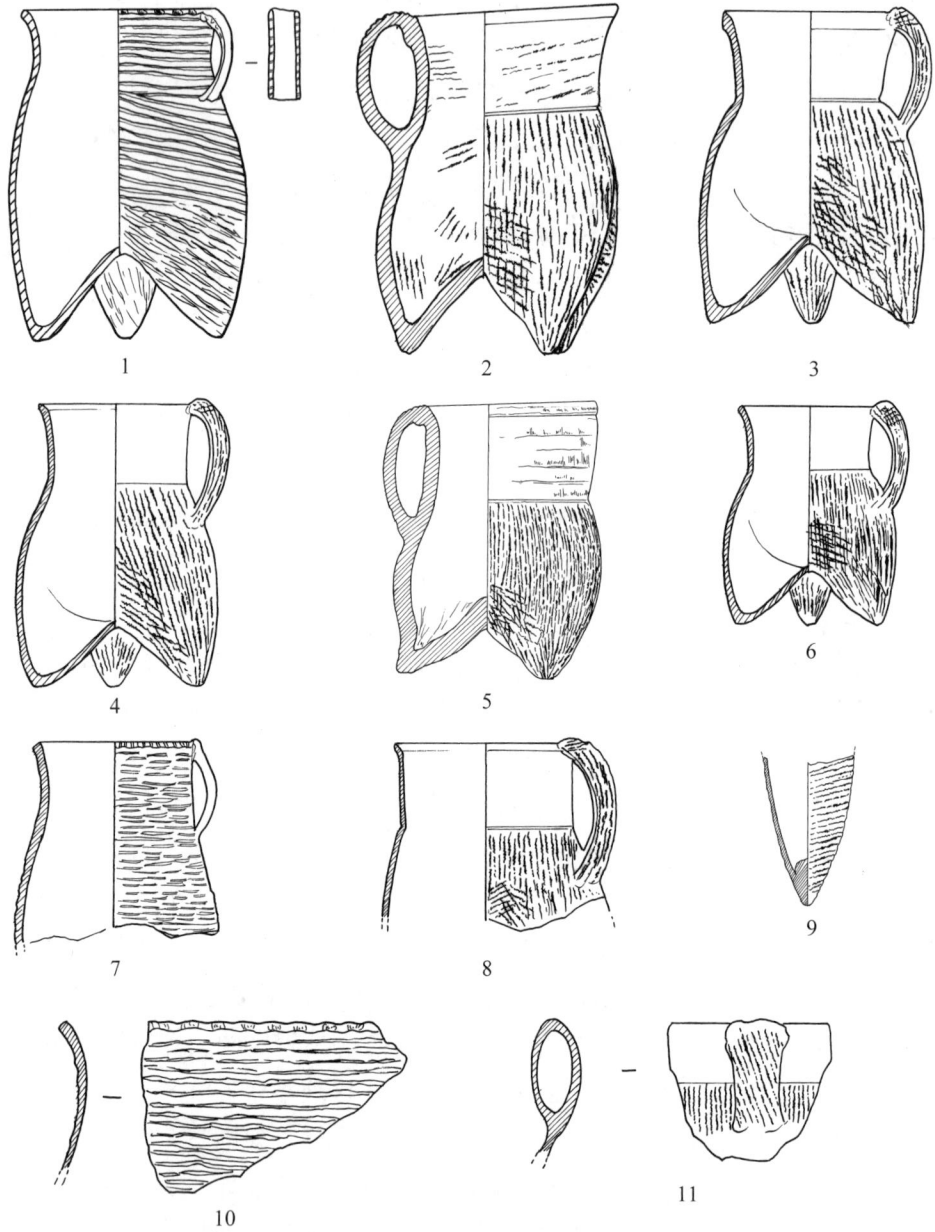

图一三三　第五期陶鬲

1、7、9～10. 花边口沿鬲（H43：5、H15：8、H42：15、H42：21）

2～6、8、11. 侈口高领鬲（H42：3、H15：4、H15：2、H42：1、H42：16、H15：5、H15：6）

2. 花边口沿鬲

数量较少。多为口、腹、足部残片，可复原者较少。均为夹砂红陶。均侈口，口部呈"花边"状，口下有桥形单把，粗短颈，腹稍鼓，分裆，足部细长，平尖，足尖内有球状芯。通体饰斜向篮纹。器表、足部均可见烟熏痕迹。

标本 H43：5，可复原。夹砂红陶。侈口，口部呈"花边"状，粗短颈，腹稍鼓，分裆，足部细长，呈尖锥状，平尖，足尖内有球状芯，口下有桥形单把，口与把相接处较矮。通体饰斜向篮纹，耳部外壁饰斜向划纹，内壁饰斜向绳纹。足部近尖处抹光。器表、足部均可见烟熏痕迹。口径 21.6 厘米，通高 36.4 厘米（图一三三，1）。标本 H15：8，口、腹部残片。夹砂红陶。侈口，口部呈"花边"状，粗短颈，腹稍鼓，口下有桥形单把，把与口相接处略高于口部。通体饰斜向篮纹，耳部外壁饰竖向绳纹。口径 13.8 厘米，残高 16.8 厘米（图一三三，7）。标本 H42：21，口、腹部残片。侈口，口部呈"花边"状，粗短颈，腹稍鼓。器表饰篮纹。内壁可见轮修痕迹。残高 9.4 厘米（图一三三，10）。标本 H42：15，足部残片。夹砂红陶。足部细长，呈尖锥状，平尖，足尖内有球状芯。器表饰斜篮纹。残高 16.6 厘米（图一三三，9）。

（二）罐

数量较少。均为口、腹、裆部残片。无可复原者。以夹砂红陶为主，夹砂灰陶次之。依据腹部形态，可分为鼓腹罐与直腹罐两类。

1. 鼓腹罐

数量较多。以夹砂红陶为主，夹砂灰陶次之。均鼓腹。

标本 H25：4，口、腹部残片。夹砂红陶。侈口，卷沿，圆唇，口下有桥形耳，鼓腹。沿、腹相接处与腹部饰条带状附加堆纹。器表可见烟熏痕迹，内壁可见刮抹痕迹。残高 9 厘米（图一三四，7）。标本 IT0107②：3，口、腹部残片。夹砂红陶。敛口，折沿，圆唇，口下有桥形耳，鼓腹。沿、腹相接处饰条带状附加堆纹。器表磨光。残高 11.4 厘米（图一三四，8）。标本 H42：9，口、腹部残片。夹砂灰陶。直口，方唇，鼓腹。口下饰交叉条带状附加堆纹。残高 9 厘米（图一三四，4）。标本 H42：10，口、腹部残片。夹砂红陶。侈口，卷沿，方唇，鼓腹。通体饰篮纹，口下饰交叉条带状附加堆纹，附加堆纹上饰戳印纹。器表可见烟熏痕迹。残高 10 厘米（图一三四，2）。标本 H42：23，腹部残片。夹砂红陶。鼓腹，下腹部有三个互不相连的足，腹部与足部饰篮纹，下腹部饰交叉条带状附加堆纹，附加堆纹上饰戳印纹，腹、足相接处饰一周戳印纹。器表可见烟熏痕迹。残高 9 厘米（图一三四，6）。

2. 直腹罐

数量较少。标本 H15：9，口、腹部残片。夹砂红陶。直口，方唇，口下原似有桥形耳，直筒腹，下腹部内收，有一显著折棱。唇部饰三道弦纹，口下饰四道弦纹，弦纹以下饰左上至右下斜向绳纹。器表可见烟熏痕迹。口径 16.8 厘米，残高 14.7 厘米（图一三四，1）。

（三）豆

数量较少。均为柄部残片，无可复原者。以夹砂灰陶为主，也有少量夹砂红陶。

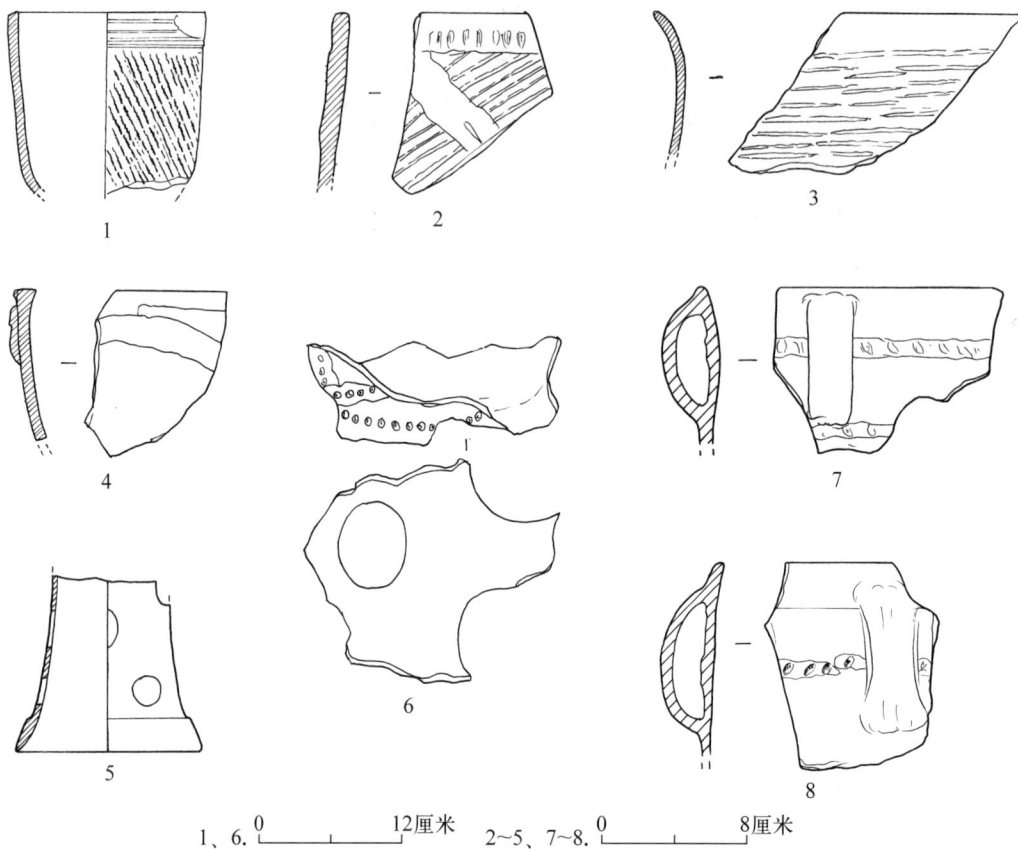

1、6. 0————12厘米   2~5、7~8. 0————8厘米

图一三四　第五期斝、豆、盆

1. 直腹斝（H15：9）　2、4、6~8. 鼓腹斝（H42：10、H42：9、H42：23、H25：4、IT0107②：3）　3. 盆（H42：6）　5. 豆（H25：1）

标本 H25：1，夹砂灰陶。圈足呈圆筒状，底边外侈成喇叭口，柄部残存有上下两排钻孔，每排3个，均匀分布。底径10.6厘米，残高9.6厘米（图一三四，5）。

（四）盆

数量较少。均为口、腹部残片，无可复原者。均为夹砂灰陶。

标本 H42：6，侈口，卷沿，圆唇，斜腹。器表饰篮纹。内壁可见轮修痕迹。残高8.8厘米（图一三四，3）。

（五）罐

数量较多。多为口、腹、底部残片，可复原者较少。以夹砂灰陶为主，泥质灰陶次之，还有少量泥质红陶与夹砂红陶。依据有无耳及肩部的形态可分为无耳罐、带耳罐和折肩罐三类。

1. 无耳罐

数量较多。多为口、腹部残片，可复原者较少。以夹砂灰陶为主，夹砂红陶次之。

标本 H43：6，可复原。夹砂灰陶。侈口，尖唇，高领，鼓腹，平底。领部饰一周鹰嘴状附加堆纹，腹部饰竖向绳纹，底部饰交错绳纹。器表可见烟熏痕迹。口径9.6厘米，腹径12.8厘米，底径7.2厘米，通高15厘米（图一三五，1；彩版九，5）。标本H15：7，口、腹部残片。夹砂红陶。侈口，方唇，高领，鼓腹。口部有排列规整的斜短刻槽，使器口呈"花边"状，领部饰横篮纹，腹部饰竖向绳纹。器表可见烟熏痕迹。口径14.1厘米，残高11.1厘米（图一三五，10）。标本H42：8，口、腹部残片。夹砂红陶。侈口，方唇，高领，鼓腹。口部有排列规整的斜短刻槽，使器口呈"花边"状，领部饰横篮纹，腹部饰竖向绳纹。残高8.1厘米（图一三五，12）。标本H42：19，口、腹部残片。夹砂灰陶。侈口，方唇，高领，鼓腹。口部有排列规整的斜短刻槽，使器口呈"花边"状，领部饰斜篮纹，领、腹相接处饰一周弦纹，腹部饰竖向绳纹。残高4.5厘米（图一三五，9）。标本IT0104②：5，口、腹部残片。夹砂灰陶。侈口，圆唇，矮领，鼓腹。口下饰鸡冠状附加堆纹，领部抹光，腹部饰竖向

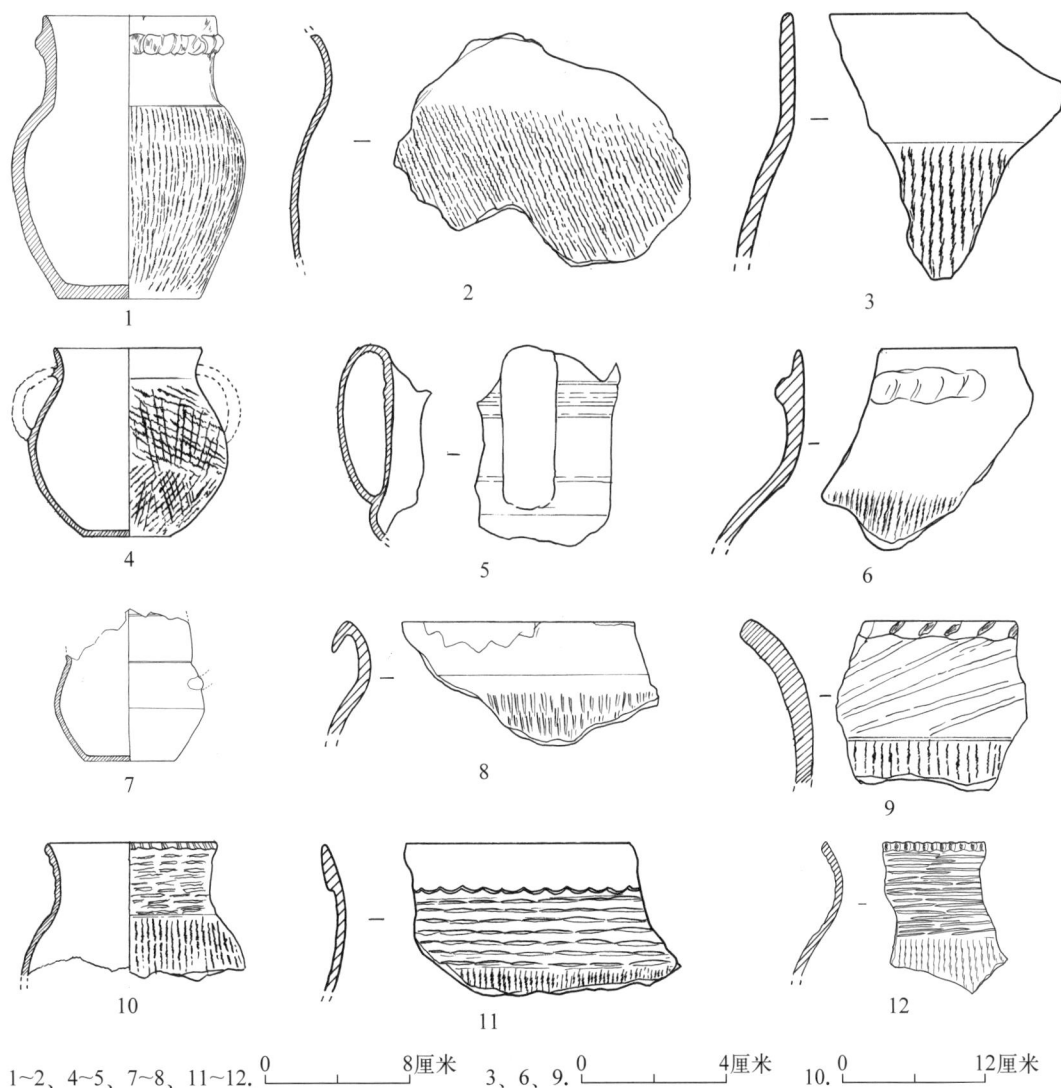

图一三五　第五期无耳罐、带耳罐

1～3、6、8～12. 无耳罐（H43：6、H42：5、H48：13、H48：4、IT0104②：5、H42：19、H15：7、H43：3、H42：8）

4～5、7. 带耳罐（H42：2、H42：7、H15：1）

绳纹。残高6.6厘米（图一三五，8）。标本H48：4，口、腹部残片。夹砂灰陶。侈口，圆唇，矮领，鼓腹。领部饰鸡冠状附加堆纹，腹部饰竖向绳纹。残高5.4厘米（图一三五，6）。标本H48：13，口、腹部残片。夹砂灰陶。直口微侈，圆唇，高领，鼓腹。领部抹光，腹部饰竖向绳纹。内外壁均可见烟熏痕迹。残高7.1厘米（图一三五，3）。标本H42：5，口、腹部残片。夹砂红陶。侈口，卷沿，鼓腹。器表饰细密的左上至右下斜向绳纹。残高12.2厘米（图一三五，2）。标本H43：3，口、腹部残片。夹砂红陶。侈口，圆唇，高领，鼓腹，腹部较深。领部饰一周鼓钉状附加堆纹，附加堆纹下侧饰横向篮纹，腹部饰细密的竖向绳纹。口沿内侧可见轮修痕迹。残高8.2厘米（图一三五，11）。

2. 带耳罐

数量较少。均为口、腹部残片，无可复原者。以泥质灰陶为主，夹砂红陶次之。此类罐均带耳，但因为没有可以完全复原者，不知到底有几个耳，故在此统一将其归为一类。

标本H42：2，器体可复原。夹砂红陶。侈口，卷沿，圆唇，圆鼓腹，小平底，口下残存一桥形耳。上腹部饰左上至右下斜向绳纹，下腹部饰右上至左下斜向绳纹，器表饰多处长刻划纹，刻划纹与绳纹有交错。器表可见烟熏痕迹。口径8厘米，腹径10.8厘米，底径4.8厘米，通高10厘米（图一三五，4）。标本H15：1，腹、底部残片。泥质灰陶。高领，折腹，平底，残存一桥形耳。领部饰二道弦纹。领部与上腹部磨光。腹径8.2厘米，底径5厘米，残高8.1厘米（图一三五，7）。标本H42：7，口、腹部残片。泥质灰陶。侈口，圆唇，高领，折腹，残存一桥形耳，耳上部与唇相连，且整体高于唇部。领部饰四道弦纹。器表磨光。残高10.6厘米（图一三五，5）。

3. 折肩罐

数量较多。多为口、腹、底部残片，可复原者较少。以夹砂灰陶为主，泥质灰陶次之，还有少量泥质红陶。

标本H58：2，可复原。夹砂灰陶。侈口，方唇，口沿内存有一道浅凹槽，束颈稍短，如喇叭状，折肩，肩折处圆钝，深腹斜直，小平底。颈部饰五道弦纹，肩部以上磨光，肩部以下与底部均饰篮纹。口径13.6厘米，腹径28.8厘米，底径10.8厘米，通高39厘米（图一三六，2；彩版九，6）。标本H43：7，可复原。泥质红陶。口微侈，方唇，唇部有一道浅细凹槽，短颈，折肩，肩折处圆钝，深腹斜直，小平底。肩部以上磨光，肩部以下饰篮纹。腹部可见刮抹痕迹。口径17.4厘米，腹径22.8厘米，底径10.2厘米，通高28.2厘米（图一三六，1；彩版一〇，1）。标本H42：14，口、颈部残片。夹砂灰陶。敞口，方唇，束颈。颈部饰六道弦纹。器表磨光。残高13厘米（图一三六，3）。标本H42：17，口、颈部残片。泥质灰陶。敞口，方唇，唇部内斜，束颈。颈部饰一道弦纹。器表磨光。残高10.8厘米（图一三六，5）。标本H42：18，口、颈部残片。夹砂灰陶。侈口，卷沿，圆唇，束颈。颈部饰篮纹，器表饰方格纹。残高6.4厘米（图一三六，6）。标本H43：4，口、颈部残片。泥质红陶。敞口，卷沿，尖唇，束颈。素面。器表磨光。残高6.6厘米（图一三六，9）。标本H42：20，口、颈部残片。夹砂灰陶。敞口，方唇，唇内斜，束颈。颈部饰多道弦纹。器表可见烟熏痕迹。残高5厘米（图一三六，8）。标本H42：12，腹、底部残片。夹砂灰陶。下腹斜直，平底。器表与底部均饰篮纹。底径9厘米，残高15.6厘米（图一三六，7）。标本H42：13，腹、底部残片。夹砂灰陶。下腹斜直，平底。器表饰篮纹。底径10.8厘米，残高16.5厘米（图一三六，4）。

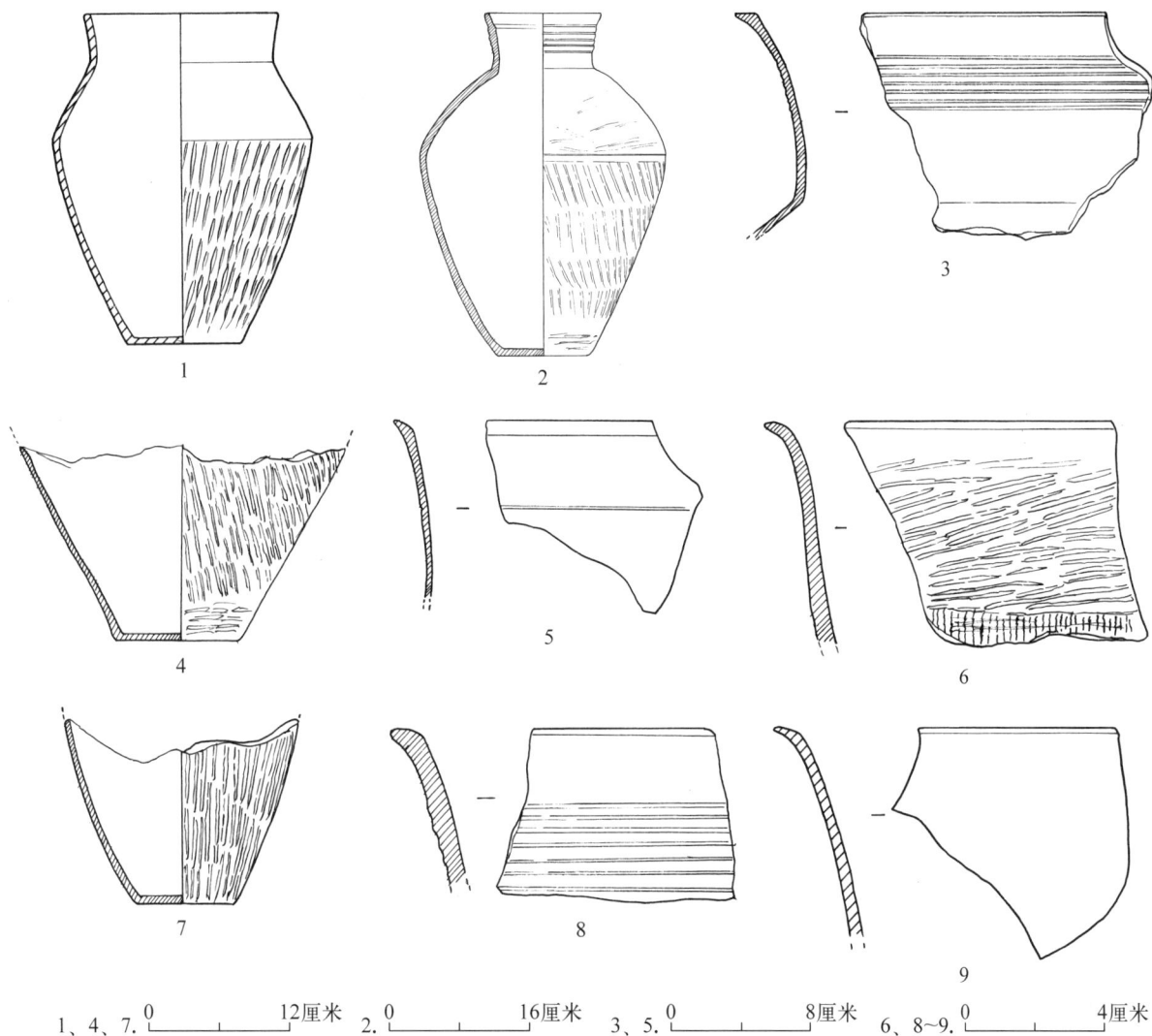

图一三六　第五期折肩罐

1. H43∶7　2. H58∶2　3. H42∶14　4. H42∶13　5. H42∶17　6. H42∶18
7. H42∶12　8. H42∶20　9. H43∶4

（六）瓮

数量较少。多为口、腹部残片，可复原者较少。标本 H58∶1，可复原。夹砂红陶。侈口，卷沿，方唇，深鼓腹，平底。口下有一竖向桥形耳，相对的另一侧下腹部有一斜向桥形耳，耳较宽。唇部有排列规整的斜短刻槽，使器口呈"花边"状。通体饰篮纹。口径30.4厘米，腹径35.2厘米，底径17.6厘米，通高46厘米（图一三七，1；彩版一〇，2）。

（七）壶

数量较少。均为口、颈、腹部残片，无可复原者。均为夹砂灰陶。

标本 H65：1，颈、腹部残片。细长颈，圆鼓腹，中下腹部有一道折棱。素面。器表磨光。腹径12.4厘米，残高15.6厘米（图一三七，7）。标本 IT0106②：3，口、颈、腹部残片。侈口，方唇，颈部较短，鼓腹。腹部饰横篮纹。口径4.2厘米，腹径6.8厘米，残高6.7厘米（图一三七，5）。

（八）甑

数量较少。无可复原者。标本 H42：11，腹、底部残片。泥质红陶。腹微鼓，平底，下腹近底处有一周共13个圆孔，底部有18个圆孔，其中外圈12个，内圈5个，中心1个，圆孔均系在陶坯上由外向内单面戳成。素面。器表可见烟熏痕迹。腹径17.2厘米，底径9.6厘米，残高12.2厘米（图一三七，2）。

（九）器盖

数量较少。均为口、壁、钮部残片，无可复原者。多为泥质灰陶，少量为夹砂红陶。

标本 H48：2，钮部残片。泥质灰陶。顶、颈相接处有宽边，如同帽檐。素面。器表磨光。残

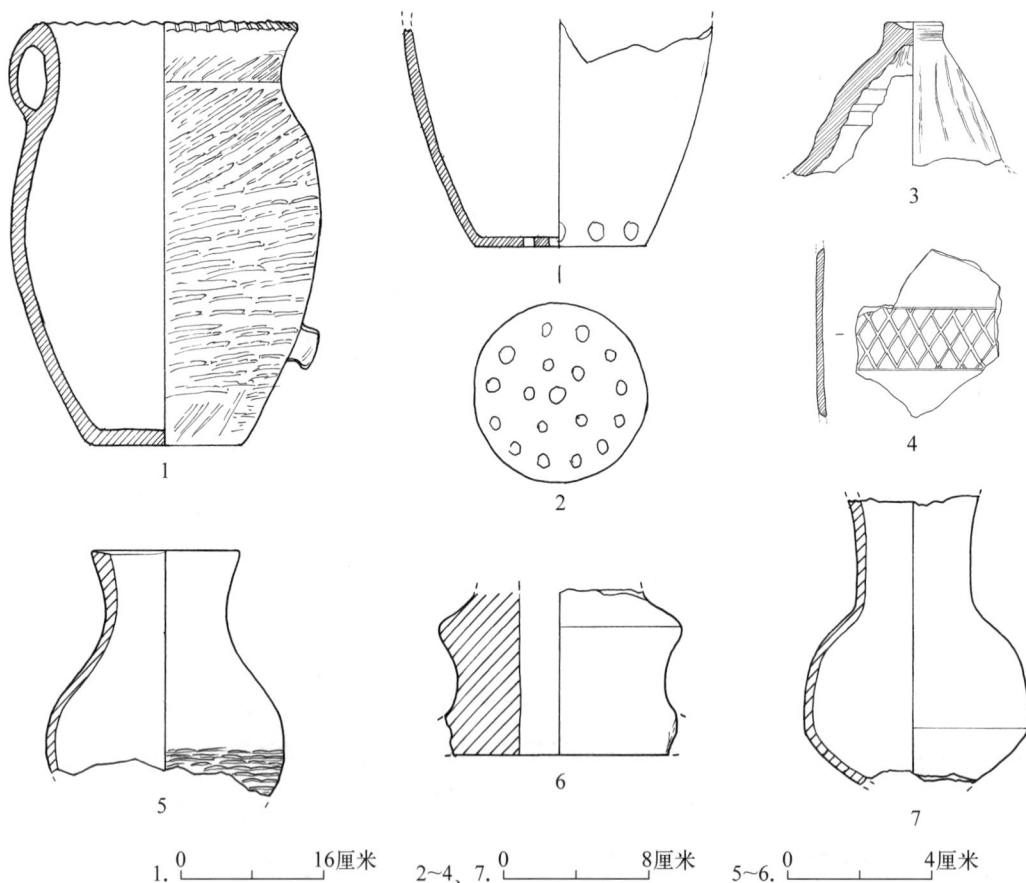

图一三七　第五期瓮、壶、甑、器盖、陶片

1. 瓮（H58：1）　2. 甑（H42：11）　3、6. 器盖（IT0106②：1、H48：2）
4. 网格纹陶片（H42：22）　5、7. 壶（IT0106②：3、H65：1）

高4.5厘米(图一三七,6)。标本IT0106②:1,钮、壁部残片。泥质灰陶。圆饼形钮,中心内凹,斜直壁,整体呈喇叭口状。素面。器表可见竖向刮抹痕迹。钮径3.2厘米,残高8.8厘米(图一三七,3)。

（十）陶片

标本H42:22,残陶片。夹砂灰陶。可能为器物的腹部残片,器表饰二道弦纹,二道弦纹之间的区域饰网格纹。可能为缸类器的残片。残高9.2厘米(图一三七,4)。

（十一）球

数量较少。标本H65:2,残。泥质红陶。圆球状。器表磨光。器表可见烟熏痕迹。直径5.3厘米(图一三八,2)。标本IT0308②:4,完整。泥质灰陶。圆球状,不甚规整,上下两端略凸。器表较为粗糙。器表可见烟熏痕迹。直径2.6厘米(图一三八,13)。

（十二）刀

数量较少。标本H15:3,残。泥质红陶。系利用陶器残片磨制而成。长方形,单面刃较为锋利,中部有一两面对钻的圆孔。器表饰斜向绳纹。残长4.9厘米,宽4.1厘米,厚0.6厘米(图一三八,3)。

（十三）圆陶片

数量较少。标本H43:9,完整。泥质灰陶。系利用其他陶器残片打制而成。圆形,边缘较钝。直径6.3厘米,厚0.6厘米(图一三八,1;彩版一〇,3)。

（十四）环

数量较少。标本H43:8,残。泥质红陶。圆环状,横断面呈三角形。器表磨光。厚0.8厘米(图一三八,12)。

二、石器

数量较少。主要有刀、锛、球、拍、残石器五类。

（一）刀

数量较少。标本H42:26,完整。平面呈长方形,单面刃,刃部较钝。中部有一两面对钻而成的圆孔。通体磨光。长10.2厘米,宽4.7厘米,厚0.4厘米(图一三八,11;彩版一〇,5)。标本H42:24,稍残。平面呈长方形,双面刃,刃部较锋利。中部靠近刃部有一两面对钻而成的圆孔。通体磨光。残长8.3厘米,宽4.7厘米,厚0.3厘米(图一三八,4;彩版一〇,4)。标本IT0106②:2,残。残存部分平面呈长条形,双面刃,刃部较锋利。中部靠近刃部有一两面对钻而成的圆孔。通体磨光。残长9.6厘米,宽4.5厘米,厚0.5厘米(图一三八,7;彩版一〇,6)。

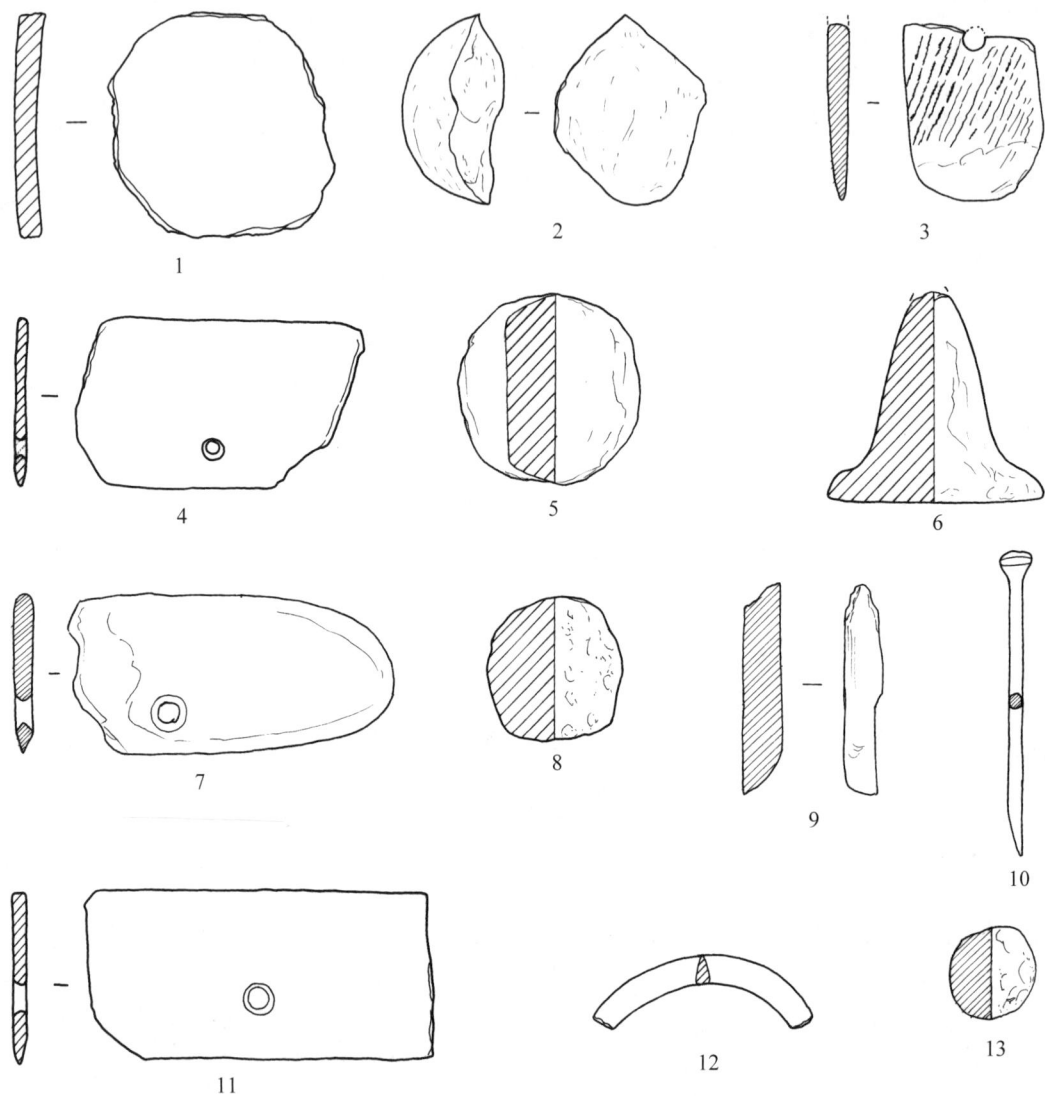

图一三八　第五期陶、石、骨器

1. 圆陶片（H43：9）　2、13. 陶球（H65：2、IT0308②：4）　3. 陶刀（H15：3）
4、7、11. 石刀（H42：24、IT0106②：2、H42：26）　5. 残石器（IT0406②：1）
6. 石拍（IT0104②：3）　8. 石球（H1：2）　9. 石锛（H15：10）
10. 骨笄（IT0104②：7）　12. 陶环（H43：8）

（二）锛

数量较少。标本H15：10，残。残存部分呈长条形，单面刃，较为锋利。通体磨光。残长11.6厘米，残宽2.2厘米，厚2.4厘米（图一三八，9）。

（三）球

数量较少。标本H1：2，完整。圆球状，器表可见多处小凹坑。直径4厘米（图一三八，8；彩版一一，1）。

（四）拍

数量较少。标本IT0104②：3，稍残。整体呈尖顶帽状，顶部较尖，底部磨光。底径6.3厘米，残高5.9厘米（图一三八，6；彩版一一，2）。

（五）残石器

数量较少。标本IT0406②：1，残。残存部分呈圆饼状。顶部与边缘均磨光。直径5.2厘米，厚1.4厘米（图一三八，5）。

三、骨器

数量较少。只有笄一类。标本IT0104②：7，稍残。系利用动物的长骨磨制而成，尾端保留骨关节。横断面呈圆形，近尖部较为扁薄。通体磨光。残长8.4厘米（图一三八，10；彩版一一，3）。

第八章　商时期遗存

第一节　遗　　迹

五楼遗址商时期遗存发现的遗迹仅有灰坑一类,共有15座(附表六),全部分布在Ⅰ区(H2、H3、H4、H5、H7、H8、H10、H12、H35、H39、H66、H77、H79、H82、H88)(图一三九)。上述灰坑的平面形状有圆形与椭圆形,结构有袋状、桶状、锅底状。其中圆形锅底状灰坑5座,椭圆形锅底状灰坑5座,圆形袋状灰坑3座,圆形桶状灰坑2座。现将各类型灰坑分述如下:

一、圆形袋状灰坑

共发掘3座。这类灰坑数量较少,坑口平面形状多作圆形或者近圆形,断面为口小底大的袋状,坑底有的较为平整,有的高低不平。坑内填土多为质地较为松软的灰褐色土,有时夹杂有石块、火烧土块等。现举例如下:

H4　位于Ⅰ区T0204东北部与T0205东南部,开口于第①层下。平面呈圆形,袋状,坑壁斜直,底部不甚平整,中部有小凹坑。坑口直径160厘米,底直径216厘米,深192厘米(图一四〇)。坑内填土较为疏松,土色为灰褐色,包含有大量火烧土块、石块、螺壳等。出土大量陶片,以夹砂灰陶和夹砂红陶为主,另有少量泥质灰陶和泥质红陶;可辨器形有鬲、瓮、甗、盆、罐等(图一四一)。纹饰有绳纹、弦纹、附加堆纹、戳印纹等。

H35　位于Ⅰ区T0206北部与T0207南部,开口于第①层下。平面呈圆形,袋状,坑壁斜直,底部较平整。坑口直径95厘米,底直径175厘米,深110厘米(图一四二)。坑内填土较为疏松,土色为深灰色,包含有少量料礓石、炭屑、石块等。出土零星陶片。

二、圆形桶状灰坑

共发掘2座。这类灰坑数量较少,坑口平面形状多作圆形或者近圆形,断面为口底同大的桶状,坑底多数较为平整。坑内填土多为质地较为疏松的灰土,有时夹杂有石块、火烧土颗粒等。现举例如下:

H77　位于Ⅰ区T0306东北部与T0406西北部,开口于第①层下。平面呈圆形,桶状,坑壁清晰,坑底较平。坑口直径140厘米,深100厘米(图一四三)。坑内填土较为疏松,土色为浅灰色,

北

H66

H82
H39
H77

H35

H8
H2
H4
H10
H3
H12
H5
H7

H88
H79

I区

0 6米

II区

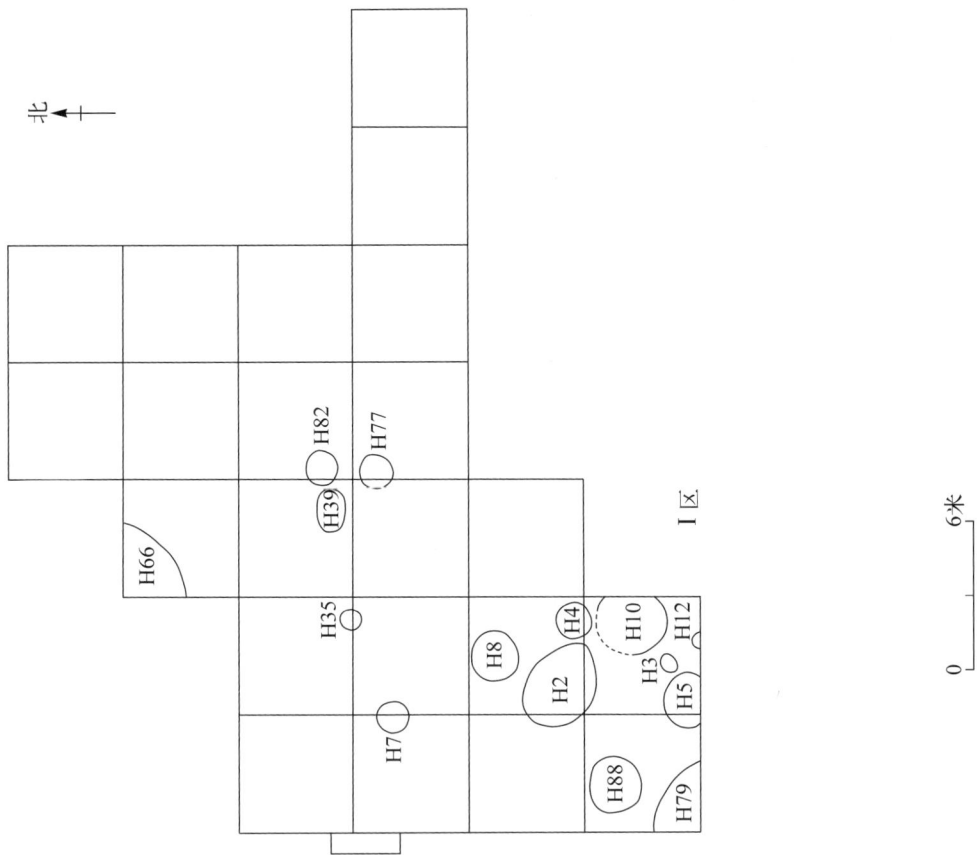

图一三九 商时期遗迹分布图

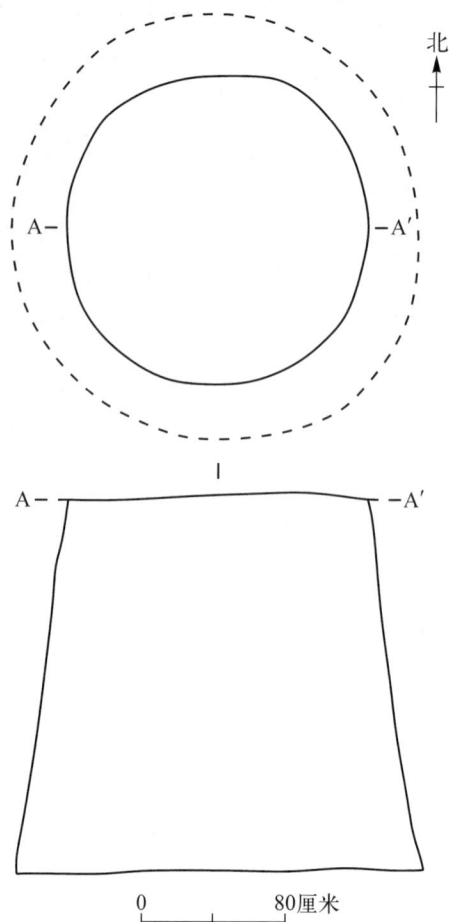

图一四〇　H4平、剖面图

0　　　　80厘米

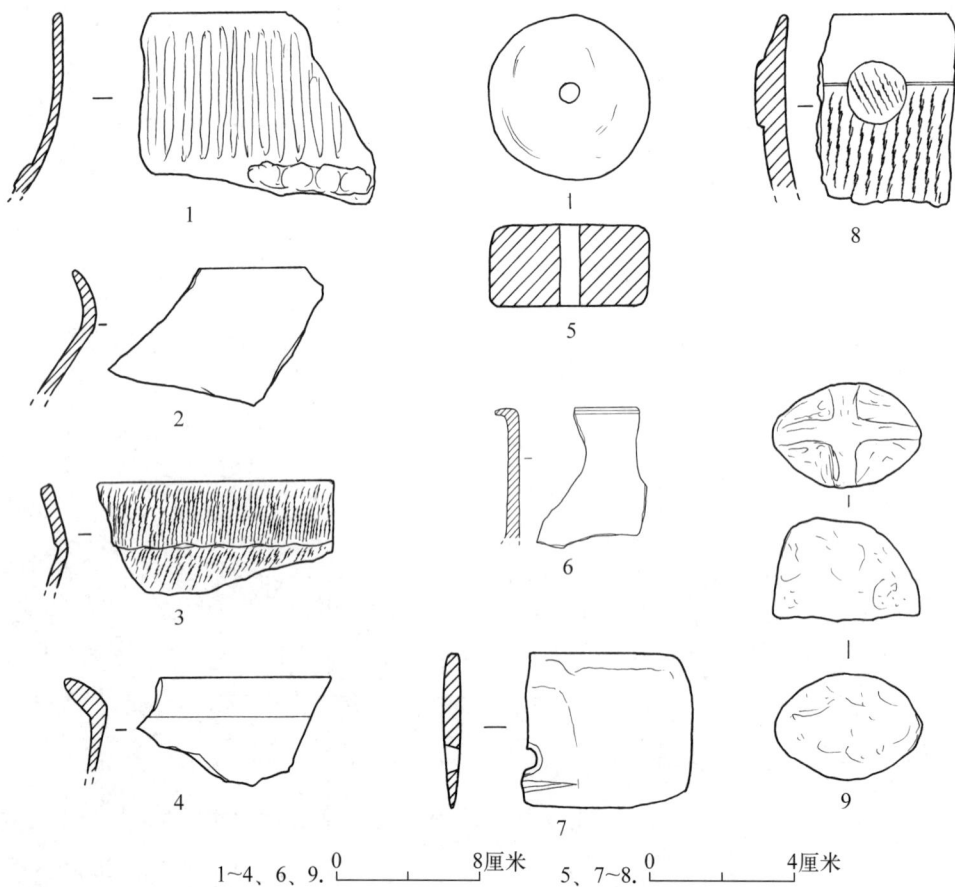

1~4、6、9. 0　　　8厘米　　　5、7~8. 0　　　4厘米

图一四一　H4出土遗物

1~2.卷沿罐（H4：6、H4：9）　3.甗（H4：5）　4.鬲（H4：1）　5.陶纺轮（H4：21）　6.折沿盆（H4：8）
7.石刀（H4：20）　8.瓮（H4：2）　9.石锤（H4：19）

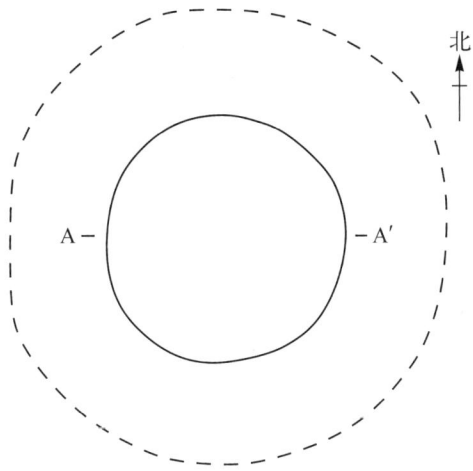

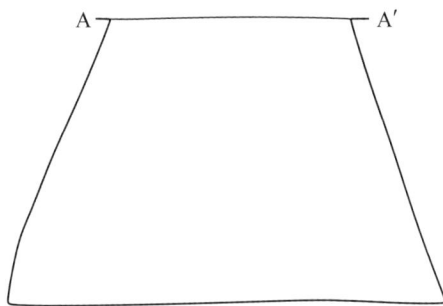

北

A — — A'

0   60厘米

图一四二　H35平、剖面图

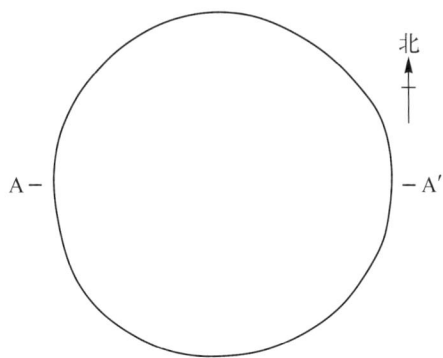

北

A — — A'

A — A'

0   60厘米

图一四三　H77平、剖面图

包含有料礓石、红烧土颗粒、田螺壳等。出土零星陶片。

三、圆形锅底状灰坑

共发掘5座。这类灰坑数量最多,坑口平面形状多作圆形或者近圆形,断面口大底小或略呈锅底状。坑内填土多为质地较为疏松的浅灰色土,少数比较致密。现举例如下:

H5　位于Ⅰ区T0104东南部与T0204西南部,南部伸出探方之外,未能全部发掘,开口于第①层下。平面呈圆形,锅底状,坑壁较为清晰,坑底不平。坑口直径230厘米,底直径140厘米,深114厘米(图一四四)。坑内填土较为疏松,土色为灰褐色,包含物较少,仅有少量石块等。出土少量陶片,以夹砂灰陶和夹砂红陶为主,另有少量泥质灰陶、泥质红陶和夹砂褐陶;可辨器形有鬲、罐、甗、尊、器盖等(图一四五)。纹饰有绳纹、弦纹、附加堆纹等。

H7　位于Ⅰ区T0106东部与T0206西部,开口于第①层下。平面呈圆形,锅底状,坑壁清晰,坑底不平。坑口直径130厘米,深64厘米(图一四六)。坑内填土较为疏松,土色为深灰色,包含有零星红烧土颗粒、石块等。出土少量陶片,有泥质灰陶、泥质红陶等;可辨器形有缸、盆等。纹饰有绳纹等。

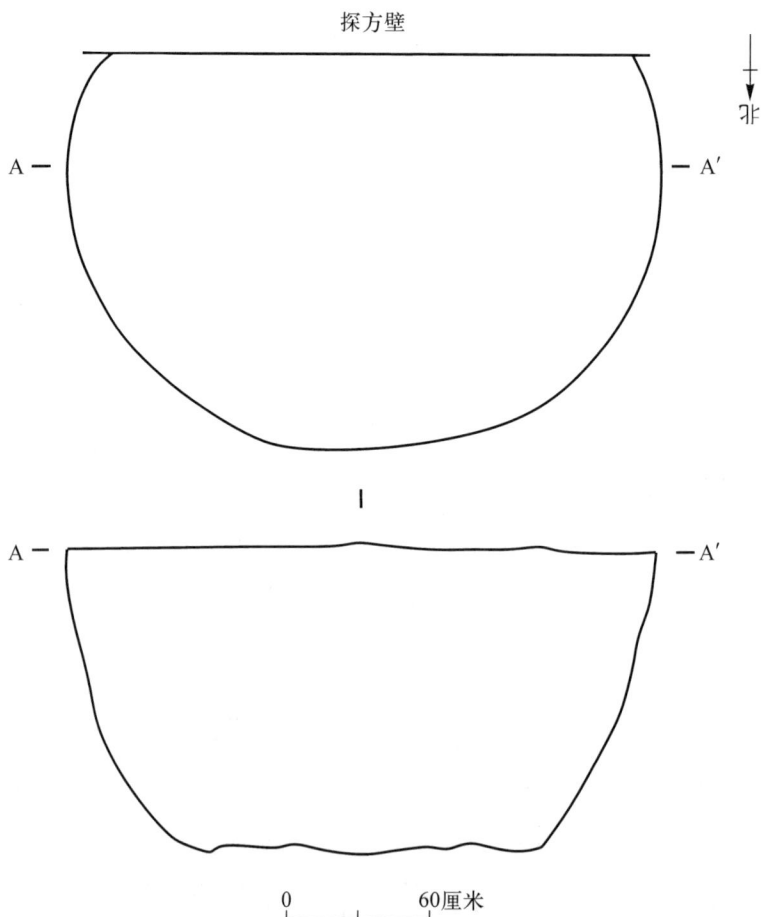

图一四四　H5平、剖面图

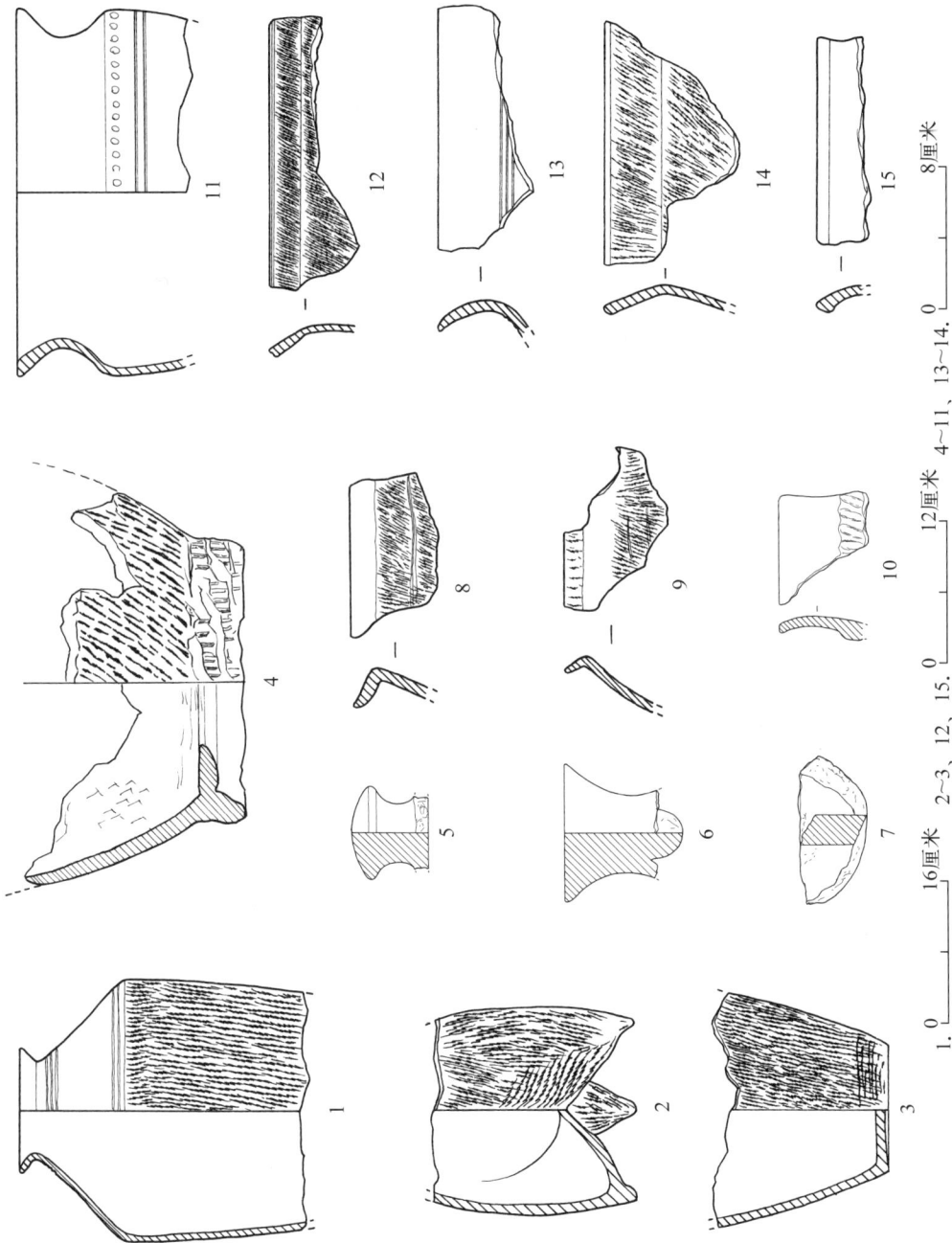

图一四五　H5出土遗物

1、3、10、13、15.卷沿罐（H5：17，H5：12，H5：6，H5：7，H5：3）　2、8～9.高（H5：8，H5：5，H5：4）　4、12、14.瓢（H5：13，H5：2，H5：1）　5、6.器盖（H5：16，H5：15）　7.石铧（H5：18）　11.尊（H5：9）

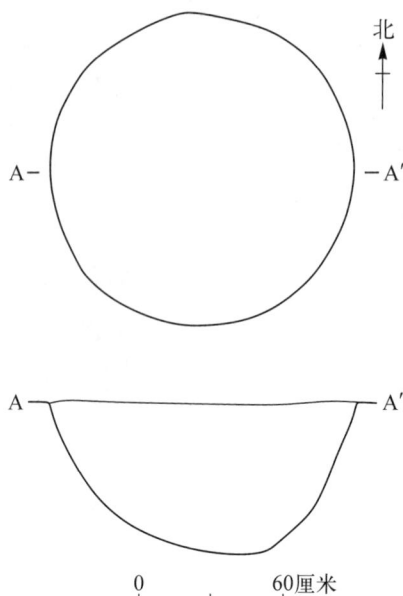

图一四六　H7平、剖面图

H66　位于Ⅰ区T0308西北部,西、北部伸出探方之外,未能全部发掘,开口于第①层下。平面呈圆形,锅底状,坑壁较为清晰,坑底不平。已发掘部分长径308厘米,短径284厘米,深55厘米(图一四七)。坑内填土可分为两层:第①层,土质较为疏松,土色为深灰色,厚25厘米,包含有少量石块;第②层,土质致密,土色为浅灰色,厚30厘米,较为纯净,无包含物。出土少量陶片,以泥质灰陶和夹砂红陶为主,另有少量泥质红陶;可辨器形有鬲、罐、盆等(图一四八)。纹饰有绳纹、弦纹、方格纹等。

四、椭圆形锅底状灰坑

共发掘5座。这类灰坑数量最多,坑口平面形状多作椭圆形或者近椭圆形,断面口大底小或略呈锅底状。坑内填土多为质地较为疏松的灰色土,有时夹杂有炭屑、火烧土颗粒、石块等。现举例如下:

H39　位于Ⅰ区T0307东南部,开口于第①层下。平面呈椭圆形,锅底状,坑壁清晰规整,坑底不平。坑口长径198厘米,短径122厘米,深84厘米(图一四九)。坑内填土较为疏松,土色为深灰色,包含有炭屑、红烧土颗粒等。出土少量陶片,以夹砂灰陶、泥质灰陶为主,有少量夹砂红陶、泥质红陶;可辨器形有罐等。纹饰有绳纹、篮纹等。

H2　位于Ⅰ区T0105东南部、T0204西北部与T0205西南部,开口于第①层下。平面呈椭圆形,锅底状,坑壁较为清晰,但十分粗糙,坑底不平。坑口长径380厘米,短径280厘米,深116厘米(图一五〇)。坑内填土较为疏松,土色为深灰色,包含有石块、鹿角、动物骨骼等。出土少量陶片,有夹砂灰陶、夹砂红陶、泥质灰陶等;可辨器形有鬲、罐、瓮等(图一五一)。纹饰有绳纹、弦纹等。

H79　位于Ⅰ区T0104西南部,西、南部伸出探方之外,未能全部发掘,开口于第①层下。平面呈椭圆形,锅底状,坑壁较为清晰规整,坑底不平。已发掘部分坑口长径290厘米,短径200厘

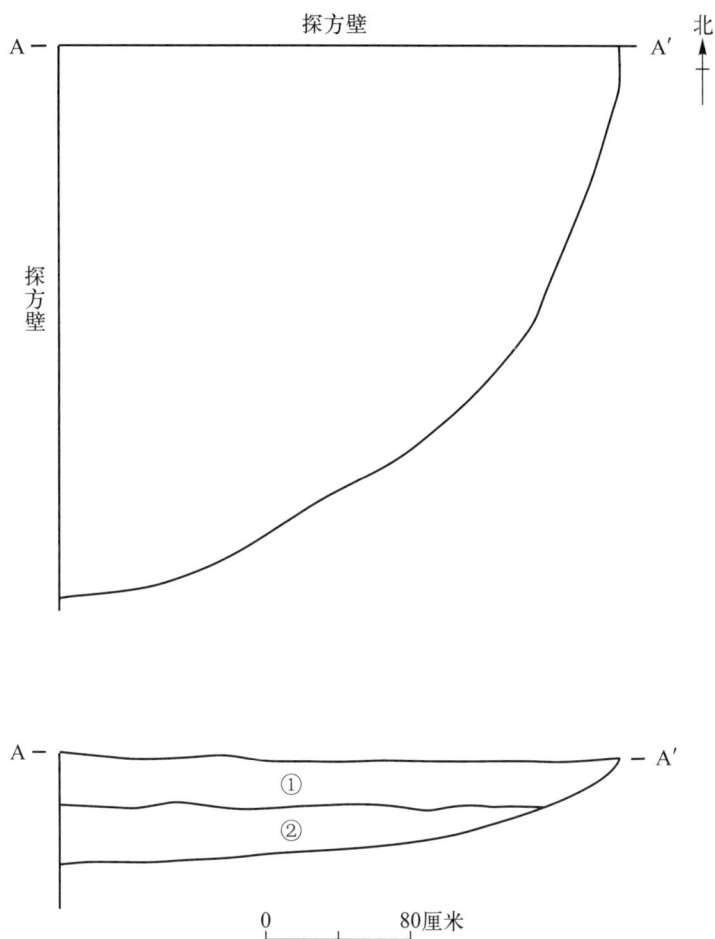

图一四七 H66平、剖面图

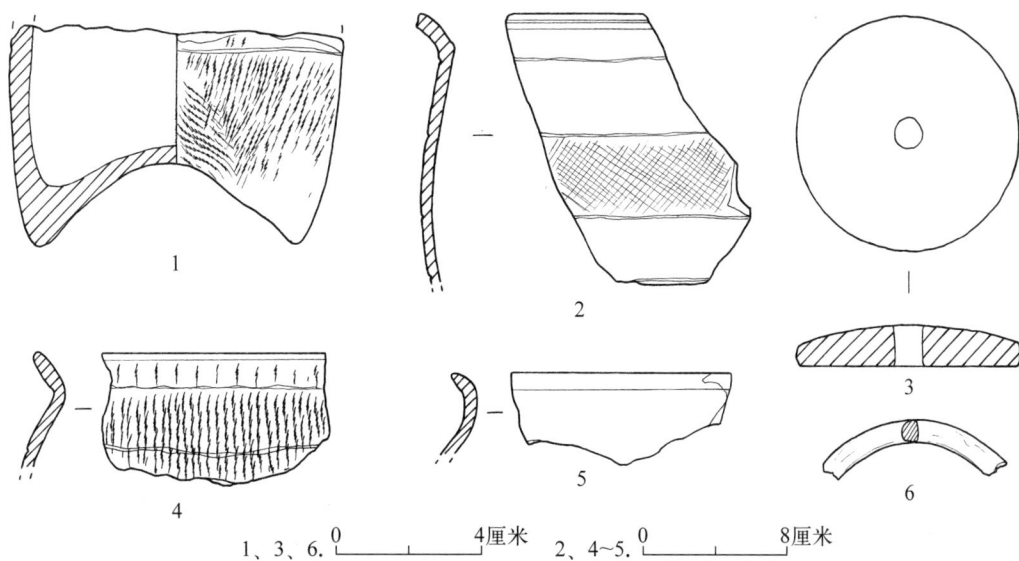

图一四八 H66出土遗物

1、4. 鬲(H66:3、H66:1) 2. 折沿盆(H66:5) 3. 石纺轮(H66:20) 5. 折沿罐(H66:2) 6. 陶环(H66:10)

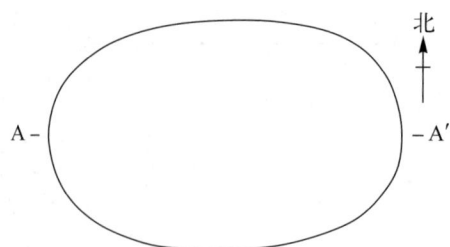

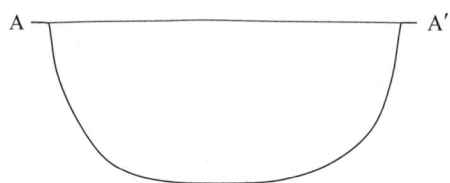

0   80厘米

图一四九　H39平、剖面图

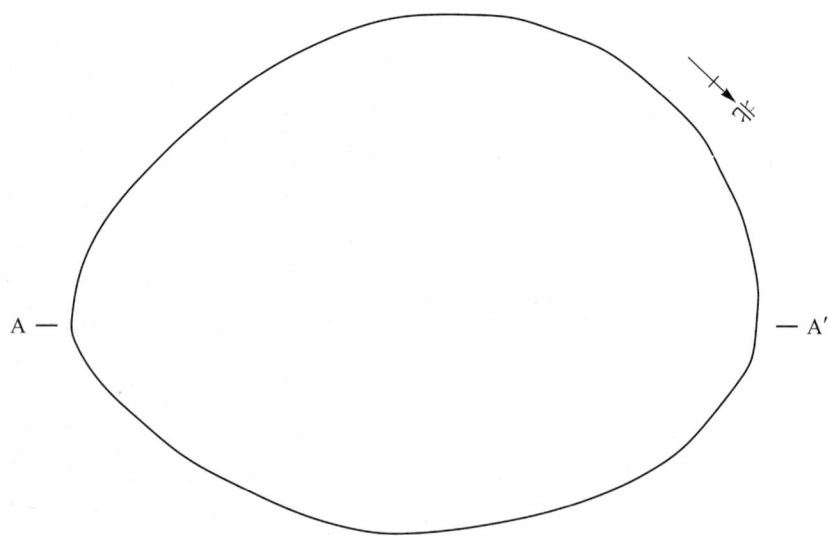

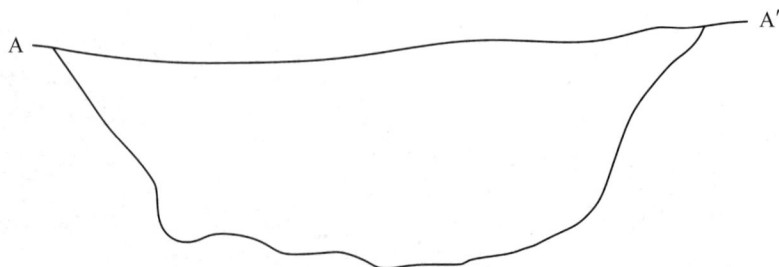

0   80厘米

图一五〇　H2平、剖面图

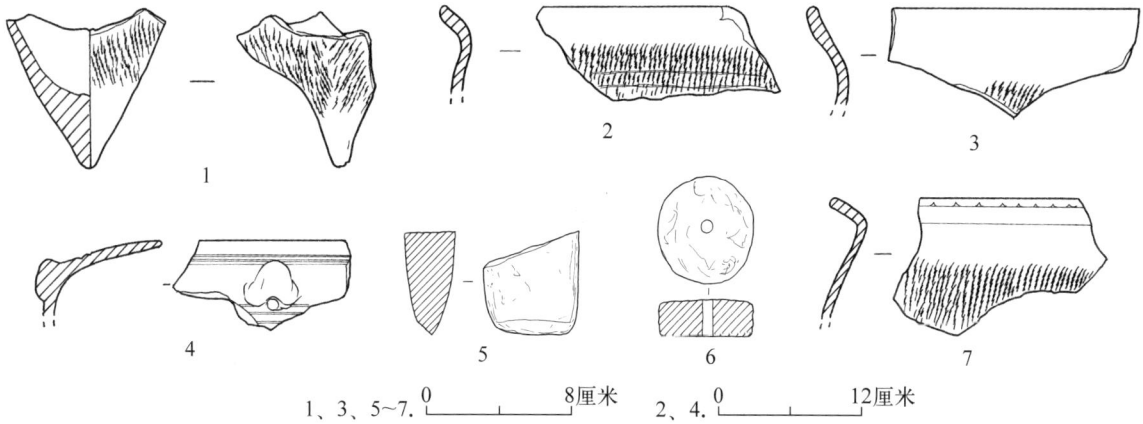

1、3、5~7. [0___8厘米]   2、4. [0___12厘米]

图一五一　H2出土遗物

1~2、7. 鬲(H2:2、H2:1、H2:4)　3. 卷沿罐(H2:5)
4. 瓮(H2:3)　5. 石斧(H2:18)　6. 陶纺轮(H2:17)

米,深147厘米(图一五二)。坑内填土较为疏松,土色为浅灰色,包含有红烧土颗粒、碎石块、田螺壳等。出土少量陶片,以夹砂灰陶为主,另有少量泥质灰陶、泥质红陶和夹砂红陶;可辨器形有缸、罐、盆、簋等(图一五三)。纹饰有弦纹、刻划纹、菱格纹等。

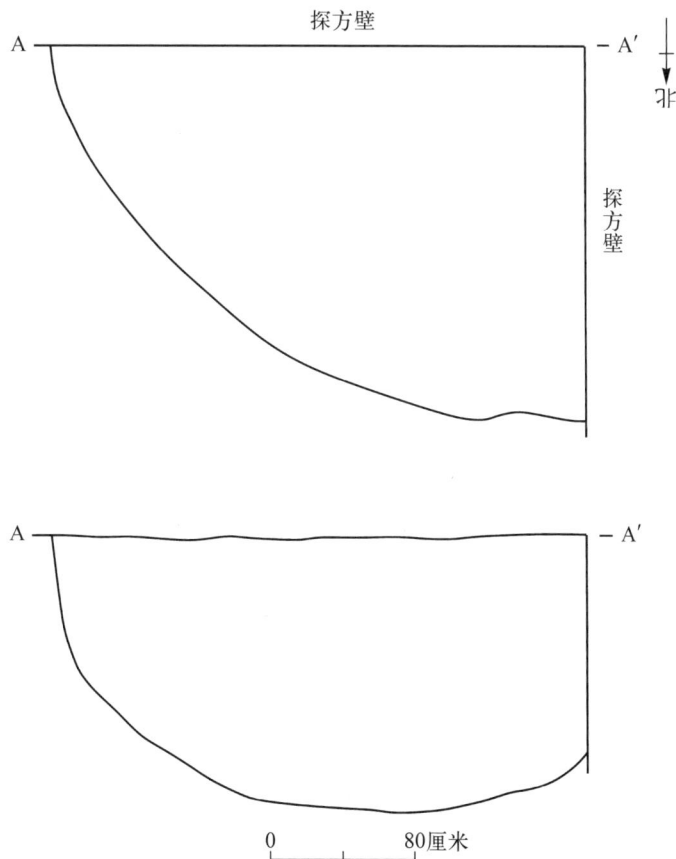

图一五二　H79平、剖面图

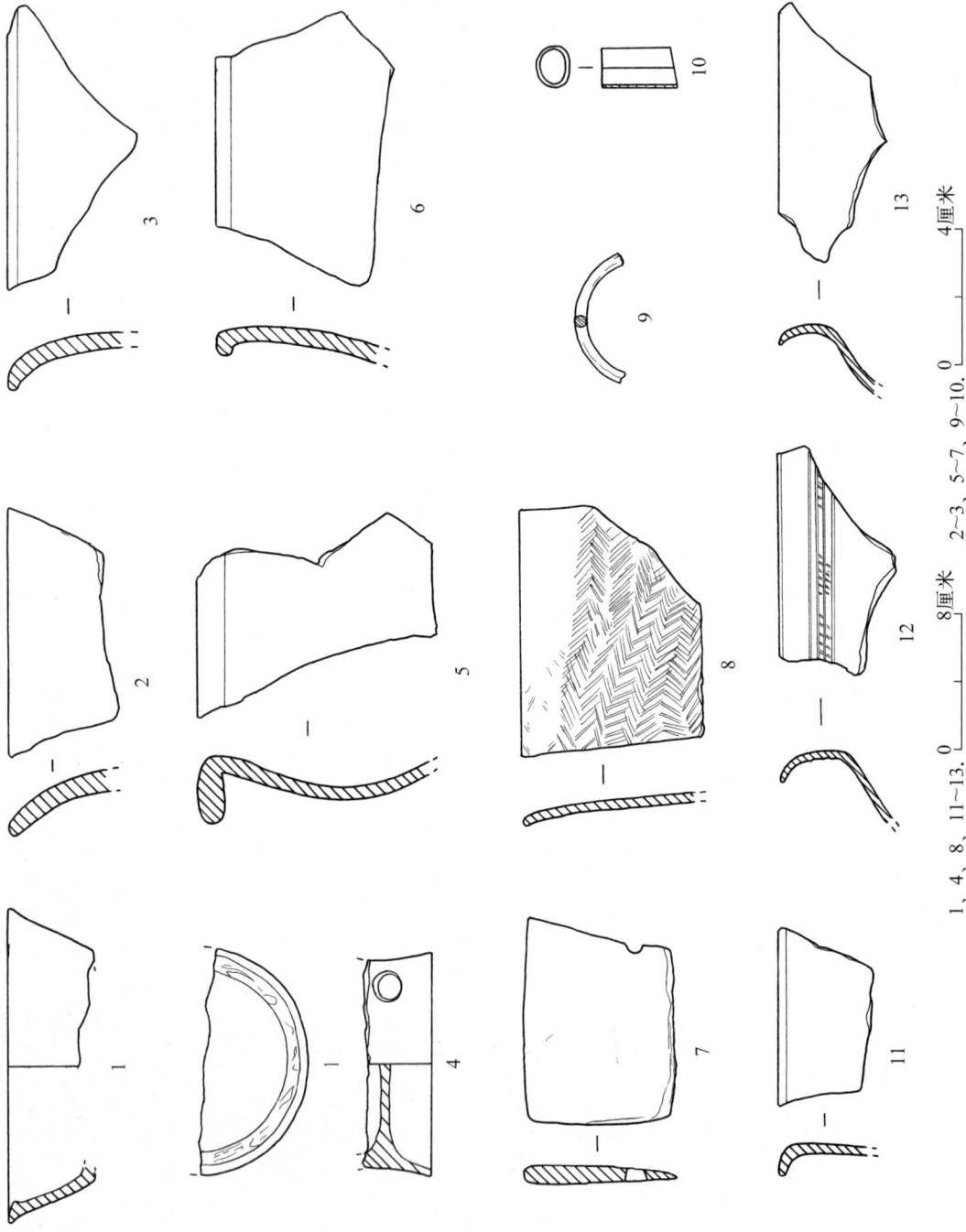

图一五三　H79出土遗物

1、5～6、11. 折沿盆（H79：5，H79：2，H79：10，H79：11）
2～3. 卷沿盆（H79：14，H79：9）　4. 簋（H79：1）　7. 石刀（H79：28）　8. 缸（H79：3）
9. 陶环（H79：26）　10. 骨管（H79：27）　12～13. 卷沿罐（H79：6，H79：7）

第二节　遗　　物

商时期文化遗存的遗物按照质地,可分为陶、石、骨器三类。

一、陶器

商文化的陶片以夹砂陶为主,泥质陶次之,陶色以灰陶为主,红陶次之,还有少量褐陶。陶色多不够纯正,部分红陶的器表为灰色,中间为红色,可能与烧造技术有关。除大量的素面陶外,纹饰以绳纹、弦纹为主,另外还有少量的附加堆纹、戳印纹、方格纹、菱形纹、划纹、圆圈纹等。陶器制法均为手制,泥条盘筑痕迹明显,部分陶器的口沿、器表可见慢轮修整痕迹。主要器类有鬲、甗、簋、豆、盆、罐、缸、瓮、尊、器盖等。此外,还有少量纺轮、环等。

(一)鬲

数量较多。均为口、腹、足部残片,无可复原者。以夹砂红陶为主,夹砂灰陶次之,还有部分夹砂褐陶。

标本H5:8,腹、足部残片。夹砂红陶。深腹,分裆,短锥状足跟。腹与足部饰右上至左下斜向绳纹,裆部饰左上至右下斜向绳纹,足跟抹光。器表可见烟熏痕迹。残高18厘米(图一五四,1)。标本H66:3,夹砂红陶。腹、足部残片。深腹,联裆,短锥状足跟。腹与足部饰右上至左下

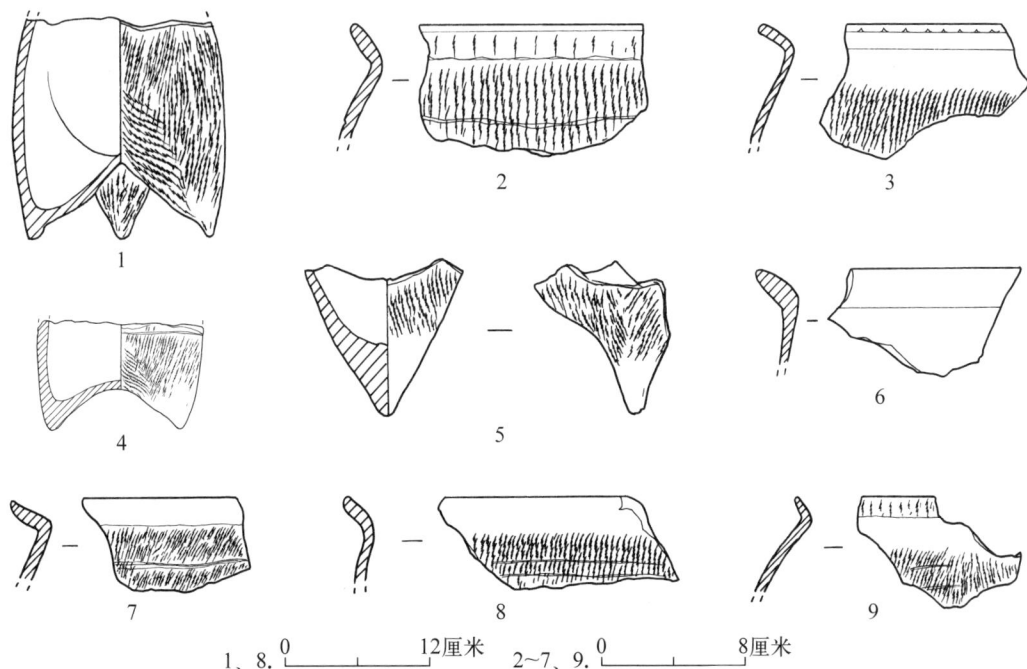

1、8. 0 _____ 12厘米　　2~7、9. 0 _____ 8厘米

图一五四　商时期陶鬲

1. H5:8　2. H66:1　3. H2:4　4. H66:3　5. H2:2　6. H4:1　7. H5:5　8. H2:1　9. H5:4

斜向绳纹,裆部饰左上至右下斜向绳纹,腹部饰一周弦纹,足跟抹光。器表可见烟熏痕迹。残高6.1厘米(图一五四,4)。标本H2:1,口、腹部残片。夹砂红陶。侈口,卷沿,方唇,鼓腹。口沿以下饰右上至左下斜向绳纹,颈部绳纹抹去,腹部饰多周弦纹。器表可见烟熏痕迹。残高7.5厘米(图一五四,8)。标本H66:1,口、腹部残片。夹砂灰陶。侈口,卷沿,圆唇,鼓腹。外沿面、口沿以下饰竖向绳纹,颈部绳纹抹去,腹部饰不规整弦纹。残高7.2厘米(图一五四,2)。标本H2:4,口、腹部残片。夹砂灰陶。侈口,折沿,方唇,鼓腹。唇部饰刻划纹,口沿以下饰右上至左下斜向绳纹,颈部绳纹抹去。沿面可见烟熏痕迹。残高7.4厘米(图一五四,3)。标本H4:1,口、腹部残片。夹砂灰陶。侈口,折沿,圆唇,微鼓腹。素面。残高6厘米(图一五四,6)。标本H5:5,口、腹部残片。夹砂褐陶。侈口,折沿,圆唇,鼓腹。口沿以下饰右上至左下斜向绳纹,颈部绳纹抹去,腹部饰弦纹。残高5.2厘米(图一五四,7)。标本H5:4,口、腹部残片。夹砂褐陶。侈口,折沿,圆唇,鼓腹。外沿面饰稀疏短绳纹,腹部饰右上至左下斜向绳纹,并饰弦纹。沿面可见烟熏痕迹。残高6厘米(图一五四,9)。标本H2:2,足部残片。夹砂褐陶。分裆,短锥状足跟。足部饰竖向绳纹,足跟抹光。残高8.6厘米(图一五四,5)。

(二)甗

数量较多。均为口、腹、腰部残片。均为夹砂红陶。

标本H5:2,口、腹部残片。夹砂红陶。侈口,折沿,方唇,鼓腹,外沿面贴有一层泥条。唇部、外沿面、腹部均饰右上至左下斜向绳纹。残高7.8厘米(图一五五,3)。标本H4:5,口、腹部

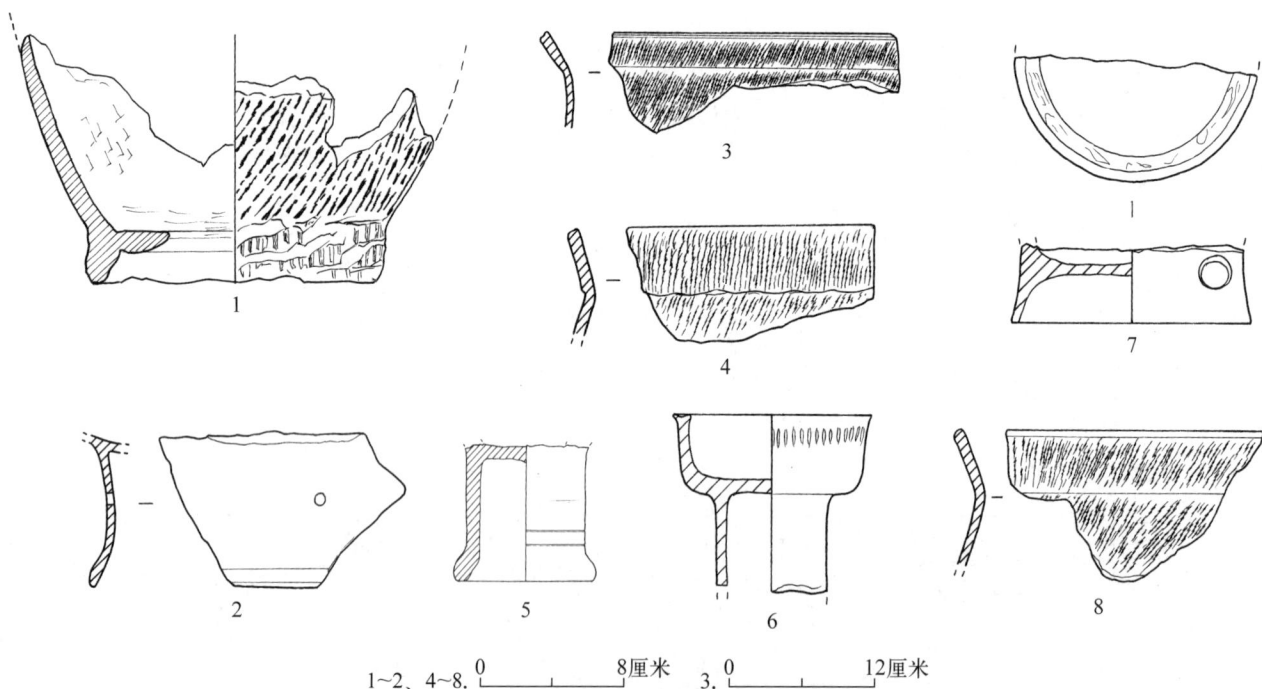

图一五五　商时期甗、簋、豆

1、3~4、8.甗(H5:13、H5:2、H4:5、H5:1)　2、7.簋(IT0406①:1、H79:1)　5~6.豆(IT0104①:2、IT0104①:6)

残片。夹砂红陶。侈口，折沿，方唇，鼓腹，外沿面贴有一层泥条。唇部、外沿面、腹部均饰右上至左下斜向绳纹，外沿面饰零星戳印纹。内壁可见轮修痕迹。残高6厘米（图一五五，4）。标本H5：1，口、腹部残片。夹砂红陶。侈口，卷沿，方唇，鼓腹，外沿面贴有一层泥条。外沿面与腹部均饰右上至左下斜向绳纹。内壁可见轮修痕迹。残高8厘米（图一五五，8）。标本H5：13，腹、腰部残片。夹砂红陶。鼓腹斜收，束腰，腰内有扁平箅隔。腹部饰右上至左下斜向绳纹，腰外饰一周绳索状附加堆纹。腰径16.4厘米，残高13厘米（图一五五，1）。

（三）簋

数量较少。均为底座残片，无可复原者。

标本IT0406①：1，泥质灰陶。粗矮圈足，呈反弧状，圈足中部有一由外向内单面戳成的圆孔。素面。器表磨光。内壁可见轮修痕迹。残高8.2厘米（图一五五，2）。标本H79：1，夹砂灰陶。直腹，平底，粗矮圈足，腹、底相接处有一由外向内单面戳成的圆孔。素面。器表磨光。底径12.8厘米，残高4.2厘米（图一五五，7）。

（四）豆

数量较少，均为盘、柄部残片，无可复原者。以夹砂灰陶为主，也有少量泥质灰陶。

标本IT0104①：6，盘、柄部残片。夹砂灰陶。敛口，方唇，浅盘，腹部弧收，平底，细高柄，圈足断失。口沿下侧饰一排戳印纹。器表磨光。口径10.8厘米，残高9.4厘米（图一五五，6）。标本IT0104①：2，柄部残片。泥质灰陶。粗高柄。圈足饰二周弦纹。残高7.2厘米（图一五五，5）。

（五）盆

数量较多。多为口、腹、底部残片，可复原者较少。以泥质灰陶为主，夹砂灰陶次之，还有少量泥质红陶与夹砂红陶。依据口部形态可分为折沿盆与卷沿盆二类。

1. 折沿盆

数量较多。多为口、腹、底部残片，可复原者较少。以泥质灰陶为主，有少量泥质红陶与夹砂红陶。

标本H88：3，可复原。泥质灰陶。敞口，平折沿，沿面上鼓，圆唇，折腹，下腹斜收，平底。素面。器表磨光。口径38.4厘米，底径16厘米，通高16.8厘米（图一五六，1；彩版一一，5）。标本H79：5，泥质灰陶。侈口，折沿，尖圆唇，斜直腹，平底。素面。内、外壁均可见刮抹痕迹，器表可见烟熏痕迹。口径18.4厘米，残高5.2厘米（图一五六，4）。标本H66：5，口、腹部残片。泥质红陶。侈口，折沿，圆唇，腹微鼓。沿面饰一道弦纹，腹部饰多道弦纹，腹中部饰一周方格纹带。残高14.6厘米（图一五六，7）。标本H79：11，口、腹部残片。夹砂红陶。侈口，折沿，圆唇，直腹。素面。器表磨光。残高5.6厘米（图一五六，6）。标本H79：2，口、腹部残片。泥质灰陶。敛口，平折沿，圆唇，鼓腹。素面。内、外壁均磨光。残高7.2厘米（图一五六，8）。标本H4：8，口、腹部残片。泥质灰陶。直口，平折沿，方唇，直腹。素面。器表磨光。残高7.6厘米（图一五六，9）。

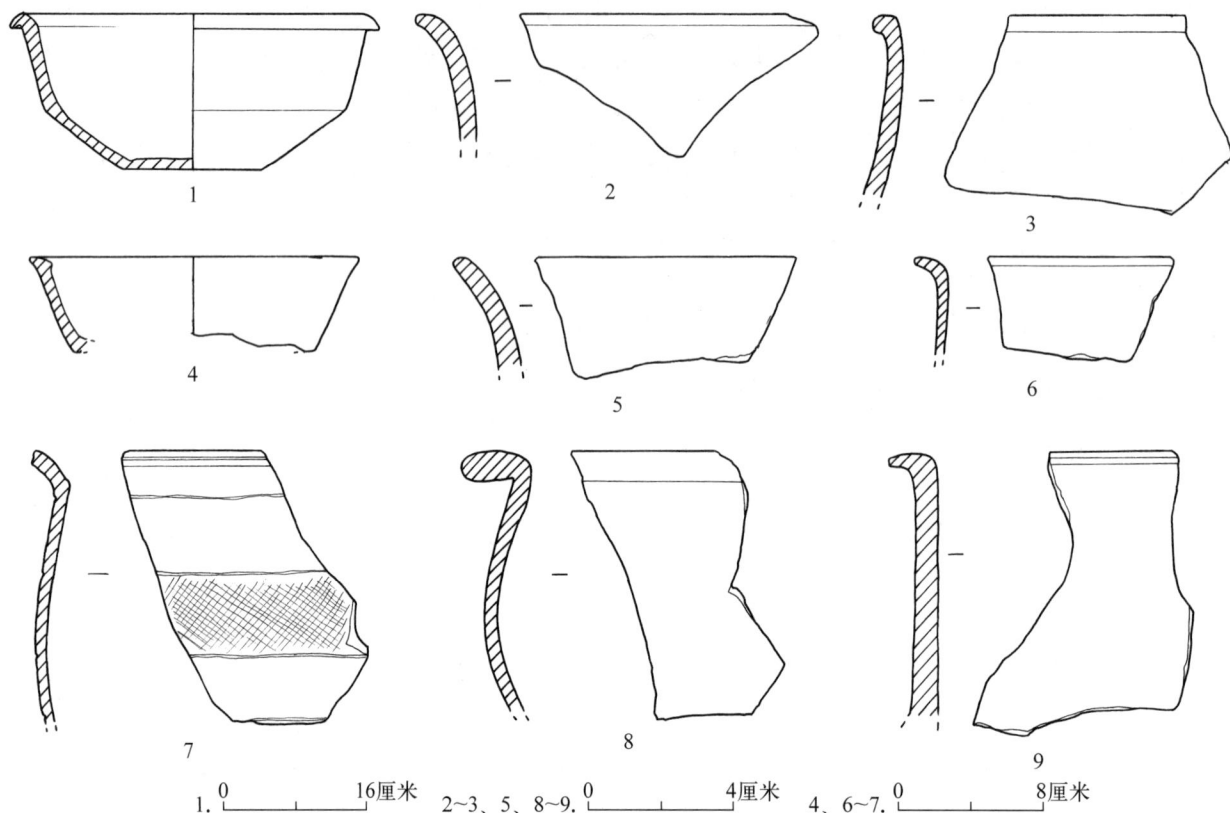

图一五六　商时期陶盆

1、3～4、6～9.折沿盆(H88：3、H79：10、H79：5、H79：11、H66：5、H79：2、H4：8)

2、5.卷沿盆(H79：9、H79：14)

标本H79：10，口、腹部残片。泥质灰陶。敞口，平折沿，圆唇，鼓腹。素面。器表磨光。残高5.3厘米（图一五六，3）。

2.卷沿盆

数量较少。均为口、腹、底部残片，无可复原者。以泥质灰陶为主，夹砂灰陶次之。

标本H79：9，泥质灰陶。侈口，卷沿，圆唇，斜直腹。素面。器表磨光。残高3.8厘米（图一五六，2）。标本H79：14，夹砂灰陶。侈口，卷沿，圆唇，斜直腹。素面。残高3.3厘米（图一五六，5）。

（六）罐

数量较多。均为口、颈、腹、底部残片，无可复原者。以夹砂灰陶居多，泥质灰陶次之，还有少量夹砂红陶、泥质红陶、夹砂褐陶。依据口沿特征，可分为卷沿罐与折沿罐两类。

1.卷沿罐

数量较多。以夹砂灰陶为主，泥质灰陶次之，还有少量泥质红陶与夹砂红陶。形制相同，均侈口，卷沿，短束颈。

标本H5：17，口、腹部残片。夹砂灰陶。侈口，卷沿，圆唇，短颈，折肩，斜直腹。颈部饰三

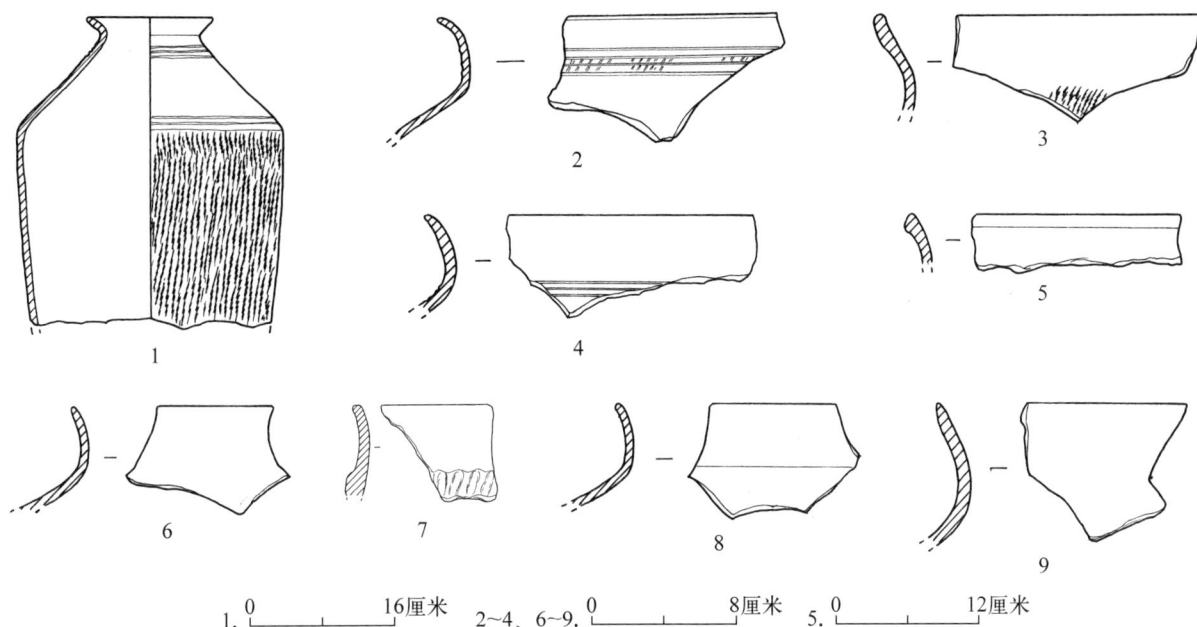

图一五七　商时期卷沿罐

1. H5∶17　2. H79∶6　3. H2∶5　4. H5∶7　5. H5∶3　6. IT0104①∶4　7. H5∶6　8. IT0104①∶1　9. IT0104①∶5

道弦纹，肩部磨光，折肩部饰两道弦纹，肩部以下饰竖向绳纹。口径14.4厘米，腹径30.4厘米，残高34.4厘米（图一五七，1；彩版一一，4）。标本H2∶5，口、颈部残片。夹砂灰陶。侈口，卷沿，圆唇，短颈。唇内侧饰一周弦纹，颈部以下饰右上至左下斜向绳纹，外沿面可见刮抹痕迹，内壁可见轮修痕迹。残高6厘米（图一五七，3）。标本H5∶3，口沿残片。夹砂灰陶。侈口，卷沿，圆唇。素面。残高4.8厘米（图一五七，5）。标本H5∶6，口沿残片。夹砂灰陶。侈口，卷沿，方唇，短束颈。颈部饰泥条状附加堆纹。残高5.3厘米（图一五七，7）。标本IT0104①∶4，口、颈部残片。泥质灰陶。侈口，卷沿，尖圆唇，短束颈。素面。残高6厘米（图一五七，6）。标本IT0104①∶5，口、颈部残片。泥质灰陶。侈口，卷沿，尖唇，短束颈。唇外侧饰一周弦纹。残高7.6厘米（图一五七，9）。标本IT0104①∶1，口、颈部残片。泥质灰陶。侈口，卷沿，圆唇，短束颈。素面。内、外壁均磨光。残高6.4厘米（图一五七，8）。标本H5∶7，口、颈部残片。泥质红陶。侈口，卷沿，圆唇，短束颈。肩部饰多周弦纹。颈部可见轮修痕迹。残高5.6厘米（图一五七，4）。标本H79∶6，口、颈部残片。泥质红陶。侈口，卷沿，尖唇，束颈。颈部饰四周弦纹，并饰右上至左下斜向划纹。器表磨光。残高7厘米（图一五七，2）。标本H79∶7，口、颈部残片。泥质红陶。侈口，卷沿，圆唇，束颈。素面。器表磨光。内壁可见泥条盘筑痕迹。残高6.4厘米（图一五八，5）。标本H4∶9，口、颈部残片。泥质红陶。侈口，卷沿，圆唇，束颈。素面。器表磨光。残高7.6厘米（图一五八，4）。标本IT0104①∶3，口、颈部残片。泥质红陶。侈口，卷沿，圆唇，束颈。素面。器表磨光。残高6.4厘米（图一五八，3）。标本H4∶6，口、颈部残片。夹砂红陶。侈口，卷沿，方唇，束颈。颈部饰竖向刻划纹，并饰条带状附加堆纹。内壁可见轮修痕迹。残高10.6厘米（图一五八，1）。标本H5∶12，下腹、底部残片。泥质灰陶。下腹斜直，平底。腹部饰右上至左下

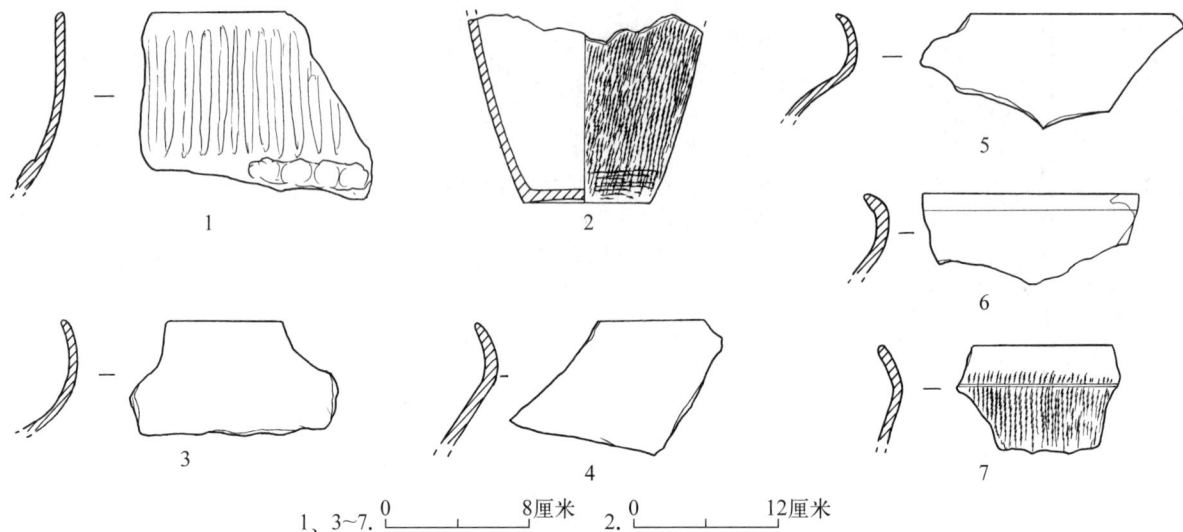

图一五八　商时期卷沿罐、折沿罐

1~5、7.卷沿罐（H4：6、H5：12、IT0104①：3、H4：9、H79：7、H88：1）　6.折沿罐（H66：2）

斜向绳纹,斜度较小,近底部饰交错绳纹。内壁可见轮修痕迹。底径10.8厘米,残高15.9厘米（图一五八,2）。标本H88：1,口、腹部残片。夹砂灰陶。侈口,卷沿,圆唇,鼓腹。外沿面、腹部饰竖向绳纹。内壁可见烟熏痕迹。残高6厘米（图一五八,7）。

2.折沿罐

数量较少。标本H66：2,口、颈部残片。夹砂褐陶。侈口,折沿,圆唇,短束颈。素面。器表磨光。残高5厘米（图一五八,6）。

（七）瓮

数量较少。均为口、腹部残片,无可复原者。多为泥质灰陶、夹砂红陶。

标本H2：3,泥质灰陶。敛口,圆唇,折肩,斜直腹,肩部下侧有一竖向耳。肩部上侧饰两周弦纹,耳部下侧饰多周弦纹。残高7.2厘米（图一五九,2）。标本H4：2,夹砂褐陶。敛口,尖圆唇,腹微鼓。口沿下侧饰一周弦纹,并饰圆饼状附加堆纹,附加堆纹上饰左上至右下斜向短绳纹,弦纹以下饰右上至左下斜向绳纹。残高5.2厘米（图一五九,5）。标本IT0104①：13,泥质灰陶。敛口,厚唇,矮领,折肩,腹微鼓。肩部下侧饰一周戳印纹。残高5.9厘米（图一五九,7）。标本IT0308①：1,夹砂红陶。敛口,平沿,圆唇,斜直腹。口沿外侧饰一周条带状附加堆纹,上腹部饰一周条带状附加堆纹,并饰左上至右下斜向绳纹。残高8.2厘米（图一五九,4）。

（八）缸

数量较少。均为口、腹部残片,无可复原者。均为夹砂红陶。

标本H79：3,侈口,卷沿,圆唇,斜直腹。腹部饰一周折线纹带。残高10.8厘米（图一五九,8）。

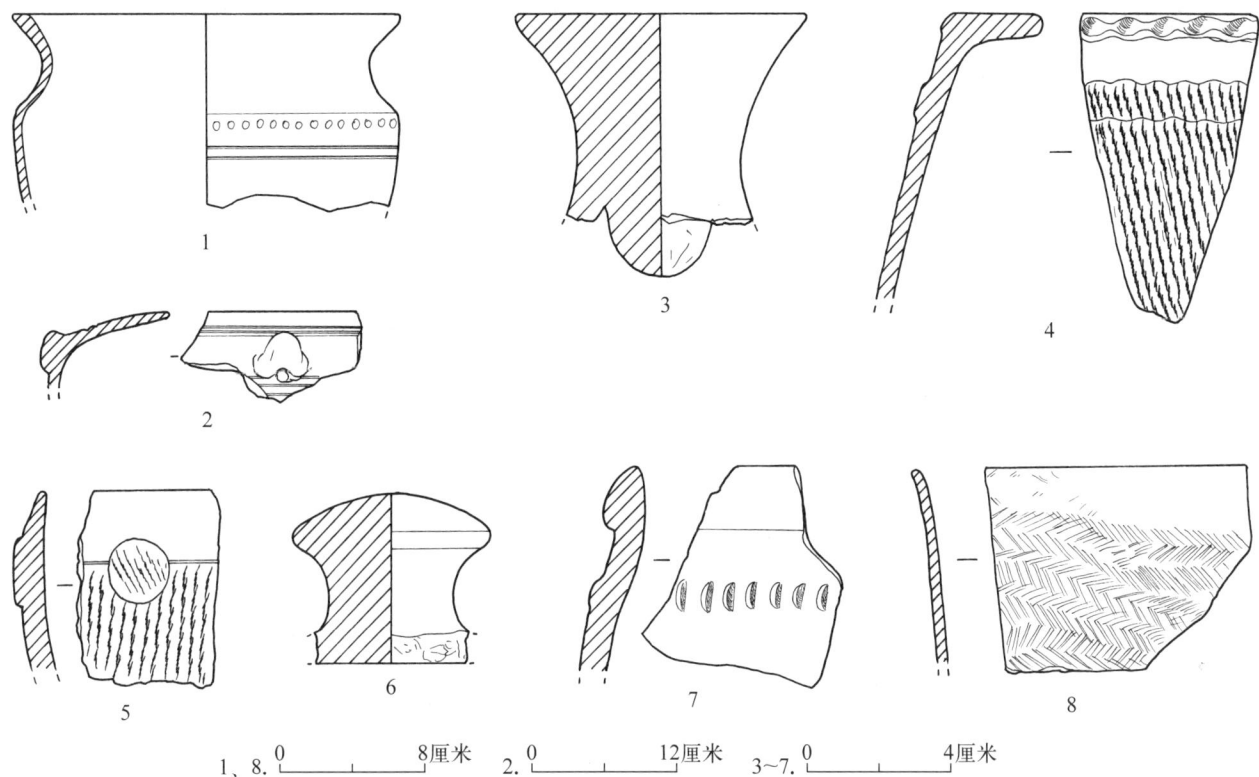

图一五九　商时期瓮、缸、尊、器盖

1. 尊（H5：9）　2、4、5、7. 瓮（H2：3、IT0308①：1、H4：2、IT0104①：13）　3、6. 器盖（H5：15、H5：16）　8. 缸（H79：3）

（九）尊

数量较少。均为口、腹部残片，无可复原者。均为泥质灰陶。

标本 H5：9，侈口，卷沿，方唇，折肩，斜直腹。肩部下侧饰一周小圆圈纹，之下饰两周弦纹。肩部可见刮抹痕迹。口径 21.2 厘米，残高 10.4 厘米（图一五九，1）。

（十）器盖

数量较少。标本 H5：16，钮部残片。泥质红陶。尖锥形钮，较矮。素面。钮径 5.4 厘米，残高 4.5 厘米（图一五九，6）。标本 H5：15，钮部残片。泥质灰陶。亚腰形钮，顶部光滑平整，底部有圆球形泥芯。素面。钮径 8 厘米，残高 6.9 厘米（图一五九，3）。

（十一）纺轮

数量较少。标本 H4：21，完整。泥质红陶。不甚规整，大体呈圆饼形，横断面呈长方形，中部有一直钻而成的圆孔。器表较为粗糙。直径 4.5 厘米，孔径 0.6 厘米，厚 2.2 厘米（图一六〇，5；彩版一二，1）。标本 H2：17，稍残。夹砂褐陶。不甚规整，大体呈圆饼形，横断面呈长方形，中部有一直钻而成的圆孔。器表较为粗糙。直径 5.3 厘米，孔径 0.6 厘米，厚 2 厘米（图一六〇，4；彩版一二，2）。标本 H88：2，残。夹砂红陶。圆饼形，横断面呈长方形，中部有一直钻而成的圆孔。器表抹光。直径4.8厘米，孔径1.2厘米，厚1.2厘米（图一六〇，11）。

（十二）环

数量较少。标本 H79：26，残。泥质灰陶。圆环状，横断面呈近圆形。厚0.4厘米（图一六〇，8）。标本 H66：10，残。泥质灰陶。圆环状，横断面呈半圆形。厚0.6厘米（图一六〇，9）。

二、石器

数量较少。主要有斧、锛、刀、锤、纺轮五类。

（一）斧

标本 H2：18，残。残存部分呈梯形，器身扁平，双面刃，横断面呈长方形，刃部较为锋利。通体磨光。残长5.5厘米，残宽5.4厘米，厚2.8厘米（图一六〇，12）。

（二）锛

标本 H5：18，残。残存部分呈不规则形，器身扁平，单面直刃，侧边较为粗糙，刃部较为锋利。两面磨光。残长4厘米，残宽8.6厘米，厚1.7厘米（图一六〇，3）。

（三）刀

标本 H79：28，残。平面呈长方形，中部有一两面对钻而成的圆孔。通体磨光。残长6.1厘米，宽4.5厘米，厚0.6厘米（图一六〇，1）。H4：20，残。平面呈长方形，中部有一两面对钻而成的圆孔，靠近刃部有一横向划痕。通体磨光。残长4.7厘米，宽4.2厘米，厚0.5厘米（图一六〇，2）。

（四）锤

标本 H4：19，完整。大体呈四棱锥状，底部不甚平坦，但较为光滑。长8.2厘米，高5.4厘米（图一六〇，10；彩版一二，3、4）。

（五）纺轮

标本 H66：20，完整。圆饼形，中部有一直钻而成的圆孔。通体磨光。直径6.4厘米，孔径0.8厘米，厚1.1厘米（图一六〇，6；彩版一一，6）。

三、骨器

仅骨管一种。标本 H79：27，完整。管状，较短，中空，壁薄。通体磨光。直径1.1厘米，长2.3厘米，（图一六〇，7）。

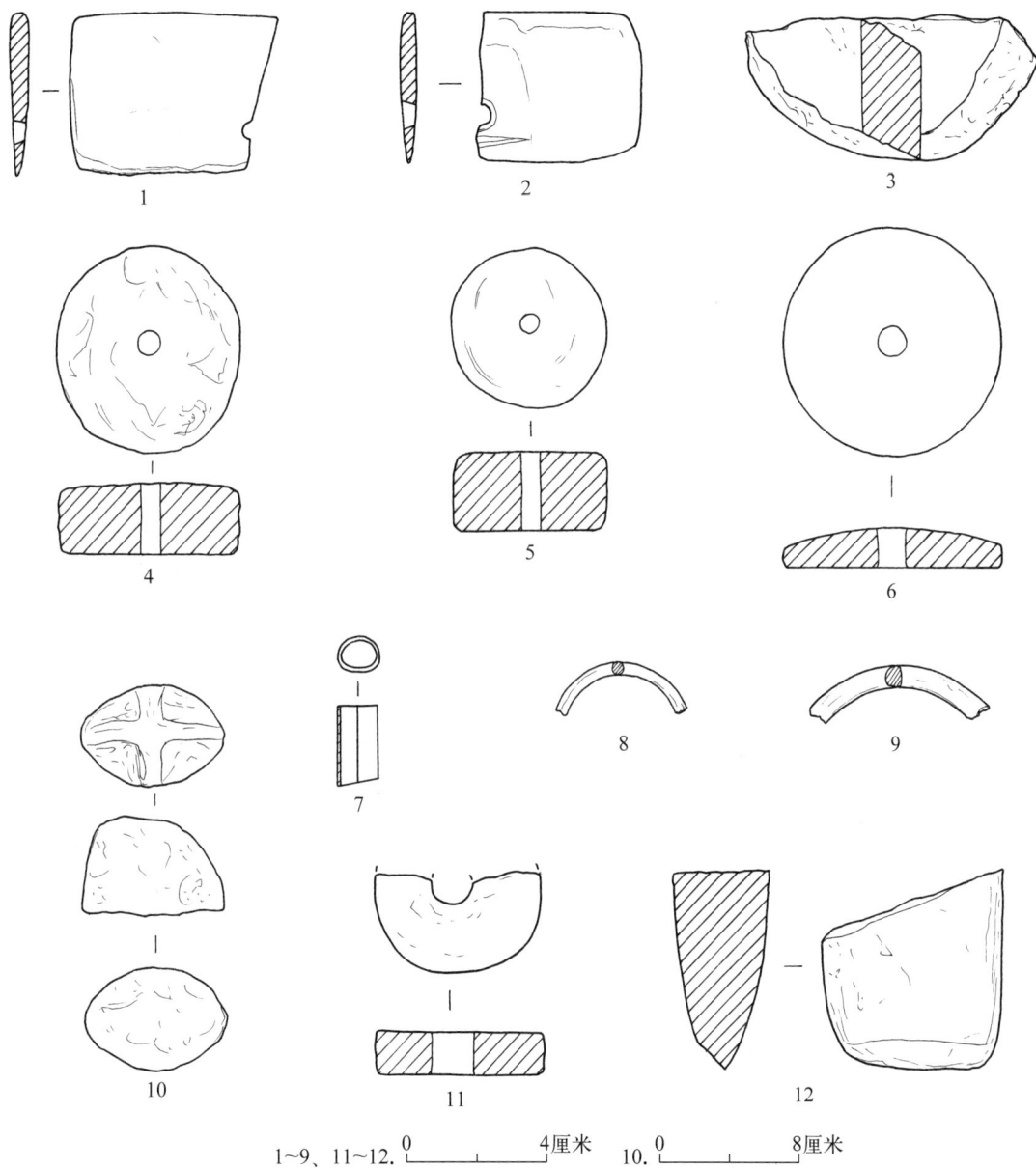

1~9、11~12. ⊢0 ——— 4厘米 ⊣　　10. ⊢0 ——— 8厘米 ⊣

图一六〇　商时期陶、石、骨器

1~2.石刀（H79：28、H4：20）　3.石锛（H5：18）　4~5、11.陶纺轮（H2：17、H4：21、H88：2）　6.石纺轮（H66：20）
7.骨管（H79：27）　8~9.陶环（H79：26、H66：10）　10.石锤（H4：19）　12.石斧（H2：18）

第九章 东周墓葬

五楼遗址共发掘东周墓葬7座，其中Ⅰ区2座（M1、M7），Ⅱ区5座（M2、M3、M4、M5、M6）（图一六一）。上述墓葬的平面形状基本为长方形，结构均为竖穴土圹墓。现将这7座墓分述如下。

一、M1

1. 墓葬形制

M1位于Ⅰ区T0104的东北部和T0204西北部，开口于第①层下。墓葬形制为长方形竖穴土圹墓，口小底大，方向292°。墓圹现存开口东西长2.9米，南北宽1.6米，深4.18米。墓壁向下渐往外扩，在距离开口2.3米处其东、西、南三壁开始向内弧收，弧收至距开口2.7米处，墓壁开始斜直向下内收直至墓底。墓圹最大处长3.2米，宽2米。在墓圹西、北两壁上各发现4个三角形脚窝，呈北高西低交错分布，脚窝宽0.18米，高0.16米，进深0.1米，上下间距约0.43～0.5米。墓底较平坦，长2.3米，宽1.6米。墓圹内填浅灰色土，土质较疏松，内含少量红褐色烧土颗粒、陶片、石块等。

墓圹内葬具为一棺一椁，已朽无存，仅存板灰痕迹。木椁平面呈长方形，长2.28米，宽1.66米，高1米。椁室为木板拼装而成，其中椁盖板为木板横向并排平铺，单块木板长1.66米，宽0.16米，厚0.08米；东西两挡板为木板横向立拼，单块木板长1.66米，宽0.16～0.2米，厚0.08米；南北两侧板为木板竖向立拼，单块木板长约2.12米，宽0.16～0.2米，厚0.08米；椁底板为木板竖向并排平铺，单块木板长2.28米，宽0.16米，厚0.06米。木棺置于椁室中部偏东，紧靠椁室东壁，长1.8米，宽0.88米，棺板尺寸、厚度不详。棺内有人骨一具，保存很差，多已朽成粉末状，可辨其葬式为侧身屈肢葬，头向西，其余不详（图一六二）。

2. 出土器物

该墓共出土随葬器物10件，均置于西端棺椁之间，器类有陶鼎、陶簋、陶壶、陶甗、陶豆、陶盘、陶匜等。

陶鼎 1件。标本M1∶5，可复原。泥质灰陶。子口内敛，尖圆唇，折肩，直腹较浅，圜底近平，底部靠内黏附三个较细矮的蹄足，足跟不鼓，足尖稍外撇，腹侧黏附两个长方形板状大直耳，耳高出器口较多，无盖。素面。器表可见轮修痕迹。口径8.8厘米，腹径11.8厘米，腹深3.8厘米，耳高5.3厘米，耳宽4.9厘米，耳厚0.5厘米，通高10.3厘米（图一六三，10；彩版一二，5、6）。

北

I区

II区

M1

M7

M3

M2

M4

M6

M5

0 ⊢──────┤ 6米

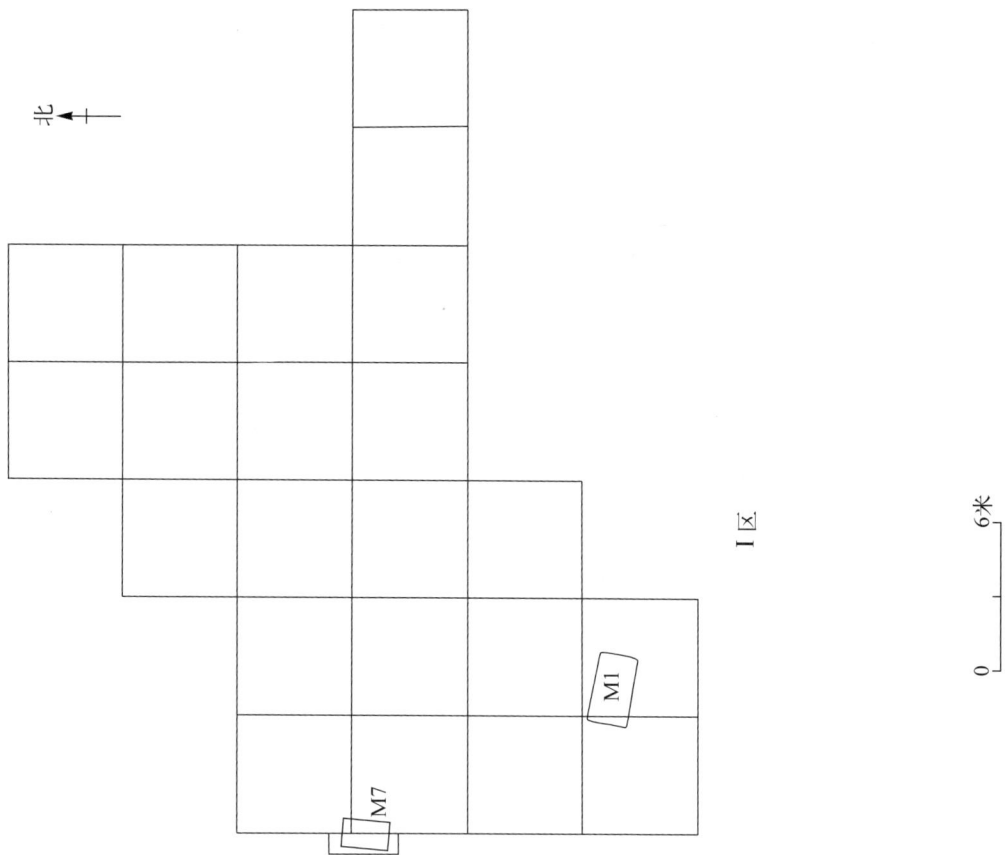

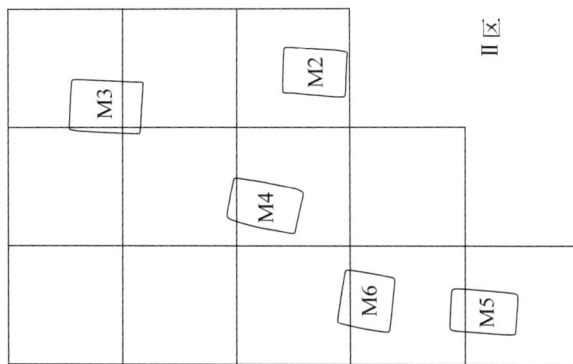

图一六一 东周时期墓葬分布图

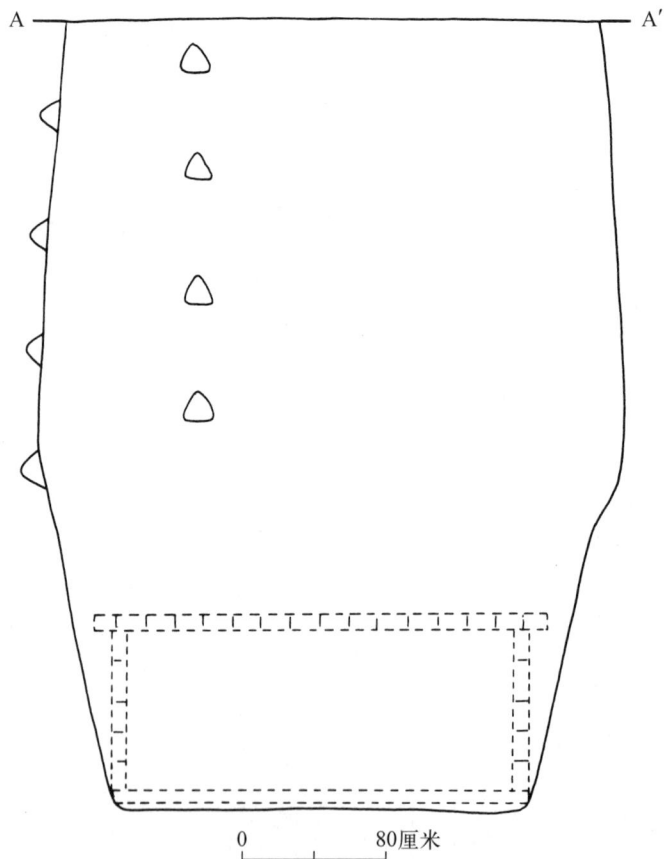

图一六二　M1平、剖面图

1～2.壶　3～4.簋　5.鼎　6～7.豆　8.甗　9.匜　10.盘

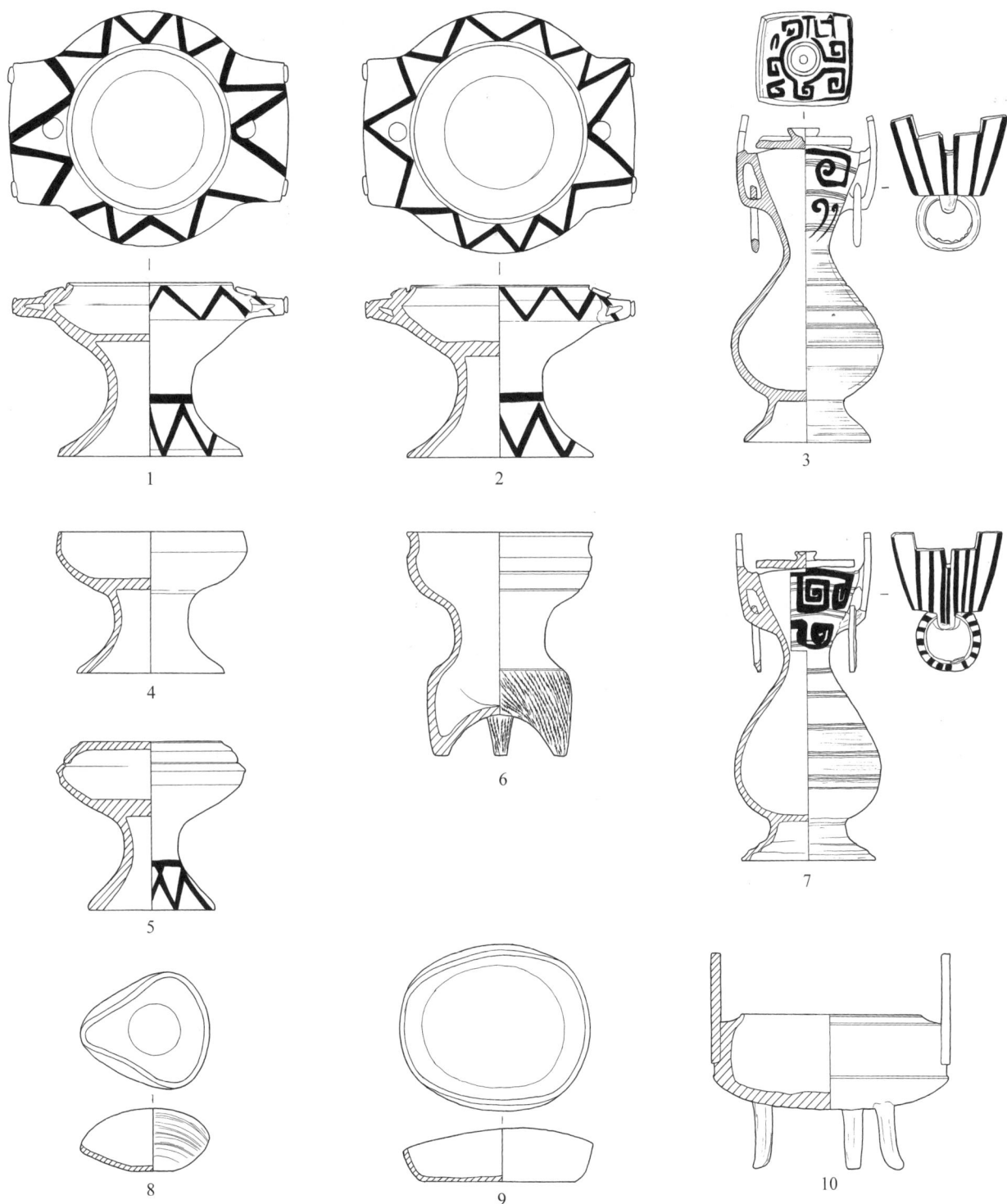

图一六三 M1 出土器物

1~2.簋(M1:4、M1:3) 3、7.壶(M1:2、M1:1) 4~5.豆(M1:7、M1:6)
6.甗(M1:8) 8.匜(M1:9) 9.盘(M1:10) 10.鼎(M1:5)

陶簋　2件。均完整。均为泥质灰陶,形制相同。标本M1∶3,子口内敛,圆唇,折肩,半假腹,真腹底略高于假腹底,喇叭状空心高圈足,腹两侧各黏附一宽扁状环耳,耳孔很小,耳面装饰三个小乳丁,无盖。口沿、耳及圈足饰红、白彩相间的勾折纹,剥落严重。器表可见轮修痕迹。口径8.6厘米,腹径10.8厘米,腹深2.7厘米,圈足高4.8厘米,足径9.2厘米,通高8.2厘米(图一六三,2;彩版一三,1)。标本M1∶4,口径8厘米,腹径10.6厘米,腹深2.5厘米,圈足高5.5厘米,足径9.2厘米,通高8.3厘米(图一六三,1;彩版一三,2)。

陶壶　2件。均可复原。均为泥质灰陶,形制相同。标本M1∶2,椭方侈口,口沿不甚规整,长颈向下急剧内收,束腰,圆鼓腹,平底,喇叭状空心圈足较高,口沿两侧黏附双耳衔环,耳外侧面装饰板状兽面,兽面上部高于器口。方形板盖,四角微翘,顶面有圈足形捉手。器表饰九组(每组二道)弦纹,通体饰红、白彩相间纹样,剥落严重,盖、颈部残存云雷纹,耳外侧面饰竖线纹,器身可见分段制作黏附刮抹痕迹和轮修痕迹。盖边长9.4厘米,钮径3.2厘米,高1.6厘米,器身口径10厘米,腹径15.2厘米,腹深23.2厘米,圈足径12.8厘米,高4厘米,耳高9.4厘米,通高31.2厘米(图一六三,3;彩版一三,5)。标本M1∶1,盖边长10厘米,钮径2.2厘米,高1.6厘米,器身口径10.4厘米,腹径14.8厘米,腹深23.6厘米,圈足径13.6厘米,高3.8厘米,耳高9.4厘米,通高31.4厘米(图一六三,7;彩版一三,3、4)。

陶甗　1件。标本M1∶8,完整。泥质灰陶。甑、鬲连体,无箅。甑为盆形,侈口,平折沿,圆唇,束颈,折肩,弧腹;甑鬲连接处束腰较长;鬲体较小,溜肩,鼓腹,连裆,底近平,三柱足。甑腹饰三周弦纹,鬲通体饰绳纹,甑、鬲分制合体,肩部抹光,甑口部可见轮修痕迹。口径9.2厘米,腹径9.4厘米,腰径4.4厘米,裆高2厘米,通高10.7厘米(图一六三,6;彩版一三,6)。

陶豆　2件。标本M1∶6,完整。泥质灰陶。敛口,方唇,弧腹,豆盘较浅,平底,豆柄较细,喇叭状空心高圈足。覆盘形浅腹盖,盖口与器口对合。圈足饰红、白彩相间的勾折纹。器表可见轮修痕迹。口径8.6厘米,盘深1.7厘米,足径6.4厘米,通高8.1厘米(图一六三,5;彩版一四,1)。标本M1∶7,可复原。泥质灰陶。直口微敛,圆唇,弧腹,豆盘较深,平底,粗豆柄,喇叭状空心高圈足,无盖。素面。器表可见轮修痕迹。口径9厘米,盘深2.2厘米,足径7.4厘米,通高6.8厘米(图一六三,4;彩版一四,2)。

陶盘　1件。标本M1∶10,可复原。泥质灰陶,烧制火候较低,陶色灰、褐不匀。椭方形敞口,口沿高低不平,方唇,浅腹,腹壁斜直,平底。素面。口长径9.5厘米,短径8厘米,底长径7.1厘米,短径5.9厘米,高2.6厘米(图一六三,9;彩版一四,3)。

陶匜　1件。标本M1∶9,完整。泥质灰陶。整体平面呈近三角形,敛口,口沿高低不平,圆唇,腹较浅,小平底,流端呈三角形,后端呈半圆形。素面。器表可见刮抹痕迹。口长径6.3厘米,短径5.5厘米,底径2.5厘米,高3厘米(图一六三,8;彩版一四,4)。

二、M2

1. 墓葬形制

M2位于Ⅱ区T0703南部,开口于第①层下,上部被早年的取土坑破坏。墓葬形制为长方形竖穴土圹墓,方向0°。墓圹现存开口南北长2.8米,东西宽1.8米,深2米。墓壁向下渐内收,其上发现有宽约0.02米的工具痕迹,东、北两壁发现有三角形脚窝,其中北壁上有2个脚窝,距离墓圹东北角0.46米,东壁上有1个脚窝,距离墓圹东北角0.24米,脚窝宽0.12~0.16米,高0.16米,进深0.1米。墓圹底部较平坦,底部南北长2.52米,东西宽1.6米。墓圹内填灰土,土质较疏松。

墓圹内葬具为一棺一椁,已朽无存,仅存板灰痕迹。木椁平面呈长方形,长2米,宽1.2米,高0.9米。椁室为木板拼装而成,椁盖板为木板横向并排平铺而成,单块木板宽约0.16~0.2米,厚度不详;东西侧板为木板竖向立拼而成,单块木板长2米,宽0.18~0.2米;南北挡板为木板横向立拼而成,单块木板长1.2米,宽0.18~0.2米,厚0.08~0.1米。椁室底部有0.1米厚的垫土。木棺置于椁室南部偏东,紧靠椁室南壁和东壁,长1.4米,宽0.7米,侧板厚约0.06米,挡板厚约0.08米。棺内有人骨架一具,保存较好,葬式为侧身屈肢葬,头向北,面向西(图一六四)。

2. 出土器物

该墓出土器物均为陶器,多为残片,置于西北角棺椁之间,可辨器形有鼎、簋、壶、甗、豆等,发掘编号以单体残部为准,共计24件,实际器物大约为8件。

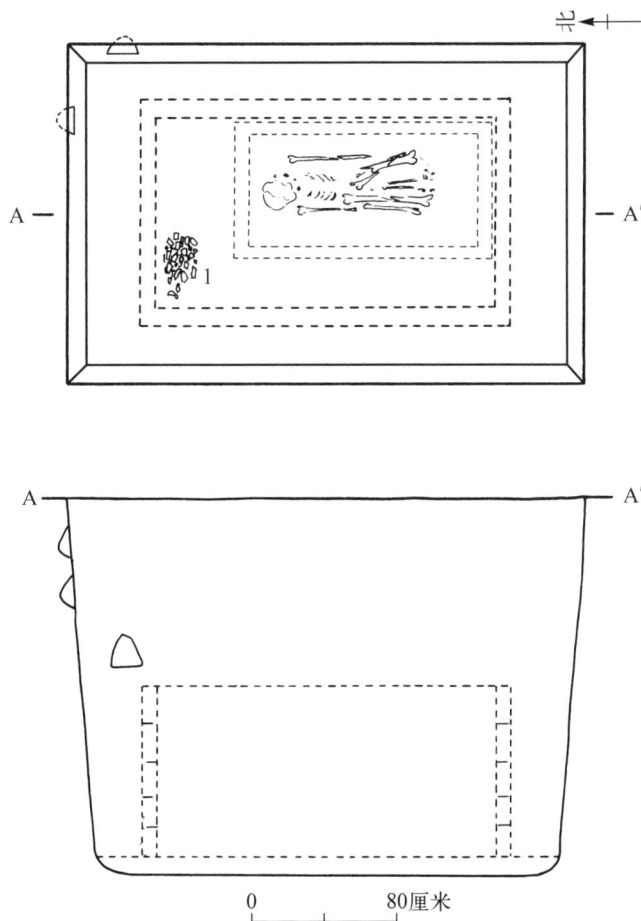

图一六四 M2平、剖面图

1. 陶器残片

陶鼎　4件。残碎严重，可辨口、腹、足部残片，无可复原者。均为夹砂灰陶。标本M2：5，口、腹部残片。敛口，方唇，鼓腹。腹部饰弦纹。残高3.4厘米（图一六五，1）。标本M2：6，蹄形足残块。素面。残高5厘米（图一六五，3）。标本M2：7，蹄形足残块。素面。残高4.8厘米（图一六五，4）。标本M2：8，蹄形足残块。素面。残高4厘米（图一六五，5）。以上残部似为1件陶鼎的组成部分。

陶簋　9件。残碎严重，可复原者较少。均为夹砂灰陶。M2：19、M2：20、M2：21、M2：22均为耳部残块，形制相同，为扁平状简化兽首形耳，突出双角。标本M2：19，残长3.4厘米，高2.4厘米（图一六五，13）。标本M2：20，残长2.5厘米，高2.1厘米（图一六五，12）。标本M2：21，残长3.1厘米，高1.9厘米（图一六五，11）。M2：22，残长2.8厘米，高2.2厘米（图一六五，10）。标本M2：11，簋盖，可复原。覆豆形盖，直口，方唇，弧壁，浅腹，顶面较平，正中有一圈足形捉手，捉手四周上翘。素面。器壁可见轮修痕迹。口径16厘米，钮径7厘米，高4.6厘米（图一六五，6）。标本M2：9，盖残片。覆豆形盖，敞口，方唇，顶面微隆起，正中有一圈足形捉手。素面。器壁可见轮修痕迹。残高5.2厘米（图一六五，2）。标本M2：10，盖残片。敞口，方唇，平顶。素面。器壁可见轮修痕迹。残高2.8厘米（图一六五，7）。标本M2：12，盖顶捉手残片。空心圈足形捉手。残高2.7厘米（图一六五，9）。标本M2：24，底座残片。覆钵形圈足。素面。足径14.8厘米，残高6厘米（图一六五，8）。以上残部似为2件陶簋的组成部分。

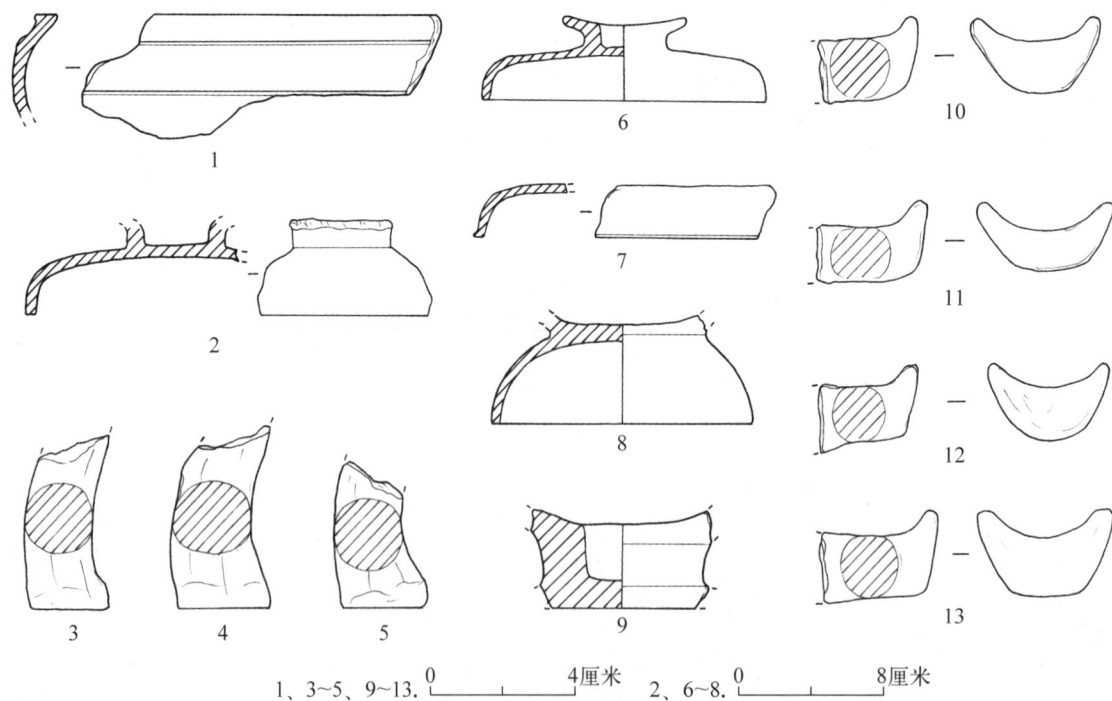

1、3～5、9～13. 0 ⎯⎯⎯ 4厘米　　2、6～8. 0 ⎯⎯⎯ 8厘米

图一六五　M2出土器物

1、3～5. 鼎（M2：5、M2：6、M2：7、M2：8）　2、6～13. 簋（M2：9、M2：11、M2：10、M2：24、M2：12、M2：22、M2：21、M2：20、M2：19）

　　陶壶　7件。多为口、腹、足、耳、盖部残片，无可复原者。均为夹砂灰陶。标本 M2:23，口、颈部残片。敞口，方唇，束颈。颈部饰多周弦纹，并饰圆圈纹。口径12.8厘米，残高7.8厘米（图一六六，6）。M2:15、M2:16、M2:17、M2:18均为耳部残片，形制相同，为简化板状兽面耳，突出双角，下部保留与器身结合的榫头。表面饰右上至左下斜向绳纹。标本 M2:15，宽7.8厘米，高11.6厘米（图一六六，1）。标本 M2:16，宽7.8厘米，高11.8厘米（图一六六，2）。标本 M2:17，宽8厘米，高11.6厘米（图一六六，3）。标本 M2:18，宽7.8厘米，高11.6厘米（图一六六，4）。标本

0　　　　　　8厘米

图一六六　M2出土器物

1～6、8.壶（M2:15、M2:16、M2:17、M2:18、M2:13、M2:23、M2:14）

9、11.豆（M2:1、M2:2）　7、10.瓿（M2:4、M2:3）

M2：13，方形板盖，平底。表面内外两区均饰右上至左下斜向短绳纹。边长15厘米，残高0.8厘米（图一六六，5）。标本M2：14，器盖残片。圆形板盖，平底，顶面正中捉手缺失，捉手外饰二周旋斜形短绳纹。直径14厘米，残高0.8厘米（图一六六，8）。以上残部似为2件陶壶的组成部分。

　　陶甗　2件。均为口、足部残片，无可复原者。均为夹砂灰陶。标本M2：3，口部残片。盆形，敛口，平折沿，尖圆唇，短束颈，折肩，鼓腹。肩部以下饰左上至右下斜向绳纹。内壁可见轮修痕迹。残高4.4厘米（图一六六，10）。标本M2：4，腹、足部残片。鼓腹，短柱足。腹、足部均饰绳纹。残高10.6厘米（图一六六，7）。

　　陶豆　2件。均为夹砂灰陶，形制相同。标本M2：1，可复原。敛口，尖圆唇，豆盘较浅，圜底，豆柄较细，喇叭状空心高圈足。素面。口径10.8厘米，盘深2.8厘米，足径8厘米，通高9.4厘米（图一六六，9）。标本M2：2，豆盘残片。器表可见轮修痕迹。口径12.8厘米，残高2.4厘米（图一六六，11）。

三、M3

1. 墓葬形制

　　M3位于Ⅱ区T0604东北部、T0605东南部、T0705西南部和T0704西北部，开口于第①层下，上部被早年的取土坑破坏。墓葬形制为长方形竖穴土圹墓，方向5°。墓圹开口南北长3.1米，东西宽2米，残深2.6米。墓壁上部竖直，底部略内收、较平坦，底部南北长2.94米，东西宽1.86米。在东壁与南壁发现有脚窝，其中南壁2个，距东南角0.45米，上下间距0.6米，东壁1个，距东南角0.4米。脚窝平面近三角形，宽0.16米，高0.16～0.18米，进深0.14米。墓圹内填灰色土，土质较疏松，包含有零星陶片。

　　墓圹内葬具为一棺一椁，已朽无存，仅存板灰痕迹。木椁平面呈长方形，长2.4米，宽1.3米，高1.4米。依据残存迹象，可推知椁室为木板拼装而成，盖板及底板为长方形木板横向并排平铺，南北挡板为横向立拼，东西侧板为竖向立拼，单块木板宽0.16～0.2米，厚约0.1米。木棺置于椁室西南部，紧靠椁室西壁和南壁，长1.54米，宽0.86米，东西侧板厚约0.08米，南北挡板厚约0.06米。棺内有人骨架一具，保存很差，已朽成粉末状，可辨其葬式为侧身屈肢葬，头向北，其余不详（图一六七）。

2. 出土器物

　　该墓共出土随葬器物14件，置于北部棺椁之间，器类有陶鼎、陶簋、陶壶、陶盘、陶匜、陶盂、陶器盖、石圭等。

　　陶鼎　2件。均可复原。均为泥质灰陶，形制基本相同。标本M3：7，敛口，方唇，盆形腹略深，上腹外侧黏附一对长方形板状直耳，平底，底边黏附三蹄足，足跟微鼓，其中一足正对一耳。腹部饰三周凸棱纹，下腹部饰竖向短绳纹，耳内侧面饰竖绳纹。口沿可见轮修痕迹，腹部可见刮抹痕迹。口径17.2厘米，腹径17.6厘米，底径5.2厘米，腹深8.2厘米，耳高5.8厘米，通高14.2厘米（图一六八，1；彩版一四，5）。标本M3：8，器形不甚规整。腹部饰两周凸棱纹。口径16.8厘米，腹径17.2厘米，底径6.8厘米，腹深8厘米，耳高5.8厘米，通高14.2厘米（图一六八，2；彩版

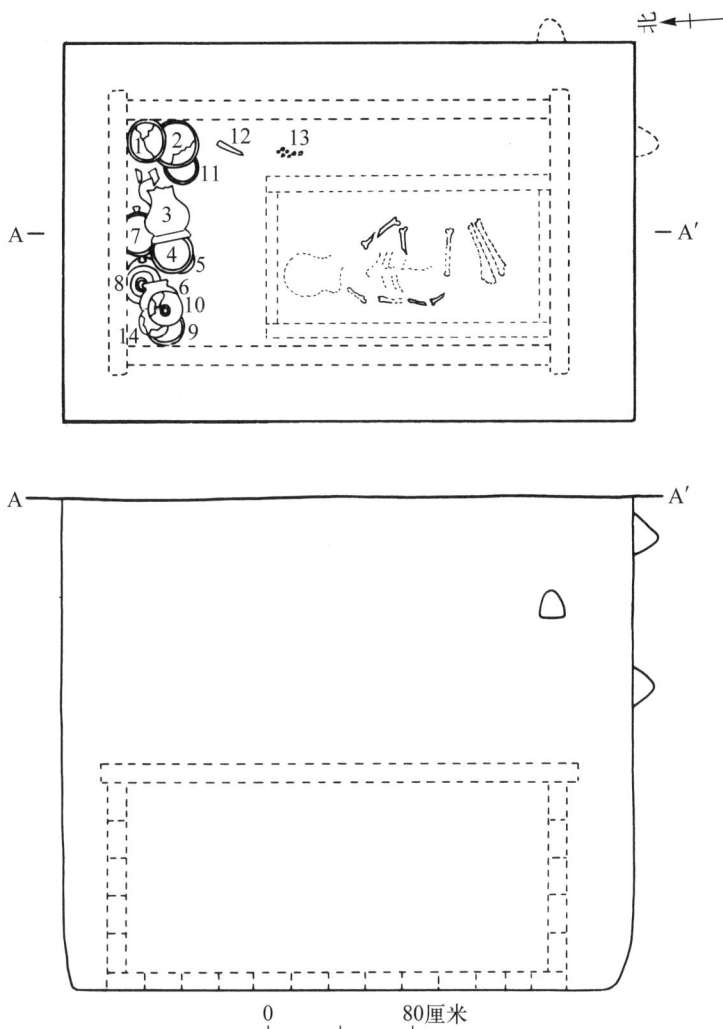

图一六七　M3平、剖面图

1.匜　2.盘　3～4.壶　5～6.簋　7～8.鼎　9、11.盂　10、14.器盖　12～13.石圭

一四,6)。

陶簋　2件。均可复原。均为泥质灰陶,形制基本相同。标本M3:5,器身敛口,平沿,尖圆唇,盆形腹略深,平底,大喇叭形空心圈足微外撇,腹部黏附一对横向扁平板状简化兽首形耳,兽耳突出双角。器盖呈覆豆形,敞口,方唇,顶面近平,正中有一空心圈足形捉手,盖与器平口相合。腹部饰三周凸棱纹。器表抹光,通体饰红、白相间彩绘,其中盖面及器身腹部为多组带状尖角纹,盖壁外及圈足为折勾几何纹。器表可见刮抹痕迹。器盖口径16.7厘米,捉手径3厘米,高4.3厘米,器身口径16.2厘米,腹深6厘米,足径13厘米,足高2.9厘米,耳长2.7厘米,通高13.7厘米(图一六八,8;彩版一五,1)。标本M3:6,器盖口径16厘米,捉手径3.2厘米,高4.2厘米,器身口径16厘米,腹深5.8,足径15.6厘米,足高3.2厘米,耳长2.7厘米,通高13.8厘米(图一六八,7;彩版一五,2)。

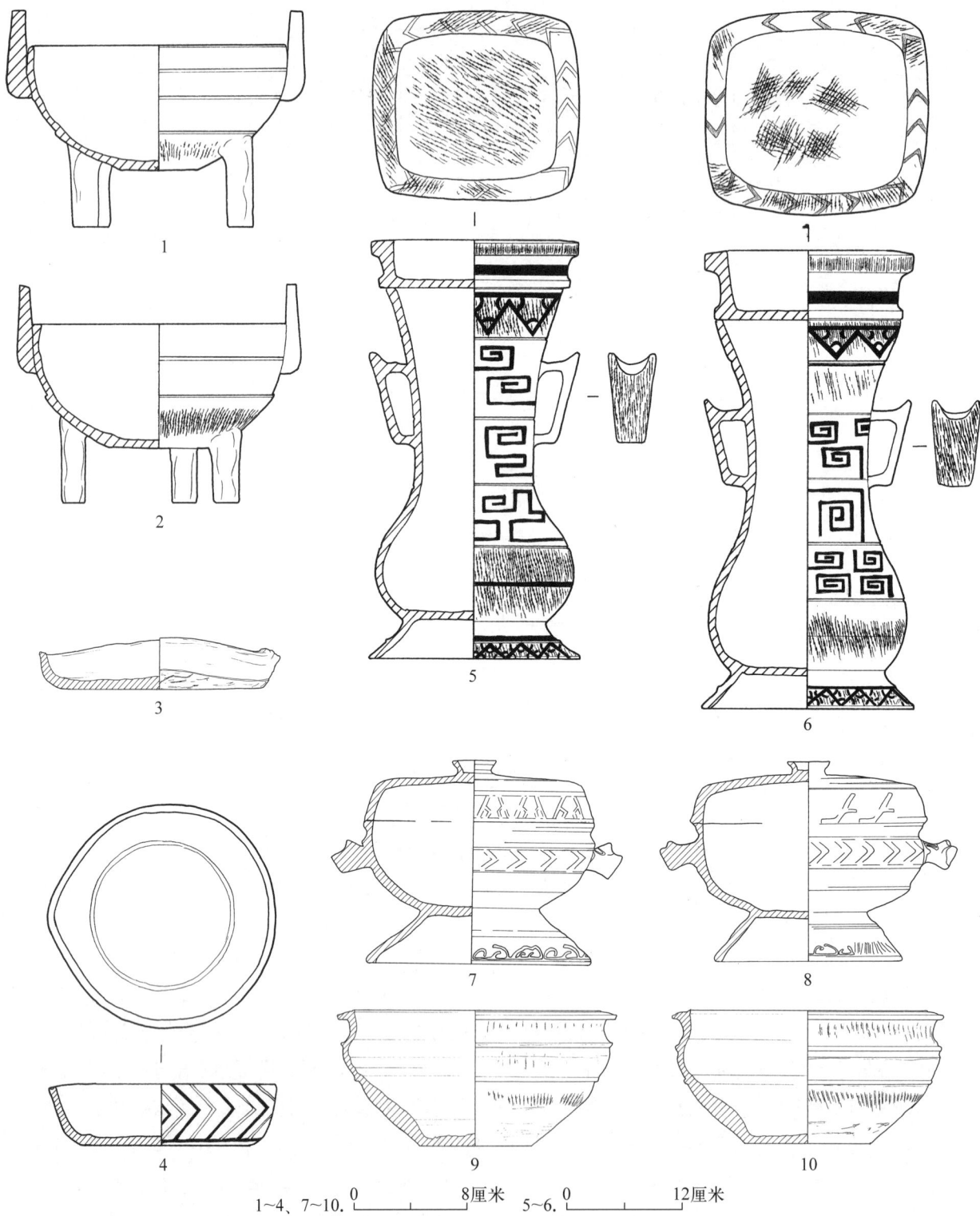

1~4、7~10. 0 ———— 8厘米　　5~6. 0 ———— 12厘米

图一六八　M3出土器物

1~2.鼎（M3：7、M3：8）　3.盘（M3：2）　4.匜（M3：1）　5~6.壶（M3：3、M3：4）
7~8.簠（M3：6、M3：5）　9、10.盂（M3：11、M3：9）

陶壶 2件。均可复原。均为夹砂灰陶，形制基本相同。标本M3∶3，器身为椭方形侈口，长方颈微束，圆形垂腹，矮喇叭状空心圈足外撇，颈中部偏上黏附一对简化兽首形穿耳，兽突出双角。器盖呈亚腰方盘形，平沿，束颈，浅腹，盖与器平口相合。器身饰五周弦纹，将表面分为六区，口沿及每周弦纹上饰红色窄带纹，各区内为彩绘图案或装饰纹样，自上而下分别为：一区红彩折勾三角纹，二、三、四区红彩云雷纹，五、六区竖绳纹、白色云雷纹。耳外侧面饰竖向绳纹；圈足有一周凸棱，凸棱以下两周红彩弦纹间夹一周红彩折勾三角纹及竖向短绳纹；盖唇、腰部各饰一周红色窄带纹，唇部亦饰竖向短绳纹。陶壶各部位分体制作，而后黏附，器表多有修整刮抹痕迹。器盖口长径21厘米，短径18.3厘米，高4.8厘米，器身口径18厘米，腹径20.4厘米，足径21.6厘米，足高3.9厘米，耳高8.7厘米，通高40.8厘米（图一六八，5；彩版一五，3）。标本M3∶4，各区装饰自上而下分别为：一区红彩折勾三角纹，二区一周白色窄带纹，三、四、五区红色云雷纹，六区竖绳纹、白色云雷纹。器盖口长径22.5厘米，短径19.8厘米，高6.9厘米，器身口径18.6厘米，腹径20.1厘米，足径21.6厘米，足高3.3厘米，耳高8.4厘米，通高44.7厘米（图一六八，6；彩版一五，4）。

陶盘 1件。M3∶2，可复原。泥质灰陶，烧制火候较低，制作较为粗糙。椭方形敞口，口沿高低不平，方唇，浅腹，盘壁斜直，平底略内凹，内底心凸起。素面。口径16.6厘米，底径13.2厘米，高3.4厘米（图一六八，3；彩版一五，5）。

陶匜 1件。M3∶1，可复原。泥质灰陶，制作较为粗糙。整体平面近圆形，敞口，方唇，流呈微凸尖角形，腹较浅，腹壁斜直，大平底，内底心微凸。内外壁均饰红、白色弦纹和尖角纹，剥落严重。口长径15.4厘米，短径14.6厘米，底径10厘米，高4厘米（图一六八，4；彩版一五，6）。

陶盂 2件。均可复原，均为泥质灰陶，形制基本相同。标本M3∶11，直口，平沿外折，尖圆唇，束颈，上腹微鼓，下腹斜直，平底。上腹有两周凸棱，下腹饰斜绳纹，腹底相接处有刮抹痕迹。口径19厘米，底径7.6厘米，高8.8厘米（图一六八，9；彩版一六，2）。标本M3∶9，腹、底部不甚规整，略有变形。口径18.4厘米，底径8.6厘米，高8.6厘米（图一六八，10；彩版一六，1）。

陶器盖 2件。均可复原，均为泥质灰陶，形制基本相同。标本M3∶10，整体呈覆豆形，敞口，方唇，弧壁，顶面近平，中部有一圈形捉手。盖面饰两周弦纹，外周弦纹为盖面和腹壁分界线，内周弦纹将盖面分为内外两区，弦纹内填红彩；盖面两区饰红、白彩相间的折勾尖角纹，盖壁外两周红彩弦纹间夹饰一周折勾三角纹和月牙纹。口径18.8厘米，纽径4厘米，高4.6厘米（图一六九，2；彩版一六，3）。标本M3∶14，捉手外加饰一周红彩圈带。口径20.4厘米，纽径4厘米，高5.2厘米（图一六九，1；彩版一六，4）。

石圭 2件。均为灰色页岩。标本M3∶12，保存基本完整，尖部稍有磨损。整体较修长，两侧边较直，下部稍宽厚，上部稍窄薄，圭首较尖锐，呈等腰三角形，身、首相接处缓折，平尾，截面呈长方形。器表较光滑，残存有细斜线磨划痕迹。通长19.2厘米，首长4.2厘米，身宽3.2～3.6厘米，厚0.8厘米（图一六九，3；彩版一八，1）。标本M3∶13，残。整体较修长，两侧边较直，圭首近等腰三角形，尾端残缺，截面呈长方形。器表较光滑，残存有细微的斜线磨划痕迹。残长23.2厘米，宽4厘米，厚0.6厘米（图一六九，4）。

图一六九　M3出土器物

1～2. 器盖（M3：14、M3：10）　3～4. 石圭（M3：12、M3：13）

四、M4

1. 墓葬形制

M4位于Ⅱ区T0603北部和T0604南部，开口于第①层下。墓葬形制为长方形竖穴土圹墓，方向8°。墓圹上部被破坏，现存开口南北长3.1米，东西宽1.8米，残深1.1米，椁室已暴露。墓壁竖直，底部略内收、较平坦，底部南北长2.84米，东西宽1.66米。墓圹内填灰色土，土质较疏松，包含有少量陶片和石块。

墓圹内葬具为一棺一椁，已朽无存，仅存板灰痕迹。木椁平面呈长方形，长2.6米，宽1米，高0.5米。由木板拼装而成，东西两侧板均为竖向立拼，南北两挡板为横向立拼，挡板两头略伸出，底板为长条形木板竖向并排平铺。单块木板宽0.2米，厚0.1米。木棺置于椁室南部，长1.6米，宽0.6米，东西侧板厚0.08米，南北挡板厚0.1米。棺内存人骨架一具，保存较差，已朽成粉末状，可辨其葬式为屈肢葬，头向北，其余不详（图一七〇）。

2. 出土器物

该墓共出土随葬器物12件，分置于北端棺椁之间和棺内，器类有陶鼎、陶甗、陶豆、陶盂、陶罐、陶圭、石圭等。

陶鼎　1件。M4：1，可复原。泥质灰陶。器身较粗糙，敛口，圆唇，球形腹深鼓，上腹黏附一对长方形板状耳，耳稍外撇，圜底，底边黏附三蹄足，足跟宽厚，下端外撇。器盖较规整，覆豆形，顶面微隆，正中有空心圈足形大捉手，盖与器子母口相合。素面。腹部可见刮抹痕迹。器盖口径13.6厘米，捉手径7.2厘米，高6厘米，器身口径10.8厘米，腹径14.4厘米，腹深10.4厘米，耳高6.6厘米，通高18厘米（图一七一，1；彩版一六，5）。

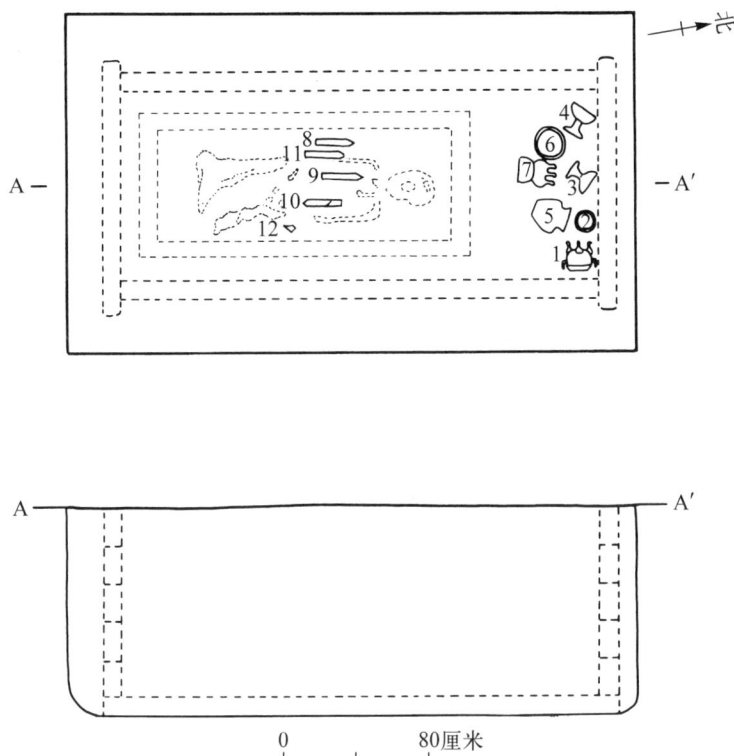

图一七〇 M4平、剖面图

1. 鼎 2~4. 豆 5. 罐 6. 盂 7. 甗 8~10. 石圭 11~12. 陶圭

陶甗 1件。M4:7，完整。夹砂灰陶。甑、鬲连体，无箅。甑为盆形，侈口，沿微外卷，圆唇，束颈，鼓腹。甑鬲连接处为短束腰。鬲体较宽，鼓肩，连弧裆，三柱足。甑腹部饰竖向绳纹，鬲腹部饰右上至左下斜向绳纹。甑、鬲分制合体，甑口可见轮修痕迹，鬲足手制黏附，抹痕明显。口径13.6厘米，腹径14厘米，腰径9.6厘米，裆高2.6厘米，通高20.4厘米（图一七一，3；彩版一六，6）。

陶豆 3件。均为泥质灰陶，形制基本相同。标本M4:3，完整。敞口，圆唇，弧腹较浅，圜底近平，柱状柄较细，喇叭状空心圈足。素面。器表可见轮修痕迹。口径14.4厘米，盘深4厘米，足径10.4厘米，通高13.6厘米（图一七一，5；彩版一七，1）。标本M4:4，可复原。与标本M4:3相比略显宽矮，口沿不甚规整。口径14.8厘米，盘深3.8厘米，足径10.4厘米，通高12.6厘米。（图一七一，4；彩版一七，2）。标本M4:2，仅存豆盘。口径15.2厘米，残高4.6厘米（图一七一，6）。

陶盂 1件。M4:6，完整。泥质灰陶。侈口，折沿，圆唇，束颈，肩微折，鼓腹，下腹急收，平底。素面。口、颈部可见轮修痕迹，腹部可见刮抹痕迹。口径13.2厘米，腹径7厘米，底径7.6厘米，高7.2厘米（图一七一，7；彩版一七，3）。

陶罐 1件。M4:5，完整。夹砂灰陶。大喇叭形口，平沿，尖唇，束颈略长，溜肩，鼓腹，平底，口径与最大腹径相近。腹部饰右上至左下斜向绳纹。口、颈部可见轮修痕迹，腹、底相接处有刮抹痕迹。口径16厘米，腹径15.2厘米，底径8.4厘米，高17.2厘米（图一七一，2；彩版一七，4）。

陶圭 2件。标本M4:11，残。泥质黑陶。整体较为修长，两侧边平直，器身较厚，圭首尖

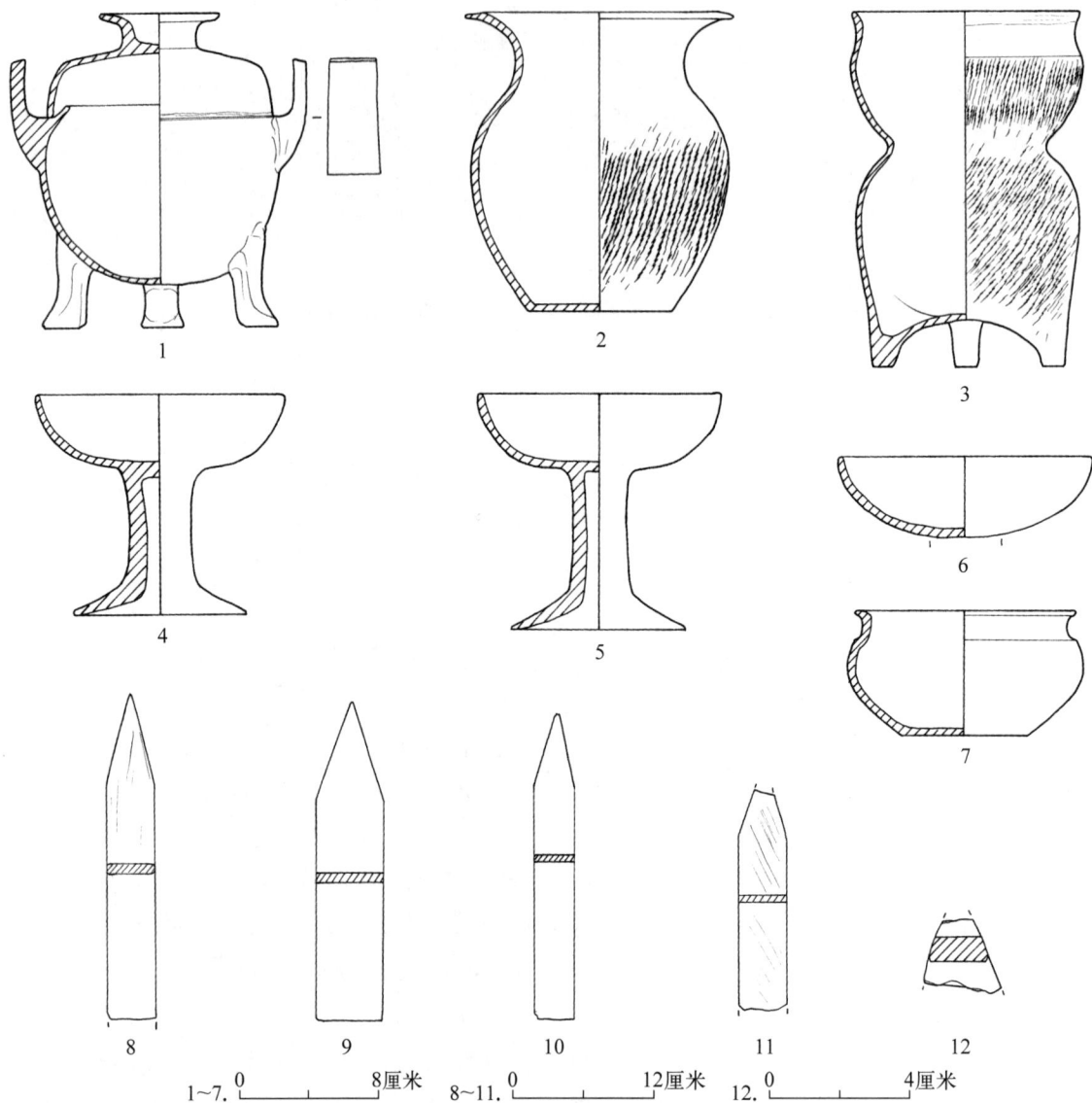

图一七一 M4 出土器物

1. 鼎（M4：1） 2. 罐（M4：5） 3. 甗（M4：7） 4～6. 豆（M4：4、M4：3、M4：2）
7. 盂（M4：6） 8、12. 陶圭（M4：11、M4：12） 9～11. 石圭（M4：10、M4：9、M4：8）

锐，呈等腰三角形，身、首相接处硬折，尾端残缺，截面呈长方形。器表不甚平滑，可见刮抹痕迹。
残长28.2厘米，首长8.1厘米，身宽4.5厘米，厚0.9厘米（图一七一，8）。标本M4：12，仅残存部分
圭首。泥质灰陶。残长2.1厘米，厚0.7厘米（图一七一，12）。

　　石圭 3件。均为灰色页岩，形体较大，形制基本相同。标本M4：8，残为数段。整体较修
长，两侧边平直，圭首略向一侧倾斜，尖端残缺，身、首相接处一侧硬折，一侧缓折，截面呈长方
形。器表不甚平滑，可见较明显的细斜线磨划痕迹。残长18.9厘米，身宽4.5厘米，厚0.6厘米
（图一七一，11）。标本M4：9，圭身残断，尾端稍残缺。整体修长，两侧边平直，圭首尖锐，略向

一侧倾斜,身、首相接处缓折,截面呈长方形。器表较为光滑,可见细微的斜线磨划痕迹,侧边有切割留下的凹槽痕迹。残长26.4厘米,首长6.3厘米,身宽3.6厘米,厚0.6厘米(图一七一,10;彩版一八,2)。标本M4:10,首部残断,可复原。整体宽大厚实,两侧边较平直,圭首呈等腰三角形,身、首相接处缓折,截面呈长方形,尾端较平直。器表磨光,可见细微的竖线磨划痕迹,一面残存有红色颜料。通长27.3厘米,首长8.4厘米,身宽6厘米,厚0.75厘米(图一七一,9;彩版一八,3)。

五、M5

1. 墓葬形制

M5位于Ⅱ区T0501北部和T0502南部,开口于第①层下,上部被早年的取土坑破坏。墓葬形制为长方形竖穴土圹墓,方向5°。墓圹现存开口南北长3米,西端宽1.85米,东端宽1.95米,残深1.7米。墓壁竖直,东壁上距开口深0.05米,距东北角0.2米处有一脚窝,北壁上距开口0.8米,距东北角0.25米处有一个脚窝,脚窝呈半圆形,宽0.18米,高0.15米,进深0.08米。墓圹内填浅灰色土,土质疏松,包含少量陶片和石块。

墓圹内葬具为一棺一椁,已朽无存,仅存板灰痕迹及底部黑色灰迹。木椁平面痕迹近长方形,长2.42~2.48米,宽1.42~1.5米,高0.8米。木棺置于椁室中部偏东,平面呈长方形,长1.5米,宽0.7米。棺内有人骨一具,保存较差,已朽成粉末状,可辨其葬式为侧身屈肢葬,头向北,其余不详(图一七二)。

2. 出土器物

该墓随葬器物主要置于墓室北端棺椁之间和棺内,出土的陶器残碎十分严重,部分碎渣已泥化,可辨器形有陶鼎、陶器盖,另有陶圭、铜襟钩、石璧、石圭等,发掘编号以单体残部为准,共计22件,实际器物大约为20件。

陶鼎　3件。均为口、腹、足部残片,无可复原者。标本M5:20,口、腹部残片。泥质灰陶。敛口,圆唇,鼓腹。器表饰多周弦纹,残存有一圆饼状附加堆纹。残高10.2厘米(图一七三,1)。标本M5:21、M5:22均为足部残片,夹砂灰陶,形制相同。标本M5:21,足下部略细,底部外撇,横截面呈圆形。残高5.2厘米(图一七三,9)。M5:22,蹄形足,足跟微鼓,断面有一凸出的榫头,用以插入鼎腹底部,下部略细,底部外撇,横截面呈圆形。残高6.3厘米(图一七三,8)。

陶器盖　4件。均为夹砂灰陶。标本M5:17,可复原。圆形板盖,上有空心圈形捉手。直径15.2厘米,捉手径5厘米,高2.8厘米(图一七三,5)。标本M5:16,残存部分板盖和空心矮圈形捉手。捉手径4.4厘米,高2.2厘米(图一七三,6)。标本M5:19,残存空心高圈形捉手,体略大。捉手径6.8厘米,残高5.2厘米(图一七三,2)。标本M5:18,残存空心圈形捉手上部。捉手径6.4厘米,残高2厘米(图一七三,4)。

陶圭　1件。M5:3,残。泥质黑陶。整体较修长,两侧边较斜直,下部较宽,上部收窄,圭首尖锐,近等腰三角形,尖端残缺,身、首相接处无明显分界,截面呈长方形。器表可见刮抹痕迹。残长27厘米,身宽4.5厘米,厚1.05厘米(图一七三,10;彩版一八,4)。

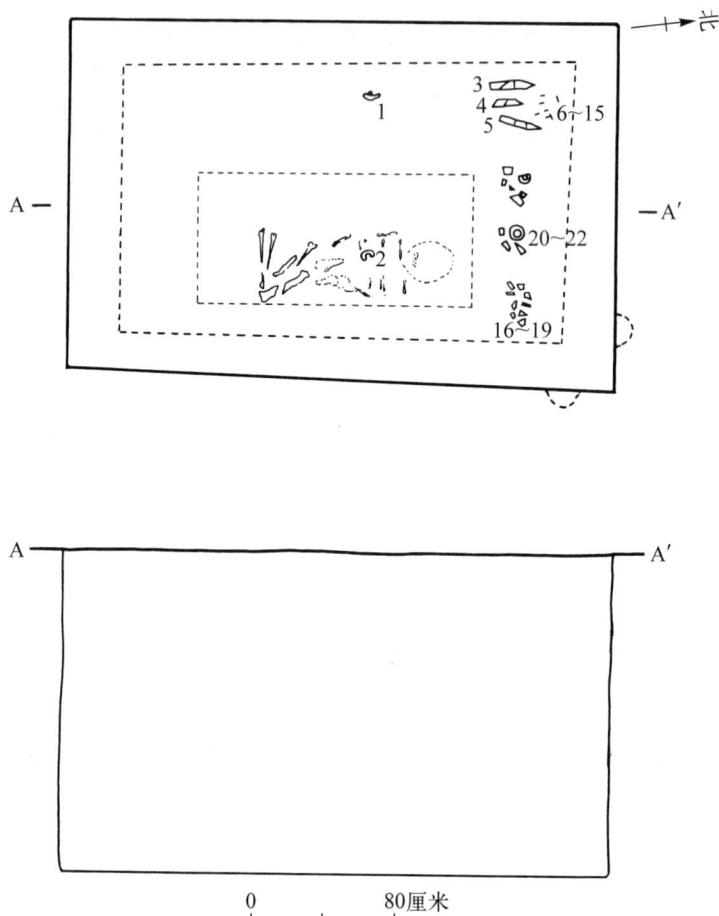

图一七二　M5平、剖面图

1. 铜襟钩　2. 石璧　3. 陶圭　4～15. 石圭　16～19. 器盖　20～22. 鼎

铜襟钩　1件。M5：1，完整。精致小巧，整体呈回首鸭形，颈弯曲较深，鸭嘴扁长，身体如簸箕，尾端平齐，背部有一圆钮。钩身内空，推测原应插入它物。长2.2厘米，宽1.8厘米（图一七三，7；彩版一七，5）。

石璧　1件。M5：2，残。灰色，不均匀。圆形，不甚规整，肉厚薄不匀，好径较大，其直径略小于肉的宽度。好孔两面对钻而成，器表可见打磨痕迹。直径3.1厘米，好径1厘米，肉厚0.4厘米（图一七三，3；彩版一七，6）。

石圭　12件。皆残断。均为灰色页岩，形制相近，但大小不一。标本M5：4，尾部残缺，体较宽大规整。两侧边平直，圭首尖锐，呈等腰三角形，身、首相接处缓折，截面呈长方形。器身打磨光滑，可见细微的斜线磨划痕迹。残长23厘米，首长10.6厘米，身宽5厘米，厚0.6厘米（图一七四，2；彩版一八，5）。标本M5：5，可复原。形体硕大规整。整体较为修长，两侧边平直，圭首尖锐，略向一侧倾斜，身、首相接处有缓折，截面呈长方形。器身打磨光滑，可见细微的竖线磨划痕迹，尾部有横向磨划痕迹。通长41.2厘米，首长10厘米，身宽6厘米，厚0.6厘米（图一七四，

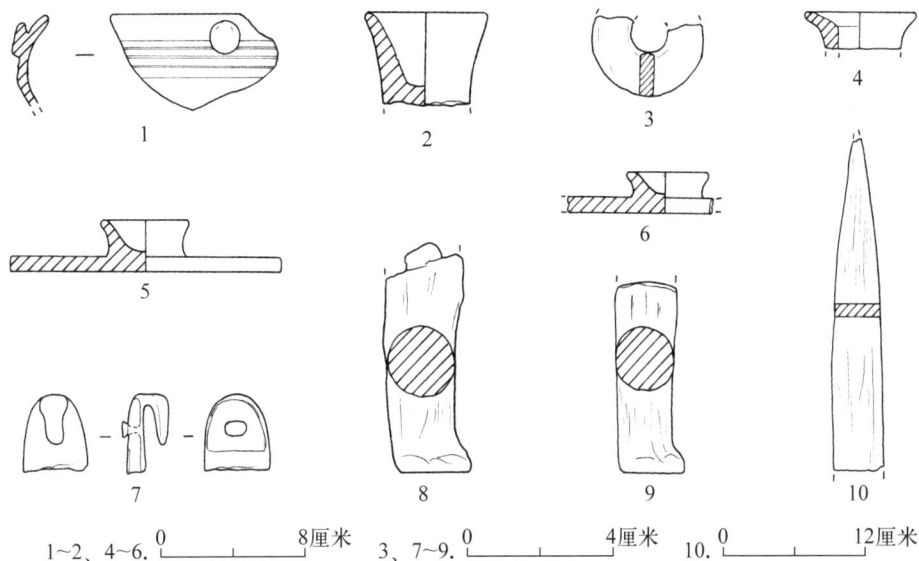

图一七三　M5 出土器物

1、8～9. 鼎（M5：20、M5：22、M5：21）　2、4～6. 器盖（M5：19、M5：18、M5：17、
M5：16）　3. 石璧（M5：2）　7. 铜襟钩（M5：1）　10. 陶圭（M5：3）

1；彩版一八，6）。标本 M5：6，首尾均残。形体较小，器身扁薄。下部较宽，上部渐收窄。身、首
分界不明显，截面呈长方形。器表可见细微的斜线磨划痕迹。残长4.8厘米，最宽处0.8厘米，厚
0.2厘米（图一七四，6）。标本 M5：7，中部残断，可复原。形体较小，器身扁薄。整体十分细长，
两侧边平直。圭首尖锐，两边长短不一，身、首相接处缓折，截面为长方形。器表可见细微的斜
线磨划痕迹。通长11.5厘米，首长3.4厘米，身宽0.8厘米，厚0.2厘米（图一七四，3；彩版一九，
1）。标本 M5：8，首尾均残。形体较小，器身扁薄。整体十分细长，圭首尖端残缺，身、首相接处
分界不明显，截面呈长方形。器表可见细微的竖线磨划痕迹，一侧边有切割细槽。残长8厘米，
首残长1.6厘米，身宽0.8厘米，厚0.2厘米（图一七四，9）。标本 M5：9，首稍残。形体较小，器身
扁薄。整体较为修长，两侧边较直，一侧薄，一侧厚。圭首尖端稍残缺，身、首相接处缓折，截面
呈梯形。器表可见细微的斜线磨划痕迹。残长7.5厘米，首残长1.5厘米，身宽0.9厘米，厚0.2厘
米（图一七四，8；彩版一九，2）。标本 M5：10，首尾均稍残。形体较小，器身扁薄。整体较为修
长，两侧边斜直，下部稍宽，上部收窄。圭首较尖锐，呈等腰三角形，身、首相接处缓折，截面呈
长方形。器表一面可见细微的斜线磨划痕迹，另一面可见竖线磨划痕迹。残长6.2厘米，首残长
1.1厘米，身宽0.8～1厘米，厚0.2厘米（图一七四，10；彩版一九，3）。标本 M5：11，首部残断，
可复原。形体较小，器身扁薄。整体十分细长，下部稍宽，上部收窄，一侧略薄。身、首分界不
明显，截面近长方形。器表可见细微的斜线磨划痕迹。长11厘米，身最宽处0.9厘米，厚0.2厘
米（图一七四，4；彩版一九，4）。标本 M5：12，首、尾部均残缺。形体较小，器身扁薄。整体十分
细长，两侧边平直，下部稍宽，上部收窄。圭身截面呈长方形。器表可见细微的斜线磨划痕迹。
残长4.4厘米，残宽0.6～0.7厘米，厚0.2厘米（图一七四，12）。标本 M5：13，尾稍残缺。形体较

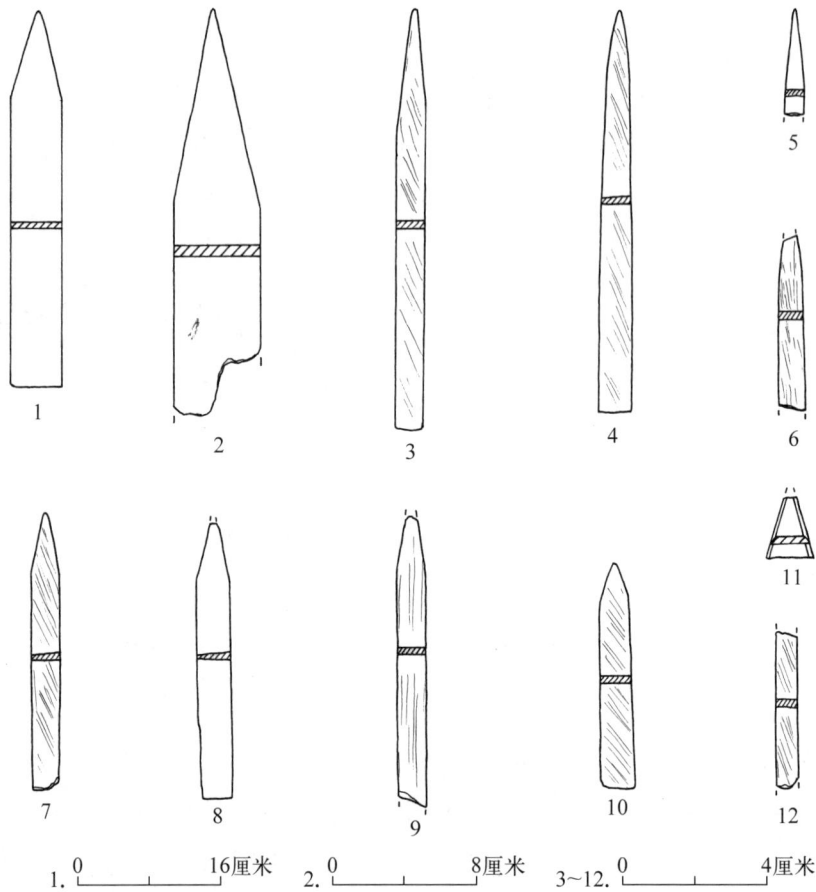

图一七四　M5出土石圭

1～12.石圭（M5：5、M5：4、M5：7、M5：11、M5：15、M5：6、M5：13、M5：9、M5：8、M5：10、M5：14、M5：12）

小，器身扁薄。整体细长，两侧边较直，下部稍宽，上部收窄。圭首尖锐，呈等腰三角形，身、首相接处缓折，截面呈长方形。器表可见细微的斜线磨划痕迹。残长7.7厘米，身宽0.7～0.9厘米，厚0.2厘米（图一七四，7；彩版一九，5）。标本M5：14，残存部分圭首。形体较小，残存圭首呈三角形，尖端残缺，截面呈梯形。器表可见细微的斜线磨划痕迹。残长1.7厘米，厚0.2厘米（图一七四，11）。标本M5：15，残存圭首及圭身上部。形体较小，器身扁薄。整体细长，圭首十分尖锐，略向一侧倾斜，身、首分界不明显，截面呈长方形。残长2.9厘米，身宽0.6厘米，厚0.2厘米（图一七四，5；彩版一九，6）。

六、M6

M6位于Ⅱ区T0502北部和T0503南部，开口于第①层下。墓葬形制为长方形竖穴土圹墓，方向10°。墓圹上部被破坏，现存开口南北长2.4米，东西宽2.3米，残深0.9米，椁室已暴露。墓壁竖直，近底处内收，底部较平坦，底部南北长2.2米，东西宽1.9米。墓圹内填五花土，土质较疏松，包含有少量陶片。

墓圹内葬具为两棺一椁,已朽无存,仅存板灰痕迹。木椁平面近方形,长1.84~1.94米,宽1.68~1.78米,残高0.8米,由木板拼装而成,东西侧板为横向立拼,南北挡板为竖向立拼,底板为横向并排平铺,每块木板宽0.16~0.2米,厚0.06~0.1米。椁室内东西并列放置木棺两具,根据痕迹判断,西侧棺长1.44米,宽0.6米,侧板厚约0.06米,挡板厚约0.08米;东棺长1.4米,宽0.52米,棺板厚度不详。棺内各有人骨架一具,保存较差,接近粉末状,其中西棺内人骨为侧身屈肢葬,头向北,面向东,双手相握曲置胸前,东棺内人骨为仰直肢葬,头向北,面向上,双手置于盆骨处,双腿交叉,右腿在上(图一七五)。

墓室北端棺椁之间见泥质器物残块,因泥化严重无法提取。

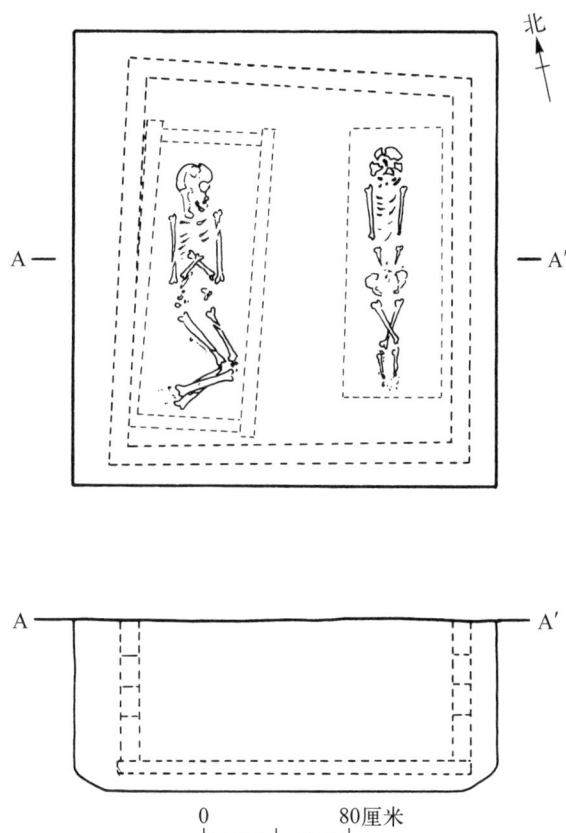

图一七五　M6平、剖面图

七、M7

M7位于Ⅰ区T0106的西北部和T0107西南部,西侧出界,后扩方发掘,开口于第①层下,东北角被一近代墓打破。墓葬形制为长方形竖穴土圹墓,方向5°。墓圹现存开口南北长2米,东西宽1.26米,深1.8米。墓壁竖直,底部较平坦。墓圹内填五花土,土质较松软,包含有零星陶片、石块等。

墓底中部有一具人骨,无葬具。骨架保存较好,为仰身屈肢葬,头向北,面向上,双手交叉置于胸前,下肢上屈特甚,两髌骨压于手骨上。骨架长0.88米（图一七六）。

　　无随葬器物。

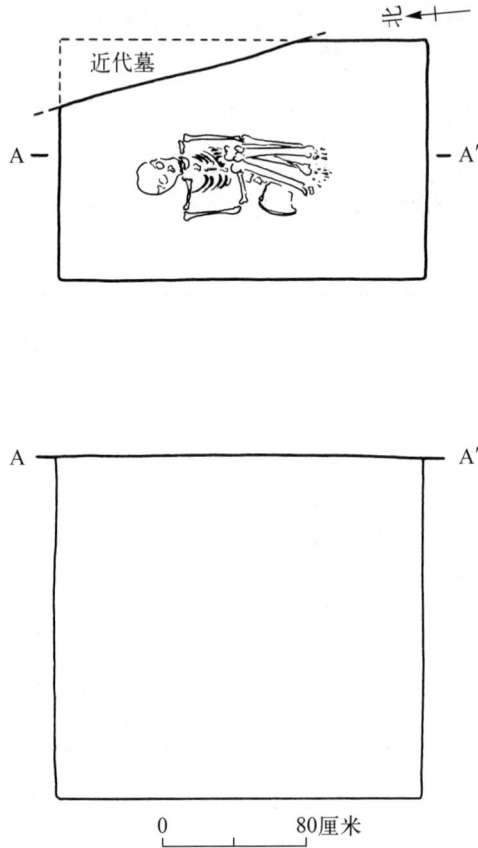

图一七六　M7平、剖面图

第十章 结 语

第一节 各期遗存的时代与性质

五楼遗址的发掘虽然是基本建设项目中的考古发掘工作,但揭露面积较大,获得了较为丰富的文化遗存。通过对资料的整理与研究,可以了解到五楼遗址的时间跨度很大,从新石器时代一直延续到东周时期,涉及的文化内涵比较丰富。其中新石器时代遗存共分为五个时期,其后还涉及商时期、东周时期,共有七个时期的遗存。下面我们按照时间序列分别总结各个阶段的内容与特点。

一、第一期遗存

五楼遗址第一期遗存发现得较少,发现的遗迹仅有灰坑5座,全部分布在发掘区的Ⅰ区,是本次发掘中遗迹数量最少的一个时期。第一期的遗存虽然最少,但文化特征非常明显。陶器的主要器形有卷沿浅腹盆、折腹盆、直口深腹钵、敛口浅腹钵、坠腹钵、侈口折腹罐(坠腹罐)、圆陶片、陶锉等,纹饰中的鼓钉纹、鹰嘴状附加堆纹等较有特色,彩陶纹样以黑色宽带纹、变体鱼纹为主。这些特征与关中地区的临潼姜寨遗址第二期[①]、渭南史家遗址[②]、陇县原子头二、三期[③]、宝鸡北首岭中期后段[④]等遗存有较多的相似性,它们同属于仰韶文化早期遗存,即半坡类型,依据相关研究的分期成果[⑤],五楼遗址第一期应属于半坡类型的偏晚阶段。五楼遗址第一期没有发现仰韶文化早期晚段典型的器物葫芦口尖底瓶,彩陶的种类、数量也比较少,这可能与发掘的仰韶文化早期遗存不够丰富有关。

二、第二期遗存

五楼遗址第二期遗存发现得比较丰富,发现的遗迹有灰坑14座,在发掘区的Ⅰ区、Ⅱ区均有

① 西安半坡博物馆、陕西省考古研究所、临潼县博物馆:《姜寨——新石器时代遗址发掘报告》,文物出版社,1988年10月。
② 西安半坡博物馆、渭南县文化馆:《陕西渭南史家新石器时代遗址》,《考古》1978年第1期。
③ 宝鸡市考古工作队、陕西省考古研究所:《陇县原子头》,文物出版社,2005年1月。
④ 严文明:《北首岭史前遗存剖析》,《仰韶文化研究》,文物出版社,1989年10月。
⑤ 严文明:《半坡仰韶文化的分期与类型问题》,《仰韶文化研究》,文物出版社,1989年10月。

分布,文化特征非常明显。陶器的主要器形有重唇口尖底瓶、葫芦口平底瓶、窄卷沿盆、弧折沿盆、叠唇盆、敛口曲腹钵、铁轨式口沿罐、高领罐、敛口瓮、大口叠唇缸、釜等,彩陶纹样以黑色弧边三角纹、圆点纹、弧线纹、垂弧纹为主。这些特征与河南陕县庙底沟遗址第一期[①]、陕西华县泉护村遗址第一期[②]、临潼姜寨遗址第三期、扶风案板遗址第一期[③]、宝鸡福临堡遗址第一期[④]、彬县水北遗址第二期[⑤]等遗存有较多的相似性,它们同属于仰韶文化中期遗存,即庙底沟类型。部分器物的形态有明显的发展演变轨迹,如尖底瓶的口部形态分为原始重唇口、典型重唇口和退化型重唇口三种,盆的形态主要有窄卷沿盆和弧折沿盆两种,铁轨式口沿罐有典型铁轨式和退化型铁轨式两种等。依据泉护村遗址、案板遗址[⑥]、水北遗址[⑦]等相关的分期结果,五楼遗址第二期遗存存在进一步分期的可能:原始重唇口尖底瓶、窄卷沿盆等器形代表了仰韶文化中期的偏早阶段,而典型的重唇口和退化型的重唇口尖底瓶、典型的和退化型的铁轨式口沿罐、弧折沿盆、敛口钵等器形则代表了仰韶文化中期偏晚阶段。

三、第三期遗存

五楼遗址第三期遗存比较丰富,发现的遗迹有灰坑22座,灰沟1段,在发掘区的Ⅰ区、Ⅱ区均有分布,文化特征非常明显。陶器的主要器形有平唇口或喇叭口尖底瓶、宽沿浅腹和深腹盆、装饰鸡冠状或条带状附加堆纹的折沿鼓腹罐、敛口浅腹平底钵和厚唇钵、平沿缸和厚唇缸、装饰附加堆纹的甑、喇叭口器盖等,几乎不见彩陶,附加堆纹大量出现。这些特征与西安半坡遗址晚期[⑧]、临潼姜寨遗址第四期、扶风案板遗址第二期、彬县水北遗址第三期、山西芮城西王村遗址晚期[⑨]等遗存相比较,存在较多的相同或相似之处,均属仰韶文化晚期遗存,即半坡晚期类型。

这一时期发现的灰沟(G1),位于遗址的东北部边缘,大体呈南北走向。经解剖,发现G1的整体剖面呈口大底小的倒梯形,东壁较为陡直,西壁较缓,且明显经过加工,呈三层台阶状,每个台面均较平整。口部宽达14.2米,现存深度3.9米。从灰沟边缘的陡直程度,到宽度、深度的规模,再到灰沟所处的位置靠近遗址的边缘区、有明显的人工加工痕迹等诸多因素来看,可以推测,G1是具备防御功能的。沟内堆积分为五层,每层均出土有遗物,经过分析,遗物的年代分别为仰韶文化早期、仰韶文化中期、仰韶文化晚期,最晚年代不晚于仰韶文化晚期,故

① 中国科学院考古研究所:《庙底沟与三里桥》,科学出版社,1959年9月。
② 北京大学考古学系、中国社会科学院考古研究所:《华县泉护村》,科学出版社,2003年10月。
③ 西北大学文博学院考古专业:《扶风案板遗址发掘报告》,科学出版社,2000年10月。
④ 宝鸡市考古工作队、陕西省考古研究所宝鸡工作站:《宝鸡福临堡——新石器时代遗址发掘报告》,文物出版社,1993年6月。
⑤ 陕西省考古研究院、咸阳市文物考古研究所:《陕西彬县水北遗址发掘报告》,《考古学报》2009年第3期。
⑥ 张宏彦:《试论案板遗址仰韶文化遗存的分期》,《考古与文物》1988年第5、6期合刊。
⑦ 翟霖林:《试论水北遗址仰韶文化遗存的分期》,《考古与文物》2011年第6期。
⑧ 中国科学院考古研究所、陕西省西安半坡博物馆:《西安半坡——原始社会聚落遗址》,文物出版社,1963年9月。
⑨ 中国科学院考古研究所山西工作队:《山西芮城东庄村和西王村遗址的发掘》,《考古学报》1973年第1期。

灰沟的年代应不晚于仰韶文化晚期。由此可以推断，G1可能是五楼遗址仰韶文化晚期聚落的壕沟。

四、第四期遗存

五楼遗址第四期遗存比较丰富，发现的遗迹有灰坑18座，在发掘区的Ⅰ区、Ⅱ区均有分布，文化特征非常明显。陶器的主要器形有尖锥足或扁锥足的鼎、直腹斝和折腹斝、豆、敞口盆、折沿盆、喇叭口罐、带耳罐、深腹罐、侈口缸、敛口直腹瓮、器盖等，纹饰以篮纹、网格纹、附加堆纹为主。这些特征与河南陕县庙底沟遗址第二期、扶风案板三期、西安米家崖二期[1]，以及武功浒西庄、赵家来遗址[2]、华阴横阵遗址[3]、旬邑下魏洛遗址[4]等发现的庙底沟二期文化遗存相比较，存在较多的相似性，均属龙山文化早期遗存。五楼遗址发现的鼓形器、模具等特殊器形，在相邻的其他遗址中均很少见到，而龙山文化早期常见的带流刻槽盆、带鋬盆、双耳壶、花边口沿罐等，则不见于五楼遗址。可见五楼遗址在保持与周围龙山文化早期文化面貌一致的同时，也存在一些自己的个性特点。

五、第五期遗存

五楼遗址第五期遗存比较丰富，发现的遗迹有灰坑31座，在发掘区的Ⅰ区、Ⅱ区均有分布，文化特征非常明显。陶器的主要器形有单把鬲、鼓腹斝、直腹斝、豆、盆、无耳罐、带耳罐、折肩罐、带耳瓮、壶、甑、器盖等，纹饰以篮纹、附加堆纹为主。这些特征与长安客省庄遗址第二期[5]、临潼康家遗址[6]、临潼姜寨遗址第五期、西安米家崖三期，以及华县梓里遗址[7]、华阴横阵遗址、蓝田泄湖遗址[8]、旬邑下魏洛遗址等发现的客省庄二期文化遗存相比较，存在较多的相似性，均属关中地区龙山文化晚期遗存，即康家类型。同时，五楼遗址发现的夹砂红陶的花边口沿鬲、泥质红陶的折肩罐等，则显示出与周边遗址不同的特征，这可能体现了五楼遗址与关中西部、泾水上游等地区同时期的文化之间的交流情况。

六、商文化遗存

五楼遗址商文化遗存发现的遗迹较多，有灰坑15座，均分布在发掘区的Ⅰ区。商文化遗存

---

① 陕西省考古研究院：《西安米家崖——新石器时代遗址2004～2006年考古发掘报告》，科学出版社，2012年1月。

② 中国社会科学院考古研究所：《武功发掘报告——浒西庄与赵家来遗址》，文物出版社，1988年6月。

③ 中国社会科学院考古研究所陕西工作队：《陕西华阴横阵遗址发掘报告》，《考古学集刊》(4)，中国社会科学出版社，1984年。

④ 西北大学文化遗产与考古学研究中心、陕西省考古研究所：《旬邑下魏洛》，科学出版社，2006年12月。

⑤ 中国科学院考古研究所：《沣西发掘报告》，文物出版社，1963年3月。

⑥ 陕西省考古研究所康家考古队：《陕西临潼县康家遗址发掘简报》，《考古与文物》1988年第5、6期合刊。

⑦ 历史系考古专业77级实习队：《陕西华县梓里村发掘收获》，《西北大学学报（哲学社会科学版）》1982年第3期。

⑧ 中国社会科学院考古研究所陕西六队：《陕西蓝田泄湖遗址》，《考古学报》1991年第4期。

发现的遗物较少,但尽管如此,这批遗物的文化特征非常明显。陶器的主要器形有鬲、甗、簋、豆、折沿盆、卷沿盆、卷沿罐、卷沿缸、折肩瓮、尊、器盖等,纹饰以绳纹、附加堆纹为主。这些特征与关中地区的耀县北村遗址①、礼泉朱马嘴遗址②、西安老牛坡遗址③、长安羊元坊遗址④、扶风壹家堡遗址⑤、周原老堡子遗址⑥等发现的商代晚期遗存相比较,存在较多的相似性,均属关中地区的商文化晚期遗存。

七、东周时期遗存

五楼遗址东周时期的遗存发现较少,仅有7座墓葬,在发掘区的Ⅰ区、Ⅱ区均有分布。本次发掘的7座东周墓葬保存比较完好,形制均为竖穴土圹墓,其中M1至M5出土器物较丰富,M6随葬的器物泥化严重,无法提取,M7无随葬器物。这批随葬器物没有纪年信息可供断代,墓葬之间也无打破关系,现根据陶器组合及器形特征,通过与关中地区东周墓葬材料进行比对,将墓葬的年代分析推断如下。

M1随葬器物有陶鼎、簋、壶、甗、豆、盘、匜,均为仿铜陶礼器组合。陶鼎为浅盆形腹,子口内敛,腹壁竖直,平底,三足短细,双板耳宽大高直,与陇县店子⑦M38、M104,凤翔八旗屯M3⑧陶鼎相近;陶簋呈豆形,子口内敛,浅腹,粗柄内束,喇叭形大圈足,双环耳略低于口沿,耳部穿孔很小,几乎呈扁平形耳,与陇县店子M104、M112,凤翔高庄⑨M18陶簋相近;陶壶呈椭方形,敞口,颈部向下急剧内束,扁圆腹,喇叭形圈足略高,足径略小于腹径,衔环双耳位于口沿两侧,耳面呈简化兽面形,兽面上部高出器口,方形板盖,上有小圈足形捉手,与陇县店子M38、M26、M185陶壶相近;陶甗为甑鬲连体甗,甑呈盆形,下为鬲形,盆腹径大于鬲腹径,盆鬲连接处的腰部较长,与陇县店子M26陶甗比较接近;陶豆敞口,浅腹盘,一件柄较粗,一件柄较细,喇叭形圈足,与凤翔高庄M18、M19,陇县店子M118陶豆相近,陶盘和陶匜分别与陇县店子M171、M104同类器相近。故五楼遗址M1的年代与陇县店子M38、凤翔高庄M18、凤翔八旗屯M3等均为战国早期。

M2出土器物有陶鼎、簋、壶、豆、甗,除了一件陶豆以外,其余器物皆为残片。该墓陶豆为浅

① 北京大学考古系商周组等:《陕西耀县北村遗址1984年发掘报告》,《考古学研究》(二),北京大学出版社,1994年。
② 北京大学考古系商周组、陕西省考古研究所:《陕西礼泉朱马嘴商代遗址试掘简报》,《考古与文物》2000年第5期。
③ 刘士莪:《老牛坡》,陕西人民出版社,2002年1月。
④ 陕西省考古研究所:《陕西长安羊元坊商代遗址残灰坑的清理》,《考古与文物》2003年第2期。
⑤ 北京大学考古系:《陕西扶风壹家堡遗址发掘简报》,《考古》1993年第1期;北京大学考古系商周组:《陕西扶风壹家堡遗址1986年度发掘报告》,《考古学研究》(二),北京大学出版社,1994年。
⑥ 中国社会科学院考古研究所周原考古队:《2004年秋季周原老堡子遗址发掘报告》,《考古学集刊》(17),科学出版社,2010年。
⑦ 陕西省考古研究所:《陇县店子秦墓》,三秦出版社,1998年8月。
⑧ 陕西省雍城考古队:《一九八一年凤翔八旗屯墓地发掘简报》,《考古与文物》1986年第5期。
⑨ 雍城考古队:《陕西凤翔高庄秦墓地发掘简报》,《考古与文物》1981年第1期。

盘形,柄略粗,喇叭形圈足外撇,与陇县店子秦墓M111的同类器相近。残存的陶壶兽面耳呈倒裤币形,残存的陶簋兽首耳呈扁平型,双角凸出,与M3相近。故而五楼遗址M2的年代与陇县店子M111一致,大约为春秋晚期。

M3出土陶鼎、簋、壶、盘、匜、盂,均为仿铜陶礼器,陶簋和陶壶上皆有红、白彩绘。其中陶鼎为盆形鼎,板状附耳,腹略深,平底,三柱足,其形制与茅坡光华胶鞋厂M75[1]形制相近,但腹较之要深。陶簋器腹呈盆形,喇叭形圈足直径与腹径同大,扁平状双耳,覆豆形盖,平顶,圈足形捉手较小,与茅坡光华胶鞋厂M75、任家咀M36[2]陶簋相近。陶壶为椭方形口,颈粗长,往下渐内收,腹略垂,喇叭形矮圈足外撇,简化兽面形双耳位于颈中部,亚腰方盘形盖,与茅坡M75、任家咀M36、M210陶壶相近。陶盘制作粗糙,椭方形口,腹很浅,缘壁高低不一,陶匜呈浅圆盘形,三角形流稍凸出,分别与陇县店子M264、M149同类器相近。故五楼遗址M3的年代与光华胶鞋厂M75、任家咀M210等相同,大致在春秋晚期。

M4出土陶鼎、豆、甗、盂、罐,保存较完好。其中陶鼎为深球腹,三矮足稍外撇,口沿两侧附小板耳,覆豆形盖,上有圈足形捉手,不见于以往关中地区秦墓中。陶甗为甑鬲连体甗,甑为盆形,腹径与鬲腹径相同,甑鬲连接处短腰内束,鬲肩部外鼓,与陇县店子M15陶甗相近。陶豆为浅盘形,敞口,柄较细长,喇叭形圈足,接近于陇县店子M215。喇叭口罐颈部较短,口径与腹径同大,腹部装饰斜绳纹,与陇县店子M218相近,但口径要小,可能属于喇叭口罐发展早期的形态,应当早于M218。陶盂与陇县店子M215陶盂相近。综上,五楼遗址M4的年代与陇县店子M15、M215等接近,大致在春秋中期。

M5出土的陶鼎足为蹄形足,形制与M4鼎足相近,陶壶盖为带圈足捉手的平板状,也流行于春秋晚期至战国早期时期。故而五楼遗址M5的年代大约可定在春秋中期至春秋晚期之际。

本次发掘的7座墓葬均为竖穴土圹墓,墓葬方向绝大部分为南北向,个别为东西向,南北向墓葬的墓主人头向全部朝北,东西向的则头向朝东。7座墓葬中,6座为单人葬,1座(M6)为双人合葬。就墓葬规模(以墓葬开口为准)而言,6座单人葬墓中以M3最大,长3.1米,宽2米,M5、M4次之,长3～3.1米,宽1.8～1.85米,M2、M1再次之,长2.8～2.9米,宽1.6～1.8米,M7最小,长2米,宽1.26米。双人合葬墓M6墓葬规模也比较小,长2.4米,宽2.3米,实际单人规模与M7相近。这批墓葬的随葬品均置于墓主头端上方的棺椁之间。从随葬器物多寡来看,M1—M4随葬器物都比较丰富,M5相对较少,M6不明确,M7无随葬品,可见随葬器物的多寡和墓葬规模大小关系密切。棺椁葬具方面,单人葬墓葬除M7无棺椁之外,其余5座墓葬皆为一棺一椁,M6双人合葬墓为两棺一椁。从葬式来看,皆为屈肢葬,有仰身屈肢,也有侧身屈肢。从随葬器物组合来看,以仿铜陶礼器鼎、簋、壶、甗、豆、盘、匜、盂等为主,基本组合为炊煮器、盛食器和水器,其中鼎、簋、壶核心礼器多为两件成对出现,豆则或为两件,或为三件,甗、盘、匜以单件呈现。日用陶器仅见大口罐,

① 西安市文物保护考古所:《西安南郊秦墓》,陕西人民出版社,2004年11月。

② 咸阳市文物考古研究所:《任家咀秦墓》,科学出版社,2005年5月。

石器以石圭为主,见个别石璧,铜器有铜襟钩一种。随葬陶圭和石圭是这批墓葬较为普遍的现象。通过与周边地区东周墓葬进行比对,五楼遗址的这7座墓葬就文化面貌和性质而言,与陇县店子秦墓、宝鸡陈仓西高泉秦墓[①]、宝鸡南阳村秦墓[②]、凤翔高庄秦墓、凤翔八旗屯秦墓、咸阳任家咀秦墓、长安茅坡光华胶鞋厂秦墓等都非常相似,属于较为典型的秦文化墓葬,年代从春秋中期延续至战国早期。

第二节　五楼遗址龙山文化晚期遗存的讨论

五楼遗址第五期是本次发掘中遗存比较丰富的一个时期,前文根据主要陶器的形制特征,已经将第五期遗存的年代初步判断为龙山文化晚期。目前由于关中地区龙山文化晚期遗存发现较少,以往研究受到材料限制,所以很多方面未能持续深入。而五楼遗址发现的这批遗存,为我们进一步探讨龙山文化晚期相关问题提供了宝贵资料。以下将从五楼遗址龙山文化晚期遗存的文化属性、相对年代、花边口沿罐等几个方面做一尝试,期待能够推进相关研究的进展。

一、文化属性

五楼遗址位于沣河东岸约200米的台地上,地处关中地区中东部地区。该地区龙山时期遗存的发现始于1943年西北史地考察团石璋如等人在长安丰镐一带的调查工作,发现了一批龙山时期的陶片,但当时对其年代、性质均不了解[③]。随后,在20世纪50年代,苏秉琦、石兴邦等先生先后在沣河流域的开瑞庄(即客省庄)、阿底村等遗址做调查并进行清理,发现了一批龙山时期遗存,苏秉琦先生敏锐认识到开瑞庄这批龙山遗存与河南后岗中层龙山文化差异明显,称其为"文化二"[④];石兴邦先生认为阿底村的遗存与开瑞庄所见性质基本一致,并指出陕西仰韶文化的接替者与河南龙山文化不同,应为另一种文化[⑤]。由于当时材料太过零散,两位先生对这批遗存文化性质的认知具体如何尚难了解清楚。

真正对该地区龙山晚期文化有实质性发现与认识,是始于1955~1957年长安客省庄遗址的正式发掘,此次发掘工作中发现了以单把鬲、斝、双耳罐、单耳罐等为代表的龙山晚期遗存,大大丰富了石璋如、苏秉琦、石兴邦等人以往发现的龙山文化遗存的内涵,并将其命名为"客省庄二期文化"[⑥]。此后,随着关中地区史前考古工作的不断展开,在西安及其邻近地区的临潼

① 中国社会科学院考古研究所、陕西省考古研究院:《陕西宝鸡陈仓区西高泉春秋早期墓葬发掘简报》,《文博》2023年第4期。
② 宝鸡市考古工作队、宝鸡县博物馆:《陕西宝鸡县南阳村春秋秦墓的清理》,《考古》2001年第7期。
③ 石璋如:《关中考古调查报告》,《历史语言研究所集刊》第27本,1956年。
④ 考古研究所陕西省调查发掘团通讯组:《1951年春季陕西考古调查工作简报》,《科学通报》1951年第9期。
⑤ 考古研究所陕西调查发掘队:《丰镐一带考古调查简报》,《考古通讯》1955年创刊号。
⑥ 中国科学院考古研究所:《沣西发掘报告》,文物出版社,1963年3月。

姜寨[①]、长安花园村[②]、临潼康家[③]、蓝田泄湖[④]、西安米家崖[⑤]、西安老牛坡[⑥]、高陵马家湾[⑦]等遗址均发现较为丰富的客省庄文化遗存。此外,在西安以西关中西部地区的武功赵家来[⑧]、岐山双庵[⑨]、凤翔大辛村[⑩]、宝鸡石嘴头[⑪]、旬邑下魏洛[⑫]、麟游蔡家河[⑬]等遗址中也发现有丰富的此类文化遗存,但面貌与西安及其周边地区有所区别。关中东部以及商洛地区亦为客省庄文化的主要分布区域,在华县梓里[⑭]、华阴横阵[⑮]、白水下河[⑯]、商县紫荆[⑰]、商洛东龙山[⑱]等遗址均有发现。

五楼遗址龙山晚期遗存主要器类有鬲、斝、豆、盆、罐、瓮、壶、甗、鼓形器、器盖等,陶质以夹砂陶为主,泥质陶次之;陶色以灰陶为主,红陶次之,还有少量褐陶。其中陶鬲均为单把鬲,基本上属于客省庄文化范畴无疑。但具体属于客省庄文化中的何种类型,其文化因素来源如何,还需与其他典型遗址进行比较分析。

一般而言,可将关中地区分为关中东部与关中西部两个地理区划,其中西安及其周边区县往往被划归于关中东部,属于关中东部地区的西缘(图一七七)。下文分别挑选关中东部地区、关中西部地区以及商洛地区的典型遗址与五楼遗址进行对比,进而讨论其文化属性。

---

① 西安半坡博物馆、陕西省考古研究所、临潼县博物馆:《姜寨——新石器时代遗址发掘报告》,文物出版社,1988年10月。

② 郑洪春、穆海亭:《陕西长安花楼子客省庄二期文化遗址发掘》,《考古与文物》1988年第5、6期合刊。

③ 西安半坡博物馆:《陕西临潼康家遗址第一、二次试掘简报》,《史前研究》1985年第1期;陕西省考古研究所康家考古队:《陕西临潼康家遗址发掘简报》,《考古与文物》1988年第5、6期合刊;陕西省考古研究所康家考古队:《陕西临潼县康家遗址1987年发掘简报》,《考古与文物》1992年第4期。

④ 中国社会科学院考古研究所陕西六队:《陕西蓝田泄湖遗址》,《考古学报》1991年第4期;中国社会科学院考古研究所陕西六队:《陕西蓝田泄湖新石器时代遗址发掘简报》,《考古》1989年第6期。

⑤ 陕西省考古研究所:《西安米家崖新石器时代遗址2004—2006年考古发掘报告》,科学出版社,2012年1月。

⑥ 刘士莪:《老牛坡》,陕西人民出版社,2002年1月。

⑦ 陕西省考古研究院:《陕西高陵马家湾遗址发掘简报》,《考古与文物》2011年第6期。

⑧ 中国社会科学院考古研究所:《武功发掘报告——浒西庄与赵家来遗址》,文物出版社,1988年6月。

⑨ 西安半坡遗址博物馆:《陕西岐山双庵新石器时代遗址》,《考古学集刊》(3),中国社会科学出版社,1983年11月;北京大学考古文博学院:《岐山县双庵新石器时代至战国时期遗址》,《中国考古学年鉴(2014)》,中国社会科学出版社,2015年12月。

⑩ 雍城考古队:《陕西凤翔县大辛村遗址发掘简报》,《考古与文物》1985年第1期。

⑪ 西北大学历史系考古专业82级实习队:《宝鸡石嘴头东区发掘报告》,《考古学报》1987年第2期。

⑫ 西北大学文化遗产与考古学研究中心、陕西省考古研究所:《旬邑下魏洛》,科学出版社,2006年12月。

⑬ 北京大学考古系,宝鸡市考古工作队:《陕西麟游县蔡家河遗址龙山遗存发掘报告》,《考古与文物》2000年第6期。

⑭ 历史系考古专业77级实习队:《陕西华县梓里村发掘收获》,《西北大学学报(哲学社会科学版)》1982年第3期。

⑮ 黄河水库考古工作队陕西分队:《陕西华阴横阵发掘简报》,《考古》1960年第9期;中国社会科学院考古研究所陕西工作队:《陕西华阴横阵遗址发掘报告》,《考古学集刊》(4),中国社会科学出版社,1984年10月。

⑯ 杨利平:《陕西白水下河遗址出土材料的整理与研究》,吉林大学2009年硕士学位论文。

⑰ 王世和、张宏彦:《1982年商县紫荆新石器时代遗址的发掘》,《文博》1987年第3期。

⑱ 陕西省考古研究院、商洛市博物馆:《商洛东龙山》,科学出版社,2011年12月。

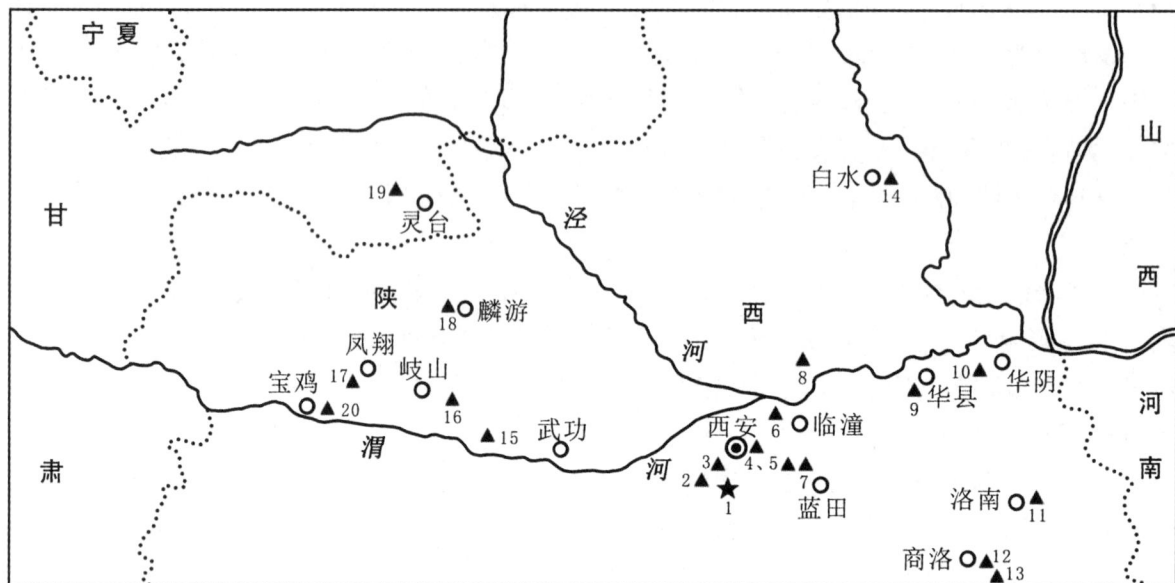

图一七七　客省庄文化主要遗址分布图

1. 五楼　2. 花园村　3. 客省庄　4. 米家崖　5. 老牛坡　6. 姜寨　7. 泄湖　8. 康家　9. 梓里　10. 横阵　11. 焦村
12. 东龙山　13. 紫荆　14. 下河　15. 赵家来　16. 双庵　17. 大辛村　18. 蔡家河　19. 桥村　20. 石嘴头

（一）与关中东部相关遗存的比较

关中东部地区客省庄文化遗址主要有长安花园村、长安客省庄、西安米家崖、西安老牛坡、临潼姜寨、蓝田泄湖、临潼康家、华县梓里、华阴横阵等遗址，下面根据与五楼遗址的距离，由近到远分别挑选了客省庄、米家崖、老牛坡以及横阵四处遗址进行对比。

1. 与客省庄遗址的比较

客省庄遗址位于西安市长安区，地处沣河西岸，北距五楼遗址约15公里，是目前已发掘距离五楼最近的客省庄文化遗址。客省庄遗址陶器以灰陶为主，占比达到80%；红陶次之，占比18%；黑陶最少，仅有不到2%。纹饰以绳纹和篮纹为主，占比分别为35%和40%，另有少量方格纹、附加堆纹和弦纹。陶器器类以鬲、斝、罐、豆、盆、盘、瓮、壶、器盖为主，尤其以单把鬲、斝以及各类有耳、无耳罐最为丰富（图一七八）。

五楼遗址出土的单把鬲可分为侈口高领鬲和花边口沿鬲两类，在客省庄遗址中均可找到相类似的器物。例如五楼遗址的侈口高领鬲 H20：2 与客省庄 H206 所出的侈口高领鬲在形态和纹饰特征上基本一致，腹部与袋足饰绳纹，领部均较高，袋足内壁有反绳纹。不同之处在于，前者相比后者袋足较短、外撇更为明显，裆部更加低矮，足跟较为圆钝。

五楼出土的花边鬲 H43：5 与客省庄 H213 出土的花边鬲在器型和纹饰上高度相似，通体饰篮纹、口沿处饰锯齿形花边纹。二者的区别主要在于前者袋足较短、裆部低矮，且足跟圆钝，足跟近尖部抹平。

五楼遗址出土的斝较少，且均为口、腹、裆部残片，无可复原者，依据腹部形态可分为鼓腹斝

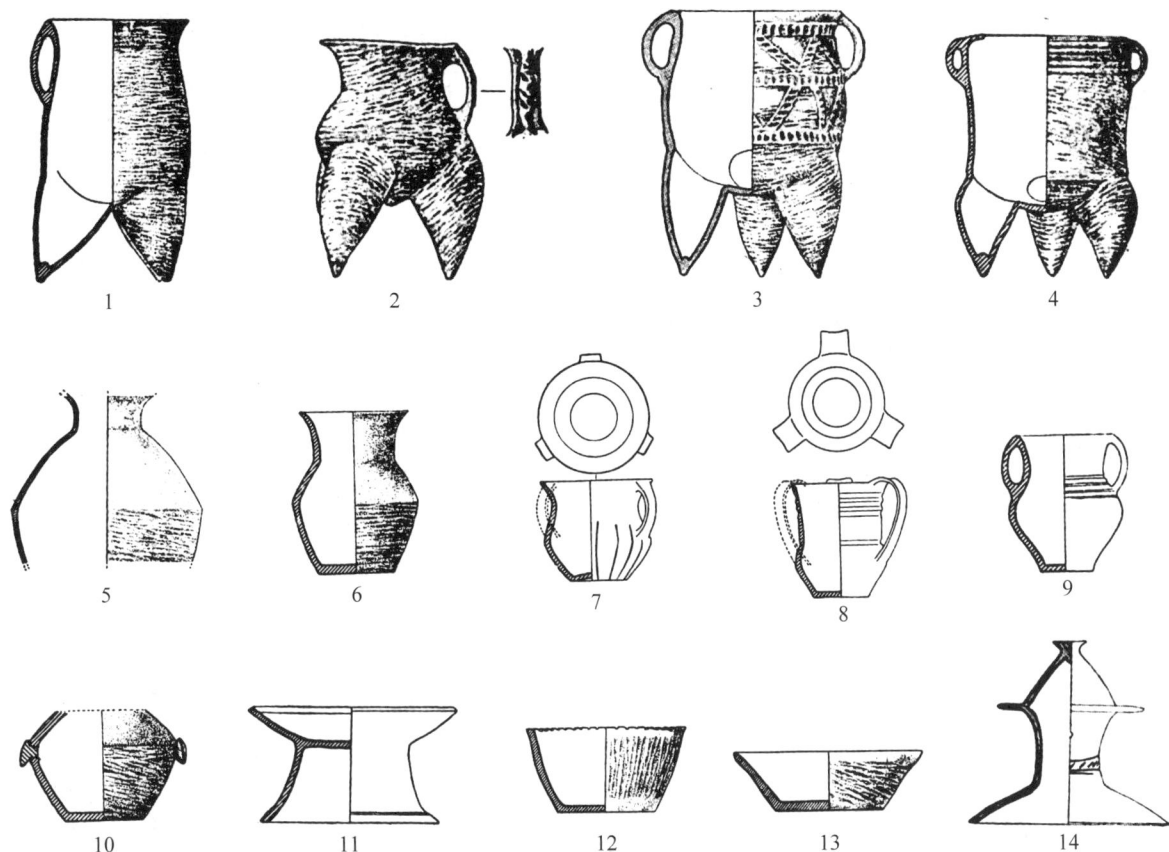

图一七八　客省庄遗址出土陶器

1.鬲(H179：2)　2.鬲(H68：16)　3.斝(H85)　4.斝(H173)　5.折肩罐(H68)　6.折肩罐(H174：1：4)
7.三耳罐(H62：14)　8.三耳罐(H96：7)　9.双耳罐(H174：1：3)　10.瓮(H168)　11.豆(H179)
12.盆(T22：2)　13.盘(H173)　14.器盖(H168)

与直腹斝两类,这与客省庄遗址的陶斝类型基本一致。而且客省庄遗址所见的鼓腹斝多在腹部饰相交错的条带状附加堆纹,这与五楼遗址出土的鼓腹斝腹部残片的特征也基本一致。

五楼遗址出土有无耳罐、带耳罐以及折肩罐三类,其中无耳罐多见花边口沿装饰,这在客省庄遗址中也有。由于多为残片,因此五楼所出带耳罐到底有几个耳不清楚,其中H42：2形制与客省庄H62：14基本一致,且腹部均饰有竖向长刻划纹,只是前者口径较小;五楼H42：7与客省庄H96：7形制基本一致,只是相较后者领部更矮一些。

除了大量相似性之外,五楼遗址与客省庄遗址的差异也较为明显。首先,五楼遗址红陶的比例要比客省庄遗址高,前者红陶占比达到40%,而客省庄遗址则不到20%;其次,客省庄遗址除了裆部呈尖角状的高领单把鬲外,还出土数量较多的裆部呈M状和平裆的罐形鬲;如H68：16、H87：4等。此外,客省庄遗址出土的盉、鬶不见于五楼遗址,五楼遗址出土的鼓形器则不见于客省庄遗址。整体来看,五楼遗址出土器物基本均能在客省庄遗址中找到相似的器物,其陶色上的差异以及不见罐形鬲的原因很可能是两者年代上的差别所致,这一点在后文详述。

2. 与米家崖遗址的比较

米家崖遗址位于西安市灞桥区十里铺,遗址坐落于浐河下游西岸高出河床约28米的一级台地上,西南距五楼遗址约33公里。米家崖遗址发现了丰富的客省庄文化遗存,出土陶器以夹砂陶为主,泥质陶次之。陶色以灰陶为主,约占55%;红陶次之,约占23%;褐陶约占17%。纹饰方面以素面陶为主,绳纹和篮纹次之,另有一定数量的附加堆纹,还见有少量弦纹、戳印纹和方格纹。器类包括了鬲、罐、斝、盆、壶、瓮、杯、碗、钵、瓮、盉、鬶、器盖等,其中以单把鬲和各类罐最为丰富(图一七九)。

米家崖遗址出土陶鬲种类丰富,报告中将其分为A、B、C三型,A型又可分为Aa型和Ab型两个亚型,其中Ab型陶鬲器型较小,与五楼遗址的侈口高领单把鬲较为相似,如H132:1、H24:2、H232:1、H130:5以及H270:4,两者的差别主要在于五楼遗址所出陶鬲领部较高,裆部较矮一些。

五楼遗址出土的鼓腹斝、直腹斝均可在米家崖遗址中找到同类器。五楼遗址鼓腹斝在腹部装饰交错附加堆纹的特点与米家崖H255:2、H30:21等器物基本类似,这一点与客省庄遗址基本相同。

米家崖遗址出土了数量较多的鼓腹无耳罐,其中H297:2、H281:3、H30:6、T16④:1、

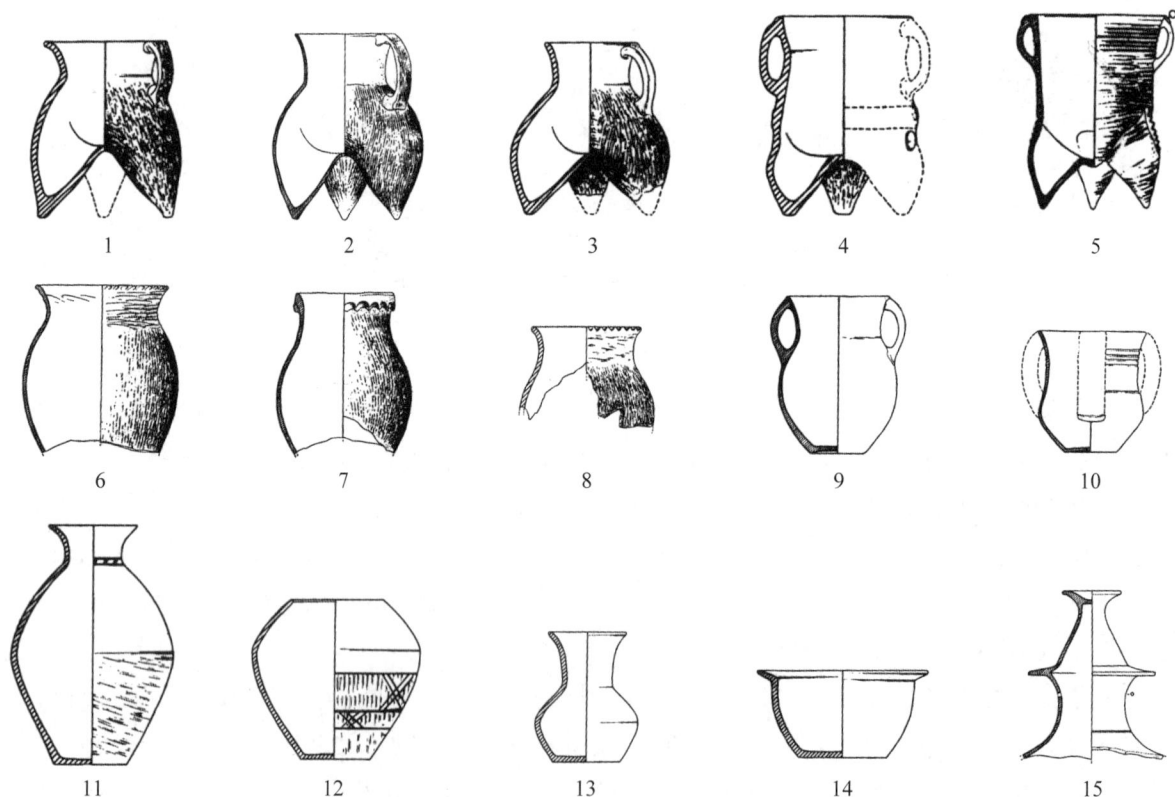

图一七九　米家崖遗址出土陶器

1.鬲(H213:1)　2.鬲(H110:4)　3.鬲(T143③:3)　4.斝(H30:17)　5.斝(H42:6)　6.花边口沿罐(F1-1:2)
7.花边口沿罐(H30:4)　8.花边口沿罐(H30:27)　9.双耳罐(H132:2)　10.三耳罐(H30:5)
11.折肩罐(H226:2)　12.瓮(Y3:3)　13.壶(H185:11)　14.盆(H199:1)　15.器盖(H42:9)

H30：27、F1-1：2均在口沿压印有花边纹饰,颈部多饰横篮纹,腹部饰竖绳纹,与五楼遗址花边口沿罐整体形制基本一致。另外,米家崖遗址鼓腹罐H30：4在领部靠近口沿处装饰一周附加堆纹的特点也与五楼鼓腹罐H43：6基本一致。

米家崖遗址出土数量较多的带耳罐,包括单耳、双耳和三耳罐。其中三耳罐H30：5与五楼H42：7都是在颈部饰五周平行凹弦纹,上部近领部有四周,下部近腹部有一周,且耳部均为竖向装于口沿和腹部最大径之上侧,器型和装饰特征基本一致。

米家崖遗址H185：11与五楼H65：1均为器型较小的陶壶,长颈、圆鼓腹,器表素面磨光,形制基本一致。

整体来看,五楼遗址客省庄文化遗存大多能够在米家崖遗址中找到相类似的器物,文化面貌较为一致。然而两者也有差异：首先,五楼遗址红陶的比重要高于米家崖遗址,篮纹的比例也要高于后者；其次,米家崖遗址的单把鬲整体要比五楼遗址单把鬲的袋足更高且肥大,领部则更短,袋足外撇明显,而且在器型上更为复杂多样；再次,米家崖遗址中带耳罐的比重明显高于五楼遗址,且器型丰富多样,在米家崖遗址2010～2011年度发掘中还出土了形制特殊的双耳壶T0308②：9。另外,米家崖遗址还出土了3件五楼遗址不见的陶鬶和陶盉,这与客省庄遗址的情况类似。

3. 与老牛坡遗址的比较

老牛坡遗址位于陕西省西安市灞桥区灞河北岸的老牛坡村,与五楼遗址直线距离38公里。老牛坡遗址主体属于商代文化遗存,其下叠压有仰韶至龙山时代的新石器时代文化遗存。发掘者将晚期(基本相当于龙山时代)遗存分为两类,一类为龙山晚期,属于客省庄文化的范畴；另一类则年代略晚,被称为"老牛坡类型远古文化",年代大致与二里头文化一、二期相当[①]。此处我们主要与老牛坡遗址的客省庄文化遗存进行对比。

老牛坡遗址客省庄文化遗存主要以85XLI2G1H5出土陶器为代表,陶质以夹砂陶为主,其次为泥质陶。陶色以灰陶为大宗,红陶次之,另有少量褐陶和黑陶。纹饰流行绳纹和篮纹,弦纹、附加堆纹次之,另有少量方格纹。器类包括单把鬲、无耳鬲、无耳罐、单耳罐、双耳罐、盆、杯、器盖,以及少量豆、鬶的残片(图一八○)。

老牛坡遗址出土的单把鬲器体较瘦高,袋足较长,口径明显小于腹径,与五楼遗址单把鬲在形制上区别较大。

老牛坡遗址无耳罐在器型上与五楼遗址的无耳罐基本相似,均为鼓腹、束颈、侈口,且腹部均饰有竖向绳纹。二者的差异在于老牛坡无耳罐口沿不装饰花边,颈部不饰横篮纹。

值得注意的是,老牛坡遗址中出土了三件无耳鬲,此类陶鬲不见于五楼遗址,亦少见于其他客省庄文化遗址,有学者指出其应属于三里桥文化的因素[②]。

---

① 刘士莪：《老牛坡》,陕西人民出版社,2002年1月；张天恩：《论关中东部的夏代早期文化遗存》,《中国历史文物》2009年第1期；段天璟：《二里头文化时期渭河流域的文化变迁——从"老牛坡类型远古文化"遗存谈起》,《中原文物》2006年第6期。

② 董宵雷：《龙山时代的黄土高原》,吉林大学2019年博士学位论文。

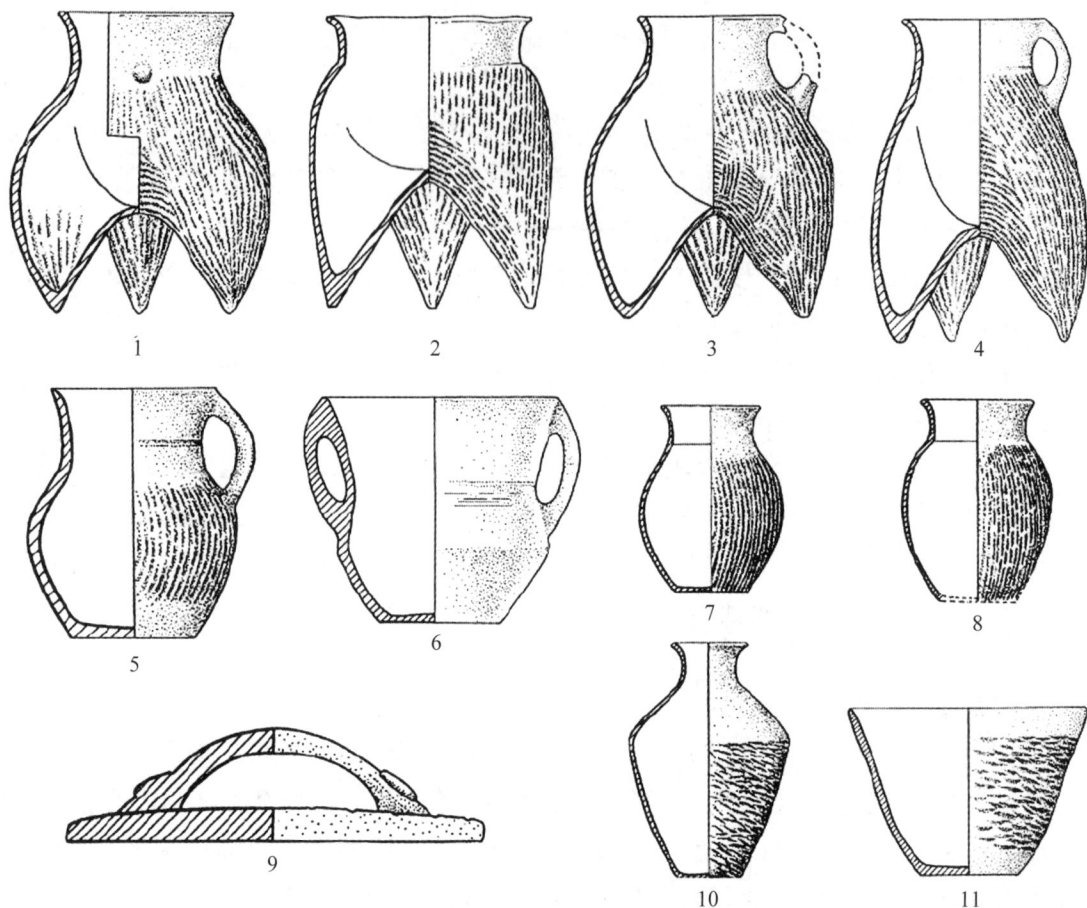

图一八〇　老牛坡遗址出土陶器

1. 鬲（85XLI2G1H5：6）　2. 鬲（88XLII2M3：1）　3. 鬲（85XLI2G1H5：12）　4. 鬲（85XLI2G1H5：3）　5. 单耳罐（85XLI2G1H5：9）

6. 双耳罐（85XLI2G1H5：4）　7. 无耳罐（85XLI1G1H5：8）　8. 无耳罐（85XLI1G1H5：10）　9. 器盖（85XLI2G1H5：16）

10. 折肩罐（85XLI2G1H5：7）　11. 盆（85XLI2G1H5：5）

　　综上所述，老牛坡遗址客省庄文化遗存面貌并不单纯，应当还包含了一定的三里桥文化因素，这是五楼遗址所没有的。此外，老牛坡遗址的单把鬲与五楼遗址的形制区别较大。与五楼遗址共有的无耳圆腹罐在形制上基本一致，但在装饰特征上也有一定区别，反映了二者在文化面貌上所具的一定联系以及差异所在。

　　4. 与横阵遗址的比较

　　横阵遗址位于陕西省华阴县敷水镇西南横阵村，发现有较为丰富的龙山晚期遗存。该遗址陶器以夹砂灰陶为主，泥质灰陶次之，夹砂红陶又次之，泥质红陶最少。纹饰以绳纹最多，其次为篮纹、划纹、麻点纹、附加堆纹以及少量方格纹，素面和磨光陶也占一定比例。器类主要有鬲、斝、罐、甗、盆、碗、壶、器盖等（图一八一）。

　　横阵遗址出土陶鬲较少，仅有一件可复原，为T4A：15，无耳，敞口，肩和腹有明显的区分，与五楼遗址的单把鬲完全不同。最为流行的器类是单耳罐，均为束颈、敞口、鼓腹，流行在口沿下饰

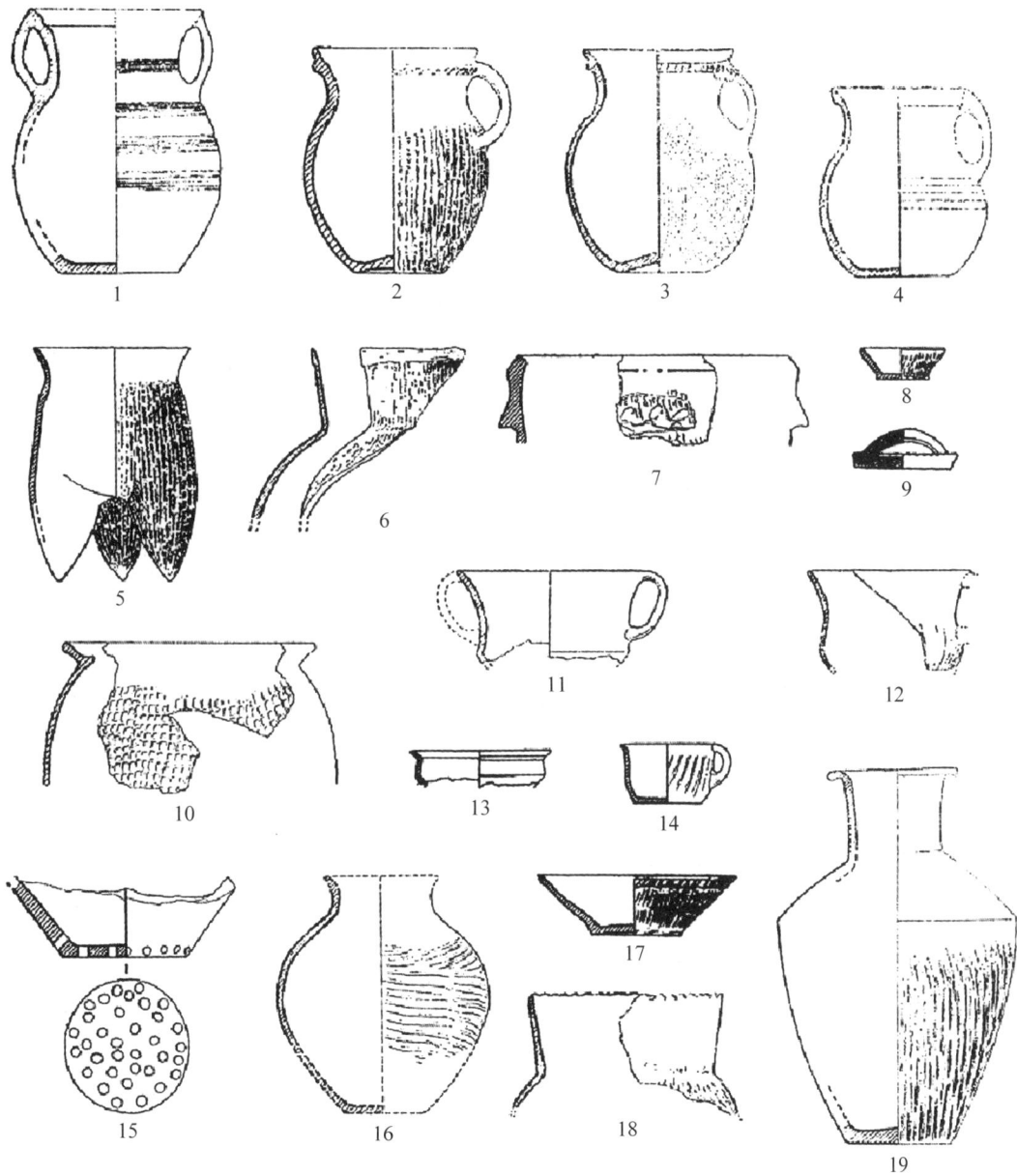

图一八一　横阵遗址出土陶器

1. 双耳罐（M9：4）　2. 单耳罐（M9：5）　3. 单耳罐（M9：3）　4. 单耳罐（M9：2）　5. 鬲（T4A：15）　6. 鬲（H20）
7. 斝（T18：4A）　8. 碗（H96：9）　9. 器盖（H20：23）　10. 圆腹罐（T4A：4A）　11. 双耳罐（H20）　12. 三耳罐（H118）
13. 盆（H2）　14. 杯（H20：15）　15. 甑（H84）　16. 鼓腹罐（T6：4A）　17. 盆（H118：1）　18. 罐（T18：4A）　19. 折肩罐（H96：5）

花边状附加堆纹,或在颈部和腹部饰弦纹,此类器物在五楼遗址不见。斝多为残片,均不能复原,T18：4A直腹,敛口,口下对称装有两鋬,此种双鋬斝不见于五楼遗址。器盖均为扁平圆饼状,装有较大的桥形把手,不见于五楼遗址。此外,五楼遗址的单把鬲、花边鬲、花边口沿罐等典型器物均不见于横阵遗址,二者文化面貌差异较大。

（二）与关中西部相关遗存比较

关中西部地区客省庄文化遗址主要有武功赵家来、岐山双庵、凤翔大辛村、麟游蔡家河、宝鸡石嘴头等,下面挑选了偏东的赵家来和偏西的双庵两处典型遗址与五楼遗址进行对比。

1. 与赵家来遗址的比较

赵家来遗址位于陕西省武功县西部的漆水河东岸第一级台地上,西北距武功镇约3.5公里,在地理区划上属于关中西部地区。1981年,中国社会科学院考古研究所对该遗址开展发掘,发现了较为丰富的客省庄文化遗存,出土陶器以泥质灰陶最多,占28.9%;夹砂红陶次之,约占24.88%;泥质红陶又次之,占23.58%;夹砂灰陶占22.62%。陶色比例上,红陶与灰陶基本一致,各占一半。纹饰以素面为主,篮纹次之,占35.49%,绳纹约占19.2%,另有少量附加堆纹、方格纹、戳刺纹以及弦纹。器类主要有鬲、罐、斝、盆、盘、豆、杯、器盖等,其中以罐形单把鬲、圆腹罐为主（图一八二）。

赵家来遗址出土的陶鬲以罐形单把鬲最多,另有少量侈口高领单把鬲,其中T102⑥B：7与H31：6单把鬲与五楼遗址侈口高领单把鬲较为相似,但前者领部较矮,裆部较高。此外,赵家来罐形单把鬲多在口沿饰花边装饰,其特点与五楼所见花边鬲较类似。

赵家来遗址出土一件大口深腹两耳瓮H5：17,泥质红陶,器型较大,泥条盘筑而成,口沿下有一桥形耳,下腹部亦装有一斜向桥形耳,通体饰篮纹,口沿有花边装饰。该器陶质陶色、器型特点,装饰风格以及大小基本与五楼H58：1两耳瓮完全一致。

从上述少量侈口单把鬲与深腹两耳罐等器物之间的相似性来看,反映了赵家来遗址与五楼遗址之间应当存在一定程度的交流。但总体来看,二者之间的差异明显大于共性,例如赵家来遗址红陶比例较高;流行罐形单把鬲;陶斝均为亚腰形深腹斝,器表均装饰篮纹,不见鼓腹斝以及交错附加堆纹装饰;五楼遗址常见的花边口沿鼓腹无耳罐在赵家来遗址较为少见,且花边特征不同,前者多为戳印,后者则为锯齿状,前者在口沿下饰鹰嘴状附加堆纹的做法也不见于后者;赵家来遗址流行的鼓腹双耳罐亦不见于五楼遗址。

2. 与双庵遗址的比较

双庵遗址位于陕西省宝鸡市岐山县双庵村,1977～1978年,西安半坡博物馆对该遗址进行了发掘,发现有龙山、周、战国以及汉代遗存,其中龙山时期遗存属于典型的客省庄文化遗存。出土陶器以红陶为主,占到了83%;灰陶次之,约占16%;另有极少量的黑陶。陶质以夹砂陶为主,泥质陶次之。器类包括了鬲、罐、斝、瓮、壶、盆、碗、豆、盉、鬹、器盖等（图一八三）。

双庵遗址出土陶鬲以单把罐形鬲为主,另有三件侈口高领单把鬲。其中侈口高领鬲H4：39的形制与五楼遗址侈口高领鬲较为相似;侈口高领鬲H2：4在口沿装饰花边的风格上与五楼遗

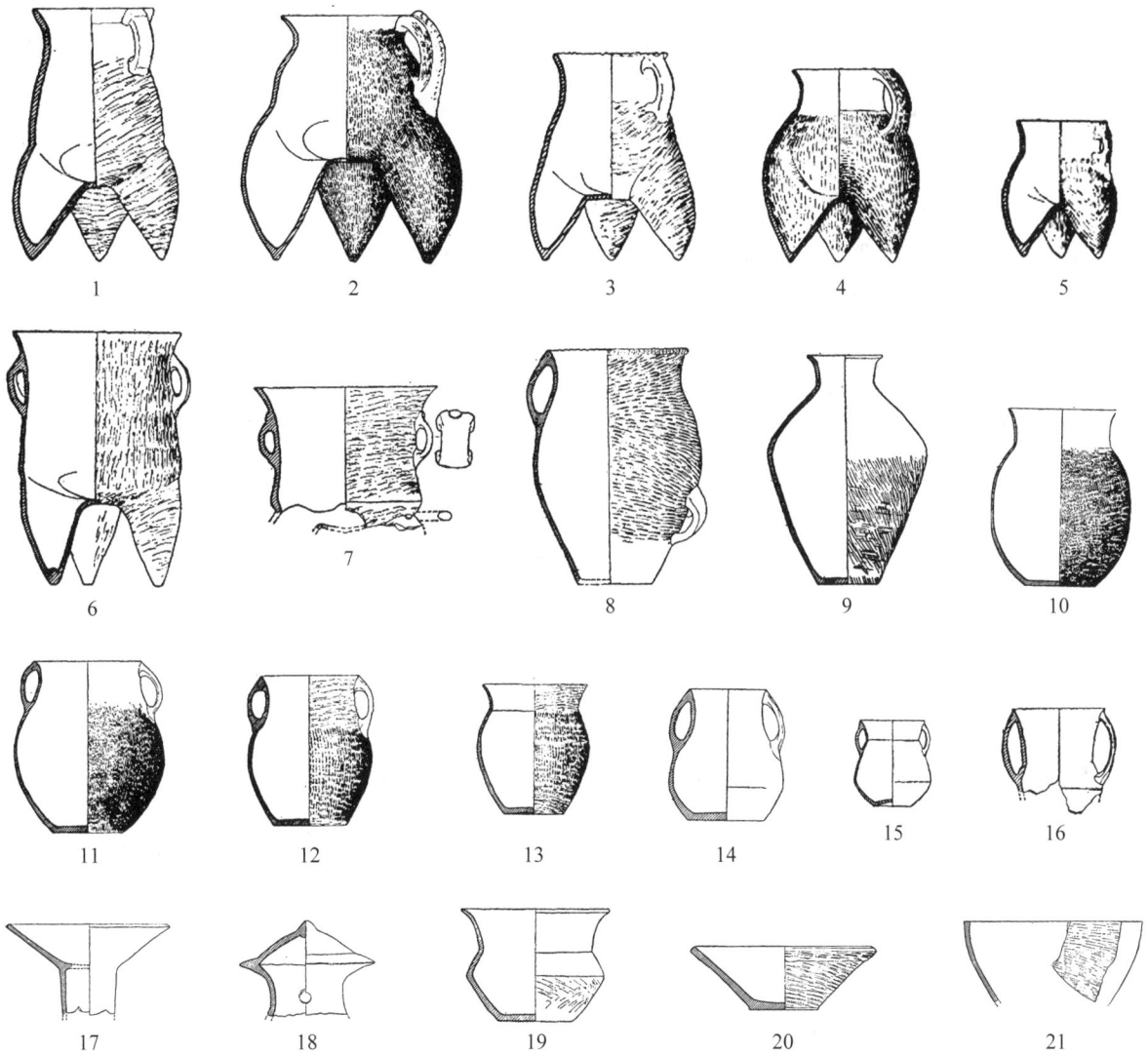

图一八二 赵家来遗址出土陶器

1. 鬲（H2∶3） 2. 鬲（T101④∶4） 3. 鬲（H2∶2） 4. 鬲（T102B⑥∶7） 5. 鬲（H31∶6） 6. 斝（H2∶1） 7. 斝（H4∶6）
8. 深腹瓮（H5∶17） 9. 折肩罐（T101④∶3） 10. 鼓腹罐（H32∶2） 11. 双耳罐（T101④∶1） 12. 双耳罐（H20∶2）
13. 鼓腹罐（T105⑤∶9） 14. 双耳罐（H2∶12） 15. 双耳罐（T112⑦A∶6） 16. 双耳罐（H5∶5）
17. 豆（T112⑦B∶11） 18. 器盖（H13∶3） 19. 尊（T110⑧∶2） 20. 盘（T103⑦A∶5） 21. 盆（H4∶10）

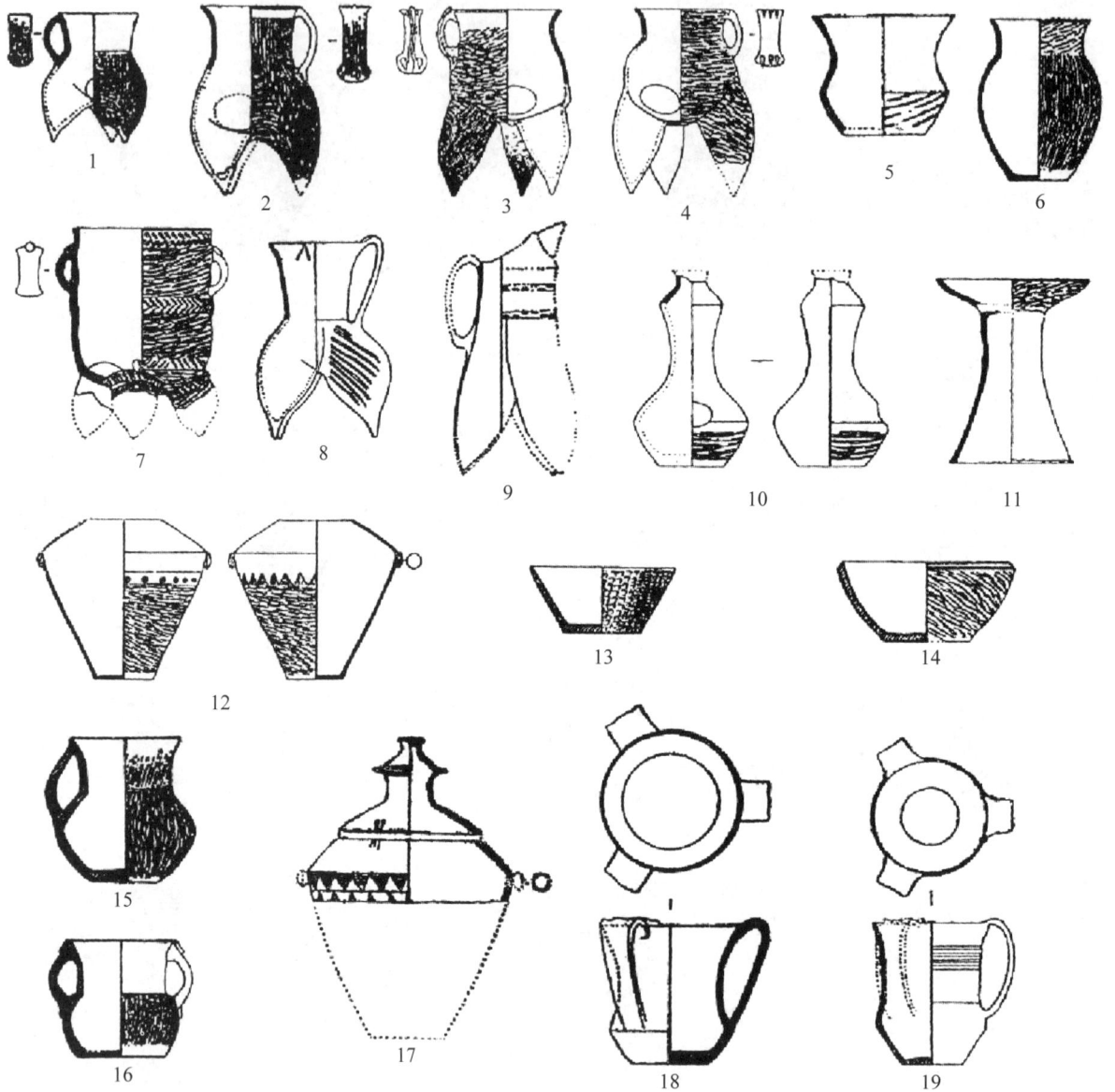

图一八三　双庵遗址出土陶器

1.鬲（Ⅳ H4∶39）　2.鬲（Ⅳ H2∶4）　3.鬲（Ⅳ H4∶35）　4.鬲（H4∶29）　5.尊（Ⅳ H4∶10）　6.花边口沿罐（Ⅳ H4∶3）
7.斝（Ⅰ H5∶1）　8.鬶（Ⅳ H4∶40）　9.盉（Ⅰ H5∶17）　10.壶（Ⅳ H4∶41）　11.豆（Ⅳ H4∶42）　12.瓮（Ⅳ H4∶23）
13.碗（Ⅳ H2∶6）　14.盆（Ⅳ H2∶1）　15.单耳罐（Ⅳ M35∶1）　16.双耳罐（Ⅳ H28∶2）　17.瓮（Ⅳ H4∶45）
18.三耳罐（Ⅳ H4∶27）　19.三耳罐（Ⅰ H5∶4）

址相似,但后者并不在侈口高领鬲的口沿上施加花边装饰。

双庵遗址的无耳罐IVH4∶3鼓腹、高领、侈口,腹部饰竖绳纹,腹底绳纹抹平,领部饰横篮纹,口沿压印花边,器型和装饰特征与五楼遗址的花边口沿无耳罐完全一致。双庵遗址折肩罐IVH5∶2斜腹、折肩、直领,腹部装饰竖向篮纹,整体器型与五楼遗址折肩罐H43∶7较相似,差异在于前者领部较短直且装饰有两个小泥饼,后者斜直领,没有泥饼装饰,肩部略钝,腹部微鼓。

整体来看,双庵遗址的面貌与五楼遗址差别较大,前者红陶占比极高,以罐形单把鬲为主要器类,流行高领大三耳罐、折肩带盖瓮以及直腹斝,而且发现有一定数量的鬶、盉等器物,折肩罐、瓮肩、领部多装饰有小泥饼,这些特点均与五楼遗址不同。高领侈口单把鬲、花边口沿无耳罐以及矮直领折肩罐与五楼遗址较为相似,显示了两者之间的一定关系。

(三)与商洛地区相关遗存比较

商洛地区处于丹江流域,发现客省庄文化遗址较少,且文化面貌与渭河流域有较为明显的差异,下面挑选遗存较为丰富的东龙山遗址与五楼遗址进行对比。

东龙山遗址位于陕西省商洛市区东南方向丹江北岸的二级与三级台地上。该遗址发现于1978年,1997年陕西省考古研究院与商洛市博物馆对该遗址开展了发掘,发现了包括仰韶时期、龙山早期、龙山晚期、二里头时期以及商时期的文化遗存,其中龙山晚期遗存基本属于客省庄文化。龙山晚期的陶器中夹砂陶约占54%,泥质陶约占45%。泥质陶中以泥质灰陶为主,泥质黑陶次之,泥质红陶与红褐陶最少。夹砂陶中,夹砂红陶与红褐陶约占一半,夹砂灰陶与黑陶略次之。纹饰以素面抹光为主,绳纹次之,篮纹再次之,附加堆纹、戳刺纹、弦纹以及刻花纹较少。器类包括了鬲、鼎、斝、罐、瓮、盉、盆、盘、钵、碗、杯、豆、壶、器盖等,其中罐的数量最多,盆次之,鼎、鬲、豆等再次之(图一八四)。

东龙山遗址出土的陶鬲仅可复原两件,分别为无耳鬲和单把鬲各一件。其中单把鬲F18∶1夹砂红褐陶,侈口、高领、分裆,领部以下饰细绳纹,与五楼遗址出土侈口高领单把鬲较相似,但足尖呈锥状,较后者更加细高,且领部更矮一些。

东龙山遗址出土陶斝为釜形斝与直腹斝,未见五楼遗址所见的鼓腹斝,且不见在腹部饰交错附加堆纹的做法。

东龙山遗址出土的无耳罐以球腹圜底罐为主,另有一部分平底罐为宽斜沿,且腹底略向内弧,略呈曲腹状,这些器型特征在五楼遗址均不见。东龙山出土一件圆腹罐H198∶8,斜直口,口沿外有双錾,口沿下有一圈压印呈花边的附加堆纹,腹部饰竖绳纹。这件器物与五楼遗址出土的花边口沿罐H43∶6有一定共性,但两者的差异也很明显,前者为圆腹,后者为深腹略鼓;前者斜直口,后者为直口;前者花边装饰较细小密集,后者较宽且大,突出明显。

整体来看,东龙山遗址龙山晚期遗存与五楼遗址的面貌显著不同,两者在陶系和纹饰上均有较大差异,前者流行的圜底罐、双耳圆腹罐、鼎、无耳鬲、釜形斝、直腹斝、尊形器、深腹盆等器物均不见于后者。仅在侈口高领单把鬲和花边口沿罐方面与五楼遗址表现出一定的联系,但差异尚大于共性。

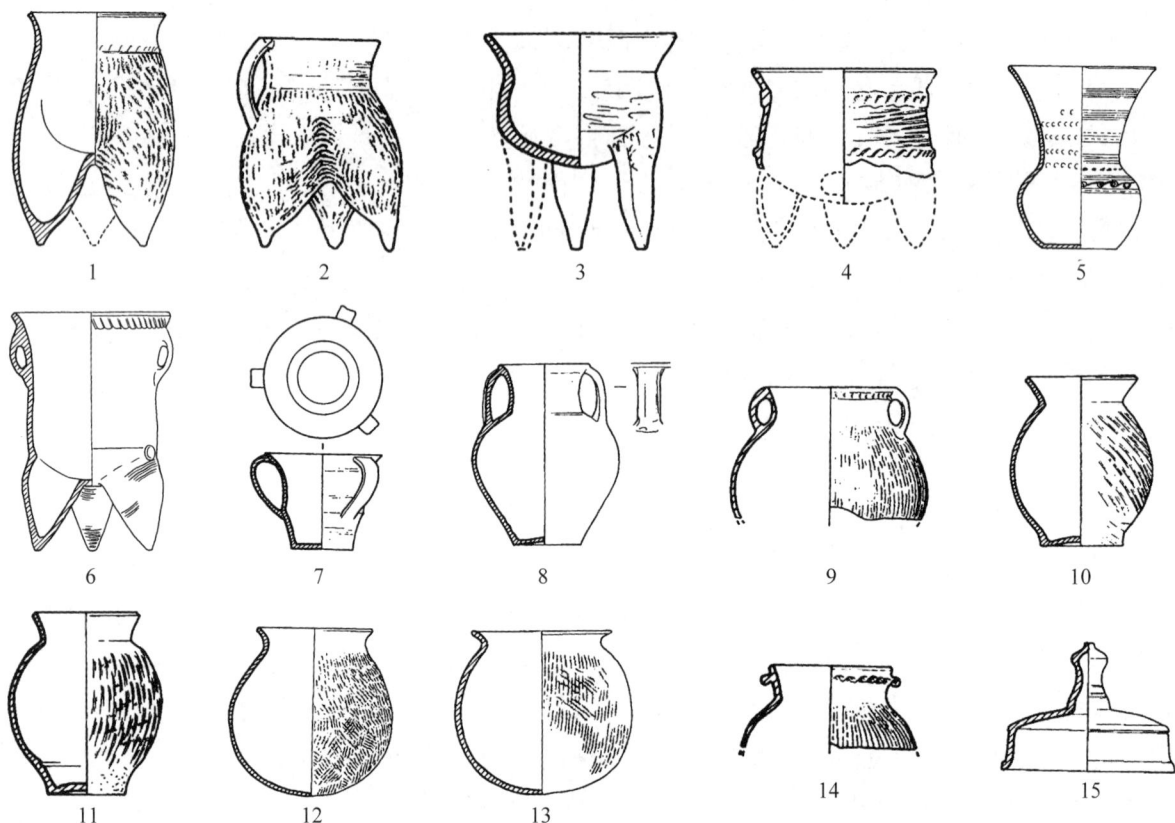

图一八四　东龙山遗址出土陶器

1. 鬲（H179∶3）　2. 鬲（F18∶1）　3. 鼎（ⅢT23④∶9）　4. 斝（ⅢT26④∶6）　5. 尊（H198∶2）　6. 斝（H148∶8）
7. 三耳罐（H168∶4）　8. 双耳罐（H7∶3）　9. 双耳罐（H198∶7）　10. 鼓腹罐（H7∶4）　11. 鼓腹罐（ⅢT2③∶4）
12. 圜底罐（W3∶1）　13. 圜底罐（ⅢT10③∶9）　14. 圆腹罐（H198∶8）　15. 器盖（H232∶9）

（四）小结

通过与上述周边地区遗址的比较，基本可以确定五楼遗址龙山晚期遗存属于客省庄文化。

整体来看，五楼遗址出土的龙山晚期陶器在器形上与同位于西安地区的米家崖和客省庄遗址最为相似，三处遗址距离很近，自然在文化面貌上较为相似。侈口高领单把鬲、无耳罐、斝、带耳罐、壶等器物均能在米家崖遗址中找到相似器物，尤其是无耳罐的器形以及口沿上的花边装饰完全一样，显示了两者之间的密切联系；客省庄遗址中出土的侈口单把鬲与花边口沿鬲亦与五楼遗址同类器基本一致，而且两者均出土花边口沿罐。五楼遗址与客省庄和米家崖遗址最大的区别在于陶色上，五楼遗址红陶比例最高，达到40%以上，而客省庄和米家崖遗址则仅有20%左右。

五楼遗址红陶占比如此高的原因，很有可能是受到关中西部地区的较大影响。通过与关中西部地区的比较，尤为关键的是发现五楼遗址出土的红陶双耳瓮H58∶1与赵家来遗址的红陶双耳瓮H5∶17在陶色、器型、纹饰上完全一样，是五楼遗址受关中西部影响最为直接的证据。此外，双庵遗址、石嘴头遗址中出土的矮直（斜）领折肩罐与五楼遗址折肩罐 H43∶7 较为相似，此类折肩罐应当是受齐家文化影响出现的。五楼遗址出土数量较多的花边口沿罐，这种装饰特点在客省庄文化早期基本不见，应当是受西部地区齐家文化的影响，沿渭河流域向东传播而来出现的，具体内容将在后文展开讨论。

关于客省庄文化的地方类型，梁星彭的观点是将其分为东西两个区域类型，东区为关中东部和商洛地区，以康家遗址最为典型，一般被称为"康家类型"；西区则为关中西部到陇东，以客省庄遗址为代表，称之为"客省庄类型"[①]。康家类型以灰陶为主，红陶比例很低，且越往东红陶越少。纹饰以绳纹为主，篮纹次之。器形上流行侈口高领单把绳纹鬲，罐形单把篮纹鬲基本不见，且斝的数量、形式较多，且多装饰交错附加堆纹。客省庄类型则以红陶为主，越往西比例越高。纹饰以篮纹为主，绳纹次之。器形上流行罐形单把篮纹鬲，斝的数量较少，形式较为单一。在这一分区方案中，东部地区康家类型的命名与内涵基本对应，康家遗址基本上代表了该类型的面貌。然而西区以客省庄遗址作为代表性遗址，命名为"客省庄类型"就显得较为牵强。客省庄遗址地处西安，实际上恰好处于东西两区域的交界地带，而且更靠近东部地区；其次红陶占比仅有18%，篮纹比例与绳纹基本持平；此外，还出土了一定数量的饰交错附加堆纹的鼓腹斝。这些方面均与西部地区客省庄文化的面貌有较大区别，而更符合东区康家类型的文化特征。值得注意的是，客省庄遗址中的罐形单把篮纹鬲数量较多，在这一点上与西部地区客省庄文化较为接近。也就是说，客省庄遗址在文化构成上并不单纯，混杂了客省庄文化东、西两区域的文化因素，这应当与其地处中间地带的原因有关。因此，将西部地区客省庄文化命名为"客省庄类型"有待进一步商榷，或许称之为"赵家来类型"更为合适。

与客省庄遗址一样，五楼遗址所处位置正是关中东部地区西部边缘，虽然在主要器形上与康家类型基本一致，但红陶和篮纹的占比都远高于康家类型的其他遗址，而且还出土了一些西部地区的典型器物，文化面貌相较客省庄遗址更加不单纯，明显受西部地区客省庄文化的影响。五楼遗址和客省庄遗址在文化面貌上的不单纯，正说明了其所处区域作为过渡地带的重要性。由于五楼遗址龙山晚期遗存发现不够丰富，可复原的完整器较少，而且该地区尚未发现与其相同的遗存，文化面貌还不够清晰。因此，要深入探讨客省庄文化东区与西区之间的关系，乃至整个客省庄文化的发展进程，还有待于西安地区进一步考古工作的展开。考虑到该遗址在地理上更偏近于关中东部地区，且主要器形以高领单把绳纹鬲最为典型，本文暂时据此将五楼遗址龙山晚期遗存归入康家类型中。

二、相对年代

关于客省庄文化的分期工作主要于20世纪80年代后开展。1980年，张忠培先生在没有充分地层关系的情况下，将客省庄遗址出土陶鬲分为五种形态，按照事物发展的一般规律，推理出客省庄文化陶鬲的形态演变过程，并据此将客省庄文化分为两期，早期与庙底沟二期文化相当，晚

---

① 梁星彭：《试论客省二期文化》，《考古学报》1994年第4期。

期则大致与三里桥文化相当①。

　　80年代之后,随着客省庄文化相关遗址发掘工作的不断开展,多位学者均对客省庄文化的分期进行了讨论。梁星彭通过对赵家来、石嘴头和康家遗址的地层关系,将关中西部和东部地区的客省庄文化分别分为早晚两期②。秦小丽以康家和赵家来遗址作为典型遗址,在遗址分期和相互比较的基础上将关中地区客省庄文化分为四期:第一期以赵家来早期为代表;第二期为康家遗址第一期与赵家来晚期多数单位;第三期为康家遗址第二期和赵家来晚期部分少量单位;第四期则为康家遗址第三期③。

　　进入21世纪,张忠培和杨晶对客省庄文化的单把鬲进行了细致排序,根据裆部形态将单把鬲分为宽弧裆、宽平裆和尖角裆三类,认为其主要变化表现在裆部,三种形态是一种前后演进的关系④。刘斌在以康家和赵家来遗址作为典型遗址进行分期的基础上,结合桥村、蔡家河、石嘴头、大辛村、双庵、客省庄、紫荆、老牛坡以及姜寨九处遗址的分期,将客省庄文化分为四期,其中第三期又分为了早段和晚段⑤。值得注意的是,刘斌将老牛坡遗址发现的"老牛坡类型远古文化"分为A、B两组,认为A组属于齐家文化,B组仍属于客省庄文化,并将以B组为代表的遗存归为客省庄文化的最晚期遗存,称为老牛坡期。在社科院考古研究所主编的《中国考古学·新石器时代卷》中,编者认为客省庄文化分为早晚两期较为合适,早期包括了赵家来早期和康家早期,单把鬲特征为器身与袋足分界明显;晚期则为赵家来晚期和康家晚期,单把鬲器身与袋足分界不明显⑥。

　　上述诸分期方案虽然各有不同,但基本都是以赵家来遗址和康家遗址作为典型遗址展开,对于陶器演变的认识基本一致,都认为客省庄文化中单把鬲早期流行罐形单把鬲,器身与袋足区分明显,裆部近平裆或圆裆(即为张忠培先生说的"宽弧裆"和"宽平裆");陶斝多为敞口,双耳位于腹部;无耳罐少见花边装饰。晚期流行侈口高领单把绳纹鬲,器体逐渐变矮,足尖逐渐圆钝;陶斝多为鼓腹,流行交错附加堆纹,双耳多位于口沿下侧;无耳罐流行花边口沿,并出现花边口沿单把鬲。通过这些器物形态上的早晚变化特征,基本能对五楼遗址龙山晚期遗存处于客省庄文化的哪个阶段进行初步分析。

　　五楼遗址龙山晚期遗物中最具代表性的陶器是鬲,包括了高领侈口单把鬲和花边口沿单把鬲两种。其中高领侈口单把鬲可复原的有5件,形态特征基本一致,与客省庄H206单把鬲,米家崖H30:12、H132:1、H130:5,康家H4:4、H4:7、H4:12、H35:3,以及赵家来H31:6和石嘴头H4:1较为相似。这些标本在前述各位学者对客省庄、米家崖、康家、赵家来以及石嘴头遗址的分期中均被各自归为所在遗址的晚期遗存。再根据其器身低矮、领部高且直、尖角裆较矮、袋足较宽、足跟略钝、口径略小于腹径等特征,基本可推测这5件单把鬲当比上述陶鬲标本还要晚一些,

① 张忠培:《客省庄文化及其相关诸问题》,《考古与文物》1980年第4期。

② 梁星彭:《试论客省二期文化》,《考古学报》1994年第4期。

③ 秦小丽:《试论客省庄文化的分期》,《考古》1995年第3期。

④ 张忠培、杨晶:《客省庄文化单把鬲的研究——兼谈客省庄文化流向》,《北方文物》2002年第3期。

⑤ 刘斌:《客省庄文化分期及相关问题研究》,西北大学2004年硕士学位论文。

⑥ 中国社科院考古研究所:《中国考古学·新石器时代卷》,中国社会科学出版社,2010年7月。

可能属于此类单把鬲发展的最晚阶段。

五楼遗址出土的花边口沿鬲可复原的只有H43∶5一件，此外H42∶21、H20∶8口、腹部特征与其基本一致，形态应当一致。此三件花边口沿鬲形态纹饰特征与客省庄H213花边鬲、H179∶2，康家H6∶1、H4∶4，以及大辛村H1∶4较为相似。根据刘斌和秦小丽的分期，客省庄H213花边鬲和H179∶2均属于该遗址晚期遗物。根据刘斌的分期，康家H4∶4属于该遗址晚期遗存。康家H6∶1的期别虽未讨论，但秦小丽将该单位共出的花边口沿罐H6∶3归为最晚期遗存，因此H6∶1应当亦属于该遗址晚期遗存。董宵雷认为大辛村客省庄文化遗存的年代大致相当于赵家来遗址客省庄文化晚段[①]，因此可将大辛村H1∶4归为客省庄文化晚期遗存。再根据五楼遗址H43∶5袋足短粗、裆部较矮的特征来看，该器可能属于此类花边口沿单把鬲发展的较晚阶段。

五楼遗址出土的无耳罐多在口沿装饰花边，与双庵ⅣH4∶3，米家崖H30∶1、F1-1∶2、H30∶4、H297∶2，姜寨T64H162∶1以及康家H4∶11较为相似，这些花边口沿无耳罐均属于客省庄文化较晚阶段遗存。

五楼遗址出土的大口深腹两耳罐H58∶1与赵家来遗址最晚期的H5∶17器型和纹饰特征完全一致，后者属于赵家来遗址晚期遗存，因此五楼H58∶1应当也是客省庄文化晚期遗存。

此外，五楼遗址依然以单把鬲、鼓腹斝为主要器类，且不见老牛坡H24、H16、M31、M39等墓葬单位，泄湖、横阵以及东龙山遗址出土的以花边圆腹罐、单耳罐、双耳罐等为代表的夏代早期遗存（或可称为"东龙山文化"[②]）（图一八五）。

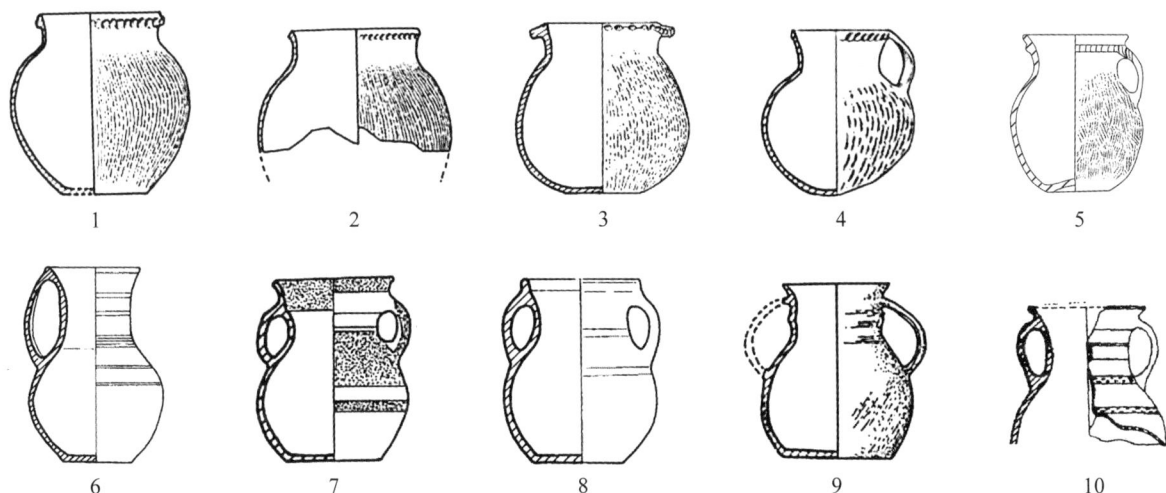

图一八五 关中东部地区夏代早期遗存典型陶器

1～3.花边圆腹罐（老牛坡88XLI2H24∶14、老牛坡88XLI2H24∶13、东龙山ⅢT10②∶20） 4～6.单耳罐（老牛坡88XLI2H24∶7、横阵M9∶3、东龙山M36∶1） 7～10.双耳罐（老牛坡86XLIII1M39∶22、东龙山M33∶1、老牛坡86XLIM2∶4、泄湖T1④∶4）

① 董宵雷：《龙山时代的黄土高原》，吉林大学2019年博士学位论文。

② 关于关中东部地区夏代早期遗存的讨论，参见：陕西省考古研究院、商洛市博物馆：《商洛东龙山》，科学出版社，2011年12月；张天恩：《论关中东部的夏代早期文化遗存》，《中国历史文物》2009年第1期；胡平平：《试论陕东南地区东龙山文化》，《江汉考古》2018年第6期；段天璟：《二里头文化时期渭河流域的文化变迁——从"老牛坡类型远古文化"遗存谈起》，《中原文物》2006年第6期。

从这些情况来看,五楼遗址龙山晚期遗存年代的下限应当未进入夏代。

通过上述讨论,基本可以确定五楼遗址龙山晚期遗存存续的年代较短,与客省庄、米家崖、赵家来、康家等遗址客省庄文化遗存晚期年代基本相当或略晚,属于客省庄文化晚期偏晚阶段遗存。

三、客省庄文化的花边口沿罐研究

花边口沿罐是客省庄文化中非常富有特色的一类陶器,在客省庄文化中较为流行,对花边口沿罐的研究,有助于我们全面深刻认识客省庄文化的整体面貌。除五楼遗址外,目前经发掘出土花边口沿罐的有康家、米家崖、姜寨、客省庄、马家湾、东营、紫荆、东龙山、赵家来、双庵、王家嘴、蔡家河、下魏洛、大辛村、石嘴头、桥村等遗址。根据花边装饰的特点,可将上述遗址出土的花边口沿罐分为两型(图一八六):A型为在口沿唇部压印出锯齿形短槽;B型为在口沿下装饰捏塑的附加堆花边泥条。根据各遗址出土花边口沿罐的共存器物以及地层关系,基本可以对康家、米家崖、姜寨、紫荆、东龙山、双庵、蔡家河、下魏洛、石嘴头遗址出土的花边口沿罐年代进行判定。

康家遗址:康家遗址出土年代较为明确的花边口沿罐有两件,分别为一件A型花边口沿罐H13∶1和一件B型花边口沿罐H6∶3。根据秦小丽对康家遗址陶器的分期,H13∶1和H6∶3均归为第三期,属于康家遗址最晚阶段的遗存[①]。

米家崖遗址:米家崖遗址出土花边口沿罐较多,包括了六件A型花边口沿罐和两件B型花边口沿罐。董宵雷将该遗址客省庄文化遗存分为三段,将花边口沿罐归入第三段,属于米家崖遗址最晚期遗存[②]。

姜寨遗址:姜寨遗址A型花边口沿罐T64H162∶1与五楼遗址出土A型花边口沿罐形制几乎一样,根据前文对五楼客省庄文化遗存年代的分析,姜寨T64H162∶1的年代应为客省庄文化晚期。而且张忠培以及秦小丽均认为H162所出的一件绳纹单把鬲年代属于客省庄文化偏晚阶段[③],这亦可作为将T64H162∶1年代推定为客省庄文化晚期的证据。

紫荆遗址:紫荆遗址出土A型和B型花边口沿罐各一件,分别为H18∶2、HG1∶1。发掘简报中所说的"龙山时代"遗存,实际上面貌较为复杂,应当是包含了仰韶晚期、龙山早期和龙山晚期三个阶段的遗存[④]。H18∶2和HG1∶1两件花边口沿罐均属龙山晚期遗存,同一阶段的还有单把绳纹鬲H177∶01、饰交错绳纹的鼓腹斝T7③∶11以及鼓腹圜底罐,其年代应当为客省庄文化最晚阶段。

东龙山遗址:东龙山遗址出土B型花边口沿罐H198∶8为球腹,口沿下装饰较窄的绳索状附

① 秦小丽:《试论客省庄文化的分期》,《考古》1995年第3期。
② 董宵雷:《龙山时代的黄土高原》,吉林大学2019年博士学位论文。
③ 张忠培、杨晶:《客省庄文化单把鬲的研究——兼谈客省庄文化流向》,《北方文物》2002年第3期;秦小丽:《试论客省庄文化的分期》,《考古》1995年第3期。
④ 董宵雷:《龙山时代的黄土高原》,吉林大学2019年博士学位论文。

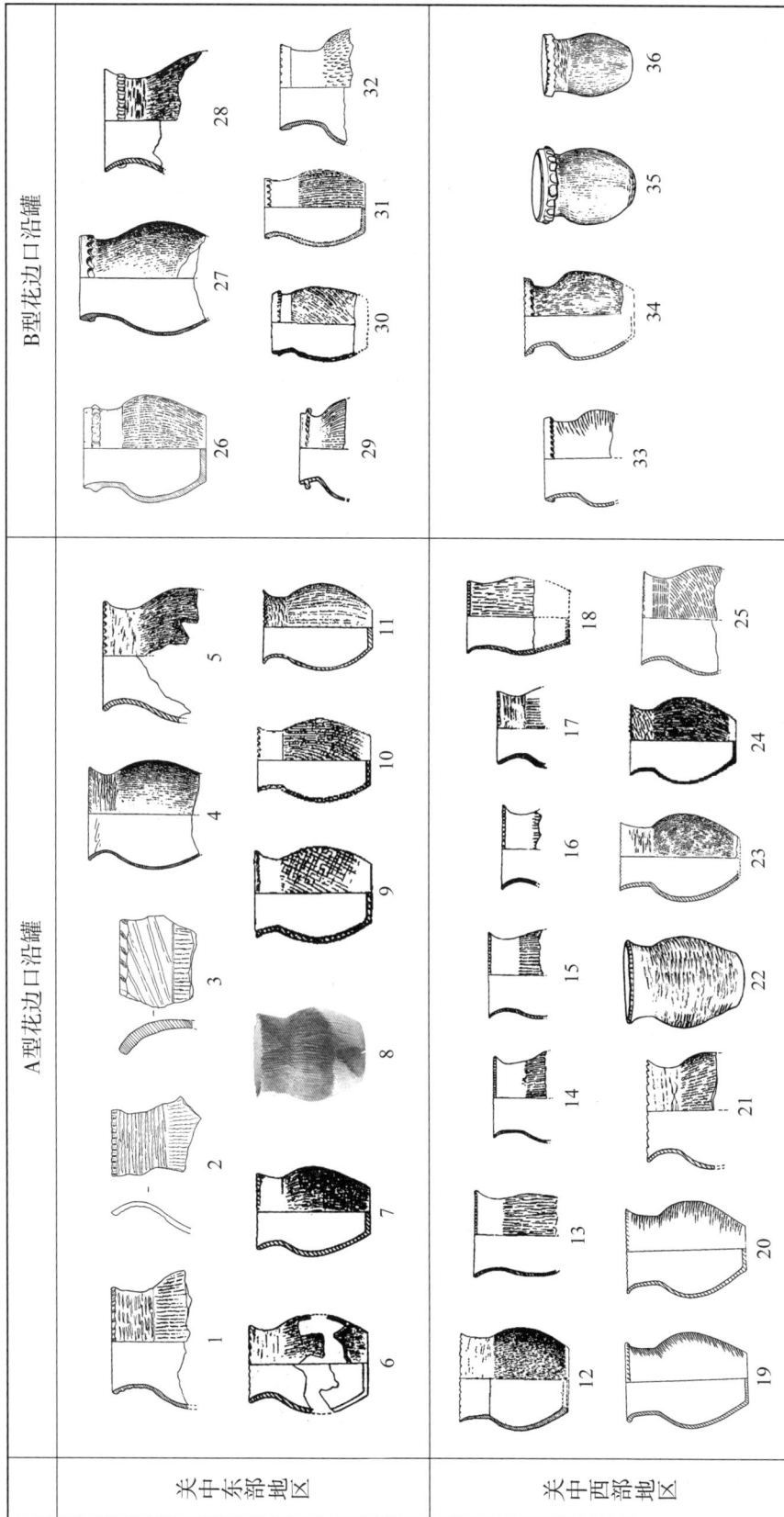

图一八六　客省庄文化中的花边口沿罐

1. 五楼 H20：7　2. 五楼 H42：8　3. 五楼 H42：19　4. 米家崖 H30：27　5. 米家崖 H30：1　6. 米家崖 H297：2　7. 米家崖 H281：3　8. 客省庄 H7：1　9. 康家 H13：1　10. 紫荆 H18：2　11. 姜寨 T64H162：1　12. 赵家来 H7：1　13. 石嘴头 H2：3　14. 石嘴头 H2：9　15. 石嘴头 H2：4　16. 石嘴头 H2：12　17. 石嘴头 H1：8　18. 石嘴头 H2：2　19. 蔡家河 H29：7　20. 蔡家河 H29：1　21. 蔡家河 H29：12　22. 桥村 H4：94　23. 下魏洛 H64：73　24. 双庵 IVH4：3　25. 王家嘴 H81：24　26. 五楼 H43：6　27. 米家崖 H30：4　28. 米家崖 H198：8　29. 东龙山 H198：1　30. 桥村 H6：3　31. 康家 H6：3　32. 马家湾 Y2：5　33. 王家嘴 H29：9　34. 蔡家河 H29：11　35. 桥村 H4：25　36. 桥村 H4：24

加堆花边,该单位共出有球腹双耳罐以及球腹圜底罐,其形制与夏时期东龙山文化陶罐形制较为接近,因此其年代应当为客省庄文化最晚阶段,甚至已经进入夏时期。

双庵遗址:双庵遗址出土了一件A型花边口沿罐H4:3,与其共出的有一件典型的单把绳纹鬲和两件单把罐形鬲。秦小丽将双庵遗址客省庄文化分为三期,其中H4属于第二期遗存,年代相当于康家第一期,刘斌亦赞同此说[①]。因此,双庵H4:3的年代应为客省庄文化偏早阶段遗存。

蔡家河遗址:蔡家河遗址出土A型、B型花边口沿罐各两件,均为H29中遗物,该单位中出土一件直腹无耳斝,年代应当较早。董宵雷将蔡家河遗址客省庄文化遗存分为早晚两段,H29属于晚段遗存,并将其归入所划分的客省庄文化第一期[②]。因此,蔡家河遗址出土的四件花边口沿罐应为客省庄文化偏早阶段遗存。

石嘴头遗址:石嘴头遗址出土数量较多的A型花边口沿罐,且均出土于H2中。根据秦小丽的研究,石嘴头遗址客省庄文化遗存可分为早晚两期,早期以H1、H2为代表,晚期以M2为代表,早期遗存相当于康家遗址第二期[③]。因此,石嘴头遗址出土的花边口沿罐应属于客省庄文化偏早阶段遗存。

通过上述分析,基本可将客省庄文化花边口沿罐的年代梳理清楚:五楼、米家崖、康家、姜寨、紫荆、东龙山等关中东部地区“康家类型”遗址出土的A型和B型花边口沿罐均为客省庄文化偏晚阶段遗存;双庵、蔡家河、石嘴头、下魏洛等关中西部地区“赵家来类型”遗址的花边口沿罐均为客省庄文化偏早阶段遗存。

根据花边口沿罐在西、东两区域年代上的早晚关系,可以做出这样的推断:关中东部地区客省庄文化花边口沿罐的出现和流行,应当是受关中西部地区的影响所致。正如前文所述,五楼遗址中包含了大量关中西部地区客省庄文化的因素,大量流行花边口沿罐的情况,正是因为其地处东西文化区域中间地带,受西部客省庄文化强烈影响所致。而且五楼遗址A型花边口沿罐的花边制作风格不仅仅体现在无耳罐上,罐形篮纹单把鬲以及大口深腹两耳瓮的花边口沿做法与其基本一致,这两类器物亦是关中西部客省庄文化中的典型器物。这也体现了这种在口沿压印花边的装饰风格从西向东传播的现象。

B型花边口沿罐在客省庄文化中发现数量较少,此类在口沿下装饰附加堆花边的做法最早出现在宁夏南部和陇东北地区的齐家文化页河子类型中,在宁夏菜园、隆德页河子、隆德沙塘北塬等遗址中发现较多,年代为齐家文化最早阶段,伴随着齐家文化的东进,此类装饰传播到了关中西部地区被客省庄文化所接受,并进而到达关中东部,成为东龙山文化花边口沿圆腹罐的重要来源[④]。这一传播线路也得到了上述客省庄文化B型花边口沿罐年代判断的支持。

① 刘斌:《客省庄文化分期及相关问题研究》,西北大学2004年硕士学位论文。
② 董宵雷:《龙山时代的黄土高原》,吉林大学2019年博士学位论文。
③ 秦小丽:《试论客省庄文化的分期》,《考古》1995年第3期。
④ 李永强:《二里头文化花边装饰溯源》,《华夏考古》2017年第6期。

第三节 五楼遗址龙山晚期制陶工艺初步研究

五楼遗址出土陶器标本较多,尤其陶鬲、无耳罐、折肩罐以及器盖等主要器型的部分标本有较为明显的制作痕迹,通过对其进行观察,可以初步了解五楼遗址龙山晚期制陶工艺,并将其纳入客省庄文化制陶工艺系统内考察,进而对于探讨制陶工艺所反映的文化交流与互动有积极意义。

一、主要陶器类型的制作工艺

1.鬲

陶鬲是五楼遗址出土的主要器类之一,可分为高领侈口单把鬲和花边口沿单把鬲两类。其中高领侈口单把鬲形态特征基本一致,主要为夹砂灰陶,陶质较为细腻,夹杂有细小的白、灰色砂粒;另有少量为夹砂红陶,陶质略粗疏。陶鬲主体部分为三个袋足,其成型方法均为模制法,内模上应当有绳纹,使得袋足内壁有较为明显的"反绳纹"痕迹(图一八七)。脱模之后,将袋足足跟压平。袋足制作好后,将三足拼接在一起,接缝处多抹泥加固(图一八八)。颈部较高,呈筒形,应为泥条盘筑并以慢轮修整而成,口沿上有较为明显的横向轮修痕迹(图一八九)。器耳由长条形泥片制成,上端粘接在口沿外侧,下端在袋足上部,结合处通过抹泥加固。纹饰上,袋足均为滚压绳纹,外侧基本为竖向绳纹,裆部则多为横向,颈部则均为素面。

花边口沿单把鬲器型较大,均为夹砂红陶,陶质较疏松,夹有较多的白、灰色砂粒,粒径较大。袋足大而高,应为泥条盘筑而成,袋足足尖内部多有球状泥芯(图一九○)。袋足制好后,将三足拼接在一起,接缝处抹泥加固。器腹壁较直,为泥条盘筑而成,内壁有泥条盘筑的痕迹。袋足与器腹拼接而成,足腹之间有接合痕迹。口沿唇部的花边为手捏制成,有轮修痕迹。器耳以长方形泥条制成,上端与口沿外侧粘接,下端位于颈部下方。器身通体饰横篮纹,应当是拍印而成。

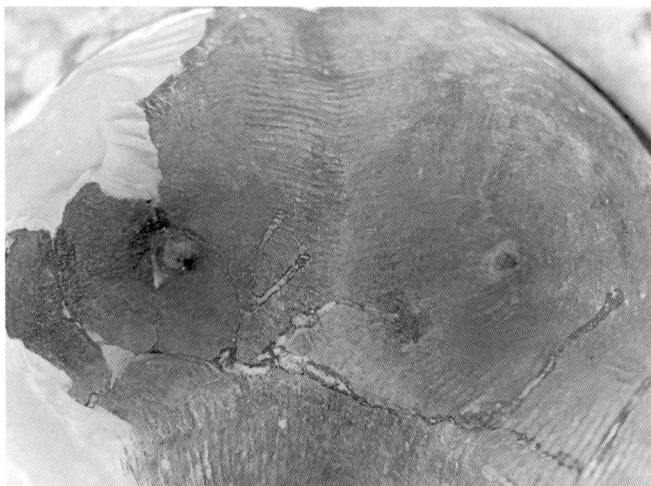

图一八七 五楼遗址 H20∶4 鬲足内壁上的"反绳纹"痕迹

图一八八 五楼遗址 H42∶16 袋足接缝处抹泥加固痕迹

图一八九　五楼遗址H20∶4口沿上的轮制痕迹

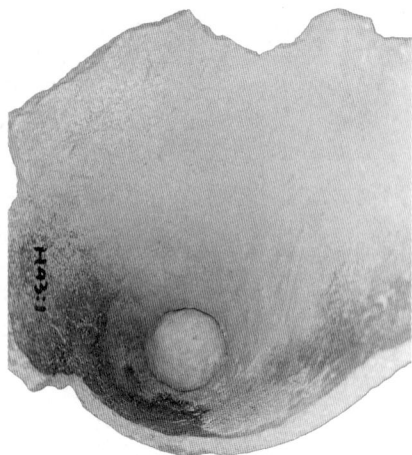

图一九〇　五楼遗址H43∶1袋足内的球状泥芯

2.无耳罐

五楼遗址出土无耳罐均为夹砂陶,陶质较为疏松,夹杂较多石英砂颗粒,粒径较大。罐体的腹部、口沿以及颈部多为泥条盘筑成型,少量标本可能还采用了泥片贴塑制作。器底多有交错绳纹,应当是以绳纹陶拍压制泥饼制成,然后再与腹部拼接而成,器腹和器底相接处绳纹抹平(图一九一)。颈部和腹部应当是分别制好后拼接,通常颈部在外、腹部在内进行套接。纹饰上,颈部多压印横篮纹,腹部则滚压纵向绳纹,口沿唇部多以木棍压印斜向短槽花边,少量为贴塑泥条并捏出鼓钉状附加堆纹(图一九二)。

3.折肩罐

折肩罐以泥质灰陶为主,陶质细腻,部分夹杂少量白色颗粒。成型工艺上,折肩罐的腹部、肩部、颈部均为分体制作,内部可见有泥条盘筑痕迹,各部分连接处均有明显的拼接痕迹(图一九三)。器底系以陶拍压印制成泥饼,然后与腹底拼接。修整方面,主要在颈部与口沿上可见

图一九一　五楼遗址H43∶6腹底与器底

图一九二 五楼遗址 H42：8 与 H43：6 口沿、颈部纹饰

较明显的横向轮修痕迹。纹饰上，素面多为磨光，篮纹为压印而成，部分区域以细泥抹光。

4.器盖

器盖以泥质灰陶为主，陶质细腻，夹杂少量细小颗粒。盖身以泥条盘筑而成，内壁可见清晰的盘筑痕迹（图一九四），盘筑至顶部后，再与捏塑而成的盖钮拼接，拼接痕迹明显。器盖整体成型之后，再以慢轮进行修整，盖钮上有较明显的轮修痕迹。

图一九三 五楼遗址 H43：7 与 H93：2 腹、肩、颈部拼接痕迹

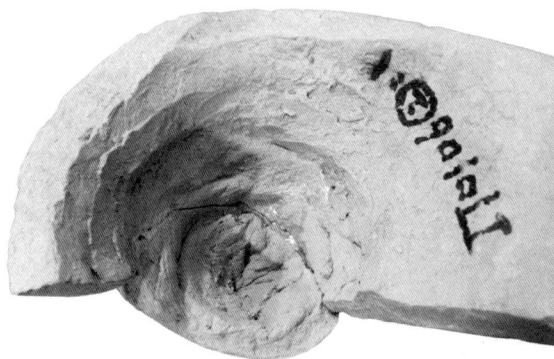

图一九四 五楼遗址 IT0106②：1 器盖内壁泥条盘筑痕迹

二、五楼遗址制陶工艺总体特征

通过上述观察分析,可以发现五楼遗址陶器制作中,侈口高领单把鬲袋足均为模制,颈部及口沿轮制而成,各部分套接后再以慢轮修整;花边口沿鬲器型较大,多采用泥条盘筑和贴塑法制作各部分后进行套接;无耳罐以泥条盘筑为主要成型工艺,少数采用泥片贴塑;折肩罐成型工艺以泥条盘筑为主,各部分制作好后分段套接,最后采用慢轮修整;瓮、缸等大型陶器均采用泥条盘筑法制作;器盖盖身以泥条盘筑,盖钮捏塑而成,拼接后再以慢轮修整。总体而言,五楼遗址制陶工艺主要包括了泥条盘筑、模制、轮制三种制陶工艺,其中泥条盘筑是最主要的成型工艺,模制主要用于侈口高领鬲的袋足制作,轮制法主要用于修整。

据梁星彭研究,客省庄文化东西区域的制陶工艺有较明显的区别,关中西部以手制为主,流行泥条盘筑法,轮制少见;关中东部地区则以轮制为主,手制较少[1]。五楼遗址中流行泥条盘筑法,部分器物采用捏塑,形制不规整。修整工艺流行慢轮修整,部分器物以轮制成型,尤其侈口高领单把鬲形制规整,轮制痕迹明显。这些特点均表明,五楼遗址制陶工艺应当是融合了东西两区域的技术特色,这也与前文的分析相合。

第四节　五楼遗址出土动物遗存研究

一、引言

五楼遗址位于陕西省西安市长安区五星街道北张堡村西、北部,沣河东岸约200米的台地上,依据2008年第三次全国文物普查,该遗址面积约为70万平方米。为配合西(安)太(平口)公路建设工程项目,2009年12月～2010年6月,西安市文物保护考古研究院等对五楼遗址进行了全面的调查和勘探,并对重点区域进行发掘,发掘面积900平方米,共发掘仰韶文化、龙山文化及商代晚期灰坑105座,灰沟1段,东周时期墓葬7座,出土了大量的陶器、石器、骨器等遗物。

五楼遗址动物骨骼出自仰韶时期和龙山时期的灰坑内。按照出土单位对动物骨骼进行编号、鉴定种属、骨骼部位,观察牙齿萌出与磨蚀、测量保存部位数据,并进行相关统计。针对遗址出土动物骨骼的研究,种属部位鉴定主要参考中外文的动物骨骼图谱[2]及西北大学动物考古实验室的古、现代动物标本,测量依据《考古遗址出土动物骨骼测量指南》[3],测量单位为毫米(mm)。本次鉴定的动物骨骼出自遗址的46个遗迹单位,共128件,其中可鉴定标本数为93件,包括瓣鳃纲、鸟纲、哺乳纲在内的3纲10种。出土动物骨骼上有食肉动物与啮齿动物啃咬的痕迹,二者分别占全部出土标本的7.81%、1.56%。主要见于猪下颌骨、尺骨、桡骨,梅花鹿掌骨等处。整体来看,动物骨骼保存较好。

---

① 梁星彭:《试论客省二期文化》,《考古学报》1994年第4期。

② 西蒙·赫森著,侯彦峰、马萧林译:《哺乳动物骨骼和牙齿鉴定方法指南》,科学出版社,2012年10月。

③ 安格拉·冯登德里施著,马萧林、侯彦峰译:《考古遗址出土动物骨骼测量指南》,科学出版社,2007年8月。

五楼遗址出土动物骨骼具体种属如下：

瓣鳃纲 Lamellibranchia

真辨鳃目 Eulamellibranchia

蚌科 Unionidae

鸟纲 Aves

哺乳纲 Mammalia

啮齿目 Rodentia

豪猪科 Hystricidae

豪猪属 *Hystrix*

食肉目 Carnivora

犬科 Canidae

犬属 *Canis*

狗 *Canis familiaris*

偶蹄目 Artiodactyla

猪科 Suidae

猪属 *Sus*

野猪 *Sus scrofa*

家猪 *Sus scrofa domesticus*

鹿科 Cervidae

獐属 *Hydropotes*

鹿属 *Cervus*

梅花鹿 *Cervus nippon*

狍属 *Capreolus*

狍 *Capreolus capreolus*

牛科 Bovidae

牛属 *Bos*

二、分类简述

蚌 Unionida
蚌壳残片3件（H31：D10、H42：D2），保存较少，无法做进一步属种鉴定。最小个体数为1。

鸟 Aves
右肱骨1件（H100：D4）、肢骨1件（H100：D5）。保存较少，无法做进一步属种鉴定。最小个体数为1。

豪猪 *Hystrix*
门齿1件（H31：D14），最小个体数为1。

狗 *Canis familiaris*

头骨碎块1件（H45：D7），最小个体数为1。

野猪 *Sus scrofa*

左下颌1件（H55：D1），保存部位为下颌角及完整m3，m3齿长为42.10 mm，宽为16.13 mm，通常家猪下颌m3平均最大长度达40.00 mm，一般家猪应小于等于此数值[①]，因而根据齿长42.10mm推断为野猪。最小个体数为1。

家猪 *Sus scrofa domesticus*

头骨3件（H31：D13、H45：D5、H21：D1），左上颌骨2件（H31：D7、H103：D1），右上颌骨1件（H54：D6），左下颌骨2件（H57：D1、H104：D1），右下颌骨9件（H31：D2、H31：D5、H19：D1、H64：D1、H104：D2、H104：D3、H26：D1、H54：D8、H86：D3），下颌骨2件（H45：D11、H40：D2），门齿1件（H86：D4），犬齿1件（H31：D8），游离齿碎块1件（H54：D12），枢椎1件（H72：D2），第3颈椎1件（H72：D3），胸椎1件（H31：12），右肱骨2件（H83：D1、H83：D2），右尺骨2件（H83：D3、H68：D1），左桡骨1件（H45：D3），右盆骨1件（H92：D1），左股骨2件（H21：D2、H54：D7），右股骨1件（H21：D3），左胫骨1件（H21：D4），左肋骨1件（H31：D6）。最小个体数为9。

标本H45：D5为头骨，保存顶骨、颞骨部分，部分烧黑。

标本H40：D2为下颌骨，两侧门齿残损，保存两侧犬齿及右侧p1-p4，牙齿磨蚀依据格兰特[②]的记录方法，并结合李志鹏总结的殷墟家猪死亡年龄的判断标准[③]判断其年龄为2～3岁。

标本H57：D1为左下颌骨，牙齿保存有p3-m2，年龄为1.5～2岁。

标本H104：D1为左下颌骨，牙齿保存有p3-m1，年龄为1.5～2岁。

标本H31：D2为右下颌骨，牙齿保存有m1、m2，年龄为14～18月。

标本H104：D2为右下颌骨，牙齿保存有p3-m2，年龄为1.5～2岁。

标本H83：D2为右肱骨，保留长度80.73 mm，远端最大宽Bd为36.31 mm。

标本H83：D3为右尺骨，保留长度71.80 mm，在内侧外壁上有一道长为7.31 mm的划痕。

标本H45：D3为左桡骨，保留长度117.50 mm，骨干表面有食肉动物啃咬痕迹。

獐 *Hydropotes*

左下颌骨1件（H31：D3），右下颌骨2件（H31：D4、H24：D1），游离犬齿1枚（H31：D8-1）、左肩胛骨1件（H54：D9）、左桡骨1件（H31：D1）、掌骨1件（H76：D1）。最小个体数为2。

标本H31：D3为左下颌，牙齿保存有m1-m3，m1长宽为9.85、5.89 mm。m1与m2两叶间有齿柱。标本H31：D3的m3半露，参考黄麂下颊齿与月龄的关系判断年龄[④]，推测其年龄应大于

① 袁靖：《中国古代的家猪起源》，《西部考古》（第1辑），三秦出版社，2006年。

② Grant Anne, The use of tooth wear as a guide to the age of domestic animals, Wilson Bob, Grigson Caroline, Payne Sebastian eds, *Ageing and Sexing Animal Bones from Archaeological Sites*, British Archaeological Reports, 1982.

③ 李志鹏：《殷墟孝民屯遗址出土家猪的死亡年龄与相关问题研究》，《江汉考古》2011年第4期。

④ 盛和林、徐宏发：《哺乳动物野外研究方法》，中国林业出版社，1992年5月。

10个月。

标本H31：D4为右下颌，牙齿保存有m3，叶间有短齿柱。m3已长齐，推测年龄大于16个月。

标本H24：D1为右下颌，牙齿保存有dp3-m3，dp3长宽为8.78、4.75 mm，dp4长宽为13.24、6.04 mm，m1长宽为10.50、7.25 mm。m2两叶间有齿柱。m3半露，p2-p4未将乳齿顶起，推测其年龄在10～16个月。

标本H54：D9为左肩胛骨，肩胛颈最小长SLC为13.90 mm，肩胛结最大长GLP为24.33 mm，肩臼长LG为18.14 mm，肩臼宽BG为17.55 mm。

标本H31：D1为左桡骨近端，保留长度83.45 mm，近端最大宽Bp为23.43 mm。

标本H76：D1为掌骨远端，保留长度87.01 mm，远端最大宽Bd为18.95 mm（图一九五）。

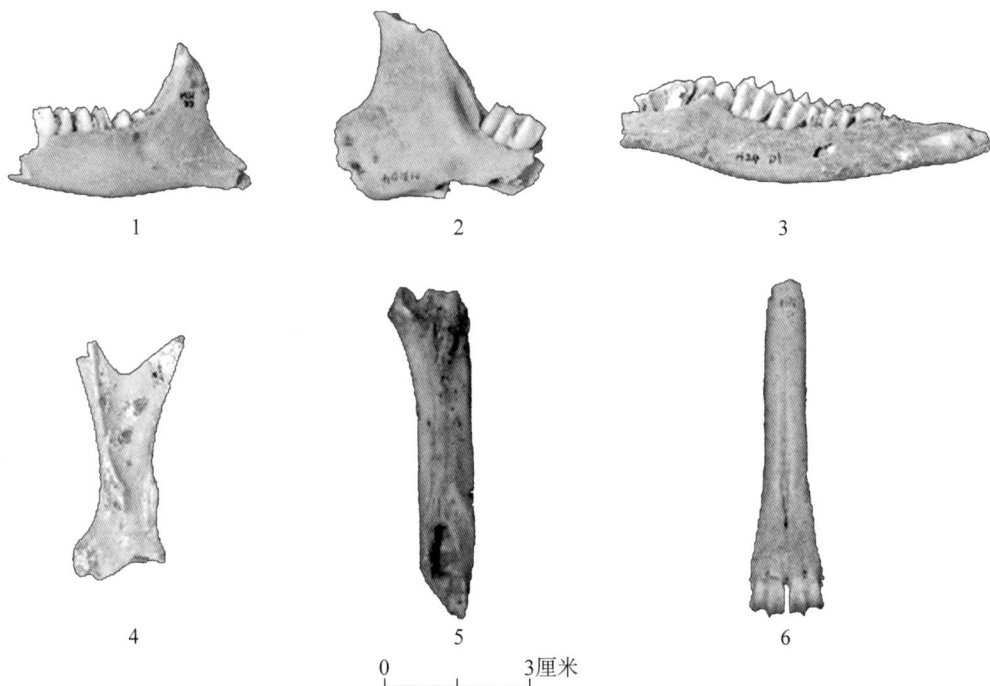

0 ┣━━━━━┫ 3厘米

图一九五 五楼遗址獐典型标本图

1～3.下颌骨（H31：D3、H31：D4、H24：D1） 4.肩胛骨（H54：D9） 5.桡骨（H31：D1） 6.掌骨（H76：D1）

将五楼遗址獐下颌骨、肩胛骨、桡骨、掌骨与东营遗址[①]、姜寨遗址[②]、泉护村遗址[③]、兴乐坊遗址[④]出土的獐标本进行数据对比（表一三、表一四），大小相近。

① 陕西省考古研究院：《高陵东营——新石器时代遗址发掘报告》，科学出版社，2010年12月。
② 祁国琴：《姜寨——新石器时代遗址发掘告》，文物出版社，1988年10月，第504～538页。
③ 陕西省考古研究院、渭南市文物旅游局、华县文物旅游局：《华县泉护村——1997年考古发掘报告》，文物出版社，2014年11月，第595～661页。
④ 胡松梅、杨岐黄、杨苗苗：《华阴兴乐坊遗址动物遗存分析》，《考古与文物》2011年第6期。

表一三　獐下颌骨测量数据与对比表（单位：mm）

遗址＼测量项目	m2长×宽	m3长×宽
五楼	10.74×7.18	—
	—	14.58×—
	12.43×7.54	—
东营	—	14.20×7.10
	—	13.90×7.00
姜寨	11.30×7.00	—
	12.00×7.60	—
泉护村	—	14.20×7.00
	—	14.00×7.00
兴乐坊	11.24×7.40	—

表一四　獐肩胛骨、桡骨、掌骨测量数据与对比表（单位：mm）

测量项目＼遗址	五楼	东营	泉护村
肩胛骨肩胛结最大长（GLP）	24.33	24.30	26.50
肩胛骨肩臼长（LG）	18.14	16.90	19.00
肩胛骨肩臼宽（BG）	17.55	16.20	18.00
肩胛骨肩颈最小长（SLC）	13.90	11.30	11.00
桡骨近端最大宽（Bp）	23.43	19.19	21.00
掌骨远端最大宽（Bd）	18.95	—	18.00

梅花鹿 *Cervus nippon*

鹿角15件，其中左侧5件（H42：D1、H17：D1、H45：D9、H80：D2、H54：D3），右侧3件（H105：D1、H41：D1、H48：D1），因保存情况较差无法区分左右者有7件（H84：D5、H45：D10、H45：D12、H40：D1、H54：D2、H86：D2、H87：D1），头骨1件（H80：D1）、左上颌1件（H72：D4）、右肩胛骨1件（H45：D1）、右肱骨1件（H54：D4）、桡骨1件（H45：D2）、掌骨1件（H99：D1）、左

掌跖骨1件（H30：D1）。最小个体数为5。

标本H80：D2为左角，保存角柄、角环、主枝、眉枝，在眉枝上有横向切割的断面。

标本H54：D2为角，保存主枝、眉枝，在主枝一侧有1道切割痕，槽宽为1.83 mm。

标本H72：D4为左上颌，保存牙齿有P2—M2。

标本H45：D1为右肩胛骨，肩胛颈最小长SLC为24.63 mm，肩胛结最大长GLP为43.30 mm，肩臼长LG为31.72 mm，肩臼宽BG为24.63 mm。

标本H54：D4为右肱骨远端，保留长度为43.30 mm，远端最大宽Bd为45.73 mm。

将五楼遗址出土的梅花鹿鹿角与东营遗址、姜寨遗址、鱼化寨遗址[①]、泉护村遗址出土的梅花鹿鹿角数据进行对比（表一五），结果显示其尺寸相近。

表一五　梅花鹿鹿角测量数据与对比表（单位：mm）

测量项目 ＼ 遗址	五楼					东营	姜寨	鱼化寨		泉护村
角环前后径长	52.60	52.89	43.03	55.90	50.94	53.60	44.00	50.13	47.52	54.00
角环内外径长	—	42.08	39.41	56.46	—	53.40	—	43.87	51.68	54.00

狍 *Capreolus capreolus*

盆骨1件（H76：D3）、腰椎1件（H85：D1）。

牛属 *Bos*

左角1件（H69：D1）。最小个体数为1。

H69：D1的角基部长径为93.39 mm，角基部周长270 mm。和镇江营与塔照遗址[②]商周时期及天马—曲村遗址[③]西周早期的黄牛角相比，整体尺寸略大（表一六），形态相似，推测可能为黄牛。

表一六　黄牛牛角测量数据参考表（单位：mm）

测量项目	遗　址	
	镇江营与塔照	天马—曲村
角基部长径	86.00	84.00
角基部周长	250.00	—

---

① 西安市文物保护考古研究院：《西安鱼化寨》，科学出版社，2017年2月，第1429～1440页。

② 北京市文物研究所：《镇江营与塔照——拒马河流域先秦考古文化的类型与谱系》，中国大百科全书出版社，1999年5月，第558页。

③ 北京大学考古系商周组：《天马—曲村（1980—1989）》，科学出版社，2000年9月，第1159～1169页。

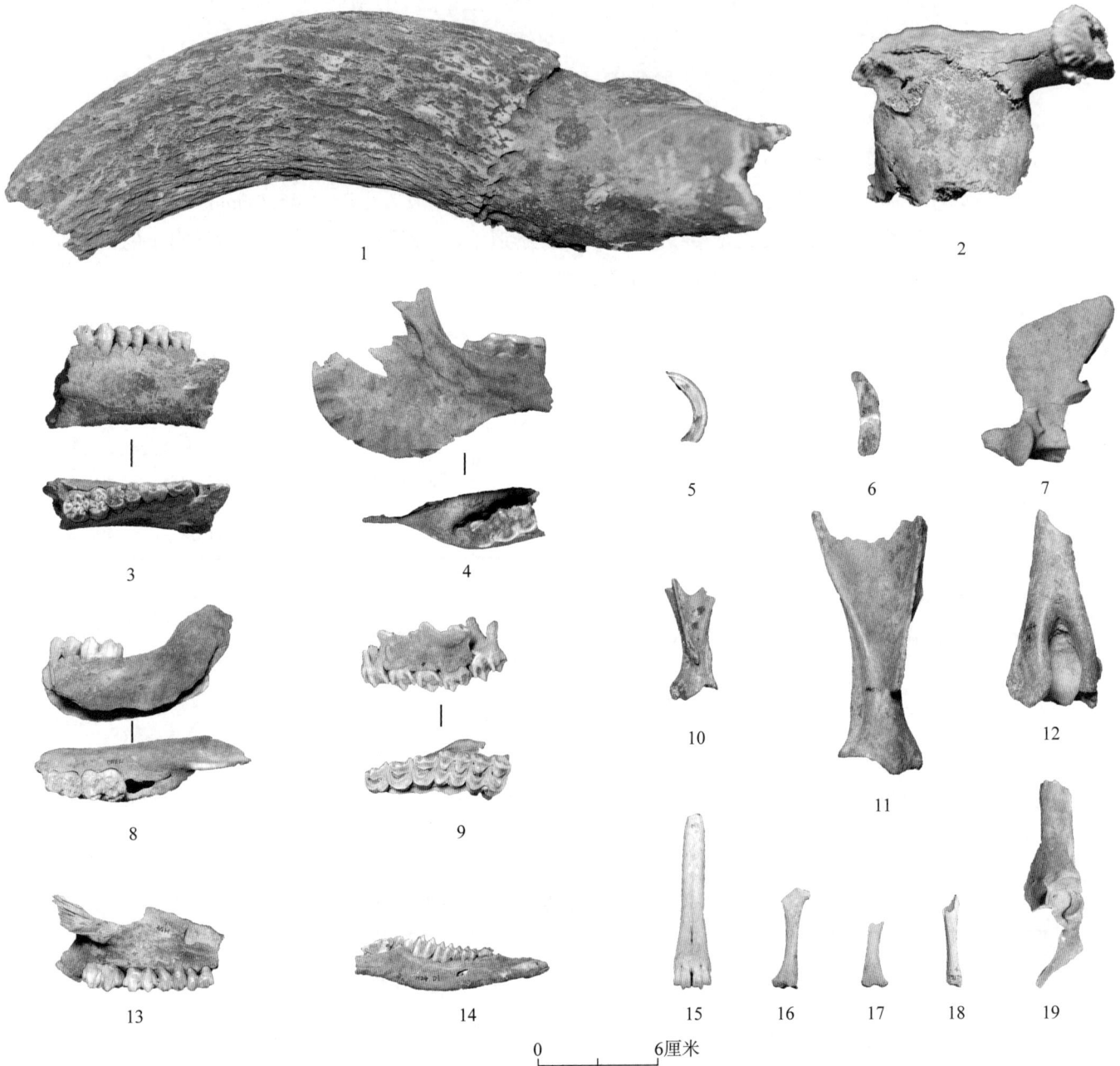

0　　　　　　6厘米

图一九六　五楼遗址动物骨骼典型标本示意图

1. 牛属　角（H69：D1）　2. 梅花鹿　头骨（H80：D1）　3、8. 家猪　下颌骨（H57：D1、H31：D2）
4. 野猪　下颌骨（H55：D1）　5. 豪猪　门齿（H31：D14）　6. 獐　犬齿（H31：D8-1）
7. 家猪　枢椎（H72：D2）　9. 梅花鹿　上颌骨（H72：D4）　10. 獐　肩胛骨（H54：D9）
11. 梅花鹿　肩胛骨（H45：D1）　12. 梅花鹿　肱骨（H54：D4）　13. 家猪　上颌骨（H54：D6）
14. 獐　下颌骨（H24：D1）　15. 獐　掌骨（H31：D1）　16、17. 家猪　股骨（H21：D2、H21：D3）
18. 家猪　胫骨（H21：D4）　19. 狍　盆骨（H76：D3）

三、讨论

（一）动物种类

五楼遗址共出土 10 种动物,分属于瓣鳃纲、鸟纲、哺乳纲,包括蚌、鸟、豪猪、狗、家猪、野猪、獐、梅花鹿、狍、牛属(图一九六)。根据对五楼遗址各类动物的可鉴定标本数与最小个体数的统计可以看出(表一七),动物遗存集中分布于仰韶时期。这一时期,可鉴定标本数为 84 件,家养动物可鉴定标本数占全部动物可鉴定标本数的 40.48%,其中家猪占比最多,为 39.29%,狗占 1.19%;野生动物占全部可鉴定标本数的 59.52%,其中梅化鹿占 25.00%、鹿科占 9.52%、獐占 8.33%、大型鹿科占 5.95%、狍占 3.57%,其余动物占比较少。在全部动物最小个体数统计中,家养动物占 39.13%,其中家猪占 34.78%、狗占 4.35%;野生动物占 60.87%,其中梅花鹿占 17.39%、大型鹿科与獐均占 8.70%,其余野生动物各占 4.35%。龙山时期,可鉴定标本数为 9 件,家养动物全部为家猪,其中家猪可鉴定标本数占全部动物可鉴定标本数的 44.44%;野生动物占 55.56%,其中鸟纲占 22.22%、蚌科、梅花鹿、牛属均占 11.11%。最小个体数统计显示,家猪占 20.00%,其余野生动物占 80.00%。

表一七　五楼遗址动物遗存统计表

时　期	种　属	NISP	NISP%	MNI	MNI%
仰韶时期	蚌科	2	2.38%	1	4.35%
	豪猪	1	1.19%	1	4.35%
	狗	1	1.19%	1	4.35%
	野猪	1	1.19%	1	4.35%
	家猪	33	39.29%	8	34.78%
	獐	7	8.33%	2	8.70%
	鹿科	8	9.52%	1	4.35%
	大型鹿科	5	5.95%	2	8.70%
	小型鹿科	2	2.38%	1	4.35%
	梅花鹿	21	25.00%	4	17.39%
	狍	3	3.57%	1	4.35%
	合计	**84**	**100.00%**	**23**	**100.00%**
龙山时期	蚌科	1	11.11%	1	20.00%
	鸟纲	2	22.22%	1	20.00%

续表

时　　期	种　　属	NISP	NISP%	MNI	MNI%
龙山时期	家猪	4	44.44%	1	20.00%
	梅花鹿	1	11.11%	1	20.00%
	牛属	1	11.11%	1	20.00%
	合计	9	100.00%	5	100.00%

　　五楼遗址仰韶时期遗存可分为早期、中期、晚期三期,通过对仰韶时期不同阶段的家养动物与野生动物的可鉴定标本数进行统计,以观察其发展变化(图一九七)。各时期家养动物和野生动物的可鉴定标本数比例显示,从仰韶早期到晚期,野生动物占比一直高于家养动物。因此,五楼遗址在整个仰韶时期的动物资源获取方式都处于"以野生动物为主,家养动物为辅"[①]的模式,这可能与当时遗址所处地区有着较为丰富的自然环境资源有关。从以往关中地区的资料来看,兴乐坊遗址家猪的可鉴定标本数在遗址哺乳动物中占比超过90%,但也有东营、姜寨等遗址家猪饲养比例相对较低的情况,仅为20%左右。五楼遗址的家猪饲养情况与这些遗址相似,家猪占比在30%左右。但从仰韶早期到晚期家猪始终是五楼遗址最重要的家养动物,且在仰韶中期占比最高,这可能与仰韶中期本地区旱作农业经济发达有关[②],农业生产进一步促进了家猪饲养。

　　在野生动物中,五楼遗址的鹿科动物[③]可鉴定标本数占比较高,超过家猪,即大于50%。具体来看,仰韶早期到晚期五楼遗址鹿科动物可鉴定标本数占比从63.16%到55.00%,呈现逐渐减少的趋势(图一九八),而这与新石器时代关中地区考古遗址出土梅花鹿数量逐渐下降[④]的情况相

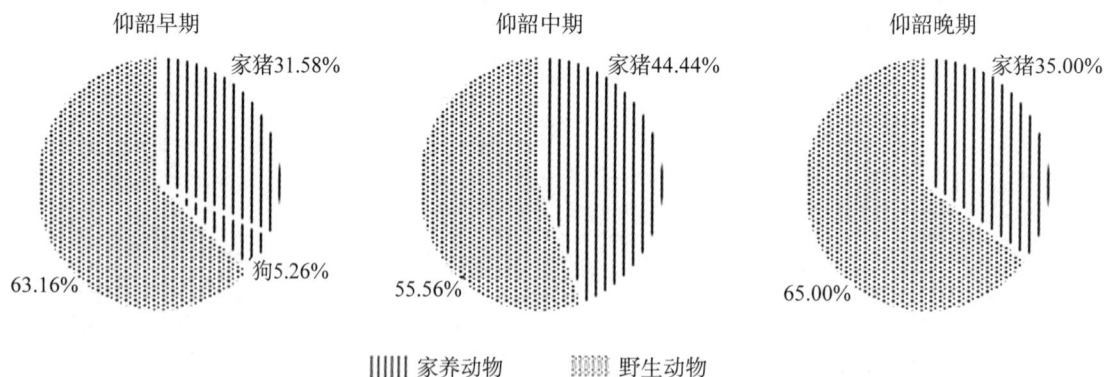

图一九七　五楼遗址仰韶时期家养动物与野生动物可鉴定标本数占比的历时性变化

① 袁靖:《黄河中游及华北地区距今10000至5000年生业状况初探》,《南方文物》2018年第1期。
② 赵志军:《有关农业起源和文明起源的植物考古学研究》,《社会科学管理与评论》2005年第2期。
③ 鹿科动物包含鹿科、大型鹿科、小型鹿科、梅花鹿、狍。
④ Li Yue, Zhang chengrui, Chen honghai. et al: Sika Deer in Bronze Age Guan Zhong: Sustainable Wildlife Exploitation in Ancient China? *Antiquity*, 2021(95).

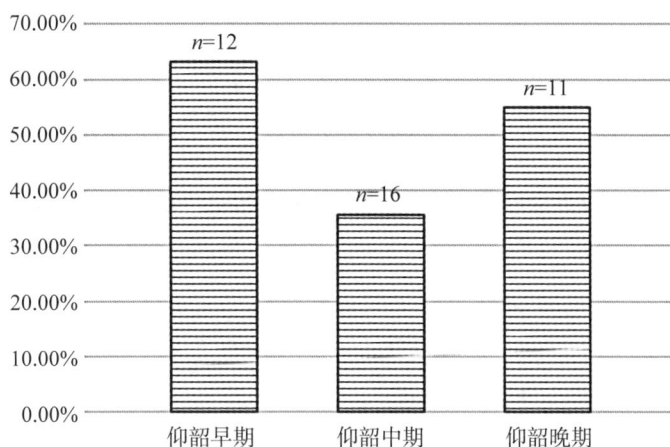

图一九八　五楼遗址仰韶时期鹿科动物可鉴定标本数及比例的历时性变化

同,可能指示这一阶段本地区鹿科动物数量的减少或五楼遗址居民家畜饲养和狩猎策略的变化。

(二)死亡年龄

五楼遗址出土动物骨骼可用于死亡年龄分析的种属较少,主要为家猪、獐,且均出自仰韶时期。根据牙齿萌出与磨蚀可以判断年龄的家猪下颌骨共5件(表一八),其中2岁以下占比80%。一般遗址居民为了较高效率地获取肉食资源,通常在未成年家猪达到最佳屠宰期时将其宰杀,因此大多遗址家猪死亡年龄集中在1.5～2岁[1]。五楼遗址家猪的死亡年龄结构符合这一特征,且与关中地区其他新石器时代遗址所体现的家猪利用方式相似,即在鱼化寨遗址、零口村遗址[2]、案板遗址[3]、康家遗址[4]等地,家猪死亡年龄多集中于2岁以下,以获取肉食资源。

表一八　五楼遗址猪死亡年龄统计表(根据牙齿萌出与磨蚀)

单位	左/右	部位	牙齿	年龄
H31：D2	右	下颌骨	m1+m2	14～18月
H57：D1	左	下颌骨	p3+p4+m1+m2	1.5～2岁
H104：D1	左	下颌骨	p3+p4+m1	1.5～2岁
H104：D2	右	下颌骨	p3+p4+m1+m2	1.5～2岁
H40：D2	左右	下颌骨	左i1+i2+i3+c；右i1+i2+i3+c+p1+p2+p3+p4	2～3岁

---

[1] 马萧林:《灵宝西坡遗址家猪的年龄结构及相关问题》,《华夏考古》2007年第1期。

[2] 张云翔、周春茂、阎毓民:《临潼零口村》,三秦出版社,2004年11月。

[3] 侯富任:《陕西扶风案板遗址2012年发掘出土动物遗存研究》,西北大学2016年硕士学位论文。

[4] 刘莉、阎毓民、秦小丽:《陕西临潼康家龙山文化遗址1990年发掘动物遗存》,《华夏考古》2001年第1期。

　　五楼遗址出土獐的下颌骨3件，根据牙齿萌出与磨蚀判断年龄（表一九），年龄均大于10个月。根据獐的发育情况，出生后6个月性成熟，12个月成年[①]，且年龄大于10个月的下颌骨牙齿磨蚀较为轻微，并非老年个体。五楼遗址古代居民可能狩猎较为年轻的个体以获取肉食资源。

表一九　五楼遗址獐死亡年龄统计表（根据牙齿萌出与磨蚀）

单位	左/右	部位	牙齿	年龄
H31：D3	左	下颌骨	m1+m2+m3	大于10个月
H31：D4	右	下颌骨	m3	大于16个月
H24：D1	右	下颌骨	dp3+dp4+m1+m2+m3	10～16个月

（三）遗址的自然环境

　　遗址周围的野生动物可以一定程度上反映遗址周边的自然环境。五楼遗址中野生动物包含蚌科、鸟纲、豪猪、野猪、大型鹿科、小型鹿科、獐、梅花鹿、狍等。

　　遗址中鹿科动物占有较大的比例，獐多栖息在沿江湖分布的湿地、苔草地、芦苇丛或山地低坡，喜水且常常随江湖水涨落而迁徙；梅花鹿多生活在林间草地、针阔混交林，或是较为开阔的山脊高丘；狍常游走于山腰林缘，随季节更换栖息地，依赖隐蔽条件较好的环境。豪猪多生活在山坡、森林、草地上，擅长挖洞夜行；分布在秦岭地区的野猪多栖息于混交林[②]。根据以上鹿科动物、豪猪、野猪的栖息习性说明遗址周围应该存在山地草原和森林，蚌科动物表明可能有一定范围的水域。这样的自然环境为五楼遗址居民生存提供较好的环境基础，适合其发展。

四、结语

　　对五楼遗址2009～2010年出土动物遗存的研究表明，仰韶至龙山晚期，野生动物的可鉴定标本数和最小个体数占比均大于家养动物，遗址对动物资源的获取应是以野生动物为主、家养动物为辅的模式。家猪始终是五楼遗址居民的主要家养动物，对家猪的死亡年龄分析显示，个体多在2岁以内死亡，符合最佳屠宰年龄特征。五楼遗址出土鹿科动物骨骼，从仰韶早期到晚期呈现逐渐减少的趋势，可能指示本地区鹿科动物资源的减少或遗址居民饲养家畜与狩猎选择的变化。对五楼遗址动物骨骼的研究有助于认识五楼遗址居民的动物资源利用策略，为认识关中地区史前生业经济发展提供了重要资料。

---

① 盛和林等：《中国鹿类动物》，华东师范大学出版社，1992年9月。
② 陕西省动物研究所：《陕西珍贵经济兽类图志》，陕西科学技术出版社，1981年11月。

附 表

附表一 五楼遗址第一期遗存灰坑登记表

编号	位 置	层位	形状	口径（厘米）	底径（厘米）	深（厘米）	时代	备 注
H72	ⅠT0204、T0205、T0305	⑥下	椭圆形锅底状	120～248		160	Ⅰ	部分发掘，H54、H61→H72
H75	ⅠT0207、T0307、T0308	⑥下	椭圆形锅底状	122～198		72	Ⅰ	部分发掘
H80	ⅠT0406	⑥下	圆形袋状	100	180	98	Ⅰ	G1→H80
H91	ⅠT0105	⑥下	圆形袋状	120	140	115	Ⅰ	H87→H91
H99	ⅠT0104、T0204	⑥下	圆形袋状	160	224	182	Ⅰ	H89→H99

附表一　五楼遗址第二期遗存灰坑登记表

编号	位置	层位	形状	口径（厘米）	底径（厘米）	深（厘米）	时代	备注
H31	ⅡT0205、T0206	⑤下	圆形袋状	70	110	180	Ⅱ	
H41	ⅡT0306	⑤下	圆形桶状	80	80	70	Ⅱ	
H49	ⅡT0104、T0204	⑤下	圆形袋状	236	258	240	Ⅱ	部分发掘，H17→H49→H89
H54	ⅡT0305	⑤下	圆形锅底状	310		190	Ⅱ	部分发掘，H42→H54→H72
H55	ⅡT0205、T0206、T0305、T0306	⑤下	圆形袋状	90	150	130	Ⅱ	
H57	ⅡT0204	⑤下	圆形锅底状	140		80	Ⅱ	部分发掘，H23→H57
H61	ⅡT0204、T0205	⑤下	圆形锅底状	256		140	Ⅱ	H21、H46→H61→H72
H64	ⅡT0206、T0207	⑤下	圆形袋状	142	242	144	Ⅱ	H24、H26→H64
H84	ⅡT0308	⑤下	椭圆形锅底状	196~460		136	Ⅱ	部分发掘，H83→H84
H86	ⅡT0406、T0407、T0506、T0507	⑤下	圆形锅底状	130		76	Ⅱ	
H89	ⅡT0104、T0204	⑤下	不规则形	230~280	150~210	140	Ⅱ	部分发掘，H17、H45、H49、H63→H89→H99
H92	ⅡT0104、T0105	⑤下	圆形袋状	146	188	96	Ⅱ	
H103	ⅡT0703	⑤下	圆形桶状	160	160	70	Ⅱ	部分发掘，M2→H103
H104	ⅡT0705	⑤下	不规则形	260~420		130	Ⅱ	

附表三 五楼遗址第三期遗存灰坑登记表

编号	位 置	层位	形状	口径（厘米）	底径（厘米）	深（厘米）	时代	备 注
H19	1T0207	④下	圆形桶状	130	130	170	Ⅲ	
H23	1T0204	④下	圆形袋状	150	270	190	Ⅲ	部分发掘，H17→H23→H57
H24	1T0206	④下	椭圆形袋状	100～170	160～230	220	Ⅲ	H24→H26→H64
H26	1T0206	④下	椭圆形袋状	120～180	150～210	160	Ⅲ	H9，H24→H26→H64
H30	1T0205	④下	圆形袋状	110	170	116	Ⅲ	
H34	1T0105、T0106、T0205、T0206	④下	圆形桶状	160	160	220	Ⅲ	H20→H34→H97
H38	1T0206、T0306	④下	圆形袋状	155	290	220	Ⅲ	H13→H38
H53	1T0307	④下	椭圆形锅底状	230～430		78	Ⅲ	H40→H53
H60	1T0205	④下	圆形锅底状	90	50	60	Ⅲ	H15→H60
H63	1T0104	④下	圆形袋状	140	216	180	Ⅲ	H45→H63→H89
H68	1T0207、T0307、T0308	④下	圆形锅底状	100	20	80	Ⅲ	部分发掘
H73	1T0308、T0408	④下	椭圆形锅底状	148～210		92	Ⅲ	
H76	1T0305、T0306、T0406	④下	圆形桶状	150	150	74	Ⅲ	部分发掘
H78	1T0308	④下	圆形桶状	160	160	84	Ⅲ	H69→H78
H81	1T0407	④下	圆形袋状	155	205	70	Ⅲ	
H83	1T0308	④下	圆形袋状	50	112	85	Ⅲ	部分发掘，H74→H83→H84
H85	1T0407、1T0507	④下	圆形袋状	108	120	175	Ⅲ	
H87	1T0105	④下	圆形袋状	130	240	162	Ⅲ	H87→H91

续表

编号	位　置	层位	形状	口径（厘米）	底径（厘米）	深（厘米）	时代	备　注
H94	IT0105	④下	圆形袋状	170	362	224	Ⅲ	部分发掘
H97	IT0105、T0106	④下	椭圆形袋状	120～160	184～224	188	Ⅲ	H34→H97
H101	IIT0703	④下	圆形桶状	160	160	40	Ⅲ	M2→H101
H105	IIT0603	④下	圆形桶状	260	260	80	Ⅲ	M4→H105

附表四　五楼遗址第四期遗存灰坑登记表

编号	位　置	层位	形状	口径（厘米）	底径（厘米）	深（厘米）	时代	备　注
H9	ⅠT0206	③下	圆形袋状	180	268	236	Ⅳ	H7→H9→H26
H16	ⅠT0207	③下	圆形袋状	148	194	113	Ⅳ	H14→H16
H18	ⅠT0206	③下	圆形袋状	86	188	140	Ⅳ	
H20	ⅠT0205、T0206	③下	圆形桶状	160	160	126	Ⅳ	H15→H20→H34
H28	ⅠT0204	③下	圆形袋状	114	170	106	Ⅳ	
H29	ⅠT0104、T0204	③下	圆形桶状	130	130	116	Ⅳ	M1→H29
H33	ⅠT0106、T0107、T0206、T0207	③下	圆形袋状	110	146	139	Ⅳ	
H37	ⅠT0305、T0306	③下	圆形袋状	90	118	55	Ⅳ	
H45	ⅠT0104	③下	椭圆形锅底状	140～180		87	Ⅳ	H45→H63、H89
H56	ⅠT0305	③下	圆形袋状	140	182	92	Ⅳ	
H69	ⅠT0308	③下	圆形袋状	90	200	150	Ⅳ	H69→H78
H71	ⅠT0205、T0305	③下	圆形袋状	186	212	156	Ⅳ	H70→H71
H74	ⅠT0308	③下	椭圆形锅底状	230～320		165	Ⅳ	部分发掘，H74→H83
H90	ⅠT0105	③下	椭圆形锅底状	110～175	66～140	73	Ⅳ	
H93	ⅠT0104	③下	圆形袋状	120	190	110	Ⅳ	H88→H93
H95	ⅠT0104	③下	圆形袋状	64	156	140	Ⅳ	部分发掘
H96	ⅠT0106	③下	圆形袋状	110	230	260	Ⅳ	部分发掘
H100	ⅠⅠT0703、T0704	③下	椭圆形锅底状	340～480		90	Ⅳ	

附表五　五楼遗址第五期遗存灰坑登记表

编号	位置	层位	形状	口径（厘米）	底径（厘米）	深（厘米）	时代	备注
H1	IT0207	②下	椭圆形锅底状	100～170	80～100	88	V	H1→H25
H6	IT0207	②下	椭圆形锅底状	160～260		96	V	H6→H25
H11	IT0105、T0205	②下	圆形锅底状	110		132	V	
H13	IT0206	②下	圆形袋状	180	310	270	V	H13→H27、H38
H14	IT0207	②下	圆形锅底状	190	138	80	V	H14→H16
H15	IT0205	②下	圆形袋状	202	438	270	V	H8→H15→H20、H21、H59、H60
H17	IT0204	②下	椭圆形锅底状	50～220		110	V	H17→H23、H49、H89
H21	IT0205	②下	圆形桶状	190	190	188	V	H15→H21→H46、H61、H62
H22	IT0204	②下	圆形袋状	165	245	136	V	
H25	IT0207	②下	圆形袋状	144	228	240	V	H1、H6→H25
H27	IT0206	②下	圆形锅底状	130		40	V	H13→H27
H32	IT0206	②下	圆形桶状	166		48	V	
H36	IT0306	②下	圆形桶状	180	180	85	V	
H40	IT0307	②下	圆形袋状	66	80	115	V	H40→H53
H42	IT0305	②下	圆形袋状	180	380	184	V	部分发掘，H42→H54
H43	IT0306	②下	圆形袋状	110	184	245	V	
H44	IT0207、T0307	②下	椭圆形锅底状	110～200		155	V	H44→H51
H46	IT0205	②下	椭圆形锅底状	90～220		100	V	H21→H46→H62

续表

编号	位　　置	层位	形状	口径（厘米）	底径（厘米）	深（厘米）	时代	备　注
H47	①T0204、T0205	②下	圆形袋状	88	172	184	V	H4→H47
H48	①T0105、T0205	②下	椭圆形锅底状	110～150		108	V	H48→H59
H50	①T0206、T0306	②下	圆形袋状	76	264	195	V	
H51	①T0207、T0307	②下	椭圆形锅底状	140～260		122	V	H44→H51→H67
H52	①T0306、T0307	②下	圆形袋状	130	188	125	V	
H58	①T0105	②下	圆形桶状	88	88	68	V	
H59	①T0205	②下	椭圆形锅底状	96～138		72	V	H15、H48→H59
H62	①T0205	②下	不规则形	40～88		130	V	H21、H46→H62
H65	①T0308	②下	圆形袋状	120	200	152	V	
H67	①T0207、T0307	②下	圆形袋状	202	284	182	V	H51→H67
H70	①T0205、T0305	②下	圆形桶状	188	188	180	V	H70→H71
H98	①T0107	②下	圆形袋状	132	180	132	V	
H102	①①T0603、T0703	②下	椭圆形锅底状	120～195		50	V	

附表六 五楼遗址商时期遗存灰坑登记表

编号	位置	层位	形状	口径（厘米）	底径（厘米）	深（厘米）	时代	备注
H2	IT0105、T0204、T0205	①下	椭圆形锅底状	280~380		116	商	
H3	IT0204	①下	椭圆形锅底状	50~80		66	商	
H4	IT0204、T0205	①下	圆形袋状	160	216	192	商	H4→H47
H5	IT0104、T0204	①下	圆形锅底状	230	140	114	商	部分发掘
H7	IT0106、T0206	①下	圆形锅底状	130		64	商	H7→H9
H8	IT0205	①下	圆形锅底状	200		92	商	H8→H15
H10	IT0204	①下	圆形锅底状	300		86	商	部分发掘，M1→H10
H12	IT0204	①下	圆形袋状	62	170	140	商	部分发掘
H35	IT0206、T0207	①下	圆形袋状	95	175	110	商	
H39	IT0307	①下	椭圆形锅底状	122~198		84	商	
H66	IT0308	①下	圆形锅底状	284~308		55	商	部分发掘
H77	IT0306、T0406	①下	圆形锅底状	140	140	100	商	
H79	IT0104	①下	椭圆形锅底状	200~290		147	商	部分发掘
H82	IT0307、T0407	①下	椭圆形锅底状	125	70	60	商	
H88	IT0104	①下	圆形桶状	230	230	228	商	H88→H93

Abstract

The Wulou site is located to the west and north of Beizhangbucun Village, Wuxing Subdistrict, Chang'an District, Xi'an City. It is situated on the bottom river terrace about 200 meters east of the Feng River, which flows from south to north along the west side of the site. The terrain of the site features a narrow north-south mound, with the middle portion being higher and the east and west flanks forming gentle slopes. Local residents refer to the mound as "scorpion ridge" due to its narrow shape. The site was first recorded in 1953 and is one of the pioneer discoveries of prehistoric archaeology in Xi'an. In December 2009, to accommodate the construction project of the Xi (An) Tai (Pingkou) Highway, the Xi'an Academy of Cultural Relics Conservation and Archaeology (formerly the Xi'an Institute of Cultural Relics Conservation and Archaeology) and the School of Cultural Heritage of Northwest University formed a joint archaeological team. This team conducted a comprehensive survey of the Wulou site and excavated key areas in the north of the site. The two excavated zones were designated as Zone I and Zone II. The excavation work lasted for six months, concluding in May 2010. The total excavation area covered 853 square meters, revealing 113 various archaeological features, including 105 ash pits, one ash ditch, and seven tombs. The site yielded rich cultural artifacts spanning a considerable time frame, from the Neolithic to the Eastern Zhou Dynasty. The Neolithic remains are divided into five phases, followed by the Shang period and the Eastern Zhou period, encompassing a total of seven phases at Wulou.

The remains from the first phase were sparse, with only five ash pits recovered, all located in Zone I of the excavation site. This phase had the fewest excavated features. Despite the limited remains, the cultural characteristics are distinct. The primary forms of pottery include *Pen* basins with rolled rims and shallow bellies, folding belly *Pen* basins, *Bo* pots with beveled rims and deep bellies, *Bo* pots with narrow mouths and shallow bellies, *Bo* pots with wide bellies, and *Guan* jars with beveled rims and folding bellies (wide belly jars). Other artifacts include round pottery pieces and pottery rasps. The decoration patterns are unique, mainly attached to the exterior surface of the pottery, featuring ornaments such as drum nail shapes and eagle beak shapes. The graphic patterns on painted pottery are primarily black broad bands and variant fish motifs. These features are similar to remains found in the Guanzhong region, such as the second phase of the Jiangzhai site in Lintong, the Shijia site in Weinan, the second and third phases of the Yuanzitou site in Longxian, and the middle and late stages of the Beishouling site in Baoji. All these sites belong to the early stage of Yangshao culture, specifically the Banpo type. According to relevant studies, the first phase of the Wulou site should be classified as the late phase of the Banpo type. No typical artifacts from the later part of the early stage of Yangshao culture were found in this phase at Wulou, and the types and quantities of painted pottery were relatively small. This scarcity may be due to insufficient excavation data from the early Yangshao culture at the Wulou site.

In the second phase, the features are relatively rich, and 14 ash pits were found, distributed across both Zone I and Zone II. The cultural characteristics of this phase are quite distinct. The main forms of pottery include double-lip-mouth *Jiandiping* amphorae, flat-bottomed bottles (*Pingdipin*) with gourd-shaped mouths, narrow-roll-rim *Pen* basins, arc-folding-rim *Pen* basins, double-lip-mouth *Pen* basins, *Bo* pots with narrow mouths and curved bellies, rail-shaped-rim *Guan* jars, high-neck *Guan* jars, *Weng* urns with narrow mouths, double-lip-mouth and bevel-rim *Gang* urns, and *Fu* pots. The painted pottery patterns are primarily black-arc-edge triangles, polka dots, arcs, and vertical arcs. These characteristics are similar to the first phase of the Miaodigou site in Shanxian, the first phase of the Quanhucun site in Huaxian, the third phase of the Jiangzhai site in Lintong, the first phase of the Anban site in Fufeng, the first phase of the Fulinbao site in Baoji, and the second phase of the Shuibei site in Binxian. All these sites belong to the middle period of Yangshao culture, specifically the Miaodigou type. The morphology of some objects shows a clear developmental trajectory. For example, the mouth shapes of *Jiandiping* amphorae can be classified into three types: primitive double-lip mouth, typical double-lip mouth, and degenerate double-lip mouth. The shapes of the *Pen* basins are mainly narrow-rolled-rim patterns and folding-rim patterns, while the rail-shaped-rim *Guan* jars have two types: typical and degenerate patterns. Based on studies of the Quanhucun, Anban, and Shuibei sites, there is potential for further discussion on the second phase of the Wulou site. Primitive-double-lip-mouth *Jiandiping* amphorae and narrow-rolled-rim *Pen* basins can represent the early stage of the middle Yangshao culture, while typical and degenerate double-lip-mouth *Jiandiping* amphorae, typical and degenerate rail-shaped-rim *Guan* jars, arc-folding-rim *Pen* basins, and *Bo* pots with narrow mouths and curved bellies can represent the middle and late stages of the Yangshao culture.

In the third phase, 22 ash pits and one ash ditch were discovered, distributed across Zone I and Zone II, displaying distinct cultural characteristics. The primary forms of pottery include double-lip-mouth or flat-lip-mouth *Jiandiping* amphorae, *Pen* basins with wide and shallow bellies, deep-belly *Pen* basins, folding-rim *Guan* jars with crown-shaped or ribbon-shaped exterior affixed ornaments, flat-bottom *Bo* pots with narrow mouths and shallow bellies, thick-lip *Bo* pots, flat-rim *Gang* urns, thick-lip *Gang* urns, *Zeng* pottery steamers with exterior affixed ornaments, and pottery lids with trumpet-shaped mouths. In this phase, painted pottery nearly disappeared, while exterior affixed ornaments became the most popular form of pottery decoration. These characteristics show many similarities with the archaeological remains from the late phase of the Banpo site in Xi'an, the fourth phase of the Jiangzhai site in Lintong, the second phase of the Anban site in Fufeng, the third phase of the Shuibei site in Binxian, and the late period of the Xiwangcun site in Ruicheng, Shanxi Province. All these remains belong to the late Yangshao culture, specifically the late phase of the Banpo type.

The ash ditch (G1), dated to the third phase, is located at the northeastern edge of the site and generally trends north-south. Based on its profile features, G1 has a wide-open mouth and a narrow bottom, being similar to an inverted trapezoid with the east edge being relatively steep and the west having a gently sloping gradient. It is evident that the ditch was manually processed, shaped into three layers of steps, each relatively flat. G1 is 14.2 meters wide and 3.9 meters deep. Given these features, it can be inferred that G1 served a defensive function. Analysis of the relics unearthed in the ditch suggests that the latest artifacts date no later than the late Yangshao culture. Thus, it is possible that G1 functioned as the moat of a late Yangshao culture settlement at the Wulou site.

The remains from the fourth phase are relatively rich, with 18 ash pits found in excavation Zones I and II, displaying very distinct cultural characteristics. The main forms of pottery include *Ding* tripods with sharp or flat conical feet, straight-belly and folding-belly *Jia* tripods, *Dou* plates, bevel-rim *Pen* basins, folding-rim *Pen* basins, trumpet-shaped-mouth *Guan* jars, *Guan* jars with ears, deep-belly *Guan* jars, bevel-rim *Gang* urns, *Gang* urns with narrow mouths and straight bellies, and pottery lids. The decoration patterns are mainly basket patterns, grid patterns, and exterior affixed ornaments. These characteristics are similar to those found in the second phase of the Miaodigou site in Shanxian, the third phase of the Anban site in Fufeng, the second phase of the Mijiaya site, and the Huxizhuang and Zhaojialai sites in Wugong, the Hengzhen site in Huayin, and the Xiaweiluo site in Xunyi. All these sites belong to the early remains of the Longshan culture. Unique artifacts such as drum-shaped pottery and molds recovered at the Wulou site are rarely seen at other adjacent sites. In contrast, certain common artifacts of the early Longshan culture, such as *Pen* basins with spouts and grooves, *Pen* basins with handles, double-ear *Hu* bottles, and laciness-rim *Guan* jars, were not found at the Wulou site. This indicates that while the Wulou site is consistent with the early cultural traits of the surrounding Longshan culture, it also possesses some unique characteristics.

In the fifth phase, 31 ash pits were found, distributed across Zones I and II, exhibiting very distinct cultural characteristics. The main forms of pottery include single-handle *Li* tripods, plump-belly *Jia* tripods, straight-belly *Jia* tripods, *Dou* plates, *Pen* basins, *Guan* jars with ear handles, *Guan* jars without ear handles, *Guan* jars with folding shoulders, *Weng* urns with ear handles, *Hu* bottles, *Zeng* steamers, and lids. The decorative patterns mainly feature basket-grid shapes and affixed ornaments. These characteristics are similar to the cultural relics from the second phase of the

Keshengzhuang site in Chang'an, the Kangjia site in Lintong, the fifth phase of the Jiangzhai site in Lintong, the third phase of the Mijiaya site in Xi'an, and the second phase of Keshengzhuang remains recovered from the Zili site in Huaxian, the Hengzhen site in Huayin, and the Xiaweiluo site in Xunyi. All these sites belong to the late Longshan culture remains in the Guanzhong basin, specifically the Kangjia type. Additionally, the presence of red sand pottery *Li* tripods with laciness-rims and red clay pottery *Guan* jars with folding shoulders at the Wulou site indicates some unique characteristics distinct from surrounding sites. These artifacts possibly reflect interactions between the Wulou site and the western Guanzhong region and the upper reaches of the Jing River valley.

The archaeological remains of Shang culture at the Wulou site consist of 15 ash pits, all located in excavation Zone I. Although limited Shang remains have been found, their cultural characteristics are very distinct. The main types of pottery include *Li* tripods, *Yan* steamers, *Gui* bowls, *Dou* plates, folding-shoulder *Pen* basins, rolled-rim *Pen* basins, rolled-rim *Gang* urns, folding-shoulder *Weng* urns, *Zun* vessels, and lids. The decoration patterns are primarily rope-stamped and affixed ornaments. These characteristics are similar to those of late Shang Dynasty remains found in the Guanzhong region, such as at the Beicun site in Yaoxian, the Zhumazui site in Liquan, the Laoniupo site in Xi'an City, the Yangyuanfang site in Chang'an, the Yijiapu site in Fufeng, and the Laobuzi site in Zhouyuan.

The remains from the Eastern Zhou Dynasty at the Wulou site are sparse, consisting of only seven tombs distributed across Zones I and II. Despite their limited number, the cultural characteristics are very distinct. The tomb structures are of the vertical earth pit type, primarily single burials with only one multi-burial. Most tombs are oriented north-south, with a few oriented east-west. In the north-south tombs, the heads of the deceased are directed north, while in the east-west tombs, the heads are directed east. Due to the poor preservation of human bones, the exact body positions cannot always be determined, but where identifiable, the burials are flexed. In terms of burial facilities, the larger tombs have both an inner and an outer coffin, while smaller tombs contain only a single coffin. Most tombs include funerary objects, with a significant number containing a large quantity, and only a few containing none. The burial objects are typically placed near the head of the deceased, with some items such as jade-shaped ritual artifacts (*Gui* and *Bi*) placed on the body. The funerary objects can be categorized into three types: pottery, stone ware, and bronze ware, with pottery being the most prevalent. The pottery items include *Ding* tripods, *Gui* bowls, *Li* tripods, *Dou* plates, *Hu* bottles, *Pen* basins, *Yan* steamers, *Guan* jars, *Pan* plates, *Yi* pitchers, and jade-shaped ritual artifacts (*Gui*). The stone artifacts are mainly jade-shaped ritual items (*Gui* and *Bi*), while the sole type of bronze ware found is a hook. The structure of the tombs and the burial objects are very similar to those found in the Guanzhong region, particularly at sites such as Renjiazui in Xianyang, Dongyang in Huaxian, Maopo and Panjiazhuang in Chang'an, and Youjiazhuang in Xi'an. These sites date from the middle of the Spring and Autumn Period to the late Warring States period.

后　记

本报告为教育部人文社会科学研究青年基金项目《长安五楼遗址考古资料整理与研究》（项目批准号：18YJC780004）的结项成果。

本报告的编写工作主要由翟霖林、张小丽、郭昕、李悦、李彤完成。各章节执笔如下：

张小丽：第一、二、八、九章；

郭昕：第三、五章；

翟霖林：第四、六、七章，第十章第一、二节，附表；

李彤：第十章第三节；

李悦：第十章第四节。

报告中遗物照片由郭昕拍摄；遗迹、遗物底图由探方发掘者与呼安林、王凤娥等绘制，墨线清绘由呼安林、王凤娥、陈一飞完成；器物修复由杨永岗、王志勇等完成；英文摘要由西北大学文化遗产学院田多副教授完成。

五楼遗址的考古发掘和资料整理工作得到西安市文物保护考古研究院、西北大学文化遗产学院的领导与同事们的极大帮助；上海古籍出版社及责任编辑贾利民先生为报告的出版付出了很多努力。在此，我们谨向所有给予我们无私帮助的单位和个人表示衷心的感谢。

编著者

2024年5月18日

彩　　版

1. 陶钵（ⅠT0307⑥：1）

2. 陶球（H80：25）

3. 圆陶片（ⅠT0309⑥：13）

4. 圆陶片（H99：5）

5. 陶锉（H80：16）

6. 陶锉（H91：25）

第一期出土遗物

1. 陶锉（H72：22）

2. 陶锉（H99：11）

3. 石球（H72：23）

4. 石锤（H72：9）

5. 石斧（H80：5）

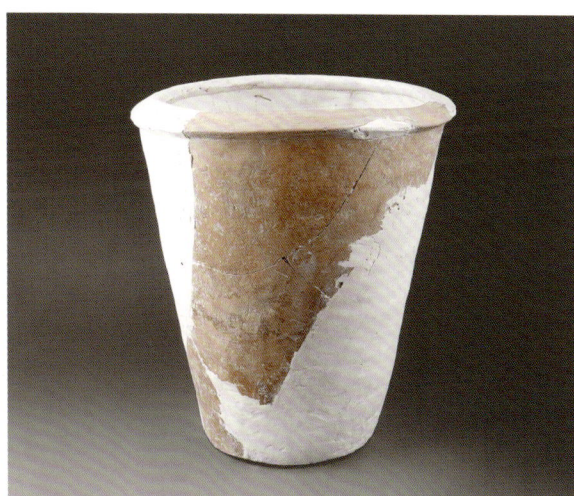

6. 叠唇盆（H92：19）

第一、二期出土遗物

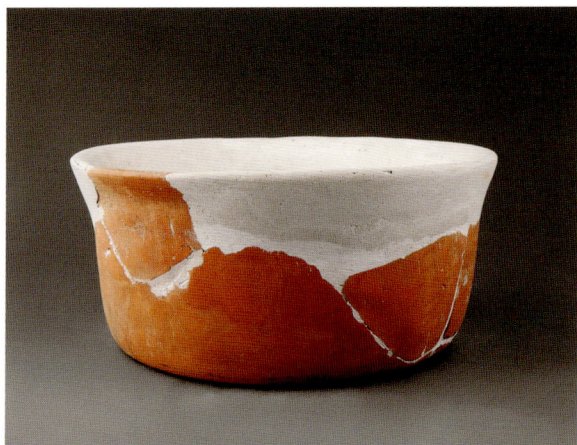

1. 浅直腹盆（ⅠT0105⑤：2）

2. 石纺轮（ⅠT0104⑤：5）

3. 陶刀（ⅠT0406⑤：1）

4. 陶刀（ⅠT0107⑤：1）

5. 陶刀（ⅠT0307⑤：1）

6. 陶刀（H31：1）

第二期出土遗物

1. 陶球（H64∶4）

2. 陶球（Ⅰ T0208⑤∶2）

3. 陶钵（IT0107④∶1）

4. 陶钵（H76∶1）

5. 陶罐（H81∶1）

6. 陶罐（IT0104④∶1）

第二、三期出土遗物

1. 陶盆（IT0208④：1）

2. 陶杯（IT0307④：5）

3. 陶刀（H53：1）

4. 陶刀（H97：19）

5. 陶球（IT0106④：2）

6. 陶球（IT0107④：9）

第三期出土陶器

1. 陶球（IT0307④：3）

2. 石锛（G1②：8）

3. 骨锥（H87：8）

4. 骨锥（H87：9）

5. 骨针（IT0104④：5）

6. 鼓形器（H93：1）

第三、四期出土遗物

1. 陶盆（H90：2）

2. 陶盆（H100：1）

3. 陶罐（H93：2）

4. 陶罐附加堆纹图案（H93：2）

5. 石锛（H69：7正面）

6. 石锛（H69：7侧面）

第四期出土遗物

1. 石球（H96：6）

2. 石纺轮（H90：7）

3. 骨镞（H96：7）

4. 骨笄（H93：14）

5. 磨石（H9：1）

6. 陶鬲（H42：3）

第四、五期出土遗物

1. 陶鬲（H15：2）

2. 陶鬲（H42：1）

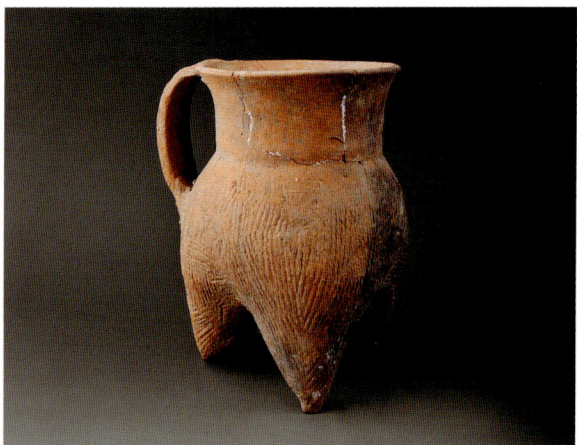

3. 陶鬲（H42：16）

4. 陶鬲（H15：4）

5. 陶罐（H43：6）

6. 折肩罐（H58：2）

第五期出土陶器

1. 陶罐（H43：7）

2. 陶瓮（H58：1）

3. 圆陶片（H43：9）

4. 石刀（H42：24）

5. 石刀（H42：26）

6. 石刀（ⅠT0106②：2）

第五期出土遗物

1. 石球（H1：2）

2. 石拍（ⅠT0104②：3）

3. 骨笄（ⅠT0104②：7）

4. 陶罐（H5：17）

5. 陶盆（H88：3）

6. 石纺轮（H66：20）

第五期、商时期出土遗物

1. 陶纺轮（H4：21）

2. 陶纺轮（H2：17）

3. 石锤（H4：19）

4. 石锤底面（H4：19）

5. 陶鼎（M1：5）

6. 陶鼎侧面（M1：5）

商时期、东周时期出土遗物

1. 陶簋（M1∶3）

2. 陶簋（M1∶4）

3. 陶壶（M1∶1）

4. 陶壶侧面（M1∶1）

5. 陶壶（M1∶2）

6. 陶甗（M1∶8）

东周时期出土遗物

1. 陶豆（M1∶6）

2. 陶豆（M1∶7）

3. 陶盘（M1∶10）

4. 陶匜（M1∶9）

5. 陶鼎（M3∶7）

6. 陶鼎（M3∶8）

东周时期出土遗物

1. 陶簋（M3：5）

2. 陶簋（M3：6）

3. 陶壶（M3：3）

4. 陶壶（M3：4）

5. 陶盘（M3：2）

6. 陶匜（M3：1）

东周时期出土遗物

1. 陶盂（M3：9）

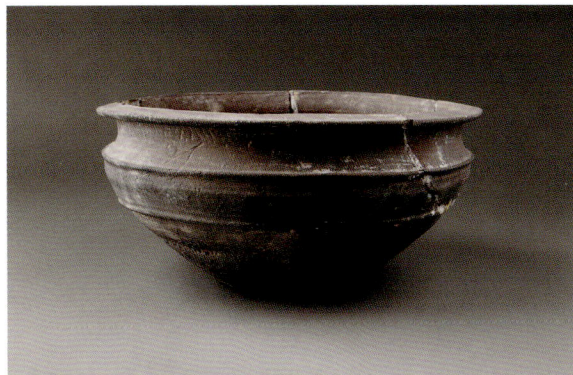

2. 陶盂（M3：11）

3. 器盖（M3：10）

4. 器盖（M3：14）

5. 陶鼎（M4：1）

6. 陶甂（M4：7）

东周时期出土遗物

1. 陶豆（M4 : 3）

2. 陶豆（M4 : 4）

3. 陶盂（M4 : 6）

4. 陶罐（M4 : 5）

5. 铜襟钩（M5 : 1）

6. 石璧（M5 : 2）

东周时期出土遗物

1. 石圭（M3：12）

2. 石圭（M4：9）

3. 石圭（M4：10）

4. 陶圭（M5：3）

5. 石圭（M5：4）

6. 石圭（M5：5）

东周时期出土遗物

1. 石圭(M5：7)

2. 石圭(M5：9)

3. 石圭(M5：10)

4. 石圭(M5：11)

5. 石圭(M5：13)

6. 石圭(M5：15)

东周时期出土遗物